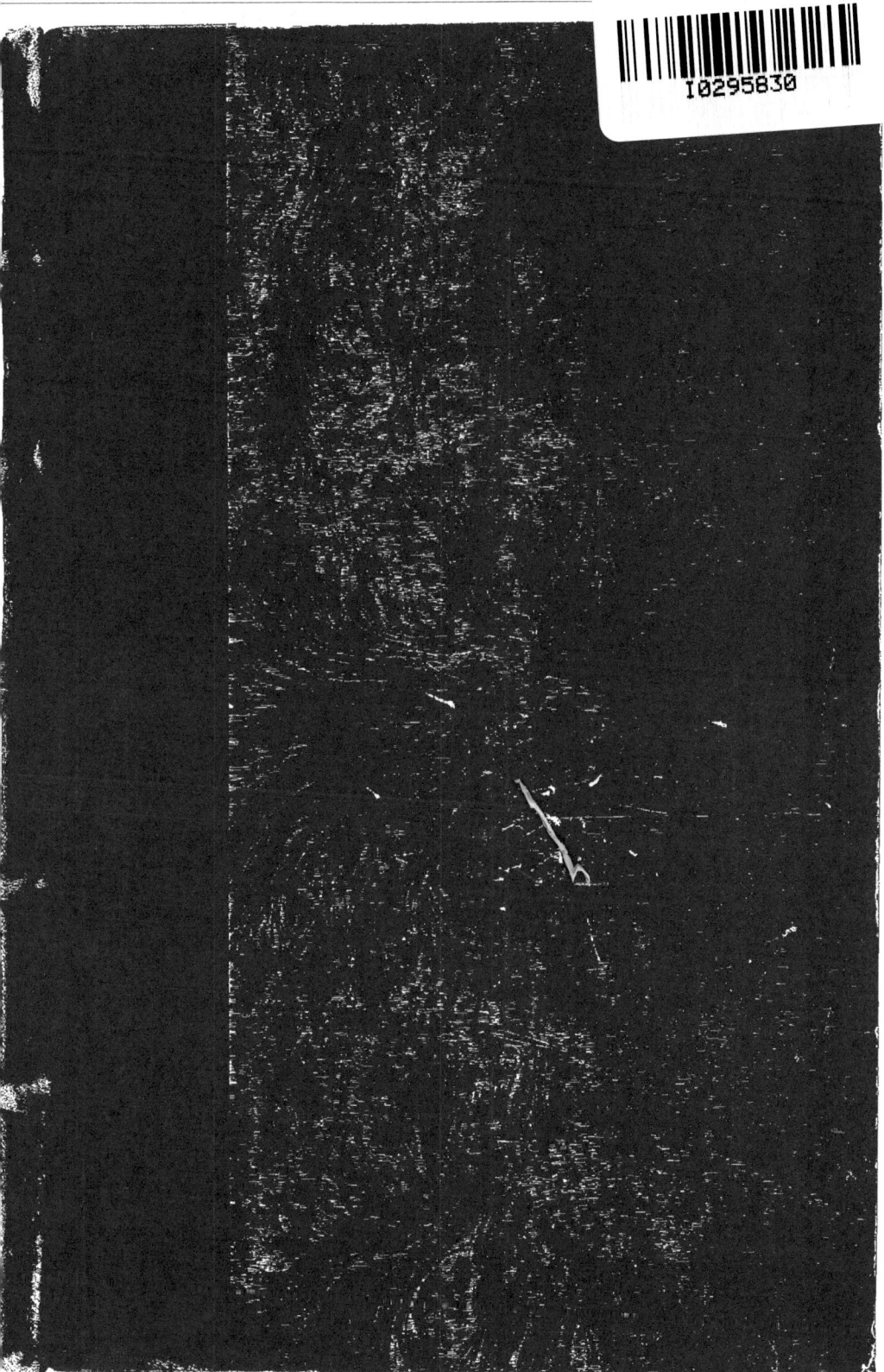

Paris, B.N., Mss., N.a.fr., 1302, Papiers de Champollion

10. LETTRE de DACIER à CHAMPOLLION le félicitant de ses travaux, 1815. Autographe.

١٦ – شامبليون (جان فرانسوا) :
مختصر الطريقة الهيروغليفية «أبحاث عن المبادىء الأولية لهذه الكتابة المقدسة» جزءان – باريس ١٨٢٤ .

Paris, B.N., Impr. Res. X. 2617-2618

16. CHAMPOLLION (Jean-François), *Précis du Système hiéroglyphique, Recherches sur les éléments premiers de cette écriture sacrée*, Paris, 1824, 1 vol. in-8° et pl. fol.

      Paris, B.N., Impr. Res. X. 2617-2618

٢١ ــ مخطوط باليد « ليوميات » رحلة مصر والنوبة فى ١٨٢٨ مدونة فى مفكرة .

Paris, B.N., Mss., N.a.fr. 20362, 4 feuillets,
  Papiers de Champollion

٢٢ ــ مخطوط باليد « ليوميات خاصة برحلة مصر والنوبة » يوم ٥ أكتوبر

SYSTÈME HIÉROGLYPHIQUE

DES

ANCIENS ÉGYPTIENS.

IMPRIMERIE ROYALE.

PRÉCIS

DU

SYSTÈME HIÉROGLYPHIQUE

DES ANCIENS ÉGYPTIENS,

OU

RECHERCHES

SUR LES ÉLÉMENS PREMIERS DE CETTE ÉCRITURE SACRÉE, SUR LEURS DIVERSES COMBINAISONS, ET SUR LES RAPPORTS DE CE SYSTÈME AVEC LES AUTRES MÉTHODES GRAPHIQUES ÉGYPTIENNES.

Par M. CHAMPOLLION le jeune.

AVEC UN VOLUME DE PLANCHES.

A PARIS,

Chez TREUTTEL et WÜRTZ, Libr., rue de Bourbon, n.º 17.
A Strasbourg et à Londres, même Maison de commerce.

1824.

Au Roi.

Sire,

L'Asie ancienne s'est ouverte aux efforts de la critique moderne; mais l'Egypte semblait devoir cacher pour toujours, sous le voile d'une écriture mystérieuse, l'histoire, le culte, le système graphique et l'état moral du peuple que l'antiquité grecque et romaine a reconnu pour l'instituteur premier de la civilisation.

La découverte de l'alphabet des hiéroglyphes phonétiques appliqué d'abord aux monumens élevés par les Egyptiens sous la domination des Ptolémées et des Césars, écarta un coin de ce voile et jeta sur ces problèmes une lumière inespérée; appliqué maintenant aux monumens des âges antérieurs, il doit nous montrer l'Egypte toute entière avec ses vieux Pharaons et leurs prodigieux et impérissables ouvrages. C'est à la protection éclairée que Votre

Majesté accorde aux sciences historiques, qu'on sera redevable de ces résultats aussi importans qu'inattendus.

L'approbation dont Votre Majesté honora mes premiers efforts a soutenu et redoublé mon zèle; pouvant me flatter aujourd'hui d'atteindre le but vers lequel j'ai constamment dirigé mes études, qu'il me soit permis de m'enorgueillir de vos bienfaits, et de dire que c'est à la munificence de Votre Majesté que je dois l'impression de ce nouvel écrit dont sa bonté daigne agréer l'hommage, comme une offrande de ma profonde et respectueuse gratitude. Si l'histoire des progrès de nos connaissances sous votre règne parle avec quelque estime de mes travaux, elle redira surtout combien j'ai dû d'encouragemens à vos lumières et à votre auguste protection.

Je suis avec respect,

De Votre Majesté,

Sire,

Le très-humble, très-soumis
et très-fidèle sujet,

J. F. CHAMPOLLION le jeune.

PRÉFACE.

En publiant, en 1814, les deux premiers volumes de mes Recherches sur la géographie, la religion, la langue, les écritures et l'histoire de l'*Égypte sous les Pharaons* (1), je me flattais de l'espoir que les volumes suivans pourraient succéder à ceux-là d'aussi près que le permettraient les difficultés de leur exécution typographique. L'Égypte était alors fermée à la curiosité et aux desirs de l'Europe savante, et l'ensemble des matériaux recueillis durant la mémorable expédition française ne me semblait pas devoir s'accroître sensiblement.

Des événemens imprévus en ont autrement décidé : l'orient nous est ouvert ; un

---

(1 *L'Égypte sous les Pharaons*, tomes I et II, contenant la description géographique, 2 volumes grand in-8.° ; Paris, chez Debure frères, libraires du Roi, rue Serpente.

nouveau chef de l'Égypte en a changé l'administration, y a attiré, par une protection déclarée, le commerce et les arts de l'occident; et une foule de voyageurs instruits ont exploré de toutes parts cette terre antique, et transporté au milieu de nous ses dépouilles savantes. MM. Burckhardt, Belzoni, Gau, Huyot, ont enrichi l'histoire de leurs observations dans cette belle contrée, et notre courageux compatriote, M. Cailliaud, a réuni, par ses deux importans voyages, aux ruines de l'Égypte et de la Nubie, celles de Méroé et de la haute Éthiopie, produits d'une civilisation analogue à celle de l'Égypte.

Ces précieuses conquêtes sur une indolente barbarie, ont aussi, contre toute attente, considérablement augmenté l'ensemble de ces matériaux dont la source nous semblait défendue pour si long-temps; les amis de l'antiquité y ont puisé un zèle nouveau pour l'étude de l'Égypte, en même temps qu'une sage lenteur; les copies d'inscriptions hiéroglyphiques, les papyrus originaux de toutes les époques, les stèles funéraires et d'autres monumens

PRÉFACE.

écrits, ont ajouté chaque jour, par leur grand nombre, à nos premières richesses; et chacun de ces monumens, le plus grossier même ou le plus commun, fournissant quelque donnée nouvelle pour l'étude des écritures anciennes de l'Égypte, j'ai dû aussi m'astreindre à cette sage lenteur que tout me commandait. En conséquence, j'ai dû retarder jusqu'à présent la suite de mon ouvrage, sur-tout en voyant se fortifier chaque jour davantage cette espérance que j'ai déjà manifestée en 1814, « qu'on retrouverait enfin, sur ces tableaux » où l'Égypte n'a peint que des objets maté- » riels, les sons de la langue et les expressions » de la pensée (1). » Cette espérance n'a point été trompée.

Ce but particulier de mes constans efforts est enfin atteint aujourd'hui : ma découverte de l'*alphabet des hiéroglyphes phonétiques* (2) appliqué d'abord aux monumens égyptiens

---

(1) *L'Égypte sous les Pharaons*, Préface, page xviij.

(2) *Lettre à M. Dacier*, relative à l'Alphabet des hiéroglyphes phonétiques.

de l'époque grecque et romaine seulement, et parce qu'ils se prêtaient à de faciles vérifications par l'histoire bien connue de ces temps-là, a ouvert cette carrière nouvelle et comme vierge encore malgré tant d'autres tentatives.

Mais cet alphabet dont le premier résultat a été de fixer irrévocablement la chronologie des monumens de l'Égypte, vaste sujet de dissidence dans le monde savant, acquiert un bien plus haut degré d'importance encore, puisqu'il est en quelque sorte devenu pour moi ce qu'on a vulgairement nommé la véritable *clef du système hiéroglyphique :* c'est en effet par la connaissance des signes hiéroglyphiques *phonétiques,* et par celle de leurs combinaisons variées, que je suis parvenu à discerner, dans les textes sacrés égyptiens, deux autres ordres de signes d'une nature tout-à-fait différente, mais susceptibles de se coordonner et de se combiner avec les caractères de la première espèce. D'autres moyens m'ont aussi fait constater la nature propre et presque toujours le véritable sens d'un grand nombre de signes des deux classes purement *idéographiques*. C'est par des faits positifs que je crois être arrivé à me former une idée juste des premiers élémens dont se composait l'écriture hiéroglyphique égyptienne, et des principes constitutifs qui présidaient à sa marche et à ses combinaisons.

Ces faits et ces résultats sont exposés dans les divers chapitres de cet ouvrage, que l'importance, je dirai même la nouveauté du sujet, ont naturellement divisé en deux parties principales, l'analytique et la synthétique.

On a procédé dans un ordre inverse pour exposer des systèmes *à priori;* mais un système de faits, pour obtenir quelque confiance, ne pouvait se produire sous d'autres formes que celles que j'ai adoptées; les conséquences ne devant venir qu'après l'énonciation des faits, forment donc le sujet du VIII.ᵉ chapitre de mon ouvrage, que plus d'un lecteur peut-être sera tenté de regarder comme le premier; mais il ne pourra me savoir mauvais gré d'avoir plutôt cherché à le convaincre par des faits seuls, qu'à lui inspirer mes opinions qu'il n'aurait pu adopter que de confiance.

Je me fais illusion peut-être, mais les résultats de mon travail peuvent n'être point sans intérêt pour les études historiques et philosophiques. La langue et les écritures de l'Égypte diffèrent tellement de nos langues et de tous les systèmes d'écriture connus, que l'histoire de la pensée, du langage, et celle des procédés graphiques pratiqués depuis l'origine des sociétés, ne sauraient manquer d'y recueillir quelques données qui ne paraîtront pas moins importantes que nouvelles. L'historien verra dans les plus anciens temps de l'Égypte, un état de choses que le cours des générations n'a point perfectionné, parce qu'il ne pouvait pas l'être : l'Égypte est toujours elle-même à toutes ses époques ; toujours grande et puissante par les arts et par les lumières. En remontant les siècles, on la voit toujours briller de la même splendeur, et rien ne manque pour satisfaire notre curiosité, que la connaissance de l'origine et des progrès de sa civilisation.

Un jour peut-être de nouvelles décou-

PRÉFACE.

vertes de nos voyageurs nous les révéleront. Quoique l'histoire de la race humaine et de ses dispersions présente encore beaucoup de problèmes, l'étude et la comparaison des langues et des institutions civiles des peuples promettent, pour les résoudre, tant d'heureux moyens, qu'on ne doit point désespérer d'obtenir des notions précises sur les origines des nations le plus anciennement civilisées. Quelque temps encore que ces grands résultats se fassent attendre pour l'histoire des autres peuples, celle de l'Égypte s'éclaircit; des monumens authentiques parlent et jalonnent l'espace; les Pharaons reprennent légitimement la place que de vains systèmes essayaient de leur disputer; et ce n'est point un des moindres résultats des recherches exposées dans cet ouvrage, que d'avoir démontré, par des faits contemporains, la certitude de l'histoire de l'Égypte jusqu'au XIX.ᵉ siècle avant l'ère chrétienne, au moyen de la succession de ses rois, fournie par les monumens publics, et qui confirme celle que Manéthon présenta il y a deux mille ans.

Le but spécial de cet ouvrage ne m'a point permis de développer ces faits historiques ; ils appartiennent d'ailleurs à une autre partie de mon travail. Le titre de *Précis* que j'ai dû adopter pour celui-ci m'a imposé d'autres réserves encore ; j'ai dû, par exemple, m'abstenir d'entrer dans une foule de détails plus spécialement relatifs à la *grammaire hiéroglyphique* proprement dite : il ne s'agissait ici que du système en général et de ses élémens constitutifs.

L'*Explication des planches* contient parfois quelques éclaircissemens qui n'ont pu trouver place dans le texte ; ces planches sont aussi de deux sortes : celles que leur forme a permis de laisser en regard du texte qui s'y rapporte, et celles qui composent le *Tableau général des signes et groupes hiéroglyphiques* des trois ordres cités dans mon ouvrage. Ces 450 *mots* ou combinaisons hiéroglyphiques suffisent sans doute pour établir la vérité des divers principes qui y trouvent leur preuve en même temps que leur application : j'ai cru inutile de les multiplier davantage, quoique les

PRÉFACE. xiij

monumens me présentassent de toutes parts des exemples analogues et tout aussi probans.

Onze autres planches placées à la suite du *Tableau général* contiennent mon *Alphabet hiéroglyphique phonétique*, accru d'un grand nombre de nouveaux caractères *homophones*. La troisième colonne de chacune de ces planches présente l'Alphabet *hiératique phonétique*, c'est-à-dire, ceux des signes de l'écriture sacerdotale égyptienne qui expriment les mêmes sons ou les mêmes articulations que les caractères *hiéroglyphiques* de la première colonne. Les signes alphabétiques *démotiques* ou de l'*écriture populaire* égyptienne occupent la quatrième. Les formes *démotiques* marquées d'un astérisque * expriment bien *le même son* que les caractères *hiératiques* et *hiéroglyphiques* correspondans, mais ne paraissent point en être directement dérivées. Ce triple alphabet se compose de tous les signes dont la valeur est déjà certaine, et il se complétera par les progrès que doivent faire les études hiéroglyphiques, et par la publication de nouvelles inscriptions et des papyrus ou manuscrits appartenant à l'une des trois sortes d'écritures usitées dans l'Égypte ancienne.

Il était naturel d'adopter, pour la *transcription des mots et des formules hiéroglyphiques*, l'alphabet *copte*, c'est-à-dire l'alphabet que les Égyptiens devenus chrétiens empruntèrent aux Grecs en abandonnant pour toujours leurs anciennes écritures nationales, puisque c'est avec ce même alphabet que sont écrits les livres qui nous ont transmis la langue égyptienne elle-même dans presque toute son intégrité. Il faut observer seulement que les mots coptes qui, dans une transcription quelconque, *sont placés entre deux parenthèses*, n'expriment que le *mot égyptien* correspondant à un signe ou groupe hiéroglyphique, lequel étant *idéographique* et non *phonétique*, ne rendait point de son.

Les savans auxquels les études égyptiennes ne sont point étrangères, jugeront ces nouveaux résultats de mes efforts pour la solution du plus important problème que l'étude de l'antiquité ait encore à discuter. Ces résultats semblent ouvrir une carrière qui s'agrandit chaque jour, et qui pourrait même étonner mon zèle par son étendue, s'il n'eût été soutenu par les plus précieux et les plus puissans encouragemens; et à cet égard, qu'il me soit permis de rappeler aussi, avec une bien vive gratitude, l'extrême indulgence de l'Académie royale des belles-lettres, qui a bien voulu entendre la lecture de plusieurs mémoires employés et développés dans cet ouvrage; c'est aussi la bienveillance de cette illustre compagnie qui a hâté le moment où je puis enfin soumettre la première partie de mon travail sur les écritures égyptiennes à l'examen des habiles critiques dont l'Europe estime justement les travaux, et dont je sollicite le concours et les conseils avec la confiance que m'inspire leur renommée. Il s'agit de reconstruire l'édifice de la plus ancienne société humaine; qui ne voudrait s'associer à cette noble entreprise ? Publier des copies fidèles de tous les monumens écrits, c'est y concourir très-directement; ce vœu que j'exprime en terminant ne peut manquer d'être accueilli et favorisé par les amis éclairés de l'antiquité, jaloux sans doute d'enrichir la science de tous les genres de monumens qui peuvent l'étendre et la propager.

PRÉCIS

DU

SYSTÈME HIÉROGLYPHIQUE

DES ANCIENS ÉGYPTIENS.

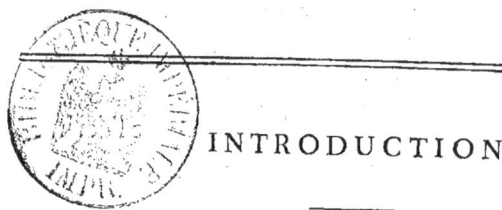

INTRODUCTION.

Lorsque, au mois de septembre de l'année dernière, je publiai ma Lettre à M. Dacier (1), le monde savant put se convaincre pour la première fois, et au seul examen des faits dont elle renferme l'exposé, que les anciens Égyptiens s'étoient servis de signes *hiéroglyphiques purs*, c'est-à-dire, de caractères images d'objets physiques, *pour représenter simplement les sons des noms de souverains Grecs ou Romains, inscrits sur les monumens de Dendéra, de Thèbes, d'Esné, d'Edfou, d'Ombos et de Phylœ*; et dès cette époque, j'avais déjà acquis l'intime conviction que l'usage de ces mêmes caractères *phoné-*

---

(1) *Lettre à M. Dacier, secrétaire perpétuel de l'Académie des belles-lettres, relative à l'Alphabet des hiéroglyphes phonétiques, &c.* Paris, Firmin Didot, 1822, in-8.°, avec quatre planches.

tiques, ou exprimant des sons, remontait à un temps antérieur aux dynasties étrangères en Égypte.

Je me contentai toutefois d'énoncer briévement ce fait capital (1), sans trop insister alors, parce qu'il aurait fallu, pour faire partager ma propre conviction, entrer à cet égard dans une foule de détails, présenter de nombreux rapprochemens, et discuter des résultats multipliés tirés de la comparaison de divers textes entre eux, ce qui eût donné à ce premier ouvrage une étendue que ne comportaient nullement, ni son plan, ni la forme que j'avais adoptée pour le publier.

Je m'étais réservé de prouver l'existence de l'écriture phonétique en Égypte aux plus anciennes époques de son histoire, par un travail spécial et tout-à-fait en rapport, quant à sa forme et à ses développemens, avec l'importance même du sujet.

Les nouveaux aperçus que l'application de mon alphabet phonétique m'offrait chaque jour, me montraient assez clairement, en effet, qu'au lieu de considérer, dans un nouveau travail, l'*écriture phonétique* seulement comme un moyen *purement auxiliaire, et non indispensable*, du système hiéroglyphique égyptien; comme une écriture qui s'appliquait, même avant Cambyse, à la transcription seule des *noms propres* des peuples et des individus *étrangers à l'Égypte*, mentionnés dans les plus anciens textes hiéroglyphiques, tandis que les idées et les noms nationaux y étaient

---

(1) Pages 40, 41 et 42 de la *Lettre à M. Dacier.*

exprimés toujours idéographiquement, j'avais, au contraire, à faire envisager cette écriture sous un rapport beaucoup plus étendu.

L'écriture phonétique dont, le premier, je publiais l'*alphabet* appuyé sur de très nombreuses applications, se découvrait déjà à mes yeux sous son véritable jour, c'est-à-dire, comme partie essentielle, nécessaire et inséparable de l'*écriture hiéroglyphique*; en un mot, comme l'ame même de ce dernier système. Je me proposai donc aussitôt de réunir ces nouveaux résultats de mes études, bien plus importans que les premiers, dans un grand ouvrage où ils pourraient être convenablement développés, et présentés dans toute l'étendue et de leurs applications et de leurs conséquences.

Mais je me trouve forcé d'en devancer l'époque, et en même temps de produire aujourd'hui ces nouveaux faits et ces nouvelles déductions, d'une manière très-sommaire, il est vrai, mais qui cependant ne leur fera rien perdre ni de leur certitude ni de l'intérêt qu'ils me paraissent susceptibles d'inspirer.

Les résultats consignés dans ma Lettre à l'illustre et vénérable secrétaire perpétuel de l'Académie des belles-lettres, excitèrent, par leur nouveauté et par leurs conséquences inattendues, une attention bienveillante et qui me sembla leur donner un véritable prix : la lecture des noms propres hiéroglyphiques grecs ou romains, tracés sur de grands monumens de style égyptien, décida beaucoup de discussions relatives à la plus ou moins grande antiquité de certains édifices, et jeta ainsi les fondemens solides de la chronologie des monumens de l'Égypte, point très-essentiel des études historiques, et sur lequel les doctes travaux de M. Letronne d'après les inscriptions grecques, avaient déjà établi des principes dont mon alphabet a complétement démontré la certitude, en me conduisant, par cette voie si différente, à des résultats tout-à-fait semblables. Le monde savant connaît déjà les premiers fruits des recherches de cette habile critique sur les inscriptions grecques et latines de l'Égypte, appliquées à l'histoire civile et religieuse de cette contrée (1); il a dédié cet ouvrage aux personnes qu'il juge avoir le plus contribué à augmenter nos connaissances sur les antiquités égyptiennes; il a bien voulu me comprendre dans cet obligeant hommage, et je m'empresse de saisir cette première occasion de lui en témoigner publiquement toute ma gratitude.

Parmi les monumens qui fixaient à un très-haut degré l'attention générale, à l'époque où parut ma Lettre sur l'alphabet hiéroglyphique, les zodiaques égyptiens d'Esné et de Dendéra tenaient le premier rang. On avait produit une foule d'opinions toutes différentes, et les auteurs de ces écrits ne s'étaient rencontrés que sur un seul point, en prenant tous pour fondement de leur travail, ce qu'on a considéré comme un *théme astronomique* avant d'examiner s'il y en avait réellement un d'exprimé sur ces anciens tableaux, ce dont toutefois il

---

(1) *Recherches pour servir à l'histoire de l'Égypte*; Paris, Boulland-Tardieu, 1823, in-8.°

pourrait être permis de douter d'après les différences et même les contradictions qui existent dans les explications de ce *thême*, données par les hommes les plus capables d'en reconnaître l'expression réelle, et par suite la véritable époque. C'est au milieu de ces fluctuations, si ardemment entretenues par tant de vues diverses, et sans que la science trouvât aucun résultat positif dans la bonne foi même de ceux qui avaient traité la question, que mon alphabet vint lever, j'ose le dire, toute incertitude, et nous faire lire sur le zodiaque circulaire de Dendéra un titre impérial romain; sur le grand édifice *au-dessus* duquel il est placé, les titres, les noms et les surnoms des empereurs *Tibère, Claude, Néron, Domitien*, &c.; sur le portique d'Esné, où un autre zodiaque a été sculpté et qu'on a cru antérieur de plusieurs siècles à celui de Dendéra, des noms propres encore romains, ceux de *Claude* et d'*Antonin le Pieux :* d'où il est résulté, avec une entière évidence, que ces monumens, plus *astrologiques* à mon avis qu'*astronomiques,* appartiennent irrévocablement au temps de la domination romaine en Égypte.

Je reconnais que l'à-propos de ces applications de mon alphabet hiéroglyphique est une des causes de son succès, et un des motifs qui m'ont valu les plus honorables et les plus flatteurs encouragemens. On me permettra d'y voir aussi les preuves mêmes de la certitude de ma découverte, puisque tant d'opinions, contrariées par ses résultats, ne m'ont opposé jusqu'ici que de sourdes rumeurs, dont on s'est dispensé de faire la confidence au public. Mon alphabet hiéroglyphique était en effet appuyé sur tant de faits et d'applications probantes, que je devais redouter, moins des contradicteurs, que des prétentions au partage de ma découverte.

C'est aussi ce qui vient de se réaliser, non pas en France, mais à l'étranger; et à cet égard, personne n'est plus disposé que moi à excuser des prétentions semblables, tout en les combattant, lorsqu'elles paraissent avoir leur source dans un sentiment toujours respectable, l'esprit national.

Un journal littéraire, éminemment anglais, le *Quarterly Review* (1), a donné le premier signal de ces prétentions. Son article est anonyme ; et l'auteur, tout en avouant et en répétant que mon alphabet, qu'il réimprime en l'abrégeant, *met sans aucun doute chacun en état de lire les noms grecs et romains écrits en hiéroglyphes sur les monumens de l'Égypte*, se hâte d'abord de prononcer magistralement, malgré cet avantage *de lire et d'écrire avec la plus grande facilité* tous ces noms qui se trouvent sur les monumens égyptiens, et même d'écrire avec mon alphabet des *billets doux* comme il nous apprend que la coutume s'en est déjà établie parmi les *petits-maîtres de Paris*, que *cependant nous ne sommes pas avancés d'un seul iota dans la connaissance du sens d'un seul de ces caractères sacrés* ; ensuite, et à tout hasard, il me conteste *la priorité* de la découverte de l'al-

---

(1) N.° LV, Février 1823, pag. 188 à 197.

phabet hiéroglyphique, pour en faire honneur à son compatriote M. le docteur Young : enfin, cet anonyme déclare, toujours de par lui, que l'écriture phonétique ne fut en usage en Égypte que du temps de la domination des Grecs et des Romains; il va même jusqu'à se dire *enclin à croire que la transcription des noms étrangers en hiéroglyphes est une invention des Grecs*, et qu'en conséquence, mon alphabet n'est absolument d'aucune espèce d'utilité, ni pour les monumens antérieurs aux Grecs, ni pour l'intelligence des textes hiéroglyphiques, de quelque époque qu'ils puissent être.

Je me serais abstenu de répondre à ces assertions si hasardées de l'anonyme du *Quarterly Review*, si je ne les avais vues reproduites, en grande partie, dans un nouvel ouvrage de M. le docteur Young, intitulé « *an Account of some recent discoveries in hieroglyphical literature, and Egyptian antiquities; including the author's original alphabet, as extended by M. Champollion.* Londres, 1823, in-8.°

Obligé d'examiner à fond ce même ouvrage, en ce qui concerne la découverte de l'alphabet hiéroglyphique, je m'efforcerai de rester dans les limites de la plus stricte impartialité, sur-tout puisqu'il s'agit d'une personne qui a tant d'autres titres aux suffrages de l'Europe savante.

Je me hâte donc de déclarer la haute estime que je professe pour la personne et les travaux de M. le docteur Young, et de reconnaître qu'il a, le premier, publié quelques notions exactes sur les écritures antiques de l'Égypte; qu'il a aussi, le premier, établi quelques distinctions vraies, relativement à la nature générale de ces écritures, en déterminant, par une comparaison matérielle des textes, la valeur de plusieurs groupes de caractères. Je reconnais encore qu'il a publié avant moi ses idées sur la possibilité de l'existence de quelques signes de son, qui auraient été employés pour écrire en hiéroglyphes les noms propres étrangers à l'Égypte ; enfin que M. Young a essayé aussi le premier, mais sans un plein succès, de donner une valeur phonétique aux hiéroglyphes composant les deux noms *Ptolémée* et *Bérénice*.

Mais j'attends également de sa justice qu'il reconnaîtra à son tour, et avec la même franchise, qu'au moment où j'ai été admis à lire à l'Académie des belles-lettres (le 27 septembre 1822) mon *Mémoire sur les hiéroglyphes phonétiques*, publié le mois suivant sous le titre de *Lettre à M. Dacier*, il n'avait encore, 1.° aucune idée fixe sur l'existence ni sur la nature générale de l'écriture phonétique hiéroglyphique ; 2.° ni aucune certitude sur la valeur, ou alphabétique, ou syllabique, ou dissyllabique, qu'il avait attribuée à onze des treize signes hiéroglyphiques qui composent réellement les noms Ptolémée et Bérénice, les seuls que le savant Anglais ait essayé d'analyser.

M. le docteur Young reconnaîtra, de plus, que même *la nature phonétique* de ces onze signes devait lui sembler d'autant plus douteuse, qu'appliquées à d'autres noms propres hiéroglyphiques, les valeurs qu'il supposait à ces signes ne l'ont conduit, je ne dis pas à la

(9)

lecture d'un seul autre nom, mais pas même à soupçonner, avec quelque espèce de raison, la nature phonétique d'un seul autre de ces noms; tel, par exemple, que celui de *Cléopâtre*, de l'obélisque de Philæ transporté en Angleterre, et dont il a eu la copie long-temps avant moi, qui ne l'ai connue qu'à Paris par l'obligeance de M. Letronne. Et il devait en être ainsi pour M. le docteur Young, puisque, sur *onze* des caractères dont il a voulu assigner les valeurs, celles de *huit* d'entre eux sont inexactes; ce qui explique encore assez clairement pourquoi, ni M. le docteur Young, ni aucun autre savant, n'a songé, durant trois années, à tirer le moindre parti de la petite série de signes présumés phonétiques, insérée par le savant Anglais dans l'Encyclopédie britannique dès 1819 : mon alphabet seul y a ramené et l'auteur et le public.

Je crois également que M. le docteur Young ne peut refuser de reconnaître aussi qu'au moment où je publie ce Précis du système hiéroglyphique, ses travaux ne nous ont fourni aucune lumière certaine, ni sur la constitution intime, ni sur l'ensemble de ce système d'écriture; que nous ignorons encore les diverses sortes de caractères qu'elle emploie, sa marche et ses combinaisons; qu'enfin, abstraction faite des *signes figuratifs*, nous n'avons aucune notion précise du mode par lequel les groupes de caractères hiéroglyphiques dont M. Young peut croire avoir fixé la valeur (1), exprimeraient les

---

(1) Ces caractères et ces groupes hiéroglyphiques sont gravés dans

idées dont ces groupes seraient les signes, selon son opinion.

Tout reste donc encore à faire, malgré les importans travaux préparatoires et les efforts du savant Anglais, pour que nous puissions nous former une idée juste de *l'écriture hiéroglyphique* : ce n'est point en effet connaître un système d'écriture, si l'on n'a fait que déterminer la signification de quelques caractères ou groupes de caractères pris isolément dans un texte, sans savoir toutefois par quel moyen, par quelle loi de convention, ces caractères ou ces groupes peuvent exprimer l'*idée* dont on les suppose les signes écrits ; quand on ignore si ces caractères, ces groupes, sont *idéographiques* ou *phonétiques*, c'est-à-dire, s'ils expriment directement l'objet de l'idée, ou bien le son du mot signe de cette même idée dans la langue parlée.

L'ouvrage que je soumets au public aura donc un but principal et un but accessoire.

Le but accessoire, qui se lie intimement au but principal, sera de comparer l'essai de lecture des deux noms hiéroglyphiques, *Ptolémée* et *Bérénice*, d'après M. le docteur Young, avec la lecture de ces mêmes noms qui résulte de mon alphabet des hiéroglyphes. On pourra se convaincre, par cette comparaison, de combien le système de lecture de ces noms par le sa-

---

les planches 74 à 78 du IVe volume, *Supplément*, de l'*Encyclopédie britannique* ; cette même série, considérablement diminuée, a été reproduite de la page 153 à la page 160 du nouvel ouvrage de M. le docteur Young.

vant Anglais, diffère du mien, et le monde savant jugera, d'après les faits seuls, à qui appartient la découverte réelle de l'alphabet hiéroglyphique égyptien. Cette partie, qui forme le premier chapitre de cet ouvrage, n'y occupera qu'une courte étendue.

Le but principal est de démontrer, non contre l'opinion sans conséquence de l'anonyme du *Quarterly Review*, mais contre l'opinion bien plus imposante de M. le docteur Young lui-même,

1.° Que mon alphabet hiéroglyphique s'applique aux légendes royales hiéroglyphiques de toutes les époques ;

2.° Que la découverte de l'alphabet phonétique des hiéroglyphes est la véritable clef de tout le *système hiéroglyphique ;*

3.° Que les anciens Égyptiens l'employèrent, à toutes les époques, pour représenter *alphabétiquement* les sons des mots de leur langue parlée ;

4.° Que toutes les inscriptions hiéroglyphiques sont, en très-grande partie, composées de signes *purement alphabétiques, et tels que je les ai déterminés ;*

5.° Je chercherai à connaître la nature des diverses sortes de caractères employés simultanément dans les textes hiéroglyphiques.

6.° Enfin, j'essaierai de déduire de toutes ces propositions une fois prouvées, la théorie générale du système hiéroglyphique, appuyée sur de nombreuses applications : cette théorie sera tout-à-fait neuve, et certaine, j'ose le dire, puisqu'elle résultera des faits. Elle nous conduira d'abord à reconnaître le sujet et le contenu, souvent tout entier, d'un assez grand nombre d'inscriptions hiéroglyphiques; et, par des travaux successifs qu'elle rend désormais possibles, conçus toutefois et dirigés d'après ses principes, elle nous donnera bientôt l'intelligence pleine et entière de tous les textes hiéroglyphiques.

CHAPITRE Ier

État actuel des études sur les Hiéroglyphes, et sur l'Écriture phonétique égyptienne employée dans la transcription des noms propres de Rois grecs ou d'Empereurs romains.

LA science archéologique n'avait retiré aucun fruit des immenses travaux de *Kircher* sur les hiéroglyphes ; ses nombreux ouvrages, accueillis d'abord avec une confiance aveugle, parce que les études égyptiennes commençaient à peine, et que leurs fondemens véritables, les monumens, étaient alors fort rares, ont été beaucoup mieux jugés dans la suite, et la saine critique les a réduits à leur juste valeur. Les écrits de *Warburton* sont purement théoriques, leur auteur s'étant borné à discuter les passages classiques relatifs aux écritures égyptiennes, en essayant de les coordonner avec son système entièrement spéculatif, système que les monumens sont bien loin de confirmer sur les points les plus essentiels.

Dans le dernier siècle et dans le nôtre, il a paru un assez grand nombre d'essais spéciaux sur l'écriture hiéroglyphique; mais leur application aux monumens, la véritable pierre de touche des opinions qu'on s'était formées sur ce sujet, en a déjà montré toute l'insuffisance ou toute la fausseté. Le monde savant, défavorablement prévenu, non sans quelqueraison, s'était en quelque sorte prononcé d'avance contre toutes les tentatives qui avaient pour but de parvenir à l'intelligence des inscriptions égyptiennes; et à cet égard une seule opinion paraissait bien établie, celle de l'impossibilité d'arriver à cette connaissance si vainement et si laborieusement cherchée jusqu'ici.

Pour réveiller l'attention publique et ranimer toutes les espérances, il ne fallut rien moins que la découverte d'un texte hiéroglyphique accompagné de sa traduction en langue grecque; découverte de la plus haute importance, dont nous sommes à la veille peut-être de recueillir des fruits précieux, et qui est due aux Français durant leur mémorable campagne sur les rives du Nil.

Par suite de cette entreprise scientifique et militaire, des monumens égyptiens de tout genre furent transportés en France : à notre exemple, l'Europe entière s'est empressée d'encourager les voyageurs à parcourir ce sol antique ; et les productions des arts anciens de cette contrée ont bientôt afflué dans toutes nos capitales.

Parmi les monumens égyptiens que l'Europe a recueillis, se placent en première ligne la pierre de Rosette, que les hasards de la guerre ont livrée aux Anglais, et de nombreux manuscrits égyptiens sur papyrus Ces rouleaux précieux ont fixé d'abord l'attention des archéologues; et comme ils sont souvent écrits en caractères essentiellement différens, le premier pas à faire dans leur étude, c'était de distinguer les divers genres d'écritures qu'ils présentent, et de savoir en quoi ces écritures pouvaient différer dans leur marche, indépendamment des formes matérielles des signes.

Le texte intermédiaire de l'inscription de Rosette, dont la partie grecque désigne les caractères sous le nom d'ΕΓΧΩΡΙΑ ΓΡΑΜΜΑΤΑ, est celui sur lequel on a eu les premières notions précises. Les travaux si connus de MM. Silvestre de Sacy et Ackerblad, démontrèrent que ce texte renfermoit des noms propres grecs écrits en caractères égyptiens alphabétiques; notion précieuse qui est devenue en quelque sorte le germe véritable de toutes les découvertes faites depuis sur les écritures égyptiennes. Feu Ackerblad essaya d'étendre ses lectures hors des noms propres grecs, et il échoua complétement; sans doute parce qu'il s'attacha trop à vouloir retrouver dans des mots que tout prouvait devoir être égyptiens, toutes les voyelles que ces mêmes mots portent encore dans les textes coptes, tandis qu'il pouvait arriver que la plupart des voyelles y fussent supprimées, comme dans les écritures hébraïque et arabe.

Un anonyme publia en 1804 un *Essai* (1) sur le texte

---

(1) *Analyse de l'Inscription en hiéroglyphes du monument trouvé à Rosette;* Dresde, 1804, in-4.º

hiéroglyphique de Rosette; mais ce livre ne nous apprit absolument rien sur cette écriture sacrée; il ne prouva que la richesse d'imagination de son auteur, qui crut retrouver dans le court fragment qui nous reste de ce texte, l'expression même de toutes les idées consignées dans la totalité de la traduction grecque.

Pendant plusieurs années, on ne vit paraître aucun ouvrage qui fît faire un pas de plus, soit sur le texte intermédiaire de Rosette, soit sur les hiéroglyphes en général. La question de savoir jusqu'à quel point on devait rapporter à un même genre d'écriture le texte intermédiaire de Rosette et les papyrus dont l'écriture diffère évidemment des textes hiéroglyphiques, était donc encore indécise.

Mais enfin l'auteur de l'article *Égypte* dans l'Encyclopédie britannique (1), M. le Docteur Young, qui avait déjà inséré dans le *Museum criticum* de Cambridge (2), une traduction conjecturale des deux textes égyptiens de l'inscription de Rosette, accompagnée de l'alphabet de M. Ackerblad, accru de quelques signes, et avec lequel il essaie, mais vainement, de *lire* des mots égyptiens dans le texte intermédiaire de Rosette, rendit public, en 1819, l'exposé d'un système tout nouveau sur les écritures égyptiennes en général, et il l'accompagna de

---

(1) *Supplement to the fourth and fifth editions of the Encyclopædia britannica*. Edinburgh, 1819, vol. IV, part. 1.re (de la page 38 à la page 74).

(2) N.º VI, Mai 1816.

(16)

planches (1) contenant la série des caractères et des groupes en hiéroglyphes ou en écriture *enchoriale* (du pays) sur lesquels il l'avait fondé.

Ce système sur les *deux* espèces d'écriture égyptienne, car M. Young n'en reconnut réellement que deux, se réduit aux propositions suivantes :

1.° L'écriture du texte intermédiaire ou *enchorial* de la pierre de Rosette, *est la même que celle des papyrus* non hiéroglyphiques (2); les signes du texte *enchorial se sont corrompus dans la main du peuple :* c'est pour cela qu'on observe dans ce texte *des formes qu'on ne retrouve point* dans les papyrus (3).

2.° L'écriture de ce texte intermédiaire et celle des papyrus *sont purement idéographiques*, comme les textes hiéroglyphiques (4).

3.° Quoique tout soit idéographique dans les papyrus et dans le texte intermédiaire de Rosette, le savant Anglais reconnaît toutefois que la plupart des noms propres de ce texte intermédiaire sont susceptibles d'une espèce de lecture avec l'alphabet d'Ackerblad; il en conclut que les Égyptiens, pour transcrire les noms propres étrangers, se servirent, comme les Chinois, de signes réellement idéographiques, mais détournés de leur expression ordinaire, pour leur faire accidentellement représenter *des sons* (5).

---

(1) Suppl. *Encyclop. britan.* pl. 74 à 78.
(2) *Ibid.* pag. 54.
(3) *Ibid.* pag. 54, 55.
(4) *Ibid.* pag. 54.
(5) *Ibid.* pag. 54, 62, 63 (n.os 58, 59, 66).

4.° Il pense que l'écriture des papyrus n'est nullement alphabétique, comme on l'avait cru généralement (1).

5.° Il ajoute que les signes des papyrus ne sont que des abréviations des caractères hiéroglyphiques proprement dits (2).

6.° Enfin, il donne le nom d'*écriture hiératique*, non à celle des papyrus, mais à certains textes hiéroglyphiques que j'ai appelés *linéaires*, qui ne sont que des hiéroglyphes au simple trait, et qui ne forment point une espèce d'écriture à part (3).

Je dois dire qu'à la même époque, et sans avoir aucune connaissance des opinions de M. le docteur Young, je croyais être parvenu, d'une manière assez sûre, à des résultats à-peu-près semblables. Mais on verra, dans la suite de cet ouvrage, combien les résultats que je publie aujourd'hui diffèrent, pour la plupart, de ceux dont on vient de lire l'énoncé, et que j'ai abandonné mes premiers aperçus aussitôt que des faits irrécusables m'en ont démontré la fausseté. Je ne m'attacherai dans ce chapitre qu'à l'exposition de quelques points nécessaires à l'intelligence de ce qui doit le suivre.

Mes divers mémoires dont l'Académie des belles-lettres a bien voulu entendre la lecture (4), ont démontré, je crois, et conformément aux témoignages formels

---

(1) *Encyclopédie britannique*, Supp. IV, pag. 71, &c.
(2) *Ibid.* et pag. 55, 71, &c.
(3) *Voyez* mon *Mémoire sur l'écriture hiératique*, lu à l'Académie en 1821.
(4) *Ibid.*

B

des anciens, qu'il exista en Égypte trois sortes d'écritures distinctes :

L'*écriture hiéroglyphique,* sur la forme de laquelle il ne saurait y avoir la moindre incertitude ;

L'*écriture hiératique,* véritable *tachygraphie* des hiéroglyphes, qui est celle des papyrus non hiéroglyphiques trouvés sur des momies ;

L'*écriture démotique* ou *épistolographique,* celle de l'inscription intermédiaire de Rosette, et qui appartient à un système d'écriture distinct de la véritable écriture *hiératique,* avec laquelle M. le docteur Young l'a confondue.

J'ai établi dans ces Mémoires que les signes *démotiques,* c'est-à-dire, ceux du texte intermédiaire de la pierre de Rosette, n'étaient point *une dégradation* de ceux des papyrus, puisque j'ai retrouvé dans les papyrus *hiératiques* les mêmes signes que dans ce texte *démotique* de Rosette ; et qu'enfin la différence entre l'écriture *hiératique* et l'écriture *démotique,* systèmes toujours distincts l'un de l'autre, portait sur des points bien plus essentiels que ne le serait la forme seule des caractères *communs* à l'une et à l'autre. (1).

Tous ces faits sont contraires à la *première* et à la *sixième* propositions précitées de M. le docteur Young ;

---

(1) Si l'on doutait encore de la différence marquée de ces deux systèmes, je pourrais citer plusieurs beaux manuscrits *hiératiques* dont les divisions principales ont été indiquées, soit au scribe, soit au dessinateur chargé d'exécuter les peintures, par le moyen de petites légendes tracées en *écriture démotique.*

la *seconde* et la *quatrième* se trouveront entièrement détruites par les résultats généraux de cet ouvrage; mais c'est ici le lieu d'examiner la *troisième*, relative à la *méthode suivie par les Égyptiens dans la transcription des noms propres étrangers*.

Comme l'alphabet des *caractères phonétiques* est, selon moi, la clef principale de l'*écriture hiéroglyphique*, on me pardonnera sans doute la comparaison détaillée, dans laquelle je crois devoir entrer, des travaux de M. le docteur Young avec les miens, relativement aux principes d'après lesquels les Égyptiens opéraient hiéroglyphiquement la transcription des noms propres étrangers. De ce parallèle doit résulter une connaissance complète de la nature des signes phonétiques égyptiens; leur application se montre aujourd'hui dans sa vaste étendue : le lecteur accordera donc quelque intérêt à une discussion qui décidera aussi auquel des deux en appartient véritablement la découverte.

Pour arriver à l'analyse de deux noms propres hiéroglyphiques grecs, M. le docteur Young a pris pour point de départ l'alphabet *démotique* des noms propres grecs d'Ackerblad, sans toutefois que le savant Anglais parût considérer les signes de ces noms comme véritablement *alphabétiques*, puisqu'il les a fait graver sous le titre de SUPPOSED *alphabet enchorial*, dans la LXXVII.ᵉ planche de l'*Encyclopédie britannique* (Supp. t. IV).

Un second moyen dont M. le docteur Young crut pouvoir user pour cette analyse, fut sans doute aussi la comparaison qu'il fit des manuscrits sur papyrus avec les manuscrits hiéroglyphiques, comparaison par laquelle il resta prouvé que les caractères des papyrus n'étoient que des abréviations des caractères hiéroglyphiques. Ajoutant à ces deux moyens celui que lui fournissait la langue copte, le savant Anglais procéda à l'analyse des noms hiéroglyphiques de *Ptolémée* et de *Bérénice*.

Mes travaux sur le texte *démotique* de l'inscription de Rosette m'avaient aussi mis à même d'accroître et de rectifier, sur certains points, l'alphabet d'Ackerblad, et la comparaison des manuscrits *hiératiques* avec un grand manuscrit *hiéroglyphique*, m'avait de même conduit facilement à reconnaître que l'écriture hiératique n'était qu'une simple *tachygraphie* des hiéroglyphes : l'Académie royale des belles-lettres a bien voulu entendre un mémoire sur ce sujet, que je lus en 1821 ; et je me suis convaincu, depuis, que M. le docteur Young avait publié avant moi ce même résultat, et de plus, que nous avions été prévenus de quelques années, l'un et l'autre, quant au principe de cette découverte et à sa définition, par M. Tychsen de Goettingue (1).

Usant des mêmes moyens, M. le docteur Young et moi, comment sommes-nous donc arrivés à des résultats différens ? Pourquoi le savant Anglais a-t-il été arrêté tout court après son essai d'analyse des deux noms *Ptolémée* et *Bérénice*, tandis qu'avec les résultats de la mienne, j'en ai lu une foule d'autres sans difficulté ?

---

(1) Voy. *Magasin encyclopédique*, année 1816, tom. II, pag. 287, note 1.re

page 21.   Pl. I.

La réponse à ces diverses questions résultera de la comparaison suivie des deux analyses de ces noms.

On ne saurait regarder comme une découverte qui serait exclusivement propre au savant Anglais, l'idée même que le cartouche hiéroglyphique de l'inscription de Rosette renfermait le nom de *Ptolémée;* il y a long-temps que des savans du premier ordre avaient signalé ces encadremens elliptiques ou *cartouches,* comme contenant des *noms propres* (1); et pour quelqu'un qui aurait fait une longue étude du texte *démotique* de Rosette, il ne pouvait rester douteux, à la première inspection du texte *hiéroglyphique,* que le cartouche renfermait le nom de *Ptolémée.* Mais une découverte véritable, ce serait d'avoir réellement *lu* ce nom hiéroglyphique, c'est-à-dire, *d'avoir fixé la valeur propre à chacun des caractères qui le composent, et de telle manière, que ces valeurs fussent applicables par-tout où ces mêmes caractères se présentent.* La comparaison suivante de l'analsye des noms hiéroglyphiques de *Ptolémée* et de *Bérénice,* d'après M. le docteur Young et d'après moi, décidera auquel des deux cette découverte appartient.

Commençons par le nom hiéroglyphique de *Ptolémée,* gravé (n.° 1) sur la planche mise en regard de cette page.

« Le *billot carré* et le *demi-cercle,* dit M. le docteur

---

(1) L'abbé Barthélemy, dans le *Recueil d'antiquités* du C.te de Caylus, tom. V, pag. 79; Zoëga, *de Origine et Usu obeliscorum,* pag. 374, 465, &c.

« Young (1), répondent *invariablement*, dans *tous* les
» manuscrits, aux caractères qui ressemblent au P et
» au T (2) d'Ackerblad (3), et qui se trouvent au com-
» mencement du nom *enchorial* » (le nom *démotique*
de Ptolémée, *voyez* notre planche I, n.º 3).

Ceci est vrai seulement pour le *demi-cercle* ou *segment de sphère* ; quant au *carré*, je n'ai jamais vu, dans aucun des nombreux manuscrits *hiératiques* que j'ai étudiés, qu'il fût exprimé par un caractère semblable au P de M. Ackerblad ; sa forme constante est celle qui est gravée sur ma planche I.re, n.º 4, forme que j'ai retrouvée aussi, comme le premier signe du nom de *Ptolémée,* dans plusieurs papyrus *démotiques.*

J'ai avancé, de mon côté, que *le carré* étoit la lettre P, par la seule raison que le P du nom hiéroglyphique de *Cléopâtre* (pl. I, n.º 5), était aussi exprimé par ce même caractère, le *carré;* et que le *segment de sphère* était la consonne T, d'abord parce que, dans tous les textes hiéroglyphiques, l'article féminin de la langue égyptienne, T, est rendu par ce *segment de sphère;* et en second lieu, parce qu'il exprime la consonne T dans une foule de noms grecs ou romains hiéroglyphiques.

« Le caractère suivant, continue M. Young, qui
» semble être une espèce de nœud, *n'est point essentielle-*
» *ment nécessaire,* étant *souvent omis* dans les caractères

---

(1) *Encyclop. brit.* Supp. IV, pag. 62.
(2) On emploie ici, et dans la suite de la discussion, les lettres capitales de l'alphabet latin.
(3) *Voyez* notre pl. I, n.º 2.

» sacrés, et *toujours* dans *l'enchorial* » (le nom démotique de Ptolémée).

J'ignore sur quel fondement le savant Anglais a cru pouvoir déclarer que ce troisième signe du nom hiéroglyphique de Ptolémée n'est *point essentiellement nécessaire,* et pourquoi il s'est dispensé d'en rechercher la valeur; mais je puis assurer que je ne l'ai trouvé omis qu'*une seule fois* (1) dans les nombreux cartouches de *Ptolémée*, dessinés sur les monumens égyptiens; seulement ce caractère est quelquefois déplacé et mis après le *lion*, et le caractère démotique correspondant (pl. I, n.° 6), loin d'être *toujours omis,* est au contraire *toujours exprimé;* mais le savant Anglais a cru que ce signe faisait partie du caractère qui le précède.

Dans mon système, l'hiéroglyphe en forme de nœud que M. Young regarde comme inutile, et qui me paraît être *un fruit* ou *une fleur avec sa tige recourbée,* a été reconnu au contraire pour être le signe de la voyelle O, parce qu'il est aussi en effet le quatrième signe du nom hiéroglyphique de *Cléopâtre*.

» Le *lion*, dit M. Young, correspond au LO d'Acker-
» blad; un *lion étant toujours exprimé* par *un caractère*
» SEMBLABLE *dans les manuscrits,* où une ligne *oblique*
» *croisée* représente *le corps*, et une ligne *perpendiculaire*
» *la queue:* cela FUT LU PROBABLEMENT, non pas LO,
» mais OLE. »

---

(1) *Inscript. de Rosette,* texte hiéroglyphique, ligne 14, et par un oubli du graveur.

Il est évident que le savant Anglais, parvenu seulement au quatrième signe du nom hiéroglyphique de Ptolémée, est déjà forcé, pour lire ce nom dont les deux premiers élémens lui ont paru *alphabétiques*, P et T, et en supprimant le troisième signe sans motif, de supposer que le quatrième, le *lion*, n'est plus un signe *alphabétique* comme les deux premiers, mais un caractère *dissyllabique*, lui attribuant la valeur OLE. Cet emploi de signes si différens de nature serait bien surprenant, à notre avis.

Pour moi, observant que le *lion*, troisième signe du nom hiéroglyphique de *Ptolémée*, était aussi le second signe du nom hiéroglyphique de *Cléopâtre*, je reconnus cet hiéroglyphe pour être tout simplement le signe de la consonne L.

J'ajouterai aussi que, dans aucun manuscrit *hiératique*, le signe équivalant au *lion* hiéroglyphique ne m'a paru *semblable* ni au caractère L ni au groupe LO d'Ackerblad: on peut voir le caractère *hiératique* répondant au *lion*, sur notre planche I, n.° 7.

L'erreur du savant Anglais, à cet égard, vient de ce qu'il a pris le quatrième signe (pl. I, n.° 6) du nom *démotique* de Ptolémée (pl. I, n.° 3), pour un trait essentiellement dépendant du caractère L qui précède (pl. I, n.° 8), et que ce groupe, qu'il suppose n'être qu'*un seul caractère* (pl. I, n.° 9), lui a semblé offrir quelque analogie avec le signe hiératique du lion (pl. I, n.° 7). Mais le quatrième signe démotique (pl. I, n.° 6) est un caractère distinct, et répond invariablement à la voyelle hiéroglyphique O, *la fleur* ou *fruit avec sa tige recourbée* (pl. I, n.° 10), soit dans le nom démotique de *Ptolémée*, soit dans celui de *Cléopâtre* (pl. I, n.° 11).

Quant au nom de Ptolémée du texte démotique de Rosette, il est orthographié ΠΤΛΟΜΗΣ, tandis que dans le cartouche hiéroglyphique du même monument il est écrit ΠΤΟΛΜΗΣ; j'ai cité, du reste, dans ma *Lettre à M. Dacier* (1), des cartouches hiéroglyphiques dans lesquels ce nom se trouve aussi écrit ΠΤΛΟΜΗΣ, comme dans le texte *démotique* de Rosette.

« Le caractère suivant (le 5.e du nom hiéroglyphique
» de Ptolémée) est connu, poursuit le savant Anglais,
» pour avoir quelque rapport *à l'idée* PLACE, LIEU, en
» copte MA; et il semble avoir été lu MA ou simple-
» ment M; et *ce caractère est toujours exprimé dans l'écri-
» ture courante* par le M de l'alphabet d'Ackerblad. »

J'avoue d'abord que je n'ai jamais observé, soit dans l'inscription de Rosette, soit ailleurs, que le cinquième caractère du nom hiéroglyphique de Ptolémée fût employé dans un groupe ou bien seul, pour exprimer l'idée *lieu* ou *place;* de plus, que je n'ai jamais vu dans les textes hiératiques cet hiéroglyphe remplacé par un signe semblable au M d'Ackerblad (pl. I, n.° 12). Il y est exprimé, soit par un signe tout-à-fait semblable à l'hiéroglyphe lui-même, soit par un caractère qui se rapproche de la forme de notre chiffre 3. (*Voyez* ces signes hiératiques, pl. I, n.° 13).

---

(1) Planche I.re, n.os 30, 40, 41.

Dans mon système, j'ai reconnu ce caractère pour M hiéroglyphique, d'abord parce que tous les autres élémens qui forment le nom de Ptolémée étant bien fixés, ce signe devait en être forcément le M; en second lieu, parce que je le retrouvais, et avec cette même valeur, dans divers autres noms gréco-romains. On verra bientôt que, dans la lecture du nom de Ptolémée, M. le docteur Young rentre dans son système syllabique en prononçant ce caractère MA.

« Les deux plumes, ajoute-t-il, quel que puisse avoir
» été leur *sens naturel*, répondent aux trois *lignes paral-
» lèles* du texte *enchorial*, et semblent, dans plus d'une
» occasion, avoir été lues I ou E. »

De mon côté, j'ai assigné à ces deux plumes la valeur de l'H grec, parce que je considère ces deux plumes, ou plutôt ces deux *feuilles*, comme un caractère complexe formé de la duplication de la *feuille* simple, qui est une voyelle brève. Les deux plumes répondent assez constamment en effet, dans les noms hiéroglyphiques, soit aux diphthongues grecques AI, EI, soit aux doubles voyelles IA, IO; et, sous le premier rapport, ce groupe hiéroglyphique a la plus grande analogie avec l'epsilon redoublé, EE, des plus anciennes inscriptions grecques. Les deux feuilles répondent aussi quelquefois à l'*iota* de quelques noms grecs ou romains : nouveau motif pour transcrire ce groupe, vague de sa nature, par l'$\eta\tau\alpha$ des Grecs, dont la prononciation antique approcha aussi certainement de celle de notre I.

M. le docteur Young a observé avec toute raison que

les deux plumes hiéroglyphiques répondent au caractère *démotique* formé de trois *lignes parallèles* (pl. I, n.° 14). Mais l'un n'est point pour cela un signe exactement correspondant à l'autre; le caractère démotique précité est la forme *hiératique* du signe hiéroglyphique figuré (pl. I, n.° 15); caractère que j'ai reconnu n'être qu'un homophone des deux *feuilles* ou *plumes* dans les textes hiéroglyphiques.

« *Le trait recourbé*, continue M. Young, qui signi-
» fiait probablement GRAND, *fut lu OSCH ou OS*. »

Il est démontré pour moi, 1.° que l'idée *grand* n'est jamais exprimée dans le texte hiéroglyphique de Rosette par ce trait recourbé, mais bien par *une hirondelle placée sur le caractère bouche*, groupe que M. le docteur Young a cru signifier *diadème* (1);

2.° Que ce caractère, eût-il signifié *grand*, n'aurait jamais été prononcé ⲟϣ par les Égyptiens, parce que ce monosyllabe a toujours le sens de *beaucoup, nombreux*, πολὺ, πολυς, et non pas celui de *grand*, idée rendue en langue égyptienne par les mots ⲛⲁⲁ, ⲛⲟϭ ou ⲛⲓϣϯ;

3.° Enfin, que ce trait recourbé représente simplement la consonne S, et non pas les syllabes *OSCH* ou *OS*, puisqu'il termine sans cesse les noms propres grecs ou romains dont la dernière lettre est un Σ, ς, et que, dans le milieu de ces mêmes noms, il ne représente jamais que cette seule consonne Σ.

---

(1) *Encycloped. britannique*, Supp. vol. IV, part. I.ʳᵉ, pl. 75, n.° 92. — *An Account of some recent discoveries, &c.* pag. 155, n.° 92.

Ce rapprochement du système et des procédés de M. le docteur Young, et du système et des procédés que j'ai employés de mon côté, pour parvenir à la lecture et à l'analyse du nom propre hiéroglyphique de *Ptolémée*, prouve déjà à lui seul que nous avons suivi l'un et l'autre une route différente : cette vérité est mise dans la plus entière évidence par la comparaison même de son analyse totale du nom hiéroglyphique de Ptolémée, avec les résultats tout autres que j'ai moi-même obtenus.

« Rapprochant tous ces élémens les uns des autres, » dit en effet le savant Anglais, NOUS AVONS PRÉCISÉ-» MENT ΠΤΟΛΕΜΑΙΟΣ, LE NOM GREC LUI-MÊME. »

Et moi, qui ai considéré chaque caractère hiéroglyphique comme une simple lettre, et non pas comme pouvant représenter chacun une ou deux syllabes, je n'ai pu et dû obtenir que ΠΤΟΛΜΗΣ, squelette du nom grec Πτολεμαιος.

Il est clair que la théorie du docteur Young s'éloigne en elle-même aussi essentiellement de la mienne, que les résultats obtenus par l'application de l'une et de l'autre diffèrent entre eux.

Selon le système du savant Anglais, les Égyptiens écrivaient *hiéroglyphiquement* les noms propres étrangers, par le moyen de caractères proprement *idéographiques* qu'on employoit *accidentellement* à représenter, soit une simple *lettre*, soit *une syllabe*, soit même *deux syllabes*.

Selon mon système, les Égyptiens transcrivaient ces noms au moyen de caractères *dont chacun ne représentait simplement qu'une consonne* ou *une* des principales *voyelles* de ces noms étrangers.

D'après M. le docteur Young, les Égyptiens auraient eu une espèce d'*alphabet idéographico-syllabique mixte*, à-peu-près comme les Chinois lorsqu'ils transcrivent des mots étrangers à leur langue.

D'après moi, les Égyptiens transcrivirent les noms propres étrangers par *une méthode toute alphabétique*, semblable à celle des Hébreux, des Phéniciens et des Arabes, leurs voisins.

On ne saurait donc élever une question de *priorité* entre M. le docteur Young et moi sur la découverte du véritable alphabet phonétique égyptien, comme voudrait le faire l'auteur anonyme du *Quarterly Review*, puisque nos deux systèmes n'ont à très peu près rien de commun.

L'auteur de cet article eût donc dû examiner d'abord s'il y avait *parité* entre les deux systèmes, en prenant la peine d'en étudier les détails, et de les juger ensuite d'après leurs conséquences réelles et leurs applications positives.

Après le nom propre hiéroglyphique de *Ptolémée*, M. le docteur Young essaie ensuite de lire celui de *Bérénice*, qui se trouve sculpté deux fois au plafond de la grande porte du sud à Karnac. (*Voy.* ma pl. I, n.° 16.)

« Il nous semble y avoir dans ce nom, dit le savant
» Anglais (1), *un autre exemple d'écritures syllabique et*

---

(1) *Encyclop. britannique*, Supp. IV, pag. 62 et 63, article 58.

» *alphabétique, combinées d'une manière qui ne diffère pas*
» *extrêmement de ce mélange badin de mots et de choses avec*
» *lequel on amuse quelquefois les enfans* ; car, quoique
» l'indignation de Warburton pût être excitée par cette
» comparaison, il est parfaitement vrai que parfois du
» sublime au ridicule il n'y a qu'un pas. »

» Le premier caractère de ce nom hiéroglyphique a
» précisément la même forme qu'une *corbeille* repré-
» sentée à Byban-el-Molouck, et appelée, dans la *Des-*
» *cription de l'Égypte*, PANIER *à anses;* et une corbeille
» se dit en langue copte BIR. »

» L'*ovale*, qui ressemble à un œil sans prunelle, si-
» gnifie ailleurs A (préposition), qui en copte se dit E. »

» La ligne ondée signifie *de,* et peut être rendue
» par N. »

» Le petit *marche-pied* semble *être superflu.* »

» L'*oie*, c'est KE ou KEN: Kircher nous donne le
» mot KENESOU pour *oie*...... »

» Donc, *nous avons à la lettre* BIRENICE, ou, si
» le N doit être inséré, l'accusatif BIRENICEN. »

Dans mon système, au contraire, le premier caractère, qui n'est point une *corbeille,* mais bien la cassolette dans laquelle on brûlait l'encens, n'exprime pas la syllabe BIR, mais seulement la consonne B; car ce même hiéroglyphe est aussi le B du titre Σεβαστος, comme le B du nom propre Τιβεριος;

Le second caractère, qui est une *bouche*, et non pas un œil sans prunelle, équivaut par-tout à la consonne R, et non pas à la voyelle E; et je ne l'ai vu, dans aucun texte hiéroglyphique, répondre à la préposition copte ⲉ.

Je reconnais aux deux autres signes, le troisième et le quatrième, la même valeur que leur attribue M. le docteur Young.

Mais le cinquième caractère, le *marche-pied*, loin d'*être superflu*, comme le croit le savant Anglais, est une des formes les plus constantes de la consonne K dans les noms hiéroglyphiques.

Enfin, l'oie représente la consonne Σ, S, et non pas la syllabe KE ou KEN; l'*oie* tient en effet la place du *sigma* dans la transcription hiéroglyphique du nom de l'impératrice *Sabine*.

Je trouve enfin le nom hiéroglyphique de la reine *Bérénice* orthographié BPNHKΣ, et non pas BIPENIKE ni BIPENIKEN, comme le savant Anglais.

Mais arrivons au fait décisif entre les deux méthodes.

Le nom de *Bérénice* est le *seul* sur lequel M. le docteur Young ait essayé d'appliquer les valeurs phonétiques qu'il avait voulu déduire de son analyse du nom hiéroglyphique de *Ptolémée*. Tous les autres noms propres hiéroglyphiques, en si grande abondance sur les monumens égyptiens, ont absolument résisté à cette application.

Et si cette application de son système et du mien aux autres noms propres hiéroglyphiques est, comme il ne saurait y avoir aucun doute, la véritable pierre de touche qui doit décider de la valeur intrinsèque de l'un et de l'autre, la vérité de mon système est incontestablement démontrée par les faits, puisqu'en appliquant aux monumens les simples valeurs alphabétiques que j'avais attribuées à chacun des signes formant les noms propres hiéroglyphiques de *Ptolémée* et de *Cléopâtre*, j'ai considérablement accru mon alphabet hiéroglyphique ; j'ai assuré la valeur de chaque caractère en le montrant dans une foule de cas avec la même force représentative ; *j'ai lu* enfin, sans effort, dans les cartouches sculptés sur les édifices égyptiens, les noms hiéroglyphiques d'*Alexandre*, de son père *Philippe*, de *Bérénice* et d'*Arsinoë*; ceux des empereurs *Auguste*, *Tibère*, *Caius*, *Claude*, *Néron*, *Vespasien*, *Titus*, *Domitien*, *Nerva*, *Trajan*, *Hadrien*, *Antonin*; celui de l'impératrice *Sabine*; les surnoms *Alexandre*, *Néocesar*, *Germanicus*, *Dacicus*; les titres Σεβαστος et Σεβαστη; le titre ΑΥΤΟΚΡΑΤΩΡ (empereur), que M. le docteur Young a cru être, *selon toute probabilité*, dit-il (1), le nom propre *Arsinoë*, parce qu'un des signes qui le composent peut représenter une *lentille*, en copte ⲁⲣϣⲓⲛ *arschin*, ce qui eût suffi, dans son système, pour caractériser ce nom. J'ai lu le titre *César*, qui, se trouvant pour l'ordinaire rapproché du titre αυτοκρατωρ, a paru à M. le docteur Young exprimer le surnom d'*Évergète*, ayant déjà supposé que le premier αυτοκρατωρ pouvait être *Arsinoé*.

Si l'on compare maintenant les valeurs phonétiques assignées par le savant Anglais à quelques hiérogly-

---

(1) *Encyclop. britannique*, Supp. IV, pag. 63, n.º 59.

page 33.   Pl. II.

Signes Hiéroglyphiques			Valeur selon M.r Young.	Valeur selon mon Alphabet.
1.		⌂	BIR	B
2.		◯	E	R
3.	*	‖	I	I.È.AI
4.	*	〜〜	N	N
5.		⌒	inutile	K
6.		🦆	KE. KEN	S
7.		⌒	MA	M
8.		🐾	OLE	L
9.	*	▢	P	P
10.		⌇	inutile	Ô.OU
11.		⌇	OS. OSCH	Š
12.	*	⌒	T	T
13.		⌇	OU	KH
14.	*	⌇	F	F.V.
15.		⌇	ENE	T

4 3 1   2

phes, avec les valeurs que je leur ai attribuées moi-même (*voyez* ma planche II en regard de cette page), il est difficile de comprendre, en jetant les yeux sur ces valeurs de signes comparées, comment M. le docteur Young, qui ne se rencontre évidemment avec moi que sur *quatre* ou *cinq* signes seuls (1), a pu s'en attribuer *quinze* dans mon alphabet qu'il vient de réimprimer, en l'abrégeant, dans son nouvel ouvrage (2). On voit au contraire que, sur les dix signes des noms propres *Ptolémée* et *Bérénice* qu'il a essayé de lire, l'hiéroglyphe qu'il prononce BIR n'est pour moi que B ; que son E est un R, son KE ou KEN une S, son MA un M pur, son OLE un L, son OS ou OSCH un S ; que les deux signes qu'il regarde comme inutiles et dont il n'a point fixé la valeur, sont l'un un K, et l'autre un O ; que, sur les trois signes qu'il a pris hors de ces noms propres, son OU est pour moi le ꜣ *khéi* copte, et son ENE un T. Ainsi, dans quinze signes, nous nous rencontrons sur la valeur de cinq seulement qui répondent aux lettres I, N, T, P et F.

Quant aux quatre autres nouveaux caractères numérotés 1, 2, 3, 4, au bas de ma planche II, et dont le savant Anglais prétendrait avoir reconnu la valeur avant moi, je ne crois point qu'il puisse les réclamer légitimement, puisqu'il ne s'attribue le premier, qui est le N de mon alphabet, que pour avoir dit que

---

(1) Marqués d'un * sur la planche II.
(2) *An Account &c.*, *Alphabet of Champollion*, pag. 121.

(34)

ce signe, qu'il croyait *idéographique*, était, dans les textes hiéroglyphiques, le signe équivalant aux prépositions coptes ⲚⲦⲈ, et Ⲛ, *de*; et le n.° 2, parce qu'il avait remarqué, comme moi, que ce signe s'échangeait dans les textes avec celui qu'il prononçait ailleurs OSCH ou OS : mais M. Young n'a dit nulle part que ce signe n.° 2 fût un caractère *phonétique*.

Il réclamerait le n.° 3, parce qu'il a d'abord cru que l'oiseau qui le figure répondait, à lui tout seul, à un groupe composé de la *feuille* et de la *chouette*, ou du *carré* et d'un *oiseau*, groupes qu'il regarde comme exprimant en hiéroglyphes l'idée *respectable*, vénérable (1) : en conséquence, ayant mis le mot copte ⲘⲠϢⲀ *digne*, comme équivalent parlé de ces groupes *idéographiques* selon lui, il mit aussi dans la planche la lettre Ⲙ initiale du mot ⲘⲠϢⲀ, comme l'équivalent de la chouette seule, abrégé du prétendu groupe idéographique. Mais le savant Anglais ne dit nulle part que la *chouette* soit un *caractère phonétique*, répondant à la lettre copte Ⲙ (m). Aussi n'a-t-il donné le même oiseau (n.° 172, pl. 72, *Encyclop. britannique*) que comme le signe *idéographique* des prépositions coptes ϦⲈⲚ (khen) et ⲈϦⲞⲨⲚ (ekhoun) *dans*.

---

(1) *Encyclop. britan.*, Suppl., vol. IV, pag. 66 et 67. A mon avis, ces groupes n'ont jamais signifié *vénérable* ni *respectable*, en écriture hiéroglyphique. Le carré suivi de l'oiseau n'est qu'une abréviation d'un groupe tout phonétique, et qui se lit ⲠⲰⲤ, ⲠⲂⲤ, ⲠϤⲤ *gardien*, *soutien*, groupe dont on peut voir toutes les variations et les abréviations dans mon Tableau général, du n.° 413 au n.° 416, à la fin de cet ouvrage : la *chouette* n'entre jamais dans ce groupe.

Enfin M. le docteur Young voudrait réclamer le n.° 4, parce qu'il aurait remarqué que, dans l'inscription de Rosette, par exemple, ce signe se montrait à la place de la *chouette*, et cela dans des passages qu'il considérait toutefois comme *idéographiques*.

Il résulte donc de ces discussions, que M. le docteur Young n'a reconnu nulle part, à aucun de ces quatre signes, une valeur proprement phonétique, et qu'il ne nous les a montrés dans aucun nom propre dont il ait même essayé la lecture; tandis que, de mon côté, j'ai déduit la valeur de chacun d'eux, de plusieurs noms propres grecs ou romains comparés, noms dont j'ai donné la lecture complète. Le savant Anglais ne peut donc point les revendiquer; aussi ne les avait-il point insérés dans son *petit recueil* de treize signes hiéroglyphiques exprimant des sons, qu'il fit graver dans l'*Encyclopédie britannique*, pl. 77, du n.° 206 à 218.

Les prétentions de M. le docteur Young doivent donc se réduire à ce qui lui appartient réellement, *à avoir indiqué la véritable valeur phonétique de cinq caractères*, valeur que mon travail seul a réellement démontrée.

On peut maintenant juger, avec pleine connaissance de cause, cette assertion au moins singulière du savant Anglais, qui affirme, page 48 de son dernier ouvrage, *qu'il a découvert neuf lettres égyptiennes*, auxquelles je n'ai fait qu'en *ajouter trois autres, ou quatre* à la rigueur.

Et cette conclusion est fondée sur un bien étrange abus de mots : il ne s'agissait point en effet de découvrir si les Égyptiens eurent, dans leur langue et dans leurs écritures, les sons A, B, Γ, Δ, &c. ; mais il s'agissait uniquement de savoir par quels *signes* ce peuple représenta ces mêmes sons. La découverte à faire consistait seulement à reconnaître, dans les textes hiéroglyphiques, les signes qui étaient affectés à l'expression de ces sons; et cette découverte devait être d'autant plus importante, qu'on aurait fixé la valeur d'un plus grand nombre de signes. Or, sous ce rapport, le travail du savant Anglais, comparé avec le mien, perd encore plus qu'il ne le laisse apercevoir, puisque mon alphabet hiéroglyphique publié dans la *Lettre à M. Dacier*, offre la détermination de la valeur positive, et appuyée sur des faits, de *soixante* caractères hiéroglyphiques au moins, et que les signes dont la valeur a été indiquée par le savant Anglais se réduisent à *cinq*.

En résumant cette longue discussion, en ce qui concerne la nature générale du système phonétique égyptien, il reste prouvé, ce me semble,

1.° Que M. le docteur Young, en essayant d'analyser deux noms propres seulement, a cru et voulu établir que les anciens Égyptiens transcrivaient les noms propres étrangers, en employant simultanément, et dans la transcription du même nom, des caractères qui, quoique *idéographiques de leur nature,* exprimaient, dans ces occasions seules, les uns des *syllabes*, les autres des *dissyllabes*, et quelques-uns même de simples *lettres*;

2.° Que, de mon côté, j'ai le droit de croire avoir *démontré* que le système phonétique des Égyptiens était infiniment plus simple, et que ce peuple transcrivait les noms propres et les mots étrangers, au moyen *d'un véritable alphabet dont chaque signe équivalait à une simple voyelle ou à une simple consonne.*

Il serait facile maintenant, si l'on devait y revenir, d'apprécier la justice et la bonne foi de l'anonyme du *Quarterly Review*, qui s'est hâté d'élever une question de *priorité* entre M. le docteur Young et moi, avant d'avoir examiné d'abord s'il peut se trouver quelque *parité* entre un système imparfait, complexe, fondé sur un essai de lecture de deux noms propres seulement, et un système simple, homogène dans toutes ses parties, fondé sur une foule d'applications qui s'enchaînent et se prouvent mutuellement; entre un système enfin qui ne s'applique *à rien*, et un système qui s'applique *à tout.*

On sera peut-être surpris de l'étendue de cette dernière expression; aussi dois-je me hâter de l'appuyer sur un développement de faits assez nombreux pour la légitimer. J'espère d'abord, que tous les anonymes trouveront dans les chapitres qui suivent celui-ci, une réponse péremptoire à cette assertion anglaise répétée dans le journal précité avec le plus de complaisance, savoir, que par mon alphabet « *nous ne sommes pas avancés, même d'un iota, dans la connaissance du sens d'un seul de ces caractères sacrés, hors des noms propres étrangers;* » et de plus, que les mêmes faits prouveront jusqu'à quel point cet anonyme est dans l'erreur, lorsqu'il déclare, et M. le docteur Young avec lui, ne *pouvoir penser avec moi que les anciens Égyptiens aient fait usage d'un alphabet pour représenter les sons et les articulations de certains mots, avant la domination des Grecs et des Romains.* Les résultats généraux de cet ouvrage vont répondre à ces propositions irréfléchies, et que l'étendue et la certitude de mon alphabet phonétique auraient pu prévenir. Du reste, je ne saurais me plaindre de ce qu'on m'a réservé le soin de donner au public tous mes travaux dans leur intégrité, et avec toutes leurs applications aux monumens et à l'histoire du peuple de l'antiquité le plus célèbre, jusqu'ici le moins bien connu, et peut-être le plus digne de l'être ; je puis espérer que la suite de cet ouvrage y contribuera sous des rapports du plus haut intérêt.

CHAPITRE II.

Alphabet hiéroglyphique phonétique appliqué aux Noms propres de simples particuliers grecs et latins.

EN présentant quelques nouvelles applications de mon alphabet des hiéroglyphes à de nouveaux noms propres insérés dans les inscriptions hiéroglyphiques de l'époque grecque ou romaine, je me propose principalement d'établir que les caractères phonétiques étaient employés simplement *en ligne courante* dans ces textes, sans que leur nature *phonétique* fût indiquée par aucune marque distinctive.

Ce fait important une fois prouvé, il sera bien plus facile de décider une question fondamentale, que je pose en ces termes : *L'écriture phonétique, dont j'ai déjà prouvé l'emploi dans la transcription des noms propres des souverains étrangers, fut-elle uniquement réservée à cette transcription de noms propres ou de mots étrangers à la langue égyptienne !*

En raisonnant dans la supposition que l'emploi des hiéroglyphes phonétiques était borné à la transcription des noms propres et mots étrangers, on sent bientôt que ces signes, dont la nature était si différente de celle des signes *idéographiques* environnans, auraient dû nécessairement être reconnaissables à des marques particulières ; et si l'on suppose encore, comme on le fait, que les *caractères phonétiques* n'exprimaient des sons qu'*occasionnellement*, et qu'ils avaient eux-mêmes une *valeur idéographique*, la nécessité de ces marques distinctives, dont la fonction eût été d'avertir de cette grande métamorphose d'*un signe idéographique devenant tout-à-coup phonétique*, se ferait sentir avec une nouvelle force, et on resterait convaincu qu'elles auraient été pour ainsi dire indispensables.

Aussi a-t-on cru que cette espèce d'encadrement elliptique, nommé *cartel* ou *cartouche*, qui, dans l'inscription de Rosette, entoure le nom propre de *Ptolémée*, pouvait et devait remplir les fonctions de ce *signe-moniteur*.

Si le texte hiéroglyphique de Rosette nous fût parvenu dans toute son intégrité, la question que nous examinons ici aurait été décidée à la première vue. Dans son état actuel, ce texte ne porte plus que le seul nom propre *Ptolémée;* si nous y avions retrouvé écrits en hiéroglyphes phonétiques et entourés d'un *cartel*, les noms propres d'individus étrangers à la famille royale, tels qu'Aëtès, Diogène, Aréia, Irène, Pyrrha, &c. mentionnés dans le texte démotique et dans le texte grec, on aurait eu le droit, au moins apparent, de supposer que ce cartouche ou encadrement elliptique, commun à tous ces noms propres, n'était là que pour indiquer la nature *phonétique* des signes qu'il embrassait dans son contour.

Mais on n'a point assez considéré, dans l'examen de ces questions, qu'il ne pouvait en être ainsi, puisqu'on trouve des cartouches sur des monumens, tels que tous les grands obélisques de Rome, par exemple, qui sont bien certainement antérieurs à la domination des Grecs et des Romains en Égypte, et qui sont dus à la munificence des anciens Pharaons; et qu'en persistant à croire, d'un côté, que l'encadrement elliptique renferme toujours des caractères phonétiques, on ne peut soutenir de l'autre, en même temps, comme on le voudrait faire, que l'écriture phonétique ne remonte point jusqu'à l'époque des rois de race égyptienne : cette contradiction rend donc fort douteux, pour le moins, que le *cartouche* fût la marque ordinaire des groupes *phonétiques*.

Mais une foule de monumens de tous les ordres viennent à notre secours pour décider cette question préliminaire autrement que par de simples considérations. Les faits parlent d'eux-mêmes, et j'ai acquis la conviction que les cartouches sculptés sur tous les monumens égyptiens connus, soit du premier, soit du second, soit du troisième style, indiquent, non pas que les caractères qui y sont contenus sont d'*une nature phonétique,* mais qu'ils renferment, quelle que soit d'ailleurs la nature graphique de ces caractères, des noms de rois, de reines, d'empereurs, d'impératrices, en un mot de personnages qui ont exercé des droits de souveraineté sur l'Égypte. Le cartouche ou encadrement en forme d'ellipse est donc un signe de suprématie politique, et non pas un signe graphique.

Les noms hiéroglyphiques de personnages privés sont tous, au contraire, écrits simplement *en ligne courante* dans les textes, sans aucune distinction qui se rapporte à la nature même des caractères qui les expriment; et comme il n'existe point de monument égyptien, temple, obélisque, bas-relief, stèle, statuette, statue, colosse, figurine en bois ou en terre émaillée, vase funéraire, manuscrit, &c., qui ne porte des noms de souverains, et bien plus souvent encore des noms de simples particuliers, écrits en hiéroglyphes, on ne sera point étonné d'apprendre que mon recueil de ces noms s'élève déjà à plusieurs centaines : il sera donc très-facile de les distinguer, et non moins facile d'établir que les noms hiéroglyphiques de simples particuliers s'écrivaient en ligne courante et sans être renfermés dans un cartouche. Je ne citerai dans ce chapitre que quelques *noms propres grecs ou latins*, extraits de monumens dont l'époque nous sera bien connue, la suite de cet ouvrage devant me fournir l'occasion de citer aussi un très-grand nombre de *noms propres égyptiens*.

L'obélisque *Barbérini* est bien certainement du temps d'Hadrien, puisque les cartouches qui font partie de ses inscriptions hiéroglyphiques, contiennent les mots Αδριανος Καισαρ et Σαβεινα Σεβαςτη (1). J'avais remarqué sur ce même obélisque, au commencement de la première colonne des faces 2.ᵉ, 3.ᵉ et 4.ᵉ, de plus dans la seconde de la 2.ᵉ face, un groupe de huit caractères (*voy.* pl. III, n.° 1) constamment précédé du nom le plus habituel d'*Osiris* (pl. III, n.° 2.), et suivi de deux caractères (pl. III, n.° 4) qui, dans tous les manuscrits, sur toutes les stèles funéraires, sur les momies, &c., accompagnent toujours immédiatement tous les noms propres des défunts, que précède constamment aussi le nom précité d'*Osiris*. Je ne doutai point alors que ce groupe ne fût un nom propre, et je lui appliquai sur-le-champ mon alphabet hiéroglyphique phonétique.

Le premier caractère, le *bras étendu*, est un A; la *ligne brisée*, un N; la main, un T; l'œil avec son sourcil,

---

(1) *Voyez* ma *Lettre à M. Dacier,* pag. 31 et 32, et aux planches, les n.ᵒˢ 76 et 77.

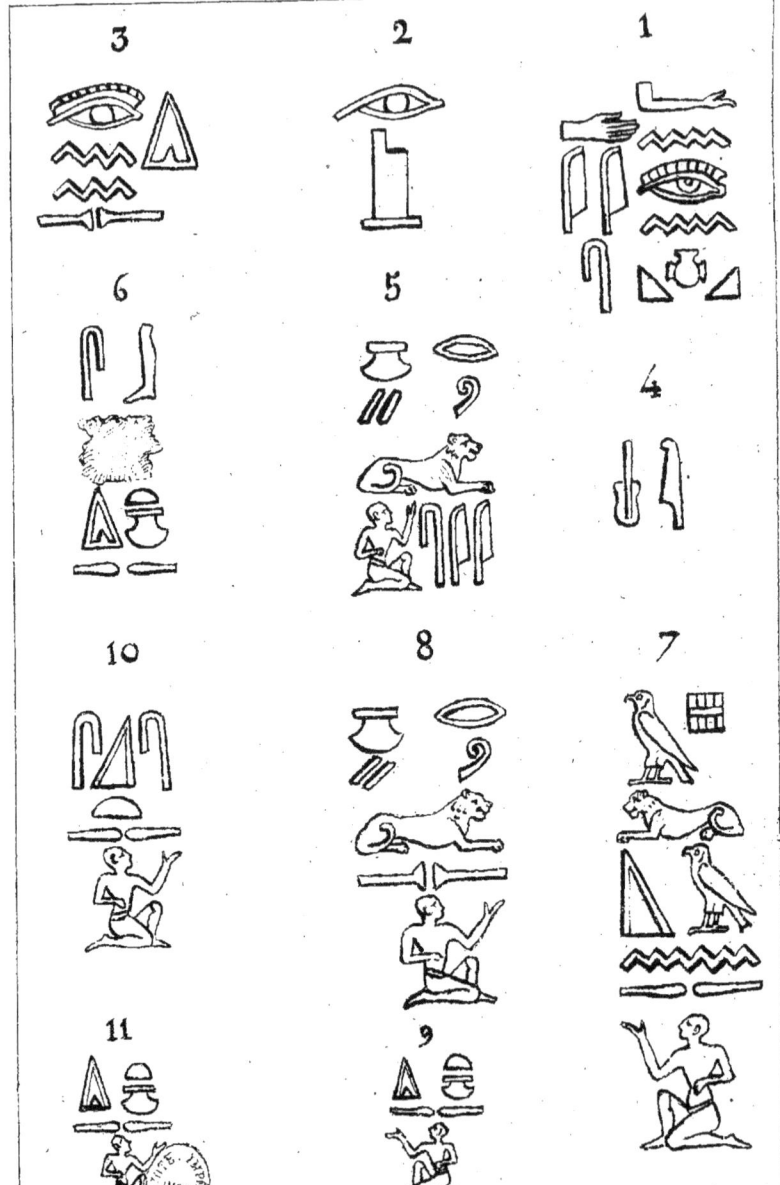

un A ou un E; les *deux plumes* ou *feuilles*, un I; la *ligne brisée*, un N; le petit vase flanqué de deux triangles, *inconnu*; enfin le trait recourbé est un Σ. Réunissant tous ces élémens, nous avons ANTEIN.Σ, nom dans lequel il est bien difficile, eu égard au monument qui le porte, de ne point reconnaître celui d'*Antinoüs*, ce favori d'Hadrien, qui périt en Égypte, et fut mis, dit-on, au rang des dieux de la contrée. Il est évident aussi que le 7.ᵉ caractère représente les dernières voyelles OO, OY, du nom grec; la valeur bien connue des six qui le précèdent et de celui qui le suit ne permet point d'en douter. Et ce qui prouve encore mieux que ce 7.ᵉ caractère représente, soit une *voyelle*, soit une *diphthongue*, c'est que le nom d'Antinoüs est reproduit, mais dénué de toutes ses *voyelles médiales*, sous la forme ANTNΣ (pl. III, n.º 3), en ne conservant que les consonnes et la *seule voyelle initiale*, dans la colonne perpendiculaire d'hiéroglyphes placée devant le personnage (Antinoüs lui-même) qui fait une offrande à l'une des plus grandes divinités de l'Égypte.

L'obélisque de *Bénévent*, portant divers cartouches qui renferment la légende Αυτοκρατωρ Καισαρ Δομιτιανος, *l'empereur César Domitien* (1), est bien cer-

―――――

(1) Je donnerai la lecture de ces divers cartouches dans un ouvrage intitulé *Chronologie des monumens de l'Égypte et de la Nubie*, dont je m'occupe, de concert avec M. Huyot, membre de l'Institut, Académie des beaux-arts, qui les a dessinés sur les lieux.

tainement du temps de ce prince; aussi n'ai-je point été surpris de reconnaître, vers le bas des faces 1.re, 2.e et 4.e, et à la suite d'une série d'hiéroglyphes, fort ordinaire sur les obélisques et qui répond à cette formule de la traduction grecque d'un obélisque par Hermapion, συνετελεσεν εργον αγαθον, *un nom propre romain* écrit en ligne courante (pl. III, n.° 5), et qui se lit sans difficulté par mon alphabet hiéroglyphique. *La bouche* est P ou Λ; *l'enroulement* ou *lituus* ΟΥ; le signe suivant K; les deux traits inclinés I; le *lion couché* Λ; les *deux plumes* ou *feuilles* H; le *trait recourbé* Σ; et comme, dans les noms des empereurs Τιβεριος et Κλαυδιος, les deux voyelles IO sont constamment rendues en hiéroglyphes par les *deux feuilles*, nous lisons, sans balancer, le nom propre de l'obélisque de Bénévent (1), ΛΟΥΚΙΛΙΟΣ, *Lucilius*.

Mais, pourrait-on m'objecter, rien ne prouve ici que ces sept caractères expriment un nom propre quelconque: ils expriment bien certainement un nom propre, car ils sont accompagnés d'un hiéroglyphe figurant un *homme accroupi et levant un bras*, caractère qui suit immédiatement *tous les noms propres hiéroglyphiques d'individus*, à l'exception des seuls noms de rois, qui sont suffisamment caractérisés par *le cartouche*. Ce signe hiéroglyphique, placé quelquefois aussi à la suite de simples *prénoms* ou *surnoms*, est une marque

---

(1) L'obélisque de Bénévent est gravé, mais fort imparfaitement, dans l'ouvrage de Zoëga, *de Origine et usu obeliscorum*, pag. 644.

de spécialité; sa fonction est donc, non pas de désigner la nature des caractères qui le précèdent, mais la nature de l'idée exprimée, soit phonétiquement, soit idéographiquement, par ces mêmes caractères. C'est ainsi que les noms de *femmes* sont suivis de l'image *d'une femme* (1), les noms des dieux, du caractère d'espèce *Dieu* (2); les noms propres des vaches et des taureaux sacrés (3), de l'image d'une *vache* ou d'un *taureau*, &c. (4).

Un troisième obélisque, trouvé dans les ruines de Préneste et appartenant jadis au vénérable cardinal Borgia, est certainement aussi de style égypto-romain, puisqu'il est tout-à-fait semblable, pour *la matière* et pour *le travail*, aux obélisques *Pamphile*, *Barbérini* et de Bénévent, que j'ai prouvé appartenir aux règnes de Domitien et d'Hadrien. La matière et le travail de ces obélisques diffèrent essentiellement, en effet, de la matière et du travail des grands monolithes de Rome purement égyptiens et du plus ancien style. Cette dernière observation est due à la sagacité de Georges Zoëga (5). Mais ce savant, qui rapportait ces obélisques à l'époque des rois égyptiens successeurs de

___

(1) *Voyez* le caractère *spécial* HOMME et FEMME, au Tableau général, n.os 245 et 246.

(2) *Voyez* Tableau général, *noms des dieux et des déesses*.

(3) *Idem*, n.º 65.

(4) L'obélisque de Bénévent contient un second surnom ou nom propre romain; mais la gravure est si mauvaise, que je n'ose décider sa lecture : toutefois il ne peut y avoir que ΛΟΥΠΟΣ ou ΡΟΥΦΟΣ.

(5) *De origine et usu obeliscorum*, pag. 474, 598, 599, &c. &c.

Psammitichus, n'a point dit que l'*obélisque Borgia* (1) était en quelque sorte un double de l'*obélisque Albani* (2). Ces deux obélisques doivent avoir été primitivement placés en pendans, à l'entrée d'un temple ou de tout autre édifice public, soit en Italie, soit en Égypte. Il ne reste de chacun de ces deux monolithes qu'un seul fragment de leur partie inférieure, lequel, vers la base de l'obélisque, contient la dédicace du monument et le nom de ceux qui le firent ériger; il ne reste non plus de ces parties curieuses des deux obélisques, que deux noms ou surnoms latins, écrits en hiéroglyphes, et la fin d'un troisième. Ces noms ou surnoms sont tracés en ligne courante, sans cartouche, sur les quatre faces des deux monolithes, et chacun d'eux est encore suivi de l'hiéroglyphe d'espèce *homme*, comme le nom précité de *Lucilius*, comme *tous* les noms propres d'homme égyptiens, dont nous donnerons successivement la lecture.

L'obélisque Borgia ne porte plus que les derniers caractères du premier nom ou surnom (pl. III, n.ºs 9 et 11), qui se lisent tantôt TKTΣ, (face troisième) et tantôt TTKΣ (face deuxième). Mais sur l'obélisque Albani, ce nom est encore tout entier; cependant la gravure de Kircher, et il n'en existe point d'autre à ma connaissance, est tellement défectueuse, que je ne hasarde point de le lire: ce nom ou surnom paraît contenir les élémens ΣB..TTKΣ (pl. III, n.° 6).

---

(1) Gravé dans l'ouvrage de Zoëga, pag. 192.
(2) Gravé dans Kircher, *Obeliscus Minerveus*, pag. 136.

Le second nom ou surnom, quoique fragmenté, est bien reconnaissable sur l'obélisque Borgia; il est parfaitement conservé d'ailleurs sur l'obélisque Albani (pl. III, n.° 10), et il se lit sans difficulté: le *trait recourbé* Σ, le *triangle* K, le *trait recourbé* Σ, le *segment de sphère* T, les deux *sceptres* ou *bâtons* Σ; cela produit le prénom latin SEXTUS, ΣΕΞΤΟΣ, le Ξ grec et le X des Latins étant exprimés, dans le système hiéroglyphique, par les deux signes réunis des consonnes Γ ou K et Σ, ainsi que l'ont déjà prouvé les noms hiéroglyphiques d'*Alexandre* le Grand et de *Ptolémée-Alexandre*. (1)

Le troisième nom propre ou surnom (pl. III, n.° 7) est bien entier sur les deux obélisques, et se compose de sept caractères: l'*épervier* A; le *carré strié* Π ou Φ (2); le *lion* P ou Λ; le *triangle* K; un second *épervier* A: la ligne *brisée* ou *ondée* N; et les deux *sceptres affrontés* Σ. La réunion de ces élémens produit ΑΦΡΚΑΝΣ, la charpente entière du nom ou surnom Αφειχανος, AFRICANUS.

D'après la gravure de Kircher, l'obélisque Albani présente, avant ces noms propres, les traces d'*un cartouche* qui renfermait certainement le nom de l'empereur en l'honneur duquel cet obélisque a pu être érigé. Un dessin correct de ce monolithe nous eût permis de

---

(1) *Lettre à M. Dacier, &c.* pag. 17, 20; et pl. I.re, n.os 25, 26, 40 et 41.

(2) *Voyez* le nom hiéroglyphique de *Philippe*, *Tabl. gén.* n.° 126.

lire ce nom, et il aurait suffi peut-être pour nous fournir quelques notions sur le personnage qui porta, soit le prénom *Sextus*, soit le surnom *Africanus*, en fixant l'époque précise de son existence (1).

Mais ce qui importe bien plus au but général de cet ouvrage, c'est de déduire les conséquences naturelles de la lecture des noms propres, prénoms ou surnoms *Antinoüs*, *Lucilius-Rufus*, et *Sextus-Africanus*, que nous venons de reconnaître dans des textes hiéroglyphiques, et ces conséquences se réduisent à deux seulement :

1.º Les Égyptiens, du temps des Romains, en transcrivant les noms propres étrangers *en hiéroglyphes phonétiques, ne plaçaient auprès de ces caractères aucun signe qui pût avertir de leur nature phonétique;*

2.º Les caractères *phonétiques* étaient groupés toujours, *sans aucune distinction particulière*, avec des *signes proprement idéographiques*, tels que les caractères précités *dieu, déesse, homme, femme, taureau, vache*, &c.

Ainsi donc, à l'égard du système général de l'écriture hiéroglyphique, nous reconnaissons déjà avec certitude qu'il employa deux ordres de signes très-différens : les uns exprimaient des *sons*, et les autres des *idées*. Poursuivons cette analyse.

---

(1) *Lucilius-Rufus* et *Sextus Africanus* ne peuvent être que les deux préfets d'Égypte, Rufus et Africanus, cités dans les auteurs ou les inscriptions grecques d'Égypte (*voyez* les *Recherches &c.* de M. Letronne), et qui auront fait exécuter les deux obélisques, pour en faire hommage à l'empereur régnant.

CHAPITRE III.

Aperçus nouveaux sur les Signes hiéroglyphiques phonétiques.

UNE étude, même très-superficielle, des inscriptions hiéroglyphiques de tous les âges, fait remarquer parmi les caractères qui les composent et dans celles de leurs parties qui ne contiennent *aucun nom propre*, un très-grand nombre de ces signes auxquels nous avons reconnu une *valeur phonétique*. Il s'agit de s'assurer si ces mêmes signes, *phonétiques* dans les noms propres, eurent une valeur *idéographique* dans le courant des textes; ou bien si, dans ces mêmes textes, ils conservaient encore leur valeur *phonétique*. Cette question une fois décidée par les faits, les études hiéroglyphiques reposeront sur une base solide, et l'on pourra se former enfin une idée juste de cet antique système d'écriture.

S'il résulte de cet examen que les signes *phonétiques* prenaient une valeur *idéographique* par-tout ailleurs que dans les noms propres étrangers, l'écriture hiéroglyphique des Égyptiens se rapprocherait, sous beaucoup de rapports, de l'écriture chinoise.

S'il est prouvé, au contraire, que ces signes conservent par-tout leur *valeur phonétique*, cette écriture se présentera à nous sous un aspect entièrement neuf, et nous aurions fait un pas immense vers son déchiffrement, par la seule découverte de la valeur réelle d'un très-grand nombre de signes phonétiques composant l'alphabet déjà publié.

Il importe d'autant plus, en effet, de déterminer la véritable nature de ces signes, auxquels j'ai déjà reconnu une valeur phonétique lorsqu'ils sont employés dans la transcription des noms propres de souverains et de personnages grecs ou romains, que ces mêmes signes sont précisément ceux qui, dans toutes les inscriptions hiéroglyphiques, se présentent sans cesse, se reproduisent à chaque instant, au point de former les deux tiers au moins des inscriptions hiéroglyphiques de toutes les époques.

Ce fait est bien facile à vérifier, mon alphabet phonétique à la main. Nous savons aussi que ces mêmes signes expriment des *sons* dans les noms propres, sans qu'alors rien indique aucun changement dans leur nature ; ce sont-là déjà deux préjugés favorables à cette proposition fondamentale, que je vais essayer de démontrer : « *Les signes reconnus pour phonétiques » dans les noms propres, conservent cette valeur phoné- » tique dans tous les textes hiéroglyphiques où ils se ren- » contrent.* »

J'ai été conduit d'abord à cette idée par une opération toute matérielle, mais dont le résultat semble emporter avec lui une conviction complète.

En étudiant les noms propres hiéroglyphiques de souverains grecs ou romains, j'observai que, pour l'ordinaire, le même nom était écrit avec plusieurs

(51)

signes différens, soit sur un même édifice ou sur un même obélisque, soit sur des édifices ou des obélisques divers. Je recueillis ces signes, et j'eus bientôt la satisfaction de retrouver la valeur de tous ces nouveaux caractères, confirmée par d'autres noms propres hiéroglyphiques dans lesquels ils exprimaient la même voyelle ou la même consonne que dans les premiers : il fallut donc reconnaître que les Égyptiens employaient, à leur choix, un certain nombre de caractères différens pour rendre la même voyelle ou la même consonne, et j'ai appelé *homophones* les signes destinés à exprimer un seul et même son.

Je résolus ensuite de comparer avec soin *deux textes hiéroglyphiques* renfermant les mêmes matières, et d'observer, en les notant, les différences de signes qui pouvaient exister de l'un à l'autre. Mon choix tomba sur des manuscrits funéraires dont les peintures et les légendes se ressemblaient sans aucun doute (1) : je trouvai ces textes parfaitement conformes dans leur ensemble, et ne différant, quant aux détails, que sur deux points seulement, 1.° dans les noms propres des défunts pour les momies desquels ils furent transcrits, et dans les noms de leur père et de leur mère ; 2.° par l'emploi assez fréquent de quelques caractères différens de forme, dans les groupes d'ailleurs tout-à-fait sem-

---

(1) Tels que le grand manuscrit hiéroglyphique gravé dans la *Description de l'Égypte* ; le manuscrit du comte de Mountnorris ; le manuscrit hiéroglyphique acquis de M. Cailliaud par le cabinet du Roi, &c. &c.

blables; et comme j'avais reconnu que, dans l'écriture hiéroglyphique, chaque idée est pour l'ordinaire exprimée par un groupe de plusieurs caractères et rarement par un seul signe, cette circonstance donnait un certain intérêt à la formation du tableau des hiéroglyphes qui se permutent indifféremment, et que la fréquence de cette permutation prouve avoir eu absolument une même valeur. J'ai fait, dans ce but, la collation de plusieurs textes hiéroglyphiques semblables dans leur contenu, et, ce qui est bien digne de remarque, cette collation *a produit un tableau qui n'est qu'une véritable copie, et pour ainsi dire un double de mon alphabet phonétique, formé sur les noms propres grecs et romains;* c'est-à-dire que les signes qui, dans les textes hiéroglyphiques, se permutent sans cesse et indifféremment, sont ceux mêmes que la lecture des noms propres grecs et romains nous a déjà fait connaître comme *homophones*, et se permutant aussi dans ces noms, parce qu'ils expriment une même consonne ou une voyelle semblable.

Ainsi donc, dans le courant des textes hiéroglyphiques considérés jusqu'ici comme purement *idéographiques*, nous retrouvons les mêmes permutations de caractères que dans les noms propres hiéroglyphiques grecs et romains, lesquels appartiennent sans aucun doute à un système *phonétique*.

En second lieu, la comparaison de deux manuscrits égyptiens funéraires, l'un en *écriture hiératique*, l'autre en *écriture hiéroglyphique*, m'a toujours donné des résultats analogues à ceux de la comparaison précédente : c'est-à-dire que le texte hiératique présente fort souvent, non pas précisément le signe hiératique abréviation propre du caractère hiéroglyphique correspondant, mais un signe hiératique véritable abréviation d'un *hiéroglyphe homophone*. Ainsi, par exemple, si le texte hiéroglyphique portait le *segment de sphère*, qui est un T dans les noms phonétiques, le texte hiératique présentait quelquefois, à l'endroit correspondant, non pas le caractère hiératique de ce *segment de sphère*, mais le signe hiératique de la *main ouverte*, qui, dans les noms propres phonétiques, est aussi un T et l'*homophone* habituel du *segment de sphère*.

Il y a plus, la comparaison attentive de deux manuscrits funéraires *hiératiques* m'a conduit encore à de semblables résultats : au lieu du signe hiératique des *deux feuilles* que présente le premier texte, le second porte, par exemple, le signe hiératique des *deux lignes inclinées* ; et les *deux lignes inclinées*, ainsi que les *deux feuilles*, expriment également la voyelle I dans les noms propres phonétiques ; si le second texte porte le signe hiératique du *lituus*, le premier nous montre le signe hiératique de la *caille*, et la *caille* et le *lituus* sont *homophones* dans les noms propres, où ils expriment tous deux la voyelle O ou la voyelle OU ; le premier texte présente le signe hiératique des *deux sceptres affrontés*, là où le second offrira le signe hiératique d'un hiéroglyphe de *forme recourbée*, ou bien son *homophone* ordinaire dans les noms propres phonétiques, où ils représentent également la consonne Σ. Je me borne à ce petit nombre de citations: la planche placée en regard de cette page contient d'autres exemples de ces diverses permutations fort communes dans les textes hiératiques; elles seront toutes notées et recueillies avec soin dans notre travail sur l'écriture hiératique, travail qui sera incessamment publié. Les exemples que je donne ici suffisent pour la discussion présente.

Si l'on observe donc, dans tous les textes hiéroglyphiques et hiératiques, là où il ne saurait être nullement question de noms propres, des permutations continuelles de signes, les mêmes que dans les noms hiéroglyphiques de personnages grecs et romains, il est bien difficile, ce me semble, de ne point conclure de ce fait curieux, que les caractères qui s'échangent ainsi indifféremment et dans les noms propres et dans le courant des textes, ont nécessairement dans ces textes la même valeur et une même nature que dans les noms propres, c'est-à-dire que ces hiéroglyphes sont *phonétiques* dans l'un comme dans l'autre cas. Il résulte aussi de cette collation de textes, bien facile à vérifier, que toutes les inscriptions hiéroglyphiques, que l'on croit entièrement formées, à l'exception des seuls noms propres et des mots étrangers, de caractères purement idéographiques, contiennent au contraire une très-grande quantité de signes purement *phonétiques*, exprimant les sons et les articulations des mots de la langue égyptienne.

page 55.   Pl. IV.

Signes du texte Hiéroglyphique.	Signes équivalents dans le texte Hiératique.	Hiéroglyphes équivalents.	Coptes.

Je ne vois qu'une seule objection à faire contre cette conséquence : ce serait de supposer que, dans ces textes égyptiens, les caractères, étant *idéographiques*, ne se permutent ainsi que parce qu'ils expriment la *même idée*.

Mais on se demanderait alors dans quel but les Égyptiens auraient inventé et employé simultanément cinq, six, huit, dix ou quinze caractères divers pour exprimer précisément la même idée : car il faut que ces signes expriment exactement la même idée, puisque, employés comme *phonétiques* à la transcription des noms propres étrangers, ces mêmes signes expriment précisément aussi la même voyelle ou la même consonne.

Chez les Chinois, nous voyons, il est vrai, un nom propre ou un mot étranger transcrit par le moyen d'une foule de caractères *différens* et en réalité *idéographiques*, lesquels n'apportent néanmoins que leur *prononciation* seule dans la transcription du nom étranger. Mais cela s'explique bien naturellement ; un seul et même monosyllabe sert très-souvent de *prononciation* à une foule de caractères chinois, qui expriment cependant des idées bien distinctes. Il était donc indifférent à la Chine d'employer tel caractère idéographique ou tel autre, puisque leur prononciation est absolument la même, quoique leur sens n'ait souvent aucune analogie. Pouvait-il en être de même en Égypte ? La constitution intime de la langue parlée s'y opposait invinciblement : chaque monosyllabe égyptien n'exprime qu'une idée ; chaque idée distincte est, dans cette langue, représentée par un mot distinct.

Or, en supposant même, ce qui n'est point, que chaque caractère hiéroglyphique égyptien fût le signe *d'une idée*, et qu'on eût attaché invariablement à ce signe la prononciation ou *le mot* qui, dans la langue égyptienne parlée, exprimait cette même idée, on expliquerait ainsi assez bien pourquoi un grand nombre de ces signes, employés *phonétiquement* dans la transcription des noms propres étrangers, se permutent et s'échangent sans cesse : mais il serait toujours impossible de comprendre pourquoi, dans le courant des textes, hors des noms propres étrangers, là où ces mêmes caractères seraient employés avec leur valeur *idéographique*, un certain nombre de ces signes se permuteraient encore et se mettraient indifféremment les uns à la place des autres, puisque alors ils exprimeraient des idées essentiellement diverses.

Pour comprendre ce fait bien remarquable de la permutation continuelle des mêmes signes, et dans les textes regardés comme entièrement idéographiques, et dans les noms propres grecs et romains, nous sommes donc en quelque sorte conduits forcément à croire que, dans le corps des textes, ces signes ont *une valeur phonétique* comme dans les noms propres, puisque, employés dans ces textes, rien n'indique d'ailleurs en eux un changement de nature.

Mais, avant de prouver la certitude de cette conclusion inattendue, par des applications de l'alphabet phonétique à des groupes hiéroglyphiques pris dans les textes courans, il est nécessaire de fixer définitivement nos idées sur la nature de l'alphabet phonétique lui-même; alphabet qui résulte de la lecture des noms propres grecs et romains, et dont tous les caractères se montrent si fréquemment dans les textes.

J'ai déjà énoncé mon opinion contre la nature syllabique de cet alphabet; et aux considérations déjà exposées je vais ajouter des faits qui, ce me semble, établiront invinciblement que l'écriture phonétique égyptienne consistait en un simple alphabet, semblable à celui des Hébreux, des Syriens, des Phéniciens et des Arabes, abstraction faite du nombre des signes.

Cette écriture ne fut point en effet *syllabique*, puisque un seul de ses caractères répondrait, dans les noms propres grecs et romains, à plusieurs syllabes différentes, et qu'ainsi la *main* serait TO dans αυTOκράτωρ, TI dans TIϐεριος, TΩ à la fin d'AυτοκραTΩρ, et cependant un simple T dans Tραιανος;

Le *carré* serait ΠA dans Vespasien, ΠI ou ΦI et ΠO dans le nom hiéroglyphique de *Philippe*, Φιλιππος, et un simple Π dans Ptolémée.

Le *vase à parfum* serait NE dans NEρ9υα (Nerva), NO dans TραιαNOσ, et un simple N dans Aυτονεινος.

La bouche, qui serait PA dans AυτοκραTωρ, deviendrait PE dans BεPEνικη, PO dans KαισαPOσ, PI ou

PIO dans Τιβεριος, et ne serait cependant qu'un simple P (rho) dans γερμανικος et à la fin d'Αυτοκρατωρ.

Puisque tous les caractères phonétiques seraient soumis à d'aussi fortes variations si l'on persistait à les considérer comme *syllabiques*, et puisque encore ils n'expriment évidemment, dans une foule de noms propres, qu'une simple *consonne* ou une simple *voyelle*, j'ai dû en conclure que les Égyptiens écrivaient à la manière des Arabes, c'est-à-dire que leur alphabet était formé de signes qui représentaient réellement des consonnes, et de quelques caractères voyellés qui, comme l'*élif* ا, le *waw* و et le *ya* ى des Arabes, n'avaient pas un son invariable, et se permutaient dans certains cas.

Un second fait démontre mieux encore que l'alphabet égyptien n'était point syllabique : j'ai observé que les noms propres étrangers sont écrits, tantôt seulement avec des signes qui ne répondent jamais qu'à des consonnes, et tantôt, toujours sur les mêmes monumens, avec une addition de plusieurs signes qui répondent invariablement à des voyelles.

A Philæ, par exemple, le nom de *Tibère* est écrit tantôt ΤΒΡΣ, tantôt ΤΒΡΙΣ et enfin ΤΙΒΡΙΣ.

Le mot Καισαρ ou Καισαρς est orthographié ΚΣΡΣ, ΚΙΣΡΣ, ΚΙΣΑΡΣ, ΚΑΙΣΡ, ΚΑΙΣΑΡΣ.

Le titre Αυτοκρατωρ, ΑΥΤΚΡΤΡ, ΑΥΤΟΚΡΤΡ, ΑΥΤΟΚΡΤΟΡ.

A Dendéra, le nom de Claude est écrit ΚΛΤΙΣ, ΚΛΤΙΟΣ, ΚΛΟΤΙΣ.

Sur l'obélisque Pamphile, le nom de Domitien se lit indifféremment ΤΜΙΤΑΝΣ, ΤΜΤΙΑΝΣ, ΤΜΙΤΙΑΝΣ; à Philæ, ΤΟΜΤΙΝΣ, et à Dendéra, ΤΟΜΙΤΝΣ.

Cette extrême variation dans l'orthographe des noms propres étrangers, prouve que les Égyptiens n'avaient point l'usage de représenter toutes les voyelles en écrivant les mots de leur langue nationale, et que leur alphabet ne fut jamais syllabique, à moins qu'on ne veuille considérer comme tel celui des Hébreux, des Phéniciens, des Syriens, en un mot celui de la plupart des peuples anciens et modernes de l'Asie occidentale.

Il faut le dire, et c'est ici le lieu de faire ce rapprochement utile à la suite de cette discussion, l'alphabet hiéroglyphique égyptien avait, dans sa constitution même, abstraction faite de l'absence de quelques sons, du nombre et de la forme matérielle des signes, une ressemblance très-marquée avec l'alphabet hébreu.

Nous voyons, en effet, la *feuille* ou *plume,* ainsi que ses homophones, être, suivant l'occasion, un A, un I, un E, et même un O, comme l'א (aleph) des Hébreux. Aussi trouvons-nous dans la langue égyptienne, écrite en caractères coptes d'abord, un dialecte qui écrit indifféremment ⲁ ou ⲟ, là où les deux autres écrivent ⲟ seulement, et ⲉ là où les deux autres écrivent ⲁ; nous avons dans un même dialecte ⲁϩⲉ et ⲟϩⲉ, *sitire,* ⲁⲕⲉ ou ⲟⲕⲉ, *juncus,* &c. &c.

Le B hiéroglyphique, la *cassolette*, est perpétuellement échangé, dans les noms propres et dans les textes égyptiens, avec le *céraste*, qui est F ou V; avec la *caille*, qui est la voyelle OU, et avec le *lituus*, qui est aussi un OU et un F. On attribue également au ב (beth) hébreu un son fort approchant du V.

Cela explique pourquoi, dans le copte thébain, nous trouvons indifféremment ⲁⲃⲁⲛ ou ⲁⲟⲩⲁⲛ *color*, ⲁⲃ ou ⲁϥ *musca, caro*, ⲁⲃⲟⲧ et ⲁⲟⲩⲟⲧ *habitatio*, ⲃⲁⲓ ou ϥⲁⲓ, ⲃⲓ ou ϥⲓ *ferre*, ⲃⲱⲓ ou ϥⲱⲓ *coma*, ⲃⲟⲛ ou bien ⲟⲩⲟⲛ *res*, ⲃⲛⲧ pour ϥⲛⲧ *vermis*, ⲃⲱⲧⲉ ou ϥⲱⲧⲉ *abstergere*, &c. &c.

Le nombre assez étendu de mots communs à l'égyptien et à l'hébreu, mots qui, dans les textes coptes, sont écrits par la lettre ϭ, et dans l'hébreu par un ג (ghimel), un כ (caph), ou un ק (koph), m'ont depuis long-temps suggéré l'idée que le ϭ copte, dont la prononciation n'est pas encore bien connue, répondait au ג (ghimel) hébreu, ou du moins était une consonne dont le son fut très-voisin du ג (ghimel) et du כ (caph).

Deux faits peuvent l'établir. 1.° Scholtz, auteur de la Grammaire égyptienne publiée par Woide, a déjà fait remarquer que, dans le dialecte thébain, on employait le ϭ à la place du κ pour transcrire des mots purement grecs, tels que Κισ, ϭισ; Εκκακει, Ετϭακει, Δοκιμαζειν, ⲁⲟϭⲓⲙⲁⲍⲉⲓⲛ (1).

---

(1) *Grammatica Ægyptiaca utriusque dialecti*, pag. 8. Oxford, 1778, in-4.°

2.° Dans les noms hiéroglyphiques de *Cléopâtre*, d'*Alexandre* et de *Claude*, dans les titres Καισαρ, Αυτοκρατωρ, et dans le surnom Γερμανικος, le Γ et le K sont très-souvent exprimés par le *bassin à anneau;* et il se trouve que le signe hiératique correspondant à cet hiéroglyphe, a précisément la même forme que le ϭ de l'alphabet copte.

Cette ressemblance de forme ne peut être fortuite, puisque, ayant trouvé dans les textes *hiératiques* les signes équivalens des hiéroglyphes qui, dans les textes et les noms propres, expriment les sons des lettres coptes ϣ, ϥ, ϧ, ϫ, ces signes hiératiques ont précisément aussi la même forme que les lettres coptes ϣ, ϥ, ϧ, ϫ. Il résulte évidemment de ce fait bien curieux, que les Égyptiens, en adoptant l'alphabet des Grecs pour écrire leur langue, y ajoutèrent *les signes mêmes de leur alphabet propre*, représentant les sons ϣ, ϥ, ϩ, ϧ, ϫ et ϭ, sons qui n'existaient point dans l'alphabet grec; et qu'au lieu de conserver le signe hiéroglyphique de chacun de ces sons, qui, étant un objet physique, ne se fût point accordé avec l'ensemble des formes alphabétiques grecques, les Égyptiens prirent les signes hiératiques et démotiques correspondans à ces mêmes hiéroglyphes, c'est-à-dire, des caractères très-simples, purement linéaires, et tout-à-fait en harmonie avec la forme générale des lettres grecques.

Le *segment de sphère* et ses homophones peuvent répondre au ד (daleth) hébreu, puisque le ⲧ copte, dont cet hiéroglyphe est sans aucun doute l'équivalent ordinaire, fut fort habituellement prononcé D par les Coptes. De là vient que, dans les textes coptes, le Δ de certains mots et noms propres grecs est remplacé par le ⲧ (dau), et que tous les noms hiéroglyphiques grecs et latins qui renferment, soit un T, soit un Δ, présentent toujours le *segment de sphère* ou quelqu'un de ses homophones.

Le ה (hé) hébreu trouve son équivalent dans le ⲉ (hôri) hiéroglyphique et ses homophones.

Le ו (vau) hébreu se prononce tantôt O, tantôt OU, et souvent V ; dans les noms propres hiéroglyphiques le *céraste*, la *caille* et le *lituus* s'échangent perpétuellement pour exprimer les sons O, ô, OU, l'Y grec, et les consonnes F ou V.

Le ז (zaïn) ne paraît point avoir existé dans la langue égyptienne. Les Coptes ou Égyptiens chrétiens adoptèrent la forme du ζ grec pour la transcription des mots grecs qu'ils introduisaient dans leurs livres.

Le ח (chèt) hébreu a son équivalent dans le ⳉ copte, et l'on peut voir, dans notre tableau général de l'alphabet égyptien, que la forme *hiératique* de l'*hiéroglyphe* exprimant le ⳉ, est, à très-peu de chose près, absolument la même que celle du ⳉ copte.

Le ט (teth) hébreu semble avoir eu pour signe correspondant un hiéroglyphe que j'ai souvent observé dans des noms propres qui, transcrits par les Grecs, présentent ordinairement un θ.

Les *deux feuilles*, les *deux lignes perpendiculaires* ou *inclinées*, et les *trois lignes perpendiculaires*, répondent, dans l'alphabet hiéroglyphique, au ׳ (ïod) des Hébreux, en observant cependant que ces hiéroglyphes n'ont point une valeur constante, puisqu'ils se prennent quelquefois pour A et sur-tout pour E; circonstance qui explique très-bien pourquoi la plupart des mots terminés par la voyelle I, dans les textes coptes memphitiques, finissent par la voyelle E dans les textes thébains.

Les hiéroglyphes phonétiques qui expriment constamment le K des noms propres grecs et le C des noms propres latins, répondent au כ (caph) des Hébreux.

Le *lion couché* est l'équivalent hiéroglyphique du ל (lamed) hébreu; mais il importe de rappeler que, dans les noms propres grecs et latins, cet hiéroglyphe représente souvent la consonne R, et qu'il existe en effet, dans la langue égyptienne, un dialecte dont le trait distinctif était de changer indifféremment les R en L. Les inscriptions sassanides, dont M. de Sacy a si heureusement découvert l'alphabet, offrent également des mots écrits avec un L au lieu de l'être avec un R, et il est fort remarquable aussi que, dans les alphabets zend et pehlvy, les consonnes R et L diffèrent à peine dans leur forme, et sur-tout que ces deux lettres persanes ressemblent beaucoup à L et à R de l'alphabet égyptien démotique.

Le מ (mem), le נ (noun) et le ס (samech) de l'alphabet hébreu, ont des correspondans bien distincts dans l'écriture phonétique égyptienne; ce sont les hiéroglyphes qui expriment le plus ordinairement les consonnes M, N et Σ, des noms propres grecs.

Le ע (aîn) hébreu n'eut probablement point d'équivalent dans l'alphabet hiéroglyphique.

Le פ (phé) hébreu paraît s'être prononcé tantôt P, tantôt PH. Les Égyptiens, dans leur écriture phonétique, exprimèrent aussi ces deux consonnes par un seul et même caractère, le *carré strié*. Le nom de *Philippe*, père d'*Alexandre le Grand*, que j'ai retrouvé dans les légendes hiéroglyphiques du grand sanctuaire de Karnak à Thèbes, offre un exemple remarquable de l'une et de l'autre valeur du *carré strié*, P ou PH (1).

Le ⲝ copte peut répondre au צ (tzadé) hébreu ; l'*hirondelle*, qui est le signe hiéroglyphique du ⲝ copte, a aussi pour équivalent dans les textes hiératiques un caractère tout-à-fait semblable à la forme du ⲝ.

Le son du שׁ (schin) hébreu est représenté dans l'alphabet hiéroglyphique par l'*oie*, et sur-tout par un autre caractère, une espèce de *jardin*, dont le signe hiératique correspondant a la forme du ϣ copte.

Quant au ק (koph) hébreu, aucun hiéroglyphe phonétique ne m'a semblé précisément en tenir la place ; et le son du ת (thau) hébreu se confond, dans l'écriture hiéroglyphique, avec celui du ד (daleth), ainsi qu'on a déjà pu le voir.

Telle est la concordance que je crois pouvoir établir

---

(1) *Voyez* ce nom au Tableau général, noms propres grecs hiéroglyphiques.

entre l'alphabet hiéroglyphique égyptien et l'alphabet hébreu.

La planche annexée à cette page renferme d'abord les alphabets hébreu, grec, latin et copte, mis en harmonie avec l'alphabet hiéroglyphique. La colonne destinée à ce dernier, contient, 1.° tous les signes que l'analyse des noms propres hiéroglyphiques, et la collation de divers textes, m'ont fait reconnaître comme *homophones* ; 2.° les *signes hiératiques*, véritables équivalens des caractères *hiéroglyphiques*, et exprimant, dans les textes, les mêmes sons que ces derniers ; 3.° les signes *démotiques* exprimant aussi les mêmes sons.

Enfin il est important de faire observer qu'en tenant compte des caractères qui répondent le plus habituellement, dans les noms et textes hiéroglyphiques, aux sept voyelles ⲁ, ⲉ, ⲏ, ⲓ, ⲟⲩ, ⲟ, ⲱ, et en les ajoutant aux signes de consonnes bien déterminés, ⲃ, ⲑ, ⲕ, ⲗ, ⲙ, ⲛ, ⲡ, ⲣ, ⲥ, ⲧ, ⲭ, ⲯ, ϥ, ⳓ, ⳛ, ⳉ, ϭ, et ϯ, nous retrouvons dans cet alphabet général les vingt-cinq lettres, c'est-à-dire, des signes équivalant aux vingt-cinq sons ou articulations qui, selon Plutarque, composaient l'alphabet égyptien.

CHAPITRE IV.

Application de l'Alphabet des Signes phonétiques à divers groupes et formes grammaticales hiéroglyphiques.

La preuve la plus directe que nous puissions donner et de l'existence et de l'emploi habituel des signes de ce même alphabet dans les textes hiéroglyphiques de toutes les époques, sera sans doute de lire par son secours, 1.° les *noms propres appartenant à la langue égyptienne;* 2.° des groupes hiéroglyphiques répondant à des *noms communs*, à des *verbes* et à des *adjectifs;* 3.° enfin d'établir que les *caractères ou groupes de caractères qui, dans les textes hiéroglyphiques, expriment les genres, les nombres, les personnes, les temps*, &c. &c., ne sont que les *signes phonétiques des lettres ou des mots* qui, dans la langue égyptienne ou copte, remplissent ces mêmes fonctions. Il restera alors démontré, ce me semble, que les *signes de son* étaient, si ce n'est les premiers, du moins les plus nombreux des élémens qui composent toute inscription égyptienne en caractères sacrés.

Nous chercherons d'abord à appliquer notre alphabet à certains groupes hiéroglyphiques, qui se montrent à chaque instant dans les textes, et dont *le sens* nous est bien connu par la comparaison même de ces textes entre eux; je veux parler des groupes hiéroglyphiques exprimant les idées *fils, fille, enfant* ou

Pl. V.

nourrisson, *enfanté*, *père*, *mère*, *frère*, *sœur*, *Roi*, *lieu* ou *place*.

J'ai choisi de préférence ces groupes, sur-tout ceux qui expriment les différens degrés de parenté, parce qu'on les trouve souvent tous à-la-fois, dans beaucoup de ces *stèles* que j'ai reconnues pour n'être que des monumens funéraires, sur lesquels les défunts sont représentés rendant d'abord leurs hommages à des dieux, et ensuite recevant eux-mêmes, comme des divinités, les offrandes et les hommages de leur famille entière, quelquefois fort nombreuse. Chaque membre de la famille est figuré en pied sur ces stèles, avec les différences bien marquées d'âge et de sexe ; et au-dessus de chaque personnage est gravé son nom propre et son degré de parenté avec les défunts.

L'idée *fils* est exprimée par trois groupes hiéroglyphiques divers, souvent employés sur le même monument. (*Voyez* planche V, n.ᵒˢ 1, 2 et 3.)

Le groupe le plus ordinaire est une *oie* et une *petite ligne perpendiculaire*. Dans notre alphabet, l'oie répond au ש *schin* hébreu et au ϣ *schéi* copte, et la petite ligne perpendiculaire est un ⲁ, un ⲉ ou un ⲏ ; et si nous transcrivons le groupe d'après la valeur phonétique des signes qui le composent, nous avons les mots ϣⲁ, ϣⲉ ou ϣⲏ.

Or, la lecture ϣⲁ se rattache bien évidemment à la racine copte thébaine ϣⲁ *oriri*, *nasci* ; ϣⲏ, à la racine copte memphitique ϣⲁⲓ *oriri*, *nasci* ; enfin la lecture ϣⲉ, aux deux mêmes racines et au monosyllabe

E*

copte ϣe que nous retrouvons en cette langue, et avec la valeur *fils*, dans les mots composés ϣeniωτ, ϣenμaυ, ϣencon, c'est-à-dire, *fils de père*, *fils de mère*, *fils de frère*, expressions employées lorsqu'il s'agit d'indiquer un *frère consanguin*, un *frère utérin*, un *cousin*.

Ainsi donc, de quelque manière qu'on prononce la voyelle, ce groupe hiéroglyphique nous donnera toujours un mot égyptien pouvant signifier ou signifiant en réalité *fils*, υιος, *filius*, *natus*.

Le second groupe exprimant l'idée *fils* en écriture hiéroglyphique, est formé d'*une ellipse* ou *ovale*, et de la *petite ligne perpendiculaire*. Dans plusieurs noms propres romains, le Σ est rendu par ce même ovale; nous avons donc ici le mot ce ou cι qui se retrouve avec le sens de *fils*, *enfant* ou *nourrisson*, dans le nom propre copte ϩωρcιнcι, ϩωρcιнce, c'est-à-dire, *Horus fils d'Isis*. Feu Ackerblad a, le premier, donné le sens de ce nom copte; c'est un très-ancien nom propre qui s'est conservé chez les Égyptiens devenus chrétiens, et dont j'ai retrouvé la transcription hiéroglyphique dans les papyrus, ainsi qu'on pourra le voir au chapitre sixième. Le nom propre *Horsiési*, écrit en hiéroglyphes, contient aussi l'ovale suivi de la ligne perpendiculaire, et la forme hiératique de ce nom, que j'ai également recueillie dans les manuscrits, renferme les caractères équivalant à la syllabe cι (*si*) *fils*, *nourrisson*.

Le troisième groupe employé pour rendre l'idée

fils dans les textes hiéroglyphiques, se compose de l'image d'*un enfant portant la main à sa bouche*, et de la petite ligne perpendiculaire; cette figure d'*enfant* représente aussi le Σ dans le titre Σεβαστος de l'obélisque Pamphile : nous avons donc encore ici le mot ce ou ci écrit en hiéroglyphes phonétiques.

Un quatrième groupe exprime aussi la *filiation* dans les inscriptions hiéroglyphiques. Mais celui-ci est composé de deux caractères, dont le premier est un des homophones de la chouette, ou du caractère anguleux, qui est un M; le second est la forme la plus commune du Σ. Nous avons donc le mot ⲙⲥ (*més*) qui trouve son équivalent dans la racine copte ⲙⲥ ou ⲙⲉⲥ *enasci, gignere*, et sur-tout dans ⲙⲁⲥ et ⲙⲓⲥⲉ *natus, infans, pullus*. La lecture de ce groupe nous explique bien naturellement pourquoi nous le voyons, une seule fois, dans le texte hiéroglyphique de Rosette, combiné avec les deux caractères qui, dans toutes les parties de ce texte, expriment l'idée de *jour*; car le seul endroit où le groupe hiéroglyphique ⲙⲥ soit lié avec le groupe *jour* qui le précède, est justement celui qui correspond au passage du texte grec où il est question de célébrer le *jour natal* du Roi (τα γενεθλια). Or, le premier caractère du groupe *jour* est le ⲉ, premier signe du nom hiéroglyphique de l'empereur Hadrien sur l'obélisque Barberini; le second caractère, qui est un *cercle vide*, ou *strié*, répond ailleurs à la voyelle ⲟⲩ : le groupe entier de l'inscription de Rosette (pl. V, n.° 4), rendu en grec par

(70)

ⲧⲁ γενεϑλια, se lit donc ϩⲟⲧⲙⲥ, mot qui est précisément la transcription des consonnes et de la principale voyelle du mot copte ϩⲟⲧⲙⲓⲥⲉ, qui, dans les textes thébains, exprime également le jour natal, *dies natalis*.

Le groupe hiéroglyphique ⲙⲥ ou ⲙⲓⲥⲉ est employé plus habituellement pour indiquer la descendance maternelle, et les groupes ϣⲉ et ⲥⲓ pour indiquer la descendance paternelle. Ainsi l'on disait ϩⲱⲣ ϣⲉ ou bien ⲥⲓ ⲛ̄ⲟⲩⲥⲓⲣⲉ ⲙⲥ ⲛ̄ ⲏⲥⲉ (1), *Horus, fils d'Osiris, né d'Isis*, et cette distinction était même indispensable à cause de la pluralité des femmes, qui put exister en Égypte.

Le groupe hiéroglyphique exprimant l'idée *père*, est formé du segment de sphère ⲧ, du *céraste* upsilon ou bien OY, et de la petite ligne perpendiculaire ⲉ; nous avons ici le mot ⲧⲟⲩⲉ, ⲧⲩⲉ, que l'on pourrait rapporter aux racines coptes ⲧⲁⲩⲉ, ⲧⲁⲟⲩⲉ, *producere, proferre*, dont le primitif ⲧⲁⲟⲩⲱ paraît formé de ⲧⲁ *dare* et de ⲟⲩⲱ *germen*. (Tabl. gén. n.° 248.)

Un vautour, et le signe qui ressemble à une *espèce de hache*, représentent l'idée de *mère*, *mater*, dans les textes hiéroglyphiques; Horapollon, qui nous apprend que, pour écrire *fils*, les Égyptiens traçaient l'image d'une *oie*, nous dit aussi que, pour écrire *mère*, les Égyptiens peignaient un *vautour* (2), parce que, dans

---

(1) *Voyez* planche V, n.° 5.
(2) Horapollon, liv. I, hiéroglyphe n.° 12.

(71)

cette espèce d'oiseau, il n'y a, disaient-ils, *que des femelles, et point de mâles.*

Le vautour, dans les textes, est un homophone du caractère anguleux qui exprime le M dans les noms propres grecs et latins; *la sorte de hache* est, dans les trois systèmes d'écritures égyptiennes, le signe des voyelles O et OU, comme par exemple dans le nom démotique de *Ptolémée;* la lecture du groupe *mère* donne donc le mot ⲙⲟⲩ, charpente du mot copte baschmourique ⲙⲉⲟⲩ *mater,* du copte thébain ⲙⲁⲁⲩ et du memphitique ⲙⲁⲩ. (Tabl. gén. n.° 250.)

Très souvent encore ce groupe hiéroglyphique est composé d'un troisième caractère, le *segment de sphère,* ce qui donne ⲙⲟⲩⲧ; lecture d'autant plus remarquable que le mot Μουθ nous a été transmis par Plutarque comme un mot purement égyptien signifiant *mère,* et l'un des surnoms d'Isis: Η δ' Ισις εσ]ιν οτε καὶ ΜΟΥΘ καὶ παλιν Αθυει .... Σημαινουσι δε τω μεν πρωτω των ονοματων, ΜΗΤΕΡΑ, τω δε δευτερω &c.... (1). L'assertion de Plutarque, concernant le surnom de *mouth,* c'est-à-dire *mère,* donné à Isis, est du reste pleinement confirmée par les monumens, qui ne présentent presque jamais une image de cette déesse, sans que la légende hiéroglyphique ou hiératique ne renferme les mots ⲏⲥⲉ ⲭⲣ ⲙⲟⲩⲧ, ⲏⲥⲉ ⲧⲭⲣ ⲙⲟⲩ ou ⲏⲥⲉ ⲧⲭⲣ ⲙⲟⲩⲧ, c'est-à-dire, *Isis puissante mère.* Voyez ces légendes (2). Un cartouche d'*Arsinoé Philadelphe,*

―――――――――――――――――

(1) *De Iside et Osiride.*
(2) Sur la planche V, n.° 6. — Cette qualification habituelle d'Isis

(72)

que présente une inscription hiéroglyphique inédite du musée royal, relative, je crois, à une victoire de char dans des jeux publics, et portant une date de l'an xx, nous fait connaître comme un homophone du Σ, un signe qui, combiné avec la ligne brisée reconnue pour le N phonétique ordinaire, exprime, dans tous les textes hiéroglyphiques, l'idée de *frère*. Ce groupe se lit ⲥⲛ; et en copte les mots ⲥⲁⲛ et ⲥⲟⲛ signifient également *frère*.

L'idée *roi* est très souvent rendue, dans les textes hiéroglyphiques, par une *plante* dont l'espèce n'est point facile à déterminer, par un *segment de sphère*, et par la *ligne brisée* ou simplement la *ligne horizontale*. La plante est un des homophones du trait recourbé Σ; le segment de sphère est un T, et la ligne *brisée* ou *horizontale*, un N : nous avons ici le mot ⲥⲧⲛ, qui est la charpente même des mots coptes, ⲥⲟⲩⲧⲉⲛ (Memph.) ⲥⲟⲩⲧⲱⲛ (Th. M.), ⲥⲟⲟⲩⲧⲛ (Theb.) *regere, dirigere*. J'ajoute que la transcription *hiératique* de ce groupe offre la plus frappante analogie avec celui qui, dans le texte *démotique* de Rosette, exprime le mot grec Βασιλευς *roi;* groupe qu'on chercherait vainement à lire ⲡⲟⲩⲣⲟ, ⲡⲣⲣⲟ, ⲡⲏⲣⲁ, ⲡⲉⲣⲣⲁ ou ⲫⲟⲩⲣⲟ, comme on a cru d'abord pouvoir le faire. Le groupe hiéroglyphique répondant aux mots coptes ⲡⲣⲣⲟ, ⲡⲣⲣⲁ, ⲟⲩⲣⲟ, est tout différent, et se lit simplement

---

ⲭⲣⲙⲟⲩⲧ a été transcrite par les Grecs, sous la forme de Θερμουθις, comme je l'établirai ailleurs.

(73)

pȝ, ou bien, avec l'article, πpȝ, et signifie *tête*, *chef*, comme le copte baschmourique pȝ, comme le mot thébain memphitique po. Ce même groupe pris adjectivement veut dire, *principal*, *supérieur*, *capital*.

Le mot τοπος, *lieu*, *place*, du texte grec de l'inscription de Rosette, est exprimé dans la partie hiéroglyphique par une *chouette* M, et par le *bras étendu* A, ce qui donne le mot copte ⲙⲁ *lieu*, place, τοπος. Nous citerons bientôt une phrase hiéroglyphique où ce mot se trouve employé : M. le docteur Young a cru que ce groupe signifiait *père*. (Tabl. gén. n.° 243.)

Je borne ici à ces neuf mots l'application de mon alphabet aux noms communs écrits phonétiquement dans les textes hiéroglyphiques (la lecture de ces groupes importait à la clarté nécessaire à la suite de cette discussion), et je passe à une autre application bien plus essentielle et bien plus probante, *à la lecture* des signes ou des groupes qui, dans ces mêmes textes, remplissent des fonctions grammaticales et expriment les genres, les nombres, les personnes et les temps.

J'ai dit ailleurs que le *segment de sphère* était la marque ordinaire des groupes *féminins* dans le système hiéroglyphique : ce segment de sphère, qui est la lettre T dans tous les noms propres, est bien évidemment l'article copte ⲧ, qui caractérise aussi le genre féminin. (Tabl. gén. n.° 2.)

Cet hiéroglyphe, en effet, est toujours ajouté à l'*oie*, par exemple, lorsque ce groupe accompagne, sur

(74)

les stèles funéraires une figure de femme, ce qui produit ⲧϣⲉ la *fille*; au groupe ⲥⲛ *frère*, ce qui donne ⲧⲥⲛ la *sœur;* et au groupe ⲙⲟⲩ, ce qui produit ⲧⲙⲟⲩ la *mère*. (Tabl. gén. n.ᵒˢ 254, 263 et 250.)

Mais il arrive souvent qu'au lieu d'être placé au commencement du groupe hiéroglyphique, l'article féminin se trouve à la fin; ce qui nous explique bien pourquoi, dans les inscriptions hiéroglyphiques, on lit tantôt ⲙⲟⲩ *mère* et tantôt ⲙⲟⲩⲧ *la mère*, et le passage formel de Plutarque, déjà cité à propos de ce dernier mot, prouve que les Égyptiens prononçaient aussi ce mot ⲙⲟⲩⲧ, ainsi qu'il est souvent écrit dans les textes hiéroglyphiques : mais le copte que nous connaissons, ne nous présente aucun exemple de cette espèce d'inversion de l'article. Je dois ajouter que, dans l'état actuel de mes connaissances sur la langue antique de l'Égypte, dont les textes hiéroglyphiques nous conservent les mots écrits phonétiquement, je crois avoir reconnu que les marques de genre, de nombre, de personne et de temps, semblables d'ailleurs à celles du copte, au lieu d'être toujours placées *en augment,* comme dans le copte, le sont parfois *en crément;* et cette circonstance m'a paru bien digne de remarque.

L'article déterminatif masculin copte ⲡ, a pour équivalent, dans les textes hiéroglyphiques, le *carré strié*, qui est, en effet, le signe constant de la consonne Π dans les noms propres hiéroglyphiques grecs et latins. (Tabl. gén. n.° 1.)

Le pluriel des noms est exprimé en hiéroglyphes

de plusieurs manières, comme dans le copte, ou par des articles préfixes, ou par des terminaisons.

Les articles pluriels sont au nombre de deux : 1.º la *ligne brisée* remplacée, dans les textes hiéroglyphiques linéaires, par la *ligne horizontale simple*; ces deux caractères expriment la consonne N dans les noms propres étrangers; c'est donc l'article déterminatif pluriel copte ⲛ. (Tabl. gén. n.º 3.)

2.º Le vase, qui est encore un N; et tous deux sont suivis de la petite ligne perpendiculaire ⲓ ou bien ⲉ. C'est là exactement le copte thébain ⲛⲉ ou le copte memphitique ⲛⲓ; l'inscription de Rosette présente plusieurs exemples de l'emploi de cet article. (Tabl. gén. n.º 4.)

Dans la langue copte, le pluriel est souvent indiqué par les désinences ⲉ ou bien ⲟⲩⲉ en dialecte thébain, ⲓ ou bien ⲟⲩⲓ en dialecte memphitique.

Je trouve également dans les textes hiéroglyphiques des groupes qui sont incontestablement des pluriels terminés,

1.º Par *deux* ou *trois* petites lignes perpendiculaires, qui, dans les noms propres et ailleurs, équivalent à la voyelle ⲉ ou bien ⲓ; (Tabl. gén. n.º 22.)

2.º Par le *lituus* suivi de trois petites lignes perpendiculaires, ou bien par la *caille* suivie de ces trois mêmes lignes; et l'alphabet phonétique appliqué à ces terminaisons nous les a fait lire ⲟⲩⲉ, ou bien ⲟⲩⲓ, comme dans le copte. Cela nous explique naturellement l'extrême fréquence de ces deux groupes dans les textes hiéroglyphiques. (Tabl. gén. n.ᵒˢ 23, 24 et 25.)

En copte, la préposition ⲛ remplace le cas génitif des Latins; dans les hiéroglyphes, la *ligne brisée* qui est aussi un ⲛ, remplit la même fonction. La ligne brisée est remplacée souvent par ses homophones, la *ligne horizontale* et la *coiffure* ornée du lituus, qui sont également des ⲛ dans les noms propres grecs et latins.

Quelquefois aussi, et dans le même cas, le caractère anguleux et la chouette, qui sont des ⲙ dans les noms propres, tiennent la place du ⲛ, comme cela arrive aussi dans la langue copte ; souvent enfin la ligne horizontale ou brisée ⲛ est suivie du segment de sphère ⲧ; c'est bien là la préposition copte ⲛⲧⲉ *de*. (Tabl. gén. n.° 37.)

Dans le copte thébain, certains mots qualificatifs, ou *adjectifs*, sont formés par le conjonctif ⲛⲧ *qui* ; et dans les textes hiéroglyphiques, une foule de groupes exprimant, sans aucun doute, des *adjectifs*, commencent par le *vase* et le *segment de sphère*, c'est-à-dire, par les signes phonétiques ⲛⲧ. (Tabl. gén. n.° 5.)

Je n'ai encore bien reconnu, dans les textes hiéroglyphiques, qu'un seul groupe représentant un pronom sujet de la proposition. C'est le pronom isolé de la troisième personne du masculin. Il est formé de quatre caractères, la *ligne horizontale* ou la *ligne brisée* ⲛ, le *segment de sphère* ⲧ, le *lituus* ⲟ et le *céraste* ϥ; c'est, lettre pour lettre, le pronom copte ⲛⲧⲟϥ *lui*. (Tabl. gén. n.° 17.)

J'ai été plus heureux dans la recherche des pronoms complémens des prépositions ou des verbes; et cela devait être en effet; car, si l'on ne peut espérer de trouver beaucoup d'exemples de l'emploi des pronoms isolés *sujets de la proposition, moi, toi,* dans les inscriptions monumentales, les mêmes textes ne peuvent qu'en offrir de très-multipliés des pronoms de la seconde et sur-tout de la troisième personne, *complémens directs ou indirects,* soit de verbes, soit de prépositions.

L'inscription hiéroglyphique de Rosette et tous les autres textes présentent, tout aussi souvent que les textes coptes, le pronom préfixe et affixe de la troisième personne; sa forme hiéroglyphique la plus ordinaire est le *céraste* dont la forme *hiératique* et *démotique* est absolument la même que celle du ϥ copte, qui lui-même est ce pronom affixe ou préfixe de la troisième personne. Nous avons déjà vu que cette forme antique a dû passer dans l'alphabet copte en même temps que les formes antiques du ϣ, du ϩ, du ⳅ, du ϫ et du ϭ, parce que l'alphabet grec qu'adoptèrent les Egyptiens devenus chrétiens, ne présentait point de sons équivalens. J'ajouterai même que la découverte de ce fait très-curieux a beaucoup contribué à me convaincre de la nature véritablement phonétique d'une très-grande partie des signes qui composent les inscriptions hiéroglyphiques.

Dans ces mêmes inscriptions, *le pronom de la troisième personne masculine, complément indirect*, est exprimé par la ligne brisée ou horizontale ⲛ, et le céraste ϥ : cela produit ⲛϥ, qui est justement le copte ⲛⲉϥ, ou ⲛⲁϥ *à lui.* (Tabl. gén. n.° 19.)

Dans les textes qui se rapportent à des femmes, le *céraste* disparaît, pour faire place aux deux sceptres affrontés, forme très-ordinaire du Σ; c'est le copte ⲛⲉⲥ ou ⲛⲁⲥ *à elle.* (Tabl. gén. n.° 20.)

Le pronom, complément indirect, de la seconde personne masculine, est rendu par deux hiéroglyphes, la *ligne brisée* ou la ligne *horizontale* ⲛ et le *bassin à anneau*, ⲕ ou ⲧ; ce qui produit ⲛⲕ, le pronom copte ⲛⲁⲕ. (Tabl. gén. n.° 18.)

Dans la langue copte, les pronoms simples et isolés ⲕ, ϥ et ⲥ, que nous avons aussi retrouvés dans les textes hiéroglyphiques, sont placés entre l'article déterminatif et le nom, et forment ainsi une espèce d'article déterminatif possessif, qui tient la place de nos mots *son, sa, ses, notre, votre, leur,* &c. On emploie, par exemple, la forme ⲡⲉϥⲥⲟⲛ, *le de lui frère,* en parlant d'un homme, et ⲡⲉⲥⲥⲟⲛ *le d'elle frère,* en parlant d'une femme. Dans les textes hiéroglyphiques, au contraire, les pronoms ϥ et ⲥ (le *céraste* et les *deux sceptres*), au lieu d'être préfixes ou infixes comme dans le copte, se placent à la fin du nom comme en hébreu et en arabe. Il n'est presque point, en effet, de stèle funéraire (et le nombre de ces monumens est très-multiplié à Paris) qui n'offre plusieurs fois les groupes hiéroglyphiques déjà analysés, *père, mère, fils, fille, frère* ou *sœur*, affectés de ces pronoms affixes, et inscrits vers la tête d'enfans des deux sexes rendant hommage à leurs parens défunts; ces groupes gravés au Tableau général n.ᵒˢ 249, 252 &c., se lisent sans difficulté:

ⲧⲟⲩⲉϥ	*Père de lui.*
ⲧⲟⲩⲉⲥ	*Père d'elle.*
ⲙⲟⲩⲧϥ . ⎫ ⲧⲙⲟⲩϥ .. ⎭	*La mère de lui.*
ⲙⲟⲩⲧⲥ	*La mère d'elle.*
ϣⲉϥ	*Le fils de lui.*
ϣⲉⲥ	*Le fils d'elle.*
ⲧϣⲉϥ... ⎫ ϣⲉⲧϥ... ⎭	*La fille de lui.*
ⲧϣⲉⲥ... ⎫ ϣⲉⲧⲥ... ⎭	*La fille d'elle.*
ⲥⲛϥ	*Le frère de lui.*
ⲥⲛⲥ	*Le frère d'elle.*
ⲧⲥⲛϥ... ⎫ ⲥⲛⲧϥ... ⎭	*La sœur de lui.*
ⲥⲛⲧⲥ	*La sœur d'elle.*

Nous citerons ici quelques phrases hiéroglyphiques qui contiennent des exemples de l'emploi du pronom affixe de la troisième personne, combiné avec le groupe ⲧⲩⲉ, ⲧⲟⲩⲉ, *père.*

On voit par le texte grec de l'inscription de Rosette (ligne 10), que le dieu Horus porte les qualifications de *fils d'Isis et d'Osiris, vengeur* ou *défenseur de son père Osiris,* ο της Ισιος χϟ Οσιϱιος υιος ο επαμυνας τῳ πατρι αυτου Οσιρει. Dans presque toutes les légendes hiéroglyphiques placées à côté des images du dieu Horus, on lit en premier lieu (ϩⲱⲣ) ϣⲉ ⲛ̄ (ⲟⲩⲥⲓⲣⲉ) ou bien (ϩⲱⲣ) ϣⲉ (ⲟⲩⲥⲓⲣⲉ) ⲙⲥ ⲛ̄ (ⲏⲥⲉ)

(80)

Horus, fils d'Osiris, né d'Isis (1); et souvent aussi une série de signes hiéroglyphiques qui *se lisent* par le moyen de mon alphabet, à l'exception toutefois du nom propre d'*Osiris* qui est symbolique, ⲥⲛ̄ⲧⲉ ⲧⲣⲉϥ ⲟⲩⲥⲓⲣⲉ, c'est-à-dire, *soutien de son père Osiris* (2), et le groupe ⲥⲛ̄ⲧ ou ⲥⲛ̄ⲧⲉ répond bien certainement au mot grec επαμυνας *défenseur, soutien* ou *vengeur*, puisque ce même groupe se montre dans l'inscription de Rosette (texte hiéroglyphique, ligne 6), immédiatement après le nom isolé de Ptolémée, dans la partie correspondante au texte grec qui porte Πτολεμαιου του ΕΠΑΜΥΝΑΝΤΟΣ της Αιγυπτου (3). Dans la série précitée, le groupe hiéroglyphique ⲧⲣⲉ *père* est affecté du pronom affixe ϥ, ce qui produit ⲧⲣⲉϥ *son père*.

Ce même groupe paraît sur la face septentrionale de l'obélisque Pamphile, élevé en l'honneur de *Domitien*, dans un membre de phrase qui contient plusieurs exemples de pronoms affixes. Cette série hiéroglyphique est gravée planche VI, n.° 3 ; et si nous appliquons aux signes qui la composent les valeurs phonétiques indiquées par notre alphabet fondé sur la lecture des noms propres grecs et latins, nous obtenons les mots suivans, ⲉ ϣⲡⲉϥ, ⲥⲧⲏ.... ⲛ̄ⲧⲣⲉϥ ⲟⲩⲥⲡⲥⲕⲛ̄ⲥ ⲙⲁ ⲥⲛϥ (ⲥⲧⲛ) (4), ⲧⲓⲧⲥ, ce qui, en tenant compte

---

(1) Planche VI, n.° 1.
(2) *Voyez* ma pl. VII, n.° 2, et le grand manuscrit hiéroglyphique du cabinet du Roi, gravé dans la Description de l'Égypte, planch. 73, col. 78; planch. 75, col. 65, &c.
(3) Texte grec, ligne 40.
(4) Ce mot répond ici à *l'image même d'un roi*, ou d'un homme

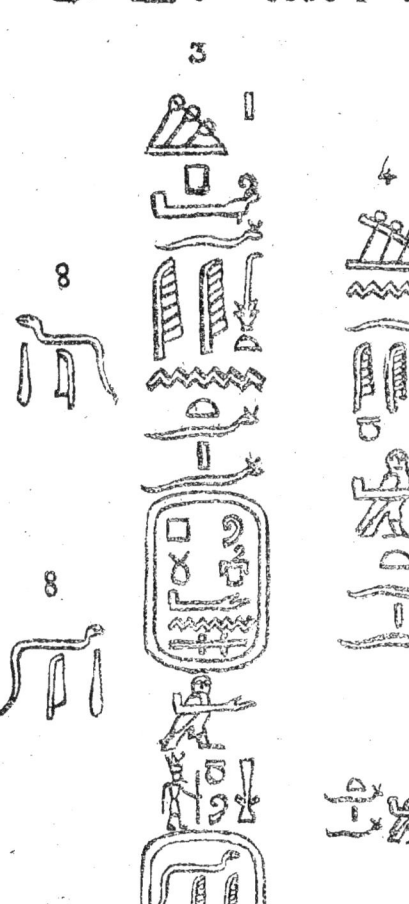
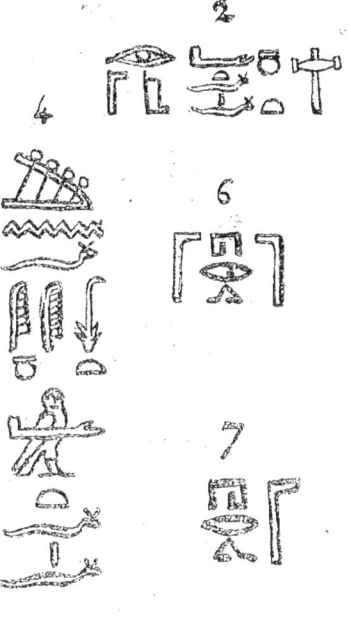
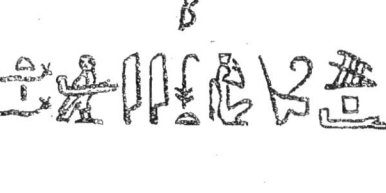

des déplacemens déjà indiqués dans l'ancienne langue égyptienne, et de la suppression habituelle, dans les textes hiéroglyphiques, de quelques prépositions ou particules déterminatives, reviendrait aux mots coptes ⲈⲀϤϢⲰⲠ ⲚⲤⲞⲨⲦⲚ ⲘⲠⲈϤⲈⲒⲰⲦ ⲞⲨⲈⲤⲠⲀⲤⲒⲀⲚⲞⲤ ⲈⲠⲘⲀ ⲘⲠϤⲤⲞⲚ ⲦⲨⲦⲞⲤ; c'est-à-dire, qui a *reçu la direction* (la puissance royale) *de son père Vespasien, à la place de son frère Titus:* et c'est là, sans aucun doute, le sens de cette série de caractères hiéroglyphiques; car *les mêmes signes*, à l'exception des noms propres, se montrent dans l'inscription de Rosette (1), là où le texte grec porte παρελαβεν την βασιλειαν παρα του πατρος (2). Nous les retrouvons également sur la quatrième face de l'obélisque de Philæ, là où le roi Ptolémée Évergète II, comparé à Horus, fils d'Osiris, enfant d'Isis, *a pris*, y est-il dit, *la direction* (la puissance royale), *à la place de son père*, ϬⲚϤ ⲤⲦⲎⲚ ⲘⲀ ⲦⲨⲈϤ (3). Cette même formule hiéroglyphique se retrouve enfin dans les monumens du plus ancien style.

La partie hiéroglyphique de l'inscription de Rosette ne nous fait connaître que des verbes à trois temps distincts, présent, passé, futur, et seulement à la troisième personne. Mais ces mêmes signes qui caractérisent les temps ne sont encore autre chose, pris phonétiquement, que des préfixes et affixes coptes.

---

portant le sceptre et coiffé du pschent, qu'on trouve sur l'obélisque. C'est un caractère figuratif; tout le reste de la légende est *phonétique*.
(1) Texte hiéroglyphique, lig. 10, démotique 28. Voy. pl. VI, n.º 5.
(2) Texte grec, ligne 47. — (3) Voyez pl. VI, n.º 4.

F

Le présent de la troisième personne du pluriel commun, est indiqué, dans tous les textes hiéroglyphiques, par le *signe recourbé* ou par les *deux sceptres*, qui sont la consonne Σ, placée devant le groupe exprimant le verbe; c'est le préfixe copte du présent défini de la troisième personne du pluriel commun, ⲥⲉ.

La troisième personne d'une espèce de passé est indiquée par le ⳇ hiéroglyphique (le *céraste*) placé en affixe, si le sujet est du genre masculin, et par les deux sceptres ⲥ, si le sujet est du genre féminin : il semble rester encore dans le copte des traces évidentes de cette ancienne forme de conjugaison *par pronoms affixes*, dans l'un des passés du verbe ⳉⲱ, *dire*, ⲡⲉⳉⲁⲓ, ⲡⲉⳉⲁⲕ, ⲡⲉⳉⲉ, ⲡⲉⳉⲁϥ, ⲡⲉⳉⲁⲥ, en dialecte thébain, ⲡⲉⳉⲏⲓ, ⲡⲉⳉⲁⲕ &c, en dialecte memphitique; et ⲡⲉⳉⲉⲓ, ⲡⲉⳉⲉⲕ, ⲡⲉⳉⲉ, ⲡⲉⳉⲉϥ, ⲡⲉⳉⲉⲥ, en dialecte dit baschmourique.

Enfin la troisième personne du futur pluriel, personne et temps auxquels se trouvent *tous les verbes* des neuf dernières lignes du texte hiéroglyphique de Rosette, exprimant les diverses dispositions du décret et répondant à des verbes qui sont *tous à l'infinitif* dans le texte grec, est marquée par un groupe de trois caractères : le *trait recourbé* ou les *deux sceptres affrontés* ⲥ, la ligne brisée ⲛ, et les trois lignes perpendiculaires, ⲓ ou ⲉ. Nous avons ici le mot ⲥⲛⲉ qui est bien le dissyllabe baschmourique ⲥⲉⲛⲉ, en dialecte thébain et memphitique ⲥⲉⲛⲁ, marque caractéristique de la troisième personne du pluriel du futur défini copte.

Je retrouve également dans les *textes hiéroglyphiques purs, étudiés comme phonétiques en très-grande partie,* une foule de formes des verbes coptes ; mais comme je ne puis prouver par un texte correspondant et en langue connue, que ces groupes sont réellement *des verbes*, je m'abstiens de citer ces formes, m'étant fait une loi, dans une question aussi délicate, de n'apporter en témoignage du *phonétisme* de la plus grande partie des textes hiéroglyphiques égyptiens, que la lecture des seuls groupes dont le sens réel m'est préalablement indiqué par quelque circonstance particulière, et indépendante de leur lecture.

Toutefois les différentes applications que nous venons de faire de l'alphabet phonétique à des caractères ou groupes hiéroglyphiques exprimant des noms communs des deux genres, des articles, des prépositions, des pronoms, des formes de verbes, &c., nous ont conduits, ce me semble, à des résultats assez probans par eux-mêmes, sinon pour démontrer déjà, du moins pour nous induire à croire que la plus grande partie de tout texte hiéroglyphique pourrait bien être absolument *phonétique*. C'est ce qui va être mis hors de doute par la masse et la généralité des résultats tout-à-fait semblables qui nous restent à exposer. Le chapitre suivant offrira l'application de l'alphabet phonétique à ceux des noms égyptiens hiéroglyphiques où l'on devait le moins s'attendre à reconnaître des sons, aux noms propres des *anciennes divinités* de l'Égypte.

CHAPITRE V.

Application de l'Alphabet phonétique aux noms propres hiéroglyphiques des dieux égyptiens. — Lectures qui en résultent. — Signes figuratifs. — Signes symboliques.

Les images des dieux et des déesses, qui couvrent les monumens égyptiens de tous les ordres, sont accompagnées de légendes hiéroglyphiques, présentant sans cesse, à leur commencement, trois ou quatre caractères semblables (1), que l'on peut assimiler à la formule copte ⲦⲀⲒ ⲦⲈ ⲐⲈ, ou ⲦⲀⲒ ⲐⲎ, *ceci est l'aspect*, la *manière d'être*, la *présence* ou la *ressemblance*. Après cette formule se trouve toujours la préposition ⲛ̀ *de*, exprimée soit par la ligne *horizontale* ou *brisée*, soit *par la coiffure ornée du lituus*, leur homophone perpétuel; et la préposition est immédiatement suivie par le nom propre du dieu ou de la déesse.

Ce nom propre est constamment le même et on le retrouve toujours à côté des mêmes figures d'êtres divins, distinguées par des attributs semblables. Les noms propres des divinités sont tracés *en ligne courante*, comme les noms de simples particuliers, et sont terminés, non pas, comme ces derniers, par le caractère figuratif *homme*, mais par le signe d'espèce, *dieu* ou *déesse*, caractères dont le sens ne saurait être dou-

---

(1) Voyez planche VI, n.º 8.

teux ni contesté, après la plus légère comparaison du texte grec de Rosette avec son texte hiéroglyphique et démotique.

Ainsi donc, par la présence seule et de la formule initiale qui précède ces noms divins, et du signe d'espèce *dieu* qui les termine, j'eus un moyen certain de recueillir tous les groupes de caractères exprimant les noms des différentes divinités égyptiennes, sans craindre d'omettre un seul des signes qui les composent véritablement, et en même temps sans courir le risque d'en admettre quelqu'un qui n'en fît point réellement partie. J'obtins alors, par l'étude attentive de tous les monumens égyptiens qu'il m'a été possible d'examiner, une série très-étendue de noms propres hiéroglyphiques de divinités égyptiennes, et les manuscrits sur papyrus m'ont donné les formes hiératiques de ces mêmes noms.

Cette recherche m'a fourni d'importantes notions sur le matériel du culte égyptien; elle m'a conduit à déterminer le rang hiérarchique de chacun des personnages divins figurés sur les monumens de l'Égypte; enfin je me suis convaincu du peu de succès avec lequel on a jusqu'ici appliqué aux représentations des dieux, sculptées sur les temples ou peintes sur les caisses des momies, les noms de divinités égyptiennes que nous ont transmis les auteurs grecs et latins. Les résultats généraux de cette étude seront en partie consignés dans le recueil que je publie sous le titre de *Panthéon égyptien*.

La détermination des noms propres hiéroglyphiques de divinités, présente un grand intérêt, même par rapport à la matière que nous traitons spécialement dans le présent ouvrage. La *lecture* de quelques-uns de ces noms devait être en effet d'un très-grand poids dans la discussion actuelle. Il me parut donc important d'essayer si, dans le très-grand nombre de noms divins que j'ai rassemblés, noms appliqués sans cesse à des personnages distingués par des attributs propres, il ne s'en trouvait point dont la lecture, par le moyen de l'alphabet hiéroglyphique, produisît des noms semblables à ceux que les Grecs et les Latins nous ont transmis comme *noms égyptiens de divinités égyptiennes*. On va juger jusqu'à quel point cette application a eu du succès.

Le témoignage formel de l'antiquité classique ne permet point de douter que le dieu représenté sur les monumens égyptiens avec une *tête d'épervier* surmontée d'un *disque rouge*, ne soit bien certainement l'Ηλιος égyptien, le *soleil*, dont le nom propre en langue égyptienne fut *RÊ, RA* ou *RI*, d'après la traduction de plusieurs noms propres égyptiens de rois de Thèbes, donnée par Ératosthène. Le nom du dieu soleil, RI ou RE, se lit d'ailleurs en lettres grecques sur ces pierres gravées qu'on désigne habituellement par le titre de *pierres gnostiques* ou *basilidiennes*.

Le plus simple des noms hiéroglyphiques de cette divinité est formé du disque peint en rouge dans les inscriptions, et accompagné de la petite ligne perpendiculaire (1). Nous sommes ici les maîtres de considérer ce nom, ou comme *figuratif,* puisqu'il offre l'image même du *soleil*, ⲣⲏ Rê en langue égyptienne, ou comme *phonétique*, puisque, d'après cette méthode, l'image du soleil, en langue copte ⲣⲏ (Ré, Ri), ou ⲣⲉ (Ré), représenterait le p, et la ligne perpendiculaire serait ici, comme par-tout ailleurs, la voyelle ⲉ, ⲓ ou ⲏ; ce qui donnerait indifféremment ⲣⲉ (Ré), qui est la forme copte baschmourique, ou ⲣⲏ, forme memphitique et thébaine que les Coptes prononçaient habituellement RI. Mais je préfère, au lieu de décider cette question, passer à l'analyse d'un second nom propre hiéroglyphique du dieu RÊ, qui, seul, tient fort souvent la place du premier, et qui l'accompagne même presque toujours comme une forme explicative. Ce nouveau groupe est composé (2) de la *bouche* et du *bras étendu*. Il est impossible de ne point lire encore ici le mot ⲣⲏ (Rê) qui est le copte pur, lettre pour lettre, puisque, dans les noms propres grecs et romains, la *bouche* est la consonne R, et le *bras étendu* la voyelle ⲏ ou ⲓ.

Les Grecs nous ont appris que les Égyptiens nommaient Αμμων ou Αμουν le dieu principal de Thèbes, que ces mêmes Grecs assimilèrent à leur Ζευς, le Jupiter des Latins. Le nom hiéroglyphique du dieu auquel sont dédiés les plus grands monumens de cette antique

---

(1) Tableau général, *Noms des Dieux*, n.° 46.
(2) Ibid. *Noms phonétiques des Dieux*, n.° 47.

(88)

capitale, et qui tient le premier rang dans tous les bas-reliefs où sont figurées un certain nombre de divinités égyptiennes, ce nom hiéroglyphique du dieu dont l'image est la plus fréquente à Thèbes, est formé (1) d'une *feuille* ou *plume*, d'un *parallélogramme* presque toujours *crénelé*, et de la *ligne brisée* ou de la *ligne horizontale*. Si nous appliquons à chacun de ces caractères les valeurs phonétiques qui leur appartiennent dans tous les noms propres, la *feuille* sera la voyelle A, comme dans Αυτοκρατωρ, le parallélogramme M, comme dans *Domitien*, et la *ligne brisée* ou *horizontale* N, comme par-tout. Nous obtenons ici ⲁⲙⲛ, la charpente même du nom ⲁⲙⲟⲩⲛ qu'on retrouve d'ailleurs dans certains noms propres coptes. Mais ce qui doit achever notre conviction sur la réalité de cette lecture, c'est la circonstance que ce même nom propre hiéroglyphique ⲁⲙⲛ est également celui d'un personnage qui occupe souvent aussi le premier rang sur les monumens de Thèbes, personnage caractérisé par sa *tête de bélier;* et l'antiquité entière nous apprend en effet qu'Amoun, le principal dieu de Thèbes, était représenté par les Égyptiens avec une *tête de bélier*.

Les peintures et les bas-reliefs égyptiens nous offrent une seconde divinité à tête de belier, mais distinguée de la première, soit par un grand serpent *uræus* dressé entre ses cornes, soit par des coiffures très-compliquées et toutes particulières, dans lesquelles on remarque

---

(1) Tableau général, *Noms phonétiques des Dieux*, n.° 39.

(89)

le disque solaire et un ou plusieurs *uræus*. Ce dieu porte d'abord, comme les précédens, le nom d'Ⲁⲙⲛ, (Amoún, Amen ou Amon); quelquefois le nom d'Ⲁⲙⲛⲣⲏ *Amon Ré* ou *Amon Ra* (1); mais plus ordinairement un troisième nom dont l'orthographe varie, et sur lequel il importe de fixer notre attention. Ce nouveau nom du dieu *Amon* s'écrit de quatre manières différentes (2):

1.° Par un *vase* et un *belier*, signes qui, étant pris phonétiquement, produisent ⲛⲃ;

2.° Par un *vase*, une *caille* et un *belier*, ce qui se lit ⲛⲟⲩⲃ;

3.° Par un *vase* et une *chouette*, ce qui donne ⲛⲩ;

4.° Par un *vase*, une *caille* et la *chouette*, ou son homophone le *caractère anguleux*, ce qui produit ⲛⲟⲩⲩ.

Les valeurs phonétiques des signes qui composent ce nom propre et ses variations, étant incontestablement établies par la lecture des noms propres grecs et romains, il reste à voir si ces noms se rapprochent de quelques-uns de ceux que les écrivains grecs nous ont transmis comme noms égyptiens de divinités égyptiennes.

Si nous prononçons le ⲃ du nom ⲛⲃ, comme un V, c'est-à-dire à la manière des Coptes, nous retrouvons dans NÉV ou NÉF le dieu Κνηφ, qui, suivant Plutarque, était le principal dieu de la Thébaïde;

---

(1) Tableau général, *Noms phonétiques des Dieux*, n.° 40.
(2) *Ibid.* n.°ˢ 41, 42, 43 et 44.

Dans ⲛⲟⲩⲃ (NOUV) ⲛⲟⲩϧ, le dieu ΚΝΟΥΦ-ις de Strabon, qui est bien certainement le même que le Κνηφ de Plutarque et d'Eusèbe.

Si, au contraire, nous prononçons ⲛⲟⲩⲃ à la manière ordinaire (NOUB), nous retrouvons, 1.° le dieu ΧΝΟΥΒ-ις de l'inscription des cataractes, lequel dieu est identifié avec Ammon dans cette même inscription, si savamment expliquée par M. Letronne, et qui porte textuellement ΑΜΜΩΝΙ Ο ΚΑΙ ΧΝΟΥΒΕΙ, c'est-à-dire, *à Ammon qui est aussi Chnoubis ;* 2.° l'AMMON CHNUBIS de l'inscription latine découverte dans les carrières de Syène par l'infatigable Belzoni ; 3.° le dieu ΧΝΟΥΒ-ις des pierres basilidiennes.

Enfin dans la variante du nom hiéroglyphique ⲛⲟⲩⲙ (Νουμ), on retrouve aussi le ΧΝΟΥΜ-ις des pierres basilidiennes, qui portent en effet indifféremment Χνουφις, Χνουβις et Χνουμις, et qui nous montrent ces divers noms appliqués à un seul et même être divin, représenté sous la forme d'un serpent.

Tous ces détails que l'antiquité grecque nous a transmis sur la manière dont les Égyptiens figuraient *Ammon-Knèph, Ammon-Chnouphis* ou *Ammon-Chnoumis,* s'appliquent parfaitement, en effet, aux images du dieu dont les noms hiéroglyphiques se lisent ⲁⲙⲩⲛ, ⲛⲃ, ⲛⲟⲩⲃ et ⲛⲟⲩⲙ.

Eusèbe nous apprend que les Égyptiens *représentaient le créateur du monde (le Démiurge) qu'ils appelaient Knèph, sous une forme humaine, les chairs bleues, portant une ceinture,* ζωνην, *et un sceptre, et ayant sur la tête une coiffure royale ornée de plumes* (1) : et sur tous les monumens égyptiens, le dieu qui porte alternativement et le nom d'ⲁⲙⲛ et celui de ⲛⲃ ou de ⲛⲟⲩⲃ, se montre aussi sous une *forme humaine*; il a les *chairs peintes en bleu*; il porte une large *ceinture* et *un sceptre*, et sa coiffure est surmontée de deux *énormes plumes* de diverses couleurs.

Le même auteur nous dit ailleurs (2) que *Knèph* était figuré emblématiquement par les Égyptiens sous la forme d'un serpent; et, comme je l'ai déjà dit, les pierres basilidiennes ont attaché les noms Χνουφις, Χνουβις et Χνουμις à l'image d'un serpent. De plus nous retrouvons sur les monumens d'ancien style égyptien, le dieu nommé indifféremment ⲁⲙⲛ, ⲛⲃ, ⲛⲟⲩⲃ et ⲛⲟⲩⲙ, ayant sur sa tête un grand serpent *uræus*; plus souvent encore il est précédé ou suivi d'un énorme *serpent*, lequel recouvre souvent le dieu lui-même sous ses vastes replis. Eusèbe nous apprend encore que les Égyptiens, qui surnommaient le dieu Knèph Αγαθοδαιμων [le bon génie], le représentèrent par *un serpent*; et il est très-digne de remarque, en effet, que le surnom de ΝΕΟΑΓΑΘΟΔΑΙΜΩΝ, *nouvel agathodaimôn*, donné à l'empereur Néron sur ses médailles frappées en Égypte, se trouve joint à l'image d'un énorme serpent, *barbu* et ayant *la tête ornée d'une*

---

(1) *Préparation évangélique*, liv. III, chap. XI, pag. 115, édition de Paris, 1628.
(2) *Ibid.*

(92)

coiffure symbolique, comme le grand serpent *barbu* et souvent *mitré* qui accompagne le dieu dont le nom hiéroglyphique se lit ⲛⲟⲩϥ, ⲛϥ et ⲛⲟⲩⲫ.

Enfin, les inscriptions grecques et latines précitées, et dans lesquelles est mentionné le dieu *Ammon-Chnoubis*, existent l'une dans l'île de Sehhélé voisine de Syène, et l'autre près de Syène même, c'est-à-dire à une très-petite distance de l'île d'Éléphantine. C'est à Éléphantine que Strabon place aussi le temple de Κνουφις ; c'est encore à Éléphantine que, selon Eusèbe (1), était adoré un *dieu de forme humaine et à tête de belier, de couleur bleue, la tête surmontée d'un disque*, &c. : il se trouve que le temple égyptien qui existe encore dans l'île d'Éléphantine offre en première ligne l'image d'un dieu de *forme humaine, à tête de belier, de couleur bleue;* et c'est précisément ce même dieu qui porte sur ce monument, comme ailleurs, les noms hiéroglyphiques ⲛϥ et ⲛⲟⲩϥ (NEF, NOUV ou NOUF).

Cet ensemble de faits et de rapprochemens me paraît ne laisser que très-peu de place au doute, d'abord sur l'identité des personnages mythologiques, et de plus sur la vérité de ma lecture de ces noms hiéroglyphiques ; lecture établie d'ailleurs par des faits déjà connus, qu'il serait bien difficile de contester. On pourrait seulement objecter que les noms hiéroglyphiques ⲛⲟⲩϥ, ⲛϥ et ⲛⲟⲩⲫ, ne rendent point compte du X ou du K qui sont les initiales des noms *Knèph, Knouphis,*

---

(1) Eusèb. *Prépar. évangél.* liv. III, chap. XII, pag. 116.

Chnouphis, *Chnoubis* et *Chnoumis*. Je répondrai que les Égyptiens pouvaient, dans la prononciation, aspirer certaines consonnes initiales, sans représenter pour cela ces aspirations en transcrivant ces mots, soit en hiéroglyphes, soit en tous autres caractères; et que les Grecs ont voulu noter ces aspirations par leur K, ou plus habituellement par leur X. Cette hypothèse pourrait nous expliquer aussi pourquoi des auteurs grecs (Hérodote et Ératosthène) nous ont donné, par exemple, les mots Κει, Κρη ou Χρη, comme le nom du soleil en langue égyptienne (1), et le mot ΧΑΜψαι comme le mot égyptien qui signifiait *crocodile;* tandis que, dans les textes coptes, c'est-à-dire, dans les livres en langue égyptienne écrits en caractères grecs, *soleil* se dit simplement ⲣⲏ rê et non pas ΚΡΗ ou ⳉⲣⲏ, et crocodile ⲉⲙⲥⲁϩ *amsah* et non pas Χαμψαι. Il est évident que l'addition du K ou du X au commencement des transcriptions grecques κνηφ, κνουφις, χνουφις, χνουβις, χνουμις, χρη, κει, χρη et χαμψαι, des noms et mots égyptiens purs ⲛⲃ, ⲛⲟⲩⲃ, ⲛⲟⲩⲙ, ⲣⲏ et ⲉⲙⲥⲁϩ, tient à une seule et même cause.

Quoi qu'il en soit, je crois avoir établi que le dieu nommé *Knèph*, *Chnuphis* et *Chnumis* par les Grecs, divinité identique avec *Amoun*, porta dans l'écriture hiéroglyphique des noms qui se lisaient NEB ou NEV, NOUB ou NOUF, et NOUM: et je terminerai cet article par un nouveau rapprochement. Les

---

(1) Eratosth. apud G. Syncell. — Herod. lib. II.

deux noms habituels du Démiurge égyptien, *Amon* et ⲚⲈⲂ ou ⲚⲞⲨⲂ, se trouvent non-seulement en rapport dans les inscriptions de Sehhélé et des carrières de Syène, mais on les lit même contractés en un seul dans la dédicace grecque du temple égyptien de Qasr-Zaiyan, dans la grande Oasis. L'*image du dieu à tête de belier* domine dans ce temple, et la dédicace porte :

ΑΜΕΝΗΒΙ ΘΕΩΙ ΜΕΓΙΣΤΩΙ
A AMÉNÈBIS DIEU TRÈS-GRAND.

Αμενηβις ou plutôt Αμενηβ, en supprimant la désinence grecque, n'est évidemment que la réunion des deux noms que porte indifféremment le dieu à tête de belier, AMN et NB, transcrits en lettres grecques avec la seule addition des voyelles médiales.

Selon le rapport d'Eusèbe, les Égyptiens croyaient qu'une de leurs plus grandes divinités, celle qui était principalement adorée à Memphis, le dieu *Phtha*, que les Grecs assimilèrent à leur Ηφαισίος, était né du dieu Knèph, c'est-à-dire, d'Amon-neb, ou Ammon-Chnubis ou Cnouphis.

A côté des images d'*Amon-Cnouphis*, sculptées sur divers bas-reliefs de Thèbes, d'Ipsamboul, d'Edfou, d'Ombos et de Philæ, on remarque presque toujours la figure d'une seconde divinité qui est placée à côté du Démiurge égyptien, comme Συνναος θεος, c'est-à-dire, comme dieu adoré dans le même temple. Ce nouveau personnage, qui fait partie de la famille d'Amon, puisqu'il est constamment à sa suite, est coiffé d'une sorte de calotte qui se modèle sur tout le contour de sa tête, et de laquelle s'échappe soit une corne, soit une mèche de cheveux tressée; il est surtout caractérisé, 1.° par le disque solaire et le croissant de la lune, qui surmontent sa coiffure; 2.° par le *sceptre* ordinaire des dieux, combiné avec ce qu'on appelle un *nilomètre*, par une *croix ansée*, le *fléau* et le *crochet*; 3.° par l'habitude constante des Égyptiens, de représenter ce dieu enveloppé, depuis le cou jusque sous la plante des pieds, par un vêtement très-étroit, ne laissant de libre que le mouvement des deux mains qui tiennent le sceptre. Les figures de cette divinité, soit en bronze, soit en terre vernissée, ont d'abord été prises par les archéologues pour des représentations de *prêtres*, ensuite pour celles d'*Harpocrate*; enfin, dans la *Description de l'Égypte,* ce dieu est un de ceux auxquels on donne le nom d'*Horus*, divinité de la troisième classe.

Mais il n'est plus douteux, pour moi du moins, que ce ne soit là la forme sous laquelle les Égyptiens représentèrent un des plus grands dieux de la première classe, *Phtha*, fils de *Knèph*, dont les images n'avaient point encore été reconnues; et l'on partagera ma conviction à cet égard, si je montre que le nom hiéroglyphique placé sans cesse à côté de cette image, contient en effet, en signes phonétiques, le nom même de *Phtha*.

Il est inutile de reproduire ici les passages des anciens auteurs, qui attestent qu'un des principaux

(96)

dieux de l'Égypte, assimilé par les Grecs à leur Ηφαιστος, le Vulcain des Latins, porta le nom de *Phtha* dans la langue du pays ; l'inscription de Rosette prouve assez que ce nom s'écrivit ΦΘΑ et non pas ΦΘΑΣ, comme l'aurait voulu Jablonski. Une heureuse circonstance nous a d'ailleurs conservé la transcription égyptienne de ce même nom, dans un manuscrit copte thébain du Musée Borgia, et dont quelques parties ont été publiées par Zoëga dans son Catalogue (1), sous le n.° CXCIV. C'est le fragment d'une Homélie composée par *S. Schénouti*, et dans laquelle il s'élève fortement contre ceux des habitans de l'Égypte qui persistent dans l'idolâtrie. « Malheur,
» s'écrie ce saint personnage, à celui qui, portant la
» main vers sa bouche, adore en disant : *Salut ô*
» *Pré* (2)*!* ou bien, *sois victorieux, ô Pooh* (3)*!* » Ⲟⲩⲟⲓ ⲙⲡⲉⲧϯ ⲛⲧⲉϥϭⲓϫ ⲉⲣⲛⲣⲱϥ ⲉϥⲟⲩⲱϣⲧ ⲉⲣⲟⲥ ⲉϥϫⲱ ⲙⲙⲟⲥ, ϫⲉ ϫⲁⲓⲣⲉ Ⲡⲣⲏ, ⲏ ϫⲉ ⲍⲣⲟ Ⲡⲟⲟϩ (4).
« Que sont les crocodiles et tous les animaux aqua-
» tiques que vous adorez ? Où est *Kronos*, nommé
» aussi *Petbé* (5), qui a enchaîné ses parens et mu-

---

(1) *Catalogus Codicum copticorum qui in museo Borgiano Velitris adservantur*, pag. 455.

(2) C'est le nom égyptien du *Dieu-Soleil*, que nous avons trouvé également écrit ⲣⲏ et ⲡⲣⲏ dans les textes hiéroglyphiques.

(3) *Pooh* est le nom égyptien du *Dieu-Lunus* (la Lune).

(4) *Catalog. Codicum coptic.* pag. 456 et 457.

(5) Zoëga ne s'est point aperçu que Schénouti donnait ici le nom égyptien du dieu que les Grecs appelaient *Kronos* ; ce savant a essayé

» tilé son père avec une faulx ? — Où est *Héphaistos*, *nommé aussi* PTAH ? — ⲈⲨⲦⲰⲚ ⲚⲈⲘⲤⲞⲞⲢ ⲘⲚ ⲚⲈⲦϨⲚ ⲈⲘⲞⲨⲈⲒⲞⲞⲨⲈ ⲦⲎⲢⲞⲨ ⲚⲀⲒ ⲈⲦⲈⲦⲚϢⲀϪⲈ ⲚⲀⲨ=ⲈϤⲦⲰⲚ ΚⲢⲞⲚⲞⲤ ⲈⲦⲈ ⲠⲈⲦⲂⲈ ⲠⲈ=ⲘⲚ ⲎϤⲀⲒⲤⲦⲞⲤ ⲈⲦⲈ ⲠⲦⲀϨ ⲠⲈ (1).

Ce curieux fragment nous fait ainsi connaître les noms locaux de deux divinités égyptiennes ; celui du dieu *Petbé*, que les Grecs crurent être leur *Kronos*, le Saturne des Romains, et celui du dieu PTAH, que ces mêmes Grecs, comme le prouvent et l'inscription de Rosette déjà citée et l'homélie même de S. Schénouti, assimilèrent à leur Héphaistos. ⲠⲦⲀϨ est la forme thébaine du nom égyptien de cette dernière divinité ; la forme memphitique fut donc ⲪⲐⲀϨ, nom que les Grecs ont aussi fidèlement transcrit qu'il leur était possible, sous celle de ΦΘΑ.

L'orthographe du nom égyptien de *Phtha* étant ainsi préalablement connue, voyons si notre alphabet, appliqué au nom hiéroglyphique placé sans cesse à côté du personnage que nous croyons être ce même dieu *Phtha*, nous donnera des sons à-peu-près semblables.

---

même de lire ⲈⲦⲂⲈ au lieu de ⲠⲈⲦⲂⲈ ; mais cette correction, fort inutile, ne présenterait d'ailleurs aucun sens.

(1) Zoëga n'a point vu non plus que ⲠⲦⲀϨ était le synonyme égyptien du nom grec ⲎϤⲀⲒⲤⲦⲞⲤ : il a cru que ce mot ⲠⲦⲀϨ pouvait signifier *pincerna*, *échanson* ; mais le mot ⲠⲦⲀϨ, qui est ici un nom propre, n'a jamais eu cette signification en langue égyptienne.

G

Ce nom divin (1) est toujours formé, 1.° du *carré strié* ou *non strié*; 2.° du *segment de sphère*; 3.° de la *chaîne* ou *nœud* suivi du caractère *dieu*, qui termine, comme *signe d'espèce*, tous les noms propres hiéroglyphiques des dieux. Le premier signe est un ⲡ ou un ⲫ, et le second un ⲧ, dans tous les noms propres grecs et romains transcrits hiéroglyphiquement; j'ai trouvé le troisième, la *chaîne* ou *nœud*, dans plusieurs noms propres et dans des mots où ce signe est nécessairement un Hori, ⳉ, (H); le nom hiéroglyphique du dieu compagnon de *Cnèph*, se lit donc aussi ⲡⲧⳉ, *Ptăh* ou ⲫⲧⳉ *Phtah*; c'est lettre pour lettre le nom copte thébain ⲡⲧⲁⳉ et le copte memphitique ⲫⲑⲁⳉ, abstraction faite de la voyelle médiale, qui est supprimée conformément à la marche habituelle du système d'écriture hiéroglyphique.

Ces rapprochemens et sur-tout cette lecture suffiraient pour établir à la rigueur que la divinité dont il s'agit ici est bien le dieu *Phtha*, fils de *Cnèph* ou d'*Amon-Cnouphis*; mais il reste encore une preuve décisive et de ce fait et de la réalité de ma lecture.

Parmi les titres que le décret de Rosette donne au roi Ptolémée Épiphane, se trouve celui de *chéri par Phtha, bien aimé de Phtha*, Ηγαπημενος υπο του Φθα; le groupe du texte hiéroglyphique répondant à ce titre est parfaitement déterminé, et ce groupe (Tabl. gén. n.° 352) contient, et dans le même ordre, les mêmes signes

---

(1) Voyez le Tableau général, n.° 48.

qui composent le nom du dieu que nous venons de lire, ⲫⲧⲁϩ. Je n'insisterai point sur l'évidence de ce fait; et quant aux trois derniers caractères de ce groupe qui expriment l'idée d'*aimé* ou de *chéri*, ηγαπημενος, et non pas le nom de Phtha, comme le croit M. le docteur Young, il en sera question lorsque nous donnerons plus bas la lecture des titres hiéroglyphiques des Pharaons.

L'inscription grecque déjà citée et découverte dans l'île de *Sehhélé*, entre Éléphantine et Philæ, par M. Ruppel, contient, comme on a pu le voir, une série fort importante de noms de diverses divinités grecques, accompagnés des noms propres égyptiens ou des surnoms égyptiens de ces mêmes divinités, écrits en lettres grecques. Immédiatement après le dieu *Ammon-Chnoubis,* ce monument nomme la déesse ΣΑΤΗ-Σ ou ΣΑΤΙ-Σ, que les grecs assimilaient à leur ΗΡΑ, la *Junon* des Romains (1). *Satè* ou *Sati* (abstraction faite du Σ qui est une terminaison grecque) fut donc le nom égyptien d'une déesse compagne du Jupiter égyptien, *Ammon-Knèph* ou *Chnoubis*.

Les bas-reliefs égyptiens nous montrent assez souvent à la suite d'Ammon, une déesse dont les chairs sont peintes tantôt en vert, tantôt en jaune, mais dont le signe distinctif est une *grande feuille* qui s'élève au-dessus de sa coiffure. Sur le devant d'un autel soutenu par une statue de granit, qui fait partie

---

(1) ΣΑΤΕΙ ΤΗΙ ΚΑΙ ΗΡΑΙ. (Inscrip. de Sehhélé, lig. 17), *A Satès* (ou *Satis*) *appelée aussi Héra*.

de la riche collection d'antiquités de M. Durand, cette même déesse est figurée *donnant la main* au dieu *Ammon*. Le nom hiéroglyphique de cette compagne du Démiurge égyptien, est toujours formé de trois caractères, et tel qu'il est gravé dans notre Tableau général, n.° 51. Si nous considérons ce nom comme *phonétique*, et il l'est en effet, nous reconnaîtrons le premier signe pour un des homophones habituels du *trait recourbé* Σ; le second est un T, et le troisième un H ou un I dans tous les noms propres grecs et romains. Le nom hiéroglyphique de la déesse écrit en lettres coptes ⲤⲦⲎ *săté* ou ⲤⲦⲒ *săti*, est donc incontestablement le même que le nom ΣΑΤΗΣ ou ΣΑΤΙΣ de l'inscription de Sehhélé.

Je passe à des noms de divinités plus connues, et auxquels mon alphabet hiéroglyphique s'appliquera avec un égal succès.

Les documens transmis par les auteurs grecs et latins sur la religion égyptienne, ne permettent point de douter que le personnage *à tête de schacal*, que nous voyons, sur les bas-reliefs des temples et des hypogées, ou bien sur les peintures des momies, accompagner la déesse Isis, veiller sur les corps embaumés des défunts, et conduire les ames dans l'*Amenthés* ou peser leurs actions dans la balance infernale, ne soit le fils d'*Osiris* et de *Nephthé*, *Anubis*, le gardien fidèle d'Isis, que les Grecs nous ont dit avoir été représenté avec une tête de *chien*, parce qu'ils n'ont jamais bien distingué le *schacal*, en égyptien ⲞⲨⲰⲚϢ, soit du chien (Κυων), soit du loup (Λυκος).

Le nom hiéroglyphique du dieu *à tête de schacal*,

est composé de trois (Tableau général, n.° 58) ou de quatre caractères (*ibid.* n.° 59), suivis soit du signe ordinaire d'espèce *dieu*, soit de l'image même d'Anubis, un homme assis *à tête de schacal*.

Que ce nom soit formé de signes purement *phonétiques*, c'est ce dont il est impossible de douter, en observant l'échange de plusieurs caractères déjà reconnus comme *homophones* dans les noms propres hiéroglyphiques grecs et romains.

Le nom gravé sous le n.° 58 est composé de la *feuille* ou *plume* ⲁ, de la *ligne brisée* ou de son *homophone*, la *ligne horizontale*, ⲛ ; et du *carré* ⲡ, lettre que les coptes prononçaient B. Nous obtenons ici le mot ⲁⲛⲡ *Anb*, la charpente entière du nom de ce même dieu écrit ΑΝογΒ-ις par les Grecs.

Les variantes de ce nom, placées sous le n.° 59, offrent de plus une voyelle finale ; elles se lisent, la *feuille* ⲁ, la *ligne brisée*, ou ses homophones habituels, la *ligne horizontale* et la *coiffure ornée du lituus*, ⲛ, le *carré* ⲡ, et la *caille*, ou son homophone ordinaire, le *lituus*, ⲟ, ⲱ, ⲟⲩ. Ces variantes donnent donc le nom complet du dieu, ⲁⲛⲡⲱ que l'on prononçait *Anébô*. De la même manière que nous verrons les noms mêmes des autres dieux être portés par de simples particuliers, ou entrer dans la composition de leurs noms propres, nous trouvons aussi le nom du dieu *Anébô* porté par un habitant de l'Égypte (1),

---

(1) Iamblique, *de Mysteriis Ægyptiorum*.

et ce même nom faire partie de celui du roi égyptien *Nectanébó* ordinairement appelé *Nectanèbe*. C'est du nom égyptien *Anébô* ou *Anébou* que les Grecs ont fait *Anubis*, Ανουβις, en transposant la voyelle finale; et l'orthographe hiéroglyphique de ce nom tout phonétique prouve à elle seule que Jablonski s'est trompé lorsqu'il a voulu confondre *Anubis* avec *Hermès*, l'inventeur des métaux, et dériver son nom égyptien de la racine ⲛⲟⲩⲃ *noub*, or.

J'ai souvent rencontré dans les textes hiéroglyphiques contenant des prières adressées aux dieux *Osiris* et *Arouéris*, dont les images bien déterminées sont dessinées dans la vignette de ces textes, deux groupes de caractères accompagnés des mêmes titres que les noms ordinaires des dieux.

Le premier (Tableau général, n.º 55) est formé de quatre caractères, *un sceptre* à tête de *schacal* (ⲟⲩⲁⲛϣ), qui est la voyelle Ο ou bien ΟΥ du nom de Νεϱυα (Nerva) dans un cartouche de Trajan dessiné à Philæ; le *trait recourbé* et la *bouche*, qui sont par-tout un C et un Ρ; enfin le *bras étendu*, qui est un H, un E ou un I, dans divers noms grecs et romains. Ce groupe hiéroglyphique se lit donc ⲟⲩⲥⲣⲏ *Ousré*, ou plutôt ⲟⲩⲥⲣⲓ *Ousri*, qui ne diffère que par l'absence d'une seule voyelle, soit du grec ΟΣΙΡΙ-Σ, soit du copte ⲟⲩⲥⲓⲣⲉ, ⲟⲩⲥⲓⲣⲓ, *Ousirè*, *Ousiri*, nom de l'époux d'Isis.

Le second groupe (Tableau général, n.º 57) se compose de quatre ou de six caractères: 1.º d'un signe semblable à l'image hiéroglyphique d'une maison, signe qui, dans le nom d'Hadrien sur l'obélisque Barbérini, représente, soit la voyelle A, soit l'aspiration H du nom de cet empereur; 2.° de la *bouche*, P (r); 3.° du *lituus* ou de la *caille*, Ω, ⲟⲩ; 4.° du *disque du soleil*, PH *(Rê, Ri)*; ce qui donne ϩⲣⲱⲓⲣⲏ, ϩⲣⲟⲩⲣⲏ, *Hăroëri, Hărouëri*, ou bien ⲁⲣⲱⲓⲣⲏ *Aroëri*. Mais presque toujours le *disque* solaire reste dans le nom comme simple emblème, et il est immédiatement suivi (voy. Tableau général, n.° 57 *a*) de deux autres signes phonétiques, la *bouche* P, et le bras étendu Hⲧⲁ, formant la syllabe PH *(Rê, Ri)*; ce qui complète ainsi la transcription phonétique du nom du dieu Ⲁⲣⲱⲓⲣⲏ, *Aroëri*, ϩⲣⲟⲩⲣⲏ, '*Harouëri*, que les Grecs ont en effet orthographié, soit Αρουηϱ-ς, soit Αρωηϱ-ς.

Je pourrais citer ici beaucoup d'autres noms divins écrits en hiéroglyphes purement phonétiques (1), tels que ceux des divinités égyptiennes que les Grecs nous ont fait connaître sous les noms d'*Horus, Apis, Anucis, Bésa, Socharis, Thermouthis,* même les noms de la plupart des *Décans* qui sont figurés sur le zodiaque circulaire de Dendera, et dont les pieds portent sur la circonférence de cette espèce de planisphère. Mais les noms phonétiques des dieux *Amon, Amon-rê, Cnèph, Cnouphis, Chnoubis, Chnoumis, Satès, Rê,*

---

(1) Tous ces noms seront gravés à côté de l'image de la divinité à laquelle ils appartiennent, et dessinés d'après les monumens par M. Dubois, dans notre *Panthéon égyptien*, dont la première livraison a paru au mois de juillet dernier.

(104)

Anubis, *Osiris* et *Arouéris*, que nous venons de reconnaître sur les monumens de l'Égypte, suffisent déjà pour établir que *les anciens Égyptiens écrivirent avec des hiéroglyphes phonétiques les noms mêmes de leurs dieux*, c'est-à-dire, les noms des êtres qu'il était le plus facile et même le plus convenable d'exprimer symboliquement, si leur écriture sacrée était aussi exclusivement symbolique dans ses élémens qu'on a bien voulu le croire jusqu'ici.

Il est toutefois vrai de dire, et cela importe beaucoup à la clarté de l'exposition des faits qui me restent à produire, que les Égyptiens n'écrivaient point *toujours phonétiquement* les noms propres des dieux dans les inscriptions hiéroglyphiques. J'ai reconnu, au contraire, qu'au lieu d'écrire en signes phonétiques le nom propre d'un dieu ou d'une déesse, ils représentèrent souvent, dans le contexte de l'inscription, ce dieu ou cette déesse même, orné de ses principaux attributs; de la même manière qu'au lieu d'écrire phonétiquement les mots ⲣⲱⲙⲉ *homme*, ⲥϩⲓⲙⲉ *femme*, ⲉϩⲉ *bœuf*, ⲃⲁϩⲥⲉ *vache*, après un *nom propre d'homme, de femme*, de *taureau* sacré ou de *vache* sacrée, ils dessinaient simplement, comme on a pu le voir, les images d'un *homme*, d'une *femme*, d'un *bœuf* ou d'une *vache*.

Ces caractères hiéroglyphiques, qui ne sont que des représentations véritables de chaque dieu, tels que les Égyptiens les concevaient matériellement, doivent donc être considérés comme étant les noms *figuratifs* de ces dieux, et sont pour cela même les caractères qui les désignaient de la manière la plus simple et la plus claire pour tous; c'est ainsi que, dans l'inscription de Rosette, par exemple, les idées *enfant*, *homme*, *pschent*, *aspic*, *chapelle*, *stèle*, &c. &c., sont exprimées beaucoup plus clairement par l'image même d'un *enfant*, d'un *homme*, de la *coiffure pschent*, d'une *chapelle*, d'un *aspic* et d'une *stèle*, que par les mots égyptiens équivalens, écrits d'après le système d'écriture alphabétique le plus parfait.

Je donne à la suite des noms phonétiques des dieux, gravés dans le Tableau général, une série de ces caractères images des dieux, employés dans le courant des textes hiéroglyphiques à la place des noms mêmes de ces dieux écrits phonétiquement. On y retrouvera le dieu *Amon* avec sa face humaine, la tête ornée de ses deux grandes plumes ; *Amon-Cneph*, *Cnouphis* ou *Chnumis* avec sa tête de *belier*; *Phtha* dans la forme précédemment décrite ; *Anubis* avec sa tête de *schacal*; *Thoth* avec celle d'un *ibis*; *Phré* ou le *soleil* avec sa tête d'épervier et son disque; *Osiris* avec sa *mitre* ordinaire ; *Isis* avec son *disque* et ses *cornes*, et ainsi de tous les autres. J'ajoute encore qu'il n'est point rare de trouver, dans les textes et les inscriptions hiéroglyphiques, les noms phonétiques des dieux, accompagnés immédiatement du nom figuratif lui-même, et plus souvent aussi de l'animal sacré symbole du dieu, et dont le dieu lui-même empruntait souvent la tête. Ces faits curieux m'ont paru dignes de quelque attention.

De plus, je crois avoir également acquis la certitude que les noms de certains dieux étaient écrits d'une troisième manière dans les textes hiéroglyphiques, et que cette transcription avait lieu d'après une méthode purement *symbolique* : *Osiris*, par exemple, était ordinairement exprimé par un *œil* et un *trône*; *Isis* par le même *trône*, suivi des *signes du genre féminin*; les noms d'*Horus* et d'*Arouéris*, divinités qui ne m'ont paru former qu'un seul et même personnage dans les textes hiéroglyphiques où ils sont perpétuellement confondus, sont exprimés par un *épervier* suivi d'une *ligne perpendiculaire* (1), par un *épervier coiffé du pschent*, ou par un *épervier armé du fouet* ou *fléau*. Mais ces noms symboliques, gravés dans notre Tableau général du n.° 84 au n.° 108, sont en petit nombre, la plupart des noms de divinités étant habituellement phonétiques comme ceux que nous avons précédemment analysés.

Ainsi nous sommes conduits par des faits palpables, à reconnaître que, dans le système hiéroglyphique, les Égyptiens écrivaient les noms de leurs dieux de trois manières diverses :

1.° *Phonétiquement*, ce qu'il importait sur-tout de prouver dans l'intérêt du but spécial de ce chapitre;

2.° *Figurativement*, par l'image même du dieu ou de la déesse qu'il s'agissait de rappeler;

---

(1) Tableau général n.° 95 ; ce groupe pourrait être phonétique et se lire *Ar*.

3.° Enfin *symboliquement*, par l'image d'un ou de plusieurs objets physiques avec lesquels le dieu était directement ou indirectement en rapport, d'après les idées propres à la nation égyptienne.

CHAPITRE VI.

Application de l'Alphabet des hiéroglyphes phonétiques aux Noms propres égyptiens hiéroglyphiques de personnages privés.

Si les Égyptiens ont employé, comme on vient de le voir, les hiéroglyphes *signes de son*, c'est-à-dire des caractères purement *phonétiques*, à la transcription des noms propres des dieux mentionnés dans les textes en caractères sacrés, nous devons nous attendre, à plus forte raison, à retrouver dans ces mêmes textes les noms des simples particuliers des deux sexes également écrits au moyen de caractères phonétiques. Ces noms propres ne sont ni des noms grecs ni des noms latins, mais des noms appartenant à la langue égyptienne, et que portèrent des individus de race égyptienne ayant vécu en Égypte, soit avant l'invasion de Cambyse, soit depuis la conquête de cette contrée par les Perses, par les Grecs et par les Romains. Les noms que nous allons citer sont principalement peints ou gravés sur des momies, sur les figurines de bois ou de terre vernissée, et sur les manuscrits funéraires qu'on découvre dans les tombeaux égyptiens ; et comme ces différens objets portent fort rarement, soit des dates, soit des noms de souverains qui puissent servir à assigner leur époque précise, nous ne saurions affirmer que les individus auxquels ces noms purent appartenir, vécurent soit avant, soit après Cambyse, ni induire de la *lecture* de ces mêmes noms seuls, que l'*écriture phonétique* remonte aux plus anciennes époques de l'histoire égyptienne : mais il nous suffit de prouver dans ce chapitre, que les signes hiéroglyphiques phonétiques *furent employés à la transcription des noms propres appartenant à la langue égyptienne.* Nous ferons ainsi un pas de plus dans la connaissance générale du système hiéroglyphique, et l'on rejettera alors une opinion erronée qu'on s'est trop hâté d'énoncer après la publication de ma Lettre à M. Dacier; opinion selon laquelle l'écriture *hiéroglyphique phonétique* n'aurait été employée par les Égyptiens qu'à *la seule transcription des mots et noms propres étrangers à la langue égyptienne.*

En étudiant le très-grand nombre de noms propres égyptiens que les auteurs et les monumens grecs nous ont conservés écrits en lettres grecques, on doit pressentir que, dans les noms propres égyptiens écrits en hiéroglyphes, noms qui vont devenir ici l'objet de notre étude, nous allons retrouver les *noms propres hiéroglyphiques des dieux* que nous connaissons déjà sous trois formes distinctes; car les noms égyptiens d'individus des deux sexes, que les auteurs ont mentionnés, sont presque tous évidemment composés des noms propres *de divinités* : ainsi Αμυνίαιος signifie *donné par Amoun* ; Νιτωχρις, *Neith victorieuse* ; Αθωθις, *engendré de Thoth* ; Μαρις ou Μοιερς, *don de Ré (le soleil)* ; Σεμφουκρατης, *Hercule-Harpocrate* ; Θομαεφθα, *le monde ami de Phtha* ; Πανσις, *le consacré à Isis* ; Φανουφις ou Πανουφις, *le consacré à Cnouphis* ; Παθερμουτ, *le consacré à Thermuthis* ; Πέησις, *celui qui appartient à Isis* ; Πετοσιερς, *celui qui appartient à Osiris* ; Μανσις, *don d'Isis* ou *aimant Isis* ; Ψεναμουν, *l'enfant d'Amoun* ; Σενοσορ, *l'enfant d'Osiris* ; Πέλεαρποχρατης, *celui qui appartient à Harpocrate* ; Πέλεαρωνερς, *celui qui appartient à Arouéris* ; Θανσις, *la consacrée à Isis* ; Τανουφις, *la consacrée à Cnouphis*, &c. Nous savons aussi que de simples particuliers portèrent les noms mêmes des dieux, tels que Αμουν, Ωρος, Αρσινσις, *Amon, Horus, Horus fils d'Isis*, &c. Ainsi les noms propres des Égyptiens offraient cette empreinte religieuse qui caractérise tous leurs travaux et toutes leurs institutions.

Les noms propres de simples particuliers des deux sexes sont tracés en ligne courante dans les textes hiéroglyphiques, et ne se trouvent jamais entourés du cartouche ou encadrement elliptique, marque distinctive des noms propres de souverains seuls ; mais ils se terminent constamment par le signe d'espèce *homme* ou *femme*, gravé dans notre Tableau général sous les n.ᵒˢ 245 et 246. Il n'y a point de momie, de stèle, et même de figurine ornée de quelques hiéroglyphes, qui ne donne le nom d'un individu suivi de celui de son père et souvent du nom de sa mère ; la filiation est toujours indiquée, comme je l'ai déjà dit, par les groupes hiéroglyphiques ϣε ou ϲι *fils, enfant*, et ⲙⲥ ou ⲙⲓⲥε *enfanté, engendré, natus*. Il m'a donc été facile de réunir un très-grand nombre de noms propres de simples particuliers ; je vais en citer ici plusieurs, et l'on verra avec quel succès mon alphabet hiéroglyphique s'applique à la lecture de tous ces noms.

Le nom propre du défunt dont le grand manuscrit hiéroglyphique du cabinet du Roi (1) accompagnait la momie, est composé de cinq caractères : le *carré* Π ; le signe triangulaire que j'ai appelé le *niveau*, et qui est un ⲧ, dans les noms hiéroglyphiques de Domitien et d'Antinoüs ; la *feuille* ⲉ ; le *parallélogramme crénelé* ⲙ, et la *ligne horizontale* ⲛ ; ce qui donne Πⲧⲉⲙⲛ *Pétamon*, nom dans lequel nous retrouvons le nom phonétique d'*Amoun*, et qui est bien évidemment la transcription hiéroglyphique du nom propre égyptien Πεταμουν, Πεταμμων, conservé dans divers textes grecs (Tableau général, n.° 154.)

Ce nom propre signifie *celui qui est à Amoun, celui qui appartient à Amoun, Ammonien*, Αμμωνιος ; il est très-commun dans les inscriptions hiéroglyphiques des momies, des papyrus et des figurines, et nous devons attribuer la fréquence de ce nom propre à deux causes principales. La première fut sans doute

---

(1) Gravé dans la *Description de l'Égypte*, Ant., vol. II, planches 72-75. — Voyez planche 72, colonne 76 ; planche 73, colonnes 7, 41, 49, &c.

Pl. VII.

(111)

parce qu'*Amoun* étant la plus grande divinité des Égyptiens (1), ils placèrent plutôt leurs enfans sous la protection spéciale de ce dieu que sous celle de tout autre; la seconde, parce qu'*Amoun* étant le dieu que les habitans de Thèbes adoraient plus particulièrement, nous devons trouver très-fréquemment le nom de *Pétamoun* ou *Pétamon* sur les momies, les figurines, les stèles funéraires et les papyrus déjà connus, la plupart des objets de ce genre que renferment les cabinets de l'Europe sortant, presque tous, des tombeaux de *Qournah* à Thèbes.

Le nom propre Ⲡⲧⲁⲙⲛ, *Pétamon*, se montre, par exemple, dans l'inscription hiéroglyphique qui décore la base de la statuette en bronze d'un dieu à tête de lion, que possède le cabinet du Roi. Le devant de la plinthe porte l'inscription gravée sur notre planche VII, n.° 1. Ses trois premiers signes, qui commencent toutes les légendes hiéroglyphiques placées devant les images des dieux et des déesses, paraissent répondre aux mots coptes Ⲧⲁⲓ ⲐⲎ ou ⲦⲀⲒ ⲦⲈ ⲐⲎ, *ceci est la figure, ceci est la ressemblance*. Le groupe suivant, dont il ne reste plus que le signe initial, *le lion* ⲗ, et le signe final, *le trait recourbé* ⲥ, est le nom même du dieu que représente la statuette; les deux derniers hiéroglyphes, le *niveau* ⲧ et la *croix ansée*, symbole de la vie, ⲁⲛϩ, ⲱⲛϩ, répondent au mot copte ⲦⲀⲚϨⲞ.

___

(1) Voyez la première livraison du *Panthéon égyptien*, texte et planches numérotés 1 et 2.

Cette inscription du devant de la plinthe doit donc se lire ⲧⲁⲓ ⲐⲎ (ⲛ̄) ⲗ.... ⲥ ⲧⲁⲛϩⲟ, et signifie *ceci est la ressemblance de L....S, vivificateur.* Les caractères qui formaient le milieu du nom divin sont effacés.

Deux autres côtés de la plinthe offrent l'inscription gravée sur la planche VII, n.° 2, et qui se compose de vingt-six caractères. Dans ce nombre, vingt-un sont *phonétiques* et leur valeur est bien connue : sur les cinq autres, deux sont *figuratifs ;* ce sont les deux signes d'espèce *homme,* qui terminent deux noms propres masculins ; les trois autres forment le groupe symbolico‑phonétique répondant au mot copte ⲦⲚⲎⲂⲎⲒ, *maîtresse de maison (dame),* titre qui précède très-souvent les noms propres de femmes. Cette inscription se lit donc sans difficulté Ⲡⲉⲧⲕ̄ⲏⲙ (ⲣⲱⲙⲉ) ϣⲉ ⲛ̄ Ⲡⲉⲧⲁⲙⲛ̄ (ⲣⲱⲙⲉ) ⲙⲥ (ⲛ̄) (ⲦⲚⲎⲂⲒⲒ) Ⲧⲁⲙⲧⲉⲃⲱ, c'est-à-dire, *Petkhêm (homme) fils de Pétamon (homme) engendré de dame Tamtébô.*

Cette inscription nous fait ainsi connaître le nom et les parens de l'individu qui ordonna l'exécution de cette statue, ou qui en fut le possesseur. Le nom de cet Égyptien Ⲡⲉⲧⲕ̄ⲏⲙ est formé, selon toute apparence, comme celui de son père Ⲡⲉⲧⲁⲙⲟⲛ, du monosyllabe ⲡⲧ, ⲡⲉⲧ *celui qui est à,* combiné avec le nom d'une divinité Ⲕ̄ⲏⲙ *Khêm,* peut-être l'un des noms du dieu générateur de Mendès, le *Pan* égyptien, qui paraît avoir porté le nom de Χεμ ou de Χεμμις, d'après l'interprétation que donne Diodore de Sicile, du nom Χεμμω ou Χεμμις qui fut celui de la ville de la

Thébaïde appelée Πανος πολις, *ville de Pan* par les Grecs (1) : le mot ⲂⲎⲘ *khèm*, signifie en effet en langue égyptienne *fervidus, incalescere, fervescere;* et le sens de ce mot pouvait très-convenablement s'appliquer au dieu générateur : mais ce n'est point ici le lieu de développer cet aperçu.

L'orthographe du nom propre de PETAMON, père de *Petkhèm*, ne diffère, dans cette inscription, de l'orthographe de *Pétamon*, nom du défunt mentionné dans le grand manuscrit hiéroglyphique du cabinet du Roi, que par l'emploi du *bras étendu tenant le niveau* dans le premier, au lieu du *niveau* seul que présente le second; mais ces deux caractères sont *homophones*, et on les voit sans cesse permutés indifféremment pour exprimer la consonne ⲧ, dans le nom de *Domitien*, par exemple, sculpté à Dendéra et sur l'obélisque de Bénévent. Le Tableau général de signes et de groupes hiéroglyphiques placé à la suite de cet ouvrage, offre, sous les n.ᵒˢ 155 et 156, deux nouvelles variantes du nom propre égyptien *Pétamon*, recueillies sur diverses figurines en terre émaillée, qui se trouvent en assez grand nombre, soit dans le cabinet du Roi, soit dans la belle collection égyptienne de M. Durand. Le n.ᵒ 155 présente la *ligne brisée* ⲛ, homophone habituel de la *ligne horizontale*, et le n.ᵒ 156 porte de plus la forme ordinaire du ⲧ, le *segment de sphère*, homophone du *niveau* ou du *bras étendu sou-*

---

(1) Diodore de Sicile, liv. I, pag. 16, Édition de Rhodoman.

H

(114)

tenant le niveau, que contiennent les autres variantes de ce même nom propre, reproduites sous les n.ᵒˢ 154, 155 et 157.

Le beau manuscrit orné de peintures accompagnées de légendes hiéroglyphiques, et que le cabinet du Roi vient récemment d'acquérir de M. Thédenat, a appartenu à la momie d'une jeune femme dont l'image joue le principal rôle dans les diverses scènes du papyrus; elle y est constamment suivie d'une légende contenant son nom propre terminé par le caractère *figuratif* signe d'espèce *femme*. Ce nom propre gravé dans le Tableau général sous le n.ᵒ 159, se lit sans difficulté. Le premier caractère est un т : ce signe se permute, en effet, dans tous les textes, avec le *segment de sphère* et ses autres homophones, et l'on peut voir des exemples de cette permutation dans les diverses variantes du nom propre du dieu *Amsèt* ou *Omsèt*, le premier des quatre génies de l'*Amenti* ou enfer égyptien, au Tableau général n.ᵒˢ 61 et 62. Les cinq autres caractères de ce nom de femme sont déjà bien connus, et ce nom entier, transcrit en lettres coptes, donne *PÉTAMON;* c'est la forme thébaine féminine du nom propre Tⲛⲧⲁⲙⲟⲛ *TENTAMON*, celle qui appartient à *Amon.*

J'ai trouvé sur diverses stèles funéraires, et dans les légendes qui couvrent les figurines en terre émaillée qu'on découvre en si grand nombre dans les tombeaux égyptiens, une foule de noms propres contenant aussi, comme les précédens, le nom du dieu *Amen*,

(115)

Amoun ou *Amon :* je vais donner ici la lecture de quelques-uns d'entre eux que j'ai réunis sous divers numéros dans le Tableau général.

Le nom n.° 157 *bis,* se lit ⲡⲧⲁⲙⲟⲛⲣⲏ, *Petamonrè,* et signifie *celui qui appartient à Amonrè* ou *Amonra,* un des noms du dieu *Amon.* Le nom propre d'homme n.° 160, ⲁⲙⲛϥ, *AMÉNOF,* est la transcription hiéroglyphique du nom propre égyptien que les Grecs ont écrit Αμενωφις ou Αμενοφις, et ce même nom n'est, comme nous le verrons dans la suite, qu'une abréviation du nom propre n.° 161, ⲁⲙⲛϥⲧⲡ *AMONEFTEP* ou *AMÉNOFTEP,* qui se traduit par *éprouvé d'Amon, qu'Amon a éprouvé, qu'Amon a goûté;* les Grecs ont transcrit ce dernier sous la forme d'Αμμενεφθης, Αμενωφθης.

Le n.° 162, ϥⲧⲡⲁⲙⲛ *FTÉPAMON, gustavit Amon,* a le même sens que le précédent; mais c'est un nom de femme, comme le montre le signe d'espèce qui le termine.

Les n.°⁵ 163 et 164 se lisent ⲁⲙⲛⲓ ou ⲁⲙⲛⲉⲓ, et pouvaient se prononcer *Amoni, Améni* ou *Amonei :* ce sont deux noms propres masculins.

Le nom propre de femme, n.° 165, ⲁⲙⲛⲧⲧ *Amontèt* ou *Amentèt,* signifiait probablement *obéissant à Amon.* Le segment de sphère placé après *les deux bras étendus soutenant le niveau,* n'est qu'un signe de genre.

Le n.° 170 donne, transcrit en lettres coptes, ⲁⲙⲛⲏⲥ, et a pu se prononcer *Amonios, Amonés* ou *Amonis :* si l'on adoptait la première prononciation, ce nom propre d'homme pourrait n'être que la trans-

H *

cription hiéroglyphique du nom propre grec Αμμωνιος, que j'ai trouvé aussi orthographié ⲀⲘⲰⲚⲎⲤ dans un manuscrit égyptien en écriture *démotique* : ⲀⲘⲰⲚⲘⲀⲒ *Amonmai* (n.° 164 bis), nom propre d'homme, signifie *chéri d'Amon*.

On lit enfin un nom propre égyptien formé du nom divin *Amon*, sur un monument fort curieux qui fait partie du riche cabinet de M. Durand; c'est un très-beau vase d'albâtre oriental, de l'espèce de ceux que les Grecs désignèrent sous le nom d'*alabastre* ou d'*alabastrite*, et qui étaient destinés à contenir des parfums ou des huiles précieuses. Sur la panse de ce vase, dont la forme est tout-à-fait semblable à celle du vase qui, dans l'écriture hiéroglyphique, exprime la consonne Ν (Tableau général n.°s 41 et 42), est gravée une inscription divisée en deux lignes contenant vingt-deux caractères tous *phonétiques*, à l'exception de deux signes d'espèce *homme* qui terminent deux noms propres.

La première ligne de cette inscription figurée dans notre planche VII, n.° 4, produit, transcrite en lettres coptes : ⲞⲨⲎⲂ Ⲛ ⲀⲘⲞⲚ ⲀⲤⲦⲀⲞⲨⲒ ⲢⲰⲘⲈ, *le prêtre d'Amon Astaoui* (ou *Astavi*), et la seconde, ⲚⲨⲈϤ ⲀⲘⲰⲚϢⲈ ⲢⲰⲘⲈ, *à son fils* AMONSCHÉ (ou *Amensché*).

Le contenu de cette inscription indique assez clairement que le prêtre d'Amon *Astaoui* avait fait présent de ce beau vase d'albâtre à son fils *Amonsché*. Ce dernier nom propre peut se traduire par *né d'A-*

(117)

mon, *enfant d'Amon*, et il était naturel qu'*Astaoui* plaçât son fils, en lui donnant ce nom, sous la protection de la divinité même dont il était le prêtre.

J'ai mis sous le n.° 169 du Tableau général, un nom propre de femme, qui se lit ⲀⲘⲞⲚⳘⲎⲦ *Amonsché* ou *Amonschèt*, et qui n'est que la forme féminine du précédent.

Le nom phonétique du dieu *Phtha* entre assez souvent dans la composition des noms propres de simples particuliers. Sur la plinthe d'une figure d'Horus, en bronze, appartenant au cabinet du Roi, on lit le nom propre (Tab. gén. n.° 172) ⲠⲦⲀϨϤⲦⲈⲠ *Ptahftèp* ou *Phtahaftèp*, tout-à-fait analogue au nom propre déjà cité *Aménoftèp*, et qui signifie *l'éprouvé par Phtha*, *(celui que) Phtha a goûté*. Nous trouvons une abréviation de ce nom propre (Tab. gén. n.° 171) sous la forme de *Ptahaf* ou *Ptahof*, de la même manière que nous avons vu aussi *Aménof* pour *Amenoftèp*.

Les groupes exprimant les noms propres *Aménoftèp* ou *Amonaftèp*, et *Ptahftèp* ou *Ptahaftèp*, qu'*Amon a goûté*, *que Phtha a goûté*, *goûté par Phtha*, se montrent aussi assez souvent sous une forme inverse dans les textes hiéroglyphiques, et ils deviennent alors de simples titres, portés soit par des rois, soit par des personnages d'un rang distingué : les inscriptions présentent d'ailleurs une foule de titres analogues, formés du même qualificatif ϤⲦⲈⲠ *gustatus*, *examinatus*, et des noms, soit phonétiques, soit symboliques, de diverses divinités égyptiennes. Je ne citerai ici que les groupes

(118)

ϥ-ⲧⲡ̀ⲛⲣⲏ . . . . . *Ftêp-an-Rê*. . . . *L'éprouvé par le Soleil*. . n.° 338.
ϥ-ⲧⲡ̀ⲛⲁⲙⲛ . . . . *Ftêp-an-Amon*. *L'éprouvé par Amon*. . n.° 339.
ϥ-ⲧⲡ̀ⲛⲡⲧ·ϩ . . . . *Ftêp-an-Ptah*. . *L'éprouvé par Phthah*. . n.° 340.
ϥ-ⲧⲡⲡⲧ·ϩ . . . . . *Ftêp-Ptah* . . . . *L'éprouvé par Phthah*. . n.° 340.
ϥ-ⲧⲡⲥⲧⲏ . . . . . *Ftêp-Saté* . . . . *L'éprouvé par Saté* . . . n.° 344.
ϥ-ⲧⲡ̀ⲛ (ⲟⲩⲥⲓⲣⲉ). *Ftêp an-Ousiré*. *L'éprouvé par Osiris*. . . n.° 341.
ϥ-ⲧⲡ̀ⲛ (ⲏⲥⲉ) . . . *Ftêp-an-Isé* . . . *L'éprouvé par Isis* . . . . n.° 342.
ϥ-ⲧⲡ̀ⲛⲁⲛⲡⲱ . . . *Ftêp-an-Anébô*. *L'éprouvé par Anubis*. . n.° 343.

Le nom du dieu *Phtha* se montre encore comme partie constitutive d'un nom propre d'enfant mâle, sculpté sur une stèle de M. Thédenat; ce nom gravé au Tab. gén. n.° 192, se lit ⲡⲧϩϫⲣ, *Ptahdjèr* ou *Ptahdjor*, et signifie *Phtha le puissant* ou *le puissant par Phtha*.

Une autre stèle funéraire de la collection de M. Durand, offre le nom propre d'homme ⲟⲥⲣⲧⲥⲛ *Osertasen* ou *Osortasen*, dans la composition duquel nous reconnaissons les trois premiers signes du nom phonétique d'*Osiris*. La comparaison que j'ai faite de plusieurs noms propres égyptiens, tels que *Senosor* et *Osoroeris* mentionnés dans un texte grec, avec les noms écrits en lettres égyptiennes *démotiques* dans un texte égyptien correspondant au texte grec (1), ne me permet plus de douter que le nom phonétique d'*Osiris* et son nom symbolique ne se prononçassent tous deux *Osiri*, et en composition Osor. Le nom *Senosor*,

---

(1) *Account of some recent discoveries &c.;* by Thomas Young, *Appendix*, pag. 146, et pag. 126 et 128.

signifie *enfant d'Osiris*, et *Osoroeris* est un nom composé des deux noms propres des dieux *Osiris* et *Poëris*. Quant au sens d'*Osertasen* ou *Osortasen*, les textes coptes ne m'ont point encore présenté la racine ⲦⲤⲚ, ni aucun de ses dérivés ; racine avec laquelle le nom d'Osiris est ici en composition.

Une seconde stèle funéraire de la même collection porte le nom féminin hiéroglyphique (Tableau général n.° 178) qui doit se lire Ocpⲧⲱ (ⲦⲤⲒⲘⲈ) *Osortsché femme*, ou même Ocpⲱⲉⲧ *Osorschèt* ; car le *segment de sphère* Ⲧ occupe dans le groupe hiéroglyphique une place assez vague. Si l'on adopte la seconde lecture, nous aurons dans *Osorschèt* un nom féminin analogue à celui d'*Amonschèt*.

Les noms des dieux *Horus*, *Ré* et *Apis*, entrent dans la composition des deux noms propres n.°ˢ 186 et 195. Le premier, qui se lit ⲠⲦⲈⲢⲠⲢⲎ (ⲢⲰⲘⲈ) *Pet-hor-prè* ou *Pet-har-prè*, signifie *celui qui appartient à Horus et à Ré* (le soleil) ; c'est une variante du nom symbolico-phonétique n.° 201. Le second, qui peut être rendu en lettres coptes par ϨⲠⲘⲚ *Hapimên*, est formé du nom propre contracté du dieu Apis, qu'on peut voir dans son entier sous le n.° 64, et du monosyllabe ⲘⲚ très-souvent écrit aussi ⲘⲎⲚ ; et ce nom me paraît avoir signifié *l'assistant d'Apis*, *le serviteur d'Apis*.

Ainsi nous venons de voir dix-sept noms propres de simples particuliers égyptiens, renfermant en eux-mêmes des noms propres de dieux. Il nous reste à donner aussi des exemples de noms propres égyptiens toujours *phonétiques*, mais dans la composition desquels il n'entrera, selon nos connaissances actuelles du moins, aucun nom divin.

Le nom numéroté 180 au Tableau général, et formé de six caractères, se lit Cⲱⲧⲓⲙⲥ (ⲡⲙⲓⲥⲉ), *Sôti-mes*. Il signifie *enfant de Sôti, engendré par Sôti;* mais nous ne pouvons décider si *Sôti* est un nom commun ou un nom propre, et encore moins si c'est là le nom de l'étoile Σωθις. J'ai observé une variante de ce nom, gravée sous le n.° 180 bis, et qui ne diffère du n.° 180 que par l'emploi de deux différens caractères homophones, le *lituus* au lieu de la *caille*, et la *ligne horizontale coupée de deux perpendiculaires* au lieu du *trait recourbé* final ⲥ. Ce nom propre *Sôtimés*, écrit ainsi de deux manières, a appartenu à un individu dont le double cercueil en bois de sycomore, décoré d'une quantité prodigieuse de peintures très-fines, très-soignées, et brillant des plus belles couleurs, a été rapporté d'Égypte par M. Thédenat, et a été acquis par M. Durand. C'est, sans aucun doute, le plus beau monument de ce genre existant en Europe; et les scènes variées, les figures qui couvrent l'intérieur et l'extérieur des deux cercueils et leurs couvercles, sont du plus haut intérêt pour les études égyptiennes. D'un autre côté, le cabinet du Roi a acquis de M. Casati un superbe manuscrit funéraire hiéroglyphique, et un triple tabernacle renfermant, selon l'usage, plusieurs centaines de figurines en bois représentant un défunt; et j'ai reconnu que, par un hasard fort remarquable, le manuscrit et le tabernacle avaient appartenu à la momie de l'individu que renfermait le double cercueil de M. Durand; de sorte que si l'on réunissait un jour les cercueils, le papyrus et le tabernacle avec ses figurines, on posséderait la suite complète de tout l'appareil funéraire d'un seul et même personnage. On peut d'autant moins douter de ce fait, que les cercueils, le tabernacle et le papyrus portent tous la même légende. Elle est gravée sur notre planche VII (n.° 3). Je la lis ⲟⲩⲥⲓⲣⲉ ⲟⲩⲏⲃ ⲡⲁⲛⲥϧⲁⲓ ⲙ̀ⲡⲣⲡⲉ ⲛ̀ⲁⲙⲛ ⲥⲱⲧⲓⲙⲥ; elle signifie *l'Osirien prêtre-scribe (ou hiérogrammate) du temple d'Amon, Sotimès;* et cette même légende, répétée un très-grand nombre de fois, nous fait connaître à quelle classe de la nation égyptienne appartenait *Sotimès*: c'était un membre de la caste sacerdotale, dans laquelle les hiérogrammates, ou scribes sacrés, tenaient un rang très-distingué. La beauté des cercueils et la richesse de toutes les parties de l'embaumement de ce personnage, trouvent ainsi dans cette circonstance une explication bien naturelle.

Une belle inscription hiéroglyphique du musée royal, contient le nom propre d'homme gravé sous le n.° 182; et une momie récemment envoyée d'Égypte à M. Thédenat, le nom propre n.° 183. Ces deux noms, qui diffèrent seulement par l'emploi de deux caractères homophones divers, produisent en lettres coptes ⲡⲥⲱⲧⲧ ou ⲡⲥⲱⲧϧ *Psamètik* ou *Psamètig*, nom auquel nous trouvons une analogie bien marquée avec un nom égyptien, que les Grecs ont écrit Ψαμμετικος, Ψαμμιτιχος. Mais les deux noms hiéroglyphiques n'étant point entourés du *cartouche*, ne peuvent être que ceux de deux personnages privés, qui n'avaient rien de commun que le nom avec le célèbre Pharaon Psammetichus, si souvent mentionné dans les écrivains grecs.

Le père de l'individu à la momie duquel a appartenu le papyrus hiéroglyphique acquis de M. Cailliaud par le cabinet du Roi, se nommait ⲡⲥⲧⲛϥ ou ⲡⲥⲩⲛϥ (Tableau général n.° 181). Ce nom propre se rapporte au mot copte ⲡⲥⲟⲩⲛⲉϥ, *la flèche*.

Le n.° 177 contient deux variantes du nom propre d'homme ⲕⲱⲡⲱⲣ (ⲣⲱⲙⲉ) *Kôpôr* ou *Kôphôr*, qui fut celui du père du défunt *Petharpré*, mentionné dans le manuscrit hiéroglyphique du comte de Mountnorris (1).

On trouvera enfin, dans notre Tableau général, plusieurs autres noms propres égyptiens hiéroglyphiques, qui se lisent sans difficulté par le moyen de notre alphabet (2).

Tous ces noms que nous avons cités jusqu'ici, sont entièrement écrits en hiéroglyphes phonétiques. Mais

---

(1) Publié en Angleterre, dans la collection intitulée *Hieroglyphics*, recueil de gravures de monumens égyptiens de divers ordres, dont la publication est due aux soins et au zèle éclairé de M. le docteur Young.

(2) *Voyez* les n.°⁵ 175, 176, 179, 184, 185, 188, 189, 191, 193 et 194.

il est aussi un très-grand nombre de noms propres égyptiens qui sont formés à-la-fois, et de signes *phonétiques*, et de signes *symboliques*, dans ce sens que les noms des dieux qui entrent dans la composition de ces noms propres de personnages privés, au lieu d'être tracés phonétiquement, le sont en caractères ou groupes symboliques exprimant ces mêmes noms divins, groupes dont il a été question dans le chapitre précédent (1).

Voici des exemples de cette alliance fort ordinaire de deux sortes de caractères hiéroglyphiques dans un seul et même nom propre.

Celui qui est gravé dans le Tableau général sous le n.° 196, est formé, 1.° de deux signes phonétiques ⲡⲧ *pét*, en copte ⲡⲧ ou ⲡⲉⲧ, monosyllabe qui, dans la langue égyptienne, signifie, comme on l'a déjà vu, *celui qui est à*; 2.° des trois signes qui forment le nom *symbolique* du dieu Osiris (2). Ce nom propre d'homme se prononçait donc ⲡⲧⲟⲩⲥⲓⲣⲏ *Pétousiré*, *Pétosiré* ou *Pétosiri;* les Grecs l'ont écrit Πετοσιεισ.

Les noms *symboliques* du dieu Horus (ϩⲣ *Har* ou *Hor*) (3), entrent dans la composition de plusieurs noms propres égyptiens hiéroglyphiques ; tels sont :

1.° Le n.° 197 qui se prononce ⲡⲧϩⲣ PET-HOR ou PET-HAR, *celui qui est à Horus;*

2.° Le n.° 202, ⲡⲁϩⲣ PAHOR, *celui qui appartient à*

---

(1) *Suprà*, page 106.
(2) Tableau général, *Noms symboliques des Dieux*, n.° 91.
(3) *Ibid.*, n.°ˢ 95 et 96.

Horus, formé du monosyllabe ⲡⲁ exprimé phonétiquement, et du nom symbolique d'Horus. Ce nom est gravé sur une terre émaillée du cabinet du Roi;

3.° Le n.° 203 bis, Cⲛϩⲣ, *Senhor*.

Le nom propre n.° 201 est celui du défunt mentionné dans le papyrus hiéroglyphique appartenant au comte de Mountnorris; il est formé du monosyllabe ⲡⲧ *Pèt*, du nom symbolique d'*Horus*, de l'article masculin ⲡ ou ⲫ, et du nom figuratif du dieu ⲣⲏ, ʀÊ *le soleil*, et se termine, comme tous les noms propres d'hommes déjà cités, par le caractère figuratif *homme*. Ces élémens réunis forment le nom propre Ⲡⲧϩⲟⲣⲡⲣⲏ Pethôrpré, Petharprè ou Petharphrè, *celui qui est à Horus et au soleil*.

Le n.° 200 est le nom propre du mort auquel se rapporte le manuscrit hiéroglyphique acquis de M. Cailliaud par le cabinet du Roi. Il ne diffère du précédent que par l'absence d'un seul signe, la *petite ligne perpendiculaire* placée au-dessus de l'épervier dans le nom de *Pethorpré*. Comme cette *ligne perpendiculaire*, qui surmonte *toujours* l'épervier lorsque cet oiseau est le nom symbolique d'Horus, manque dans toutes les légendes du manuscrit de M. Cailliaud, il est évident que, dans le nom propre n.° 200, l'épervier rentre dans la classe des signes phonétiques, parmi lesquels il exprime habituellement la voyelle ⲉ ou ⲁ. Ce nom propre doit donc être transcrit en lettres coptes ⲡⲧⲉⲡⲣⲏ ou ⲡⲉⲧⲉⲫⲣⲏ, *Pétépré* ou *Petapré*, *Pétéphré* ou *Petaphré*; et nous reconnaissons ici la trancription hiéroglyphique du nom si connu de *Putiphar*, qui, dans le texte copte de la Genèse, est régulièrement écrit ⲡⲉⲧⲉϥⲡⲏ *Pétéphrê* (1), comme notre nom hiéroglyphique. On sait déjà que ce nom signifie *celui qui est* ou *qui appartient à Rê, le soleil*; il convenait aussi très-bien au prêtre de la ville du soleil, *Petéphré* (2), dont Joseph épousa la fille par l'ordre de Pharaon. Enfin le nom n.° 199 n'est qu'une variante du précédent: le *niveau* ⲧ y est remplacé par son homophone habituel le *bras étendu soutenant le niveau*.

Le nom symbolique de la déesse Isis (3) se montre aussi combiné avec les monosyllabes ⲡⲉⲧ, *celui qui est à*, ⲡⲁ *celui qui appartient à*, et ⲧⲁ ou ⲑⲁ *celle qui appartient à*, lesquels sont exprimés phonétiquement; cette combinaison forme, par exemple, les noms propres hiéroglyphiques:

Ⲡⲧ (ⲏⲥⲓ) *Petêsi* ou *Petisi* (n.° 198), *celui qui est à Isis;* les Grecs ont transcrit ce nom Πετησις;

Ⲡⲁ (ⲏⲥⲓ) *Paési* ou *Païsi* (n.° 207), *celui qui appartient à Isis;* nous trouvons également ce nom propre écrit ⲡⲁⲏⲥⲓ ou ⲡⲁⲏⲥⲉ, dans les livres coptes, et Πανσις dans le papyrus grec du musée Borgia, publié par Schow (4);

Ⲧⲁ (ⲏⲥⲓ) *Taési* ou *Taïsi* (n.° 206), *celle qui appartient à Isis;* ce nom propre de femme se retrouve

---

(1) *Genèse*, chap. XXXIX, 71.
(2) *Ibid.* XLII, 45.
(3) Tableau général, n.° 93.
(4) Schow, *Charta papyracea græcè scripta Mus. Borgiani.*

dans les livres coptes sous la forme memphitique ⲐⲀⲎⲤⲒ *Thaïsi, Thaêsi;* il est écrit Τανσις ou Τανσης dans le papyrus grec précité du musée Borgia.

On remarque également le nom symbolique de la déesse Isis, dans une grande quantité de noms propres phonético-symboliques de simples particuliers des deux sexes. Nous citerons seulement les suivans :

Cⲛ (ⲎⲤⲒ) *Sénisi* ou *Sanisi* (n.° 209), nom de femme, analogue dans sa composition au nom d'homme déjà mentionné, *Senhôr* ou *Sanhôr* (n.° 203 *bis*).

Ⲁⲥ (ⲎⲤⲒ) *Asêsi* ou *Asisi* (n.° 208), formé du monosyllabe Ⲁⲥ *as* et du nom symbolique de la déesse : ce nom propre, dans sa composition, paraît semblable à celui que porta l'Égyptienne épouse de Joseph, et que la Genèse appelle אסנת *Asnéth* ou *Asénéth*, nom dans lequel on observe aussi la syllabe *as*, suivie, selon toute probabilité, du nom de la déesse *Néith*.

Ⲏⲥⲓϫⲣ *Isidjer* ou *Isidjor* (n.° 210), c'est-à-dire *Isis la grande* ou *la puissante*, nom de femme analogue au nom d'homme Pʜᴛᴀʜᴅᴊᴇʀ, *Phtha le puissant* (n.° 192), déjà cité.

Ϧⲁⲧⲥⲏ (ⲏⲤⲒ) *Khatsanisi* (n.° 213); c'est le nom du défunt mentionné dans le manuscrit funéraire appartenant à M. Fontana, et publié à Vienne, en 1822, avec des observations de M. de Hammer. Le même nom se lit aussi constamment dans le texte *hiératique* de ce rouleau.

(127)

J'ai reconnu également, sur diverses figurines de terre émaillée et sur des stèles funéraires, beaucoup de noms propres hiéroglyphiques de femmes, dans lesquels le nom symbolique de la Vénus céleste égyptienne, *Athor*, que les Grecs ont écrit Ἀθωρ ou Ἀθυρ, entre en composition avec divers hiéroglyphes phonétiques. Ainsi le n.° 211 se lit ⲋⲁⲑⲱⲣϣⲏⲧ (ⲥⲓⲙⲉ) HA-TÔRSCHÈ ou HATHORSCHET *femme*, et il signifiait *enfant* ou *née d'Athor*. C'est un nom analogue à ceux d'AMONSCHÈT, *née d'Amon* (n.° 169), et de *Sovκschèt née de Souchis* (n.° 215), dont les formes masculines se trouvent sous les n.°ˢ 168 et 214. Le nom propre féminin (n.° 212), ⲋⲁⲑⲱⲣⲙⲁⲧ (ⲥⲓⲙⲉ) HATHÔRMA *femme*, paraît avoir signifié, *donnée par Athor*.

D'autres noms propres égyptiens renferment les noms, soit phonétiques, soit symboliques, de deux et même de trois divinités différentes; de ce nombre sont :

1.° Le nom propre gravé sous le n.° 203, qui, offrant le nom symbolique du dieu *Horus* et le nom phonétique du dieu *Amon*, se prononçait (ⲋp) ⲁⲙⲛ *Hor-amon;* les Grecs ont connu ce nom propre égyptien et l'ont écrit Ὡραμμων. On remarque dans les auteurs et dans les monumens grecs relatifs à l'Égypte, une foule de noms propres qui, comme celui d'*Horamon (Horus-Ammon)*, sont formés de deux noms de divinités combinés ensemble; tels sont par exemple Ἡραμμων *(Junon-Ammon)*, Ἡρακλαμμων *(Hercule-*

Ammon), Σαραπαμμων *(Sarapis-Ammon)*, Σουχαμμων *(Souchis-Ammon)*, &c. (1);

2.º Le n.º 204, qui, formé du nom symbolique d'Horus, ⲉⲣ *Hor* ou *Har*, du groupe phonétique ⲥⲉ ou ⲥⲓ (2), et du nom symbolique d'Isis ⲏⲥⲓ ou ⲏⲥⲉ, donne le nom propre ⲉⲣⲥⲓⲏⲥⲓ *Horsiesi* ou *Harsiesi*, c'est-à-dire *Horus né d'Isis*, nom propre dont les Coptes ou Égyptiens chrétiens avaient conservé l'usage sous la forme de ϩⲱⲣⲥⲓⲏⲥⲓ *Horsièsi* ou ϩⲱⲣⲥⲓⲏⲥⲉ *Horsièsé*, et qu'on trouve aussi écrit Ἁρ-σίησις dans les textes ou dans l'enregistrement grecs de contrats originaux du temps des Lagides. Le groupe hiéroglyphique *Harsiesi* se trouve habituellement employé, abstraction faite du caractère d'espèce *homme* qui le termine ici et en fait un nom propre de simple particulier, dans les légendes du dieu Horus, où il signifie encore *Horus né d'Isis, Horus enfant d'Isis;*

3.º Enfin le nom propre hiéroglyphique n.º 205 est composé de *Horsiesi*, que précède le nom phonétique d'*Amon* ⲁⲙⲛ, ce qui produit le nom ⲁⲙⲛϩⲣⲥⲓⲏⲥⲓ *Amon-Horsiési*, c'est-à-dire *Amon-Horus fils d'Isis;* et cet usage de prendre pour noms propres ceux mêmes des plus grandes divinités du pays, paraît avoir été particulièrement suivi parmi les habitans de l'Égypte.

On trouvera aussi, sous les n.ᵒˢ 216 et 217, deux noms propres de simples particuliers entièrement sym-

---

(1) *Voyez* Schow, *Charta papyracea Musei Borgiani.*
(2) Enfan', *natus*. Voyez Tableau général, n.º 257.

boliques. L'un est le nom d'homme *Horus* et l'autre le nom de femme *Isis*.

En résumant les conséquences de l'analyse de divers noms propres égyptiens contenue dans ce chapitre, il reste bien établi, ce me semble, qu'une *très-grande partie* des noms propres égyptiens hiéroglyphiques de simples particuliers, sont écrits au moyen d'hiéroglyphes réellement *phonétiques*, c'est-à-dire, exprimant les sons et les articulations de ces mêmes noms. Il est évident aussi que l'usage des signes phonétiques égyptiens ne se borna point, comme on a voulu le croire, à la seule transcription des noms propres de souverains ou d'individus étrangers à la langue égyptienne.

Il y a plus, les faits rapportés dans les précédens chapitres établissent également que les signes qui, soit dans les noms propres hiéroglyphiques des souverains grecs et romains, soit dans les noms propres égyptiens des dieux et de personnages privés, expriment rigoureusement le *son* seul de ces mêmes noms propres, se retrouvent outre cela dans le courant de tous les textes hiéroglyphiques, dans les passages où il ne s'agit point de noms propres, et qu'ils y conservent absolument leur même *valeur phonétique*.

Je les ai montrés, en effet, comme simples signes de *son*, dans des groupes hiéroglyphiques exprimant des mots égyptiens, noms communs, verbes, prépositions ou conjonctions, et dans une foule de formes grammaticales propres à la langue égyptienne.

Il exista donc une époque où l'écriture hiéroglyphique égyptienne, ce système que nous avons cru pendant si long-temps formé uniquement de caractères *idéographiques*, c'est-à-dire, de simples *signes d'idée*, comptait aussi parmi ses élémens des signes phonétiques, figuratifs dans leur forme, il est vrai, mais représentant proprement la prononciation des mots de la langue égyptienne parlée.

Ce fait étant bien reconnu, il s'agit de savoir à quelle antiquité peut remonter ce système d'écriture *phonético-idéographique*, tel que diverses applications viennent de nous le montrer.

En proposant moi-même l'examen d'une pareille question, j'ai dû prévoir cette objection qu'on ne manquerait point de me faire : nous accordons que, dans certains textes et inscriptions hiéroglyphiques, les noms propres des dieux et des hommes, des mots égyptiens, tels que noms communs, verbes, pronoms, prépositions, &c., sont exprimés *phonétiquement;* mais il est possible que cette écriture hiéroglyphique en grande partie phonétique, soit une forme prise par l'écriture égyptienne, *sous l'influence immédiate des Grecs et des Romains, et qu'elle diffère essentiellement* de l'écriture hiéroglyphique du temps des Pharaons, écriture que l'antiquité toute entière semble nous donner comme complètement *idéographique*.

Cette objection trouvera sa réponse dans le chapitre suivant.

CHAPITRE VII.

Application de l'Alphabet des hiéroglyphes, à la lecture des qualifications et des titres royaux inscrits sur les obélisques et les monumens égyptiens du premier style.

J'avoue, en effet, qu'on ne sait point encore d'une manière certaine si les inscriptions et les textes hiéroglyphiques, dans lesquels je retrouve des mots égyptiens exprimés *phonétiquement*, remontent au temps des *Pharaons, rois de race égyptienne*, ou seulement à l'époque grecque, comme l'inscription de Rosette, l'obélisque de Philæ, les temples d'Ombos et d'Edfou; ou bien à l'époque romaine, comme les obélisques Albani, Borgia, Pamphile, Barbérini, celui de Bénévent, une partie des édifices de Philæ, et les temples d'Esné et de Dendéra.

Mais il est deux moyens bien simples de décider cette question, et de prouver en même temps que l'écriture hiéroglyphique était et a toujours été *phonétique* en très-grande partie sous les Pharaons eux-mêmes. Ces moyens consistent d'abord à retrouver les mêmes groupes phonétiques déjà observés sur des monumens dont l'époque nous est inconnue, dans les légendes inscrites sur des constructions qui appartiennent sans difficulté aux anciennes époques pharaoniques; et en second lieu, à établir plus positivement encore la haute antiquité de ces constructions, par la *lecture* même des noms hiéroglyphiques des rois qui les ont fait élever, noms qui en couvrent pour ainsi dire toutes les parties.

Je crois être en état d'employer l'un et l'autre de ces moyens. Les savans jugeront jusqu'à quel point j'ai su le faire avec succès. Commençons par l'examen des titres royaux inscrits sur des monumens de la première époque de l'art en Égypte, l'époque des Pharaons.

On est généralement bien d'accord que les grands obélisques des palais de Karnac et de Louqsor, à Thèbes, sont des ouvrages des anciens Pharaons, ainsi que les parties de ces édifices sur lesquelles se trouvent reproduits à chaque instant les divers cartouches royaux que portent les obélisques précités. On accordera sans doute aussi une certaine confiance au témoignage formel de Pline, qui attribue à d'anciens rois de race égyptienne, la construction des plus grands obélisques transportés d'Égypte à Rome, tels que l'obélisque de Saint-Jean de Latran, et celui qu'on nomme *Flaminien*, ou de la porte du Peuple. Voilà, certes, des monumens pharaoniques : or, je retrouve dans les inscriptions hiéroglyphiques qui les décorent, la plupart des formes grammaticales *phonétiques*, les noms communs *phonétiques*, les noms propres *phonétiques* des dieux, déjà analysés et tirés d'abord de l'inscription de Rosette et de l'obélisque de Philæ, monumens de l'époque grecque, et d'autres textes dont l'époque n'est point certaine.

Ces groupes phonétiques sont aussi, pour la plupart, employés dans l'expression des titres fastueux que prenaient sur leurs monumens les rois de race égyptienne, titres qui nous ont été conservés en langue grecque, dans divers auteurs, et sur-tout dans la *Traduction d'un obélisque égyptien*, par Hermapion, insérée dans le texte d'Ammien-Marcellin.

Depuis la découverte et l'étude approfondie des inscriptions grecques d'Adulis et de Rosette, les savans ne sauraient élever aucun doute sur la fidélité de cette traduction d'un obélisque égyptien : Kircher et Paw, dont ce texte dérangeait les vains systèmes ou contrariait les idées particulières, ont bien pu taxer de ridicule supposition et même dédaigner le travail d'Hermapion; mais tout concourt aujourd'hui à prouver combien cette traduction mérite de confiance, puisqu'on y retrouve une partie des titres que des monumens, de l'authenticité desquels il n'est point permis de douter, nous apprennent avoir été réellement portés par les souverains de l'Égypte. Quant à moi, je suis convaincu de l'exactitude de cette traduction, qui, je crois, nous reproduit, aussi littéralement que possible, les idées exprimées dans un ancien texte hiéroglyphique.

On sentira facilement combien il serait important pour l'avancement des études hiéroglyphiques, d'avoir aujourd'hui sous les yeux l'obélisque égyptien qui servit de texte à Hermapion. Le sentiment des savans s'est partagé à cet égard entre les deux plus beaux monolithes de Rome, l'obélisque de Saint-Jean de Latran et l'obélisque Flaminien. G. Zoëga, qui a discuté sur les lieux le degré de probabilité de l'une et l'autre opinions, se décide pour l'obélisque Flaminien, en avouant toutefois qu'il est douteux que l'un de ces deux monolithes soit précisément celui dont Hermapion a interprété en langue grecque les légendes hiéroglyphiques (1).

Les notions certaines que nous avons déjà acquises par l'étude de l'inscription hiéroglyphique de Rosette, et à l'aide desquelles il serait possible de recomposer en écriture hiéroglyphique une grande partie du texte d'Hermapion, suffisent en effet, non-seulement pour légitimer les doutes de Zoëga, mais encore pour décider en définitif que l'obélisque dont Hermapion a traduit les légendes, n'est ni l'obélisque Flaminien, ni celui de Saint-Jean de Latran, ni aucun de ceux qui ont échappé à la main des Barbares dans l'enceinte de Rome. Nous verrons aussi dans notre VIII.ᵉ chapitre, 1.° que l'obélisque de Saint-Jean de Latran a été érigé, non en l'honneur du Pharaon *Ramésès* ou *Ramestès*, comme l'obélisque d'Hermapion, mais en l'honneur du roi *Thouthmosis*; 2.° que l'obélisque Flaminien porte des inscriptions de deux époques différentes, et nomme deux princes différens, ce qui ne saurait encore convenir au texte de l'obélisque d'Hermapion.

---

(1) *De origine et usu obeliscorum*, sect. IV, pag. 593, 594, 595.

(135)

Malgré cette perte, les grands obélisques de Rome, comme ceux d'Égypte, recevront toutefois du texte d'Hermapion un intérêt nouveau, et quoiqu'il ne se rapporte à aucun d'eux; car ils contiennent en écriture hiéroglyphique la plupart des titres que l'obélisque traduit en langue grecque donnait au roi Ramésès ou Ramestès, tels que, Θεογεννήτος, Ον Αμμων φιλει, Ον Αμμων αγαπα, Ον Ηλιος φιλει, Ον Απολλων φιλει, Ον Ηλιος προεκρινεν, Ηλιου παις, Ηλιου παις καὶ υπο Ηλιου φιλ8μενος.

Nous allons reconnaître tous ces titres sur ces obélisques et sur d'autres monumens du premier style, comme sur des monumens des époques grecque et romaine, ainsi que les titres ou formules de l'inscription de Rosette, Ον ο Ηφαισίος εδοκιμαζεν, Ηγαπημενος υπο του Φθα, Υπαρχων θεος εκ θεου καὶ θεας, Κυριου Τριακονταετηριδων, Αιωνοβιος, &c.; et nous trouverons que ces formules et ces titres sont exprimés sur les monumens du premier style, comme sur ceux du second et du troisième, par une combinaison constante de signes *phonétiques* et de signes *idéographiques*.

Le titre Θεογεννήτος, *engendré d'un dieu, enfant d'un dieu*, est écrit, sur l'obélisque Flaminien par exemple, au moyen du groupe hiéroglyphique n.° 346, dans lequel nous retrouvons les deux signes *phonétiques* ⲙⲥ (n.° 258 *bis*), en copte ⲙⲓⲥⲉ, ⲙⲓⲥⲉ, *enfant, engendré*, que nous avons vu exprimer la filiation dans une foule d'inscriptions relatives à des personnages privés. Les caractères qui suivent, sont le pluriel du caractère symbolique *dieu;* le groupe se prononçait donc ⲘⳠⲤⲚⲈⲚⲞⲨⲦⲈ, *Mésannénoute* ou *Misannénoute*, *l'enfant des Dieux.*

C'est ici le lieu de faire observer aussi que le groupe ⲘⲤ (n.° 258 *bis*), aussi bien que le mot copte ⲘⲀⲤ, dont il est l'orthographe primitive, devient souvent un participe actif, et doit se traduire alors par *generans, parens;* il est employé avec cette acception active, dans le titre hiéroglyphique ⳍⲢ ⲘⲤ ⲚⲈⲚⲞⲨⲦⲈ (Tabl. gén. n.° 347), *grande* ou *puissante génératrice des dieux*, titre qui est particulier à une des grandes déesses de l'Égypte, dont le nom propre hiéroglyphique (n.° 54) se lit ⲎⲦⲠⲈ, *Netpé* ou ⲎⲦⲪⲈ, *Netphé*. Cette déesse est la mère d'Osiris, d'Isis et de Nephthys, d'après divers textes hiéroglyphiques; c'est celle qui, dans l'exposé des mythes égyptiens par Plutarque, porte le nom grec de *Rhéa;* et il est fort remarquable que Netphé, qualifiée, dans les légendes sacrées de l'Égypte, du titre ⲘⲀⲤⲚⲈⲚⲞⲨⲦⲈ *Masnénouté*, *génératrice des dieux*, soit mentionnée sous son nom grec de *Rhéa*, et avec une qualification tout-à-fait analogue, dans le manuscrit copte thébain du musée Borgia, que nous avons cité comme conservant les noms égyptiens des dieux *Phtha* et *Petbé*. Schénouti reprochant leur idolâtrie à certains habitans de l'Égypte, cite en effet la déesse Rhéa. « Vous » l'appelez, leur dit-il, la mère de tous les dieux » que vous adorez. » ⲢⲉⲀ, ⲦⲀⲒ ⲈⲦⲈⲦⲚϪⲰ ⲘⲘⲞⲤ

(137)

ⲉⲣⲟⲥ ⲇⲉ ⲧⲩⲁⲁⲩ ⲧⲉ ⲛⲛⲉⲧⲉⲧⲛϣⲩϣⲉ ⲛⲁⲩ ⲧⲏⲣⲟⲩ (1). Les savans qui ont donné quelque attention à l'étude des livres coptes, remarqueront aussi qu'un titre tout-à-fait semblable à celui que porta la déesse *Netphé*, fut donné dans la suite, par les Égyptiens devenus chrétiens, à la mère du Christ, qui est surnommée ⲙⲁⲥⲛⲟⲩⲧⲉ, Masnouté, *génératrice de Dieu, celle qui a enfanté Dieu*, dans les liturgies coptes ; c'est l'épithète Θεοτόκος des liturgies grecques.

Je trouve également le titre de ⲙⲁⲥⲛⲉⲛⲟⲩⲧⲉ *Masnénouté, générateur des dieux*, attribué au dieu *Phrê* (le soleil), sur trois faces de l'obélisque de Saint-Jean de Latran *(voyez le Tableau général, n.° 347 bis)*.

Le texte grec de l'inscription de Rosette donne au roi Ptolémée Épiphane, un titre qui renferme implicitement l'idée de Θεογεννητος ; c'est celui de Θεος εκ θευ και θεας καθαπερ Ωρος ο της Ισιος και Οσιριος, Dieu né d'un dieu et d'une déesse, *comme Horus, le fils d'Isis et d'Osiris* (2). Le passage correspondant à ces mots a disparu dans le texte hiéroglyphique ; mais les cippes, ordinairement en serpentine ou stéatite, qui représentent Horus vainqueur des puissances typhoniennes, et qui portent les titres de ce même dieu, suppléent à cette perte. Nous retrouvons, en effet, au commencement des longues légendes hiéroglyphiques qui ornent ces cippes assez

---

(1) Zoëga, *Catalog. codic. coptic. mss. Mus. Borg.* pag. 458.
(1) *Inscript. de Rosette*, texte grec, ligne 10.

nombreux dans les collections, le titre de *Dieu fils d'un dieu*, donné à *Horus, fils d'Osiris, né d'Isis;* et la formule initiale de ces cippes, gravée n.° A, sur la planche VIII mise en regard de cette page, se traduit sans difficulté, car tous ses élémens sont connus d'ailleurs.

« *Soutien de l'Égypte*, DIEU FILS D'UN DIEU *soutien
» de l'Égypte, Horus, manifesté par Osiris, engendré d'Isis
» déesse.* »

L'idée Θεος εκ θευ, *Dieu né d'un dieu*, est exprimée dans ce texte par le groupe phonétique ϣH *fils*, ou le groupe phonétique ci ou cε, *enfant, nourrisson*, placé entre deux groupes composés de deux caractères, l'un *symbolique* et l'autre *figuratif*, dont la réunion exprime l'idée ⲡⲛⲟⲩⲧⲉ, *Dieu mâle* (Tableau général, n.° 230); ce qui produit ⲡⲛⲟⲩⲧⲉ ϣH ⲡⲛⲟⲩⲧⲉ, *Dieu fils de dieu*, ou ⲡⲛⲟⲩⲧⲉ cε ⲡⲛⲟⲩⲧⲉ, *Dieu enfant de dieu*.

J'ai cru également utile aux recherches qui sont l'objet principal de cet ouvrage, de faire graver au-dessous de la légende hiéroglyphique qu'on vient de traduire, six copies de cette même légende inscrite sur différens cippes que j'ai eu l'occasion d'étudier. L'examen des variantes qu'elles offrent, prouvera, bien mieux que les raisonnemens les plus étendus, ce dont j'ai acquis depuis long-temps la certitude, par une suite d'observations de détail; savoir :

1.° Que les mots égyptiens *écrits phonétiquement* dans ces textes hiéroglyphiques, pouvaient l'être au

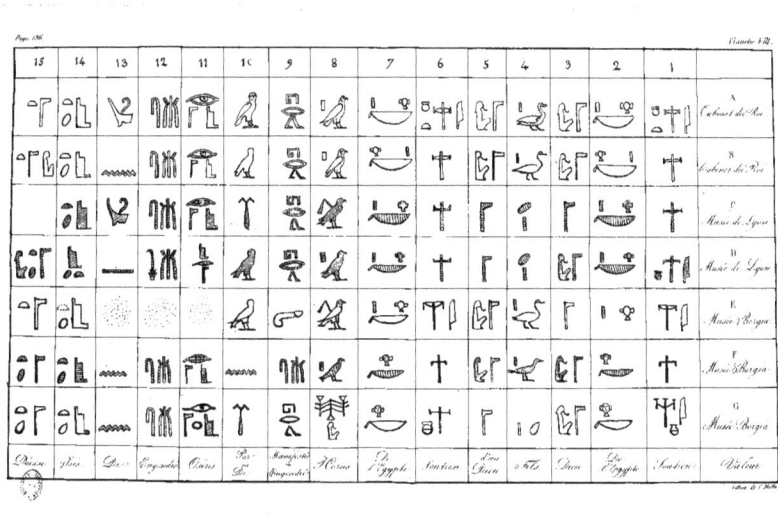

moyen de plusieurs signes de formes très-différentes quoique exprimant le même son. Nous voyons en effet dans ces inscriptions comparées, la préposition ⲙ̄ *(am)* DE (colonne 10) rendue par la *chouette* ou par un caractère *bifurqué*, lesquels expriment aussi indifféremment la consonne ⲙ dans le nom de Ptolémée (1). Dans la version F, ces deux caractères sont remplacés par la *ligne brisée* ⲛ, parce que dans la langue copte la préposition *de* est tout aussi bien exprimée par ⲛ que par ⲙ̄. Dans la colonne 13, la préposition ⲛ *de* est elle-même représentée phonétiquement par trois caractères homophones, soit par la *ligne brisée*, soit par la *ligne horizontale*, ou enfin par la *coiffure ornée du lituus*, signes qui, tous trois, équivalent phonétiquement à ⲛ. Nous voyons enfin deux formes du Σ hiéroglyphique employées dans les groupes ⲙⲥ (mès) *enfant, natus*, colonne 12;

2.° Qu'une idée pouvait aussi être exprimée *symboliquement* par plusieurs signes ou groupes différens : voyez les divers noms symboliques d'*Horus* dans la colonne 8;

3.° Que, dans l'écriture sacrée, une idée pouvait être rendue indifféremment, soit par des caractères *phonétiques* représentant les *mots* qui en étaient les signes dans la langue parlée, soit par un caractère *symbolique*, lequel exprimait l'*idée* et non le *mot*. On remarque en effet, dans la colonne 9, que l'idée *en-*

---

(1) *Lettre à M. Dacier*, planche I, n.os 31 et 40.

gendré ou *fils*, est rendue, soit par le *groupe phonétique* ᴍC (mès), *engendré, enfant*, soit par le groupe encore phonétique ϩpⲧ ou ⲓpⲧ, qui signifie *manifesté*, soit enfin par l'image d'un *phallus*, symbole naturel de la génération ;

4.° Que, dans l'écriture hiéroglyphique, tout groupe exprimant une idée, soit *phonétiquement*, soit *symboliquement*, était souvent abrégé, et qu'on se contentait de tracer un ou deux des signes principaux du mot ou du groupe. Ces abréviations sont très-fréquentes dans les textes hiéroglyphiques, et c'est-là une des difficultés qu'on doit surmonter lorsqu'on veut se former une idée exacte, soit de leur contenu, soit de la nature des signes dont ils se composent. On a des exemples de ces abréviations dans les sept formules comparées aux colonnes 1, 2, 3, 5, 6, 7 et 15, où se trouvent les groupes, soit phonétiques, soit symboliques, représentant les idées *soutien, Égypte dieu*, et *déesse*.

Mais revenons à l'analyse des titres royaux hiéroglyphiques. Je ne l'ai interrompue que pour profiter de l'occasion qui s'est naturellement offerte, de reconnaître certains principes que nous aurons bientôt besoin d'appliquer.

Le titre Ηγαπημενος υπο του Φθα, *chéri de Phtha, bien-aimé de Phtha*, qu'on lit dans le texte grec de l'inscription de Rosette, est heureusement conservé dans le texte hiéroglyphique (Tabl. gén. n.° 352), à la fin du cartouche qui renferme le nom propre de Ptolémée et le titre Αιωνοϐιος, *toujours-vivant*. On ob-

(141)

serve également le titre *chéri de Phtha* dans les cartouches hiéroglyphiques des Lagides, où il est très-souvent privé des deux *feuilles*, comme dans les légendes de Ptolémée-Alexandre à Edfou et à Ombos (1), et par le seul effet de cette habitude d'abréviations, dont il est impossible de douter après les exemples que nous avons donnés précédemment.

On n'a point oublié non plus que les trois premiers caractères de ce groupe sont *phonétiques* et représentent, non, comme le croit M. le docteur Young, le qualificatif *aimé*, Ηγαπημενος (2), mais bien le nom même du dieu PHTHA Ⲡⲧⲁϩ *(Ptah* ou *Phtah)*, le ⲡⲧⲁϩ des Coptes écrit phonétiquement. Examinons à leur tour les deux ou trois derniers signes de ce groupe, celui qu'on appelle la *charrue*, mais qui est plutôt une espèce de *hoyau*, et les *deux feuilles*, caractères qui représentent certainement l'idée Ηγαπημενος, *chéri, aimé*. Nous ne saurions en effet chercher ailleurs qu'à la fin du groupe, les signes qui expriment l'adjectif, puisque ces signes sont incontestablement aussi placés les derniers dans le groupe correspondant du *texte démotique;* groupe dans lequel le nom démotique du dieu occupe aussi le premier rang, comme dans le groupe hiéroglyphique.

Le *hoyau* et les *deux feuilles* expriment donc l'idée

---

(1) Tableau général, n.° 135.
(2) *Encyclopédie britannique*, suppl. vol. IV, partie I, pag. 69, n.° 162.

chéri, aimé : on ne peut étudier avec quelque attention les légendes hiéroglyphiques placées à la suite des noms royaux, sans s'apercevoir bientôt que le titre *chéri de Phtha* était susceptible, comme tant d'autres, de s'écrire en employant indifféremment plusieurs caractères *homophones ;* j'ai dû par conséquent recueillir avec soin toutes les variantes de ce groupe ; on les trouvera réunies dans le Tableau général, sous les n.ºs 352 et 353.

Il devient positif, au premier examen de ces variantes, que le *hoyau* est un synonyme ou un homophone de ce signe carré qui ressemble à une sorte de *base* ou de *piédestal.* Cette synonymie a déjà été notée par M. le docteur Young, qui donne en effet, dans son catalogue hiéroglyphique (1), cette *base* ou *piédestal* comme étant le *nom hiéroglyphique du dieu Phtha*, aussi bien que la *charrue* ou le *hoyau.*

Pour moi, reconnaissant de mon côté cette même synonymie, je *lis* sans balancer le groupe formé de la *charrue* et des *deux feuilles*, ou du *piédestal* et des *deux feuilles*, ⲙⲁⲓ *mai* ou ⲙⲉⲓ *méi ;* car le piédestal exprime en effet la consonne M dans les cartouches de Domitien (2), et par-tout les deux plumes équivalent aux diphthongues ⲁⲓ et ⲉⲓ des noms propres grecs ; le groupe qui représente hiéroglyphiquement l'adjectif ηγαπημενος, *chéri,* est donc *phonétique* et se lit sans

―――――――――――――――――――――――

(1) *Encyclopédie britannique*, pag. 56, n.° 6, et planche 74, n.° 6.
(2) *Lettre à M. Dacier*, pag. 49, planche III, n.ºs 66 et 67.

difficulté ⲙⲏ, ⲙⲉⲓ, ⲙⲁⲓ, ce qui donne exactement les mots coptes bien connus ⲙⲁⲓ ou ⲙⲉⲓ, qui signifient en effet ἀγαπᾶν, φιλεῖν, *aimer*, *chérir*; les groupes hiéroglyphiques n.ᵒˢ 352 et 353, sont donc aussi entièrement phonétiques, se lisent ⲡⲧⲁϩⲙⲉⲓ, ⲡⲧⲁϩⲙⲁⲓ, ⲫⲧⲁϩⲙⲉⲓ, ⲫⲧⲁϩⲙⲁⲓ, *Ptahméi* ou *Ptahmai*, *Phtahmei* ou *Phtahmai*, et signifient *chéri de Phtha, aimé de Phtha*, ἠγαπημένος ὑπὸ τοῦ Φθα.

Les diverses manières d'écrire ce titre, rassemblées sous les n.ᵒˢ 352 et 353, ne permettent pas non plus de douter que les Égyptiens n'aient écrit ⲡⲧⲁϩⲙ. *Ptahm*. en abréviation de ⲡⲧⲁϩⲙⲁⲓ *Ptahmai*.

La lecture certaine de ce groupe hiéroglyphique a eu pour mes recherches des résultats inappréciables, en ce que j'ai pu reconnaître alors dans les légendes des Pharaons, des Lagides et des empereurs romains, divers titres propres à ces souverains; titres dans lesquels entre l'expression des idées *chéri* ou *aimé*, et qui, pour la plupart, se trouvent rapportés dans la traduction d'un obélisque égyptien par Hermapion.

Tel est d'abord le titre Ου Αμμων φιλει, ou bien Ου Αμμων αγαπα, *chéri d'Ammon, aimé d'Ammon*. C'est un de ceux que prennent le plus fréquemment les anciens Pharaons, sur les obélisques et les grands édifices de Thèbes. La forme hiéroglyphique de ce titre est gravée, avec toutes ses variantes, sous les n.ᵒˢ 354 et 355. On y remarque le nom phonétique du dieu ⲁⲙⲛ *Amon*, *Amoun* ou *Amen*, suivi du *piédestal* ou de la *charrue*, **U**, premier signe du mot ⲙⲉⲓ *aimé*,

(144)

n.ᵒˢ 349 et 351 ; et ces divers groupes se prononçaient *Amon-mei* ou *Amon-mai*, Ⲁⲙⲛⲙⲉⲓ, Ⲁⲙⲛⲙⲁⲓ.

Ce même titre est souvent exprimé, en partie *figurativement*, et en partie *phonétiquement* (n.ᵒˢ 357 et 358): partie *figurative*, l'image même du dieu Amoun, bien reconnaissable aux deux grandes plumes qui surmontent sa coiffure et à la longue bandelette qui s'en échappe; partie *phonétique*, le groupe phonétique ⲙⲉⲓ ou ses abréviations ⲙ. Ce groupe se prononçait encore Ⲁⲙⲛⲙⲉⲓ *Amonmai*.

On a pu voir dans le chapitre V, que le dieu *Amon*, le protecteur spécial de Thèbes, portait fort ordinairement aussi le nom d'*Amonré* ou d'*Amonrâ* (Tableau général n.º 40); les rois égyptiens qui ont construit les plus beaux édifices de cette capitale, prennent dans leur légende le titre de *chéri par Amonré, roi des dieux*, gravé avec toutes ses variantes et ses abréviations dans le Tableau général (1). Le n.º 368 est complet et ne présente aucune abréviation; il est formé du nom *phonétique* Ⲁⲙⲛⲣⲏ *(Amonré)*, du mot *phonétique* ⲤⲦⲚ *(Soten)* roi, du pluriel symbolique *dieux*, et du qualificatif *phonétique* ⲙⲉⲓ, aimé, chéri, ce qui donne ⲤⲦⲚ ⲚⲚⲈⲚⲞⲨⲦⲈ Ⲁⲙⲛⲣⲏⲙⲉⲓ, *le chéri d'Amonré, roi des dieux*. Les n.ᵒˢ 366 et 367 présentent seulement diverses abréviations, soit du mot *chéri*, soit du pluriel symbolique *dieux*.

Les mêmes Pharaons ont souvent pris la qualifica-

---

(1) N.ᵒˢ 368, 367 et 366.

tion plus simple de *chéri d'Amonré*, Ⲁⲙⲛⲡϩⲙⲉⲓ, *Amonré-méi* (n.º 365), et ce groupe se compose du nom phonétique du dieu, et de l'adjectif *chéri*, également phonétique.

Les n.ᵒˢ 371, 372, ne sont qu'une transcription *figurative-phonétique* du titre précédent. Le n.º 371 présente l'image du dieu *Amon* et celle du dieu *Ré*, affrontées, et dont la réunion rend, figurativement, le nom phonétique *Amonré* (n.º 40): ce nom, comme nous l'avons déjà dit, fut porté par le dieu Amon, et paraît formé en effet des deux noms *Amon* et *Ré*, *Râ* ou *Ri* (soleil). J'avais cru d'abord que ces groupes devaient être traduits par *chéri d'Amon et du soleil*; mais le nom d'*Amonré* étant, aussi habituellement que le nom simple Amon, celui de la grande divinité de Thèbes et de la Haute-Égypte, j'ai dû m'en tenir à la prononciation que m'indiquait la forme toute *phonétique* (n.º 365) de ce même titre.

Le n.º 373 signifie également Ⲁⲙⲛⲡϩⲙⲉⲓ, *chéri d'Amonré*; le nom du dieu est exprimé par l'image même d'Amon et par le disque solaire ⲣⲏ (*Ré*), *Amon-ré-mei*.

Dans les mêmes titres royaux, le nom du dieu Amon-rê disparaît, et une abréviation de la formule précitée ⲥⲧⲛ ⲛⲛⲉⲛⲟⲩⲧⲉ, *roi des dieux*, prend sa place et se combine avec l'adjectif ⲙⲉⲓ, *chéri*, ce qui produit alors le titre, *le chéri du roi des dieux* (n.º 371 *bis*).

Enfin, sur les obélisques, dans les dédicaces des

temples, et dans les légendes des bas-reliefs, les Pharaons prennent le titre n.° 370, que je transcris en lettres coptes ⲀⲘⲚⲢⲎ (ⲚⲞⲨⲦⲈ) (ⲚⲎⲂ) Κ. Τ. ⲞⲞ (ⲚⲎⲂ) ⲠⲦⲠⲈ ⲘⲀⲒ, et qui signifie *le chéri d'Amon-rê dieu, seigneur des trois régions du monde, seigneur suprême.* Le n.° 369 doit se traduire seulement par *le chéri d'Amonrê, seigneur des trois régions du monde.*

Le titre Ὁν Ἥλιος φιλεῖ, *que le Soleil aime, chéri du Soleil,* que porte le roi Ramestès dans l'obélisque expliqué par Hermapion, se trouve très-fréquent dans les légendes royales des Pharaons, sur les monumens du premier style. J'ai réuni dans le Tableau général (1) les diverses manières dont ce titre est rendu en écriture hiéroglyphique.

Les groupes n.° 361 et n.° 362 sont formés du nom à-la-fois phonétique et figuratif du *Soleil* ⲢⲎ (Rê), et du groupe ⲘⲀⲒ, *chéri*, ou de ses abréviations.

Les n.ᵒˢ 363 et 364 ne diffèrent des précédens que par la présence de l'*image* même du dieu *Rê* (le soleil), à la place de son nom phonétique ou symbolique. Ce dieu est très-reconnaissable à sa tête d'*épervier* surmontée du disque solaire.

On voit le nom du même dieu exprimé par l'épervier, la tête surmontée du disque, et qui est son symbole ordinaire, dans le groupe n.° 364 *bis,* qui, comme les précédens, était prononcé ⲢⲎⲘⲀⲒ ou ⲢⲎⲘⲈⲒ (*Ré-mai, Rêmei*), CHÉRI DU SOLEIL, Ὁν Ἥλιος φιλεῖ.

---

(1) Du n.° 360 à 364 *bis.*

L'obélisque traduit par Hermapion attribuait aussi au roi Ramestès le titre Ον Απολλων φιλει, *chéri d'Apollon:* je le retrouve sur la plupart des grands obélisques; mais il est nécessaire, avant de le produire, d'entrer ici dans quelques éclaircissemens préliminaires.

Les Grecs donnèrent au dieu que les Égyptiens appelaient *Aroéris*, le nom de leur Apollon, parce qu'ils crurent que ces deux divinités étaient identiques; ce dont fait foi l'inscription grecque gravée, sous le règne de Ptolémée Philométor, sur le listel d'une porte intérieure du grand temple d'Ombos, qui dédie le sécos de cet édifice au *grand Dieu Aroéris-Apollon*, ΑΡΩΗΡΕΙ ΘΕΩΙ ΜΕΓΑΛΩΙ ΑΠΟΛΛΩΝΙ (1).

Plusieurs subdivisions (στοιχος) de la traduction d'un obélisque par Hermapion, commencent par la formule Απολλων κρατερος, le puissant Apollon; et il résulte de l'étude que j'ai faite de ce précieux fragment, que par στοιχος, il faut entendre une *colonne* de caractères; d'où il suit que l'obélisque égyptien traduit avait sur chaque face une inscription hiéroglyphique divisée en trois colonnes, comme les obélisques de Louqsor, de Saint-Jean de Latran et l'obélisque Flaminien.

Si l'on veut étudier attentivement le texte d'Hermapion, on s'apercevra bientôt que chaque στοιχος ou

---

(1) Letronne, *Recherches pour servir à l'histoire de l'Égypte*, &c., tom. I, pag. 78, &c.

colonne de l'obélisque commençait aussi par les signes équivalant aux mots Απολλων κρατερος : il n'y a aucun doute à cet égard, pour les divisions appelées dans le texte, στοιχος δευτερος, τριτος στοιχος, et αλλος στοιχος πρωτος.

Mais si les autres divisions nommées στοιχος πρωτος, αλλος στοιχος δευτερος, αλλος στοιχος τριτος et αφηλιωτης πρωτος στοιχος, ne semblent point commencer, comme les divisions précitées, par les mots Απολλων κρατερος, cela vient uniquement de ce qu'Hermapion ou les copistes, qui peuvent avoir d'ailleurs troublé l'ordre du texte primitif, ont groupé la traduction des στοιχοι ou *colonnes perpendiculaires* de l'obélisque commençant par la formule Απολλων κρατερος, avec la traduction des légendes hiéroglyphiques sculptées sur le pyramidion de l'obélisque ou immédiatement au-dessous du pyramidion, dans des bas-reliefs qui *précèdent* toujours les inscriptions hiéroglyphiques disposées *en colonnes perpendiculaires* (στοιχοι) sur les grands obélisques (1).

Cet aperçu nous fait donc retrouver le véritable commencement des divers στοιχοι ou colonnes perpendiculaires.

En effet, dans le texte d'Hermapion, tel que le donne Zoëga (2), on lit d'abord cette première phrase : Τα δε λεγει Ηλιος βασιλει Ραμεστη· δεδωρημεθα σοι

―――――――

(1) *Voyez* les obélisques Flaminien, de Saint-Jean de Latran et de Louqsor.

(2) *De origine et usu obeliscorum*, pag. 26, 27 et 28.

πασαν οικουμενην μετα χαρας βασιλευειν. « Voici ce
» que dit le Soleil au roi Ramestés : nous t'avons donné
» le monde entier à gouverner avec joie. » Ceci est évidemment la traduction des légendes hiéroglyphiques qui décoraient les bas-reliefs placés au-dessous du pyramidion, et avant les trois colonnes hiéroglyphiques perpendiculaires formant l'inscription proprement dite de l'obélisque traduit par Hermapion.

Nous voyons en effet au-dessus des trois colonnes perpendiculaires de l'obélisque Flaminien, par exemple, une scène sculptée représentant le dieu *Phré* (le soleil) assis sur son trône, et devant lui un roi dont le nom propre se lit dans les cartouches sculptés au-dessus de sa tête, et qui est prosterné devant le dieu, en acte d'adoration. Plusieurs petites colonnes d'hiéroglyphes, placées au-dessus du dieu, contiennent une formule en rapport sans doute avec celle qu'Hermapion a traduite d'une scène pareille. Les obélisques de Louqsor et l'obélisque de Saint Jean de Latran offrent des scènes analogues : on y voit des Pharaons prosternés devant le grand dieu Amon.

Après la formule précitée, le texte d'Hermapion offre les mots Απολλων κρατερος, qui sont véritablement les premiers de la première colonne (στοιχος) de la face australe (αφηλιωτης) de l'obélisque.

La division intitulée αλλος στοιχος δευτερος (1) commence ainsi : Ηλιος θεος μεγας, δεσποτης ουρανου.

---

(1) *De origine et usu obeliscorum*, pag. 27.

Δεδωρημαι σοι βιον απροσκορον. « *Le Soleil, dieu grand, seigneur du ciel : nous t'avons donné une vie exempte de satiété.* » C'est encore là une traduction des légendes d'un second bas-relief de l'obélisque, représentant le dieu *Phrê* adoré par le roi Ramestès. La première partie, *le Soleil, dieu grand, seigneur du ciel*, était la légende du dieu lui-même inscrite devant son image, et la seconde, *nous t'avons donné une vie exempte de satiété*, sont les paroles que Phrê (le dieu soleil) adressait au roi Ramestès prosterné devant lui.

On peut voir une composition tout-à-fait semblable, dans le pyramidion de l'obélisque Campensis, face méridionale (1). Ce tableau représente le dieu Phrê (le soleil) à tête d'épervier, assis sur son trône; et ayant devant lui la légende hiéroglyphique gravée sur notre planche VII, n.° 5, dont tous les signes sont connus d'ailleurs, et qui signifie *le Soleil, dieu grand, seigneur suprême,* ou *de la partie céleste,* (ⲡⲉⲧⲡⲉ). Une seconde légende tracée devant celle que nous venons de traduire, et reproduite avec plus de détails derrière le trône du dieu (planche VII, n.° 6), renferme très-certainement les signes exprimant les idées *je donne* ou *nous donnons à toi une vie heureuse,* comme portait aussi l'obélisque de Ramestès. Le roi auquel le Soleil adresse les mêmes paroles dans l'obélisque Campensis est représenté, ainsi que cela est assez habituel, sous la forme d'un sphinx à tête

---

(1) *De origine et usu obeliscorum*, planche intitulée, *Pyramidion obelisci Campensis.*

humaine, accompagné des cartouches qui renferment son nom propre. On trouvera dans le chapitre VIII la lecture du nom de ce Pharaon.

Immédiatement après ces formules, le texte d'Hermapion porte Απωλλον κρατερος : ce sont les premiers mots de la colonne perpendiculaire d'une des faces de l'obélisque.

La même distinction doit avoir lieu, quant au texte des divisions τριτος στοιχος et αφηλιωτης πρωτος στοιχος. Les phrases : Ηλιος θεος, δεσποτης ουρανου, Ραμεστη βασιλει. Δεδωρημαι το κρατος και την αλκην κατα παντων εξουσιαν; « Le soleil, seigneur du ciel, » au roi Ramestès : je (te) donne la puissance, la force, » et la suprématie sur tous, » de la première division ; et la formule Ο αφ' Ηλιου πολεως μεγας θεος ενουρανιος, « le grand dieu céleste d'Héliopolis, » de la seconde division, ne sont que les traductions des légendes des bas-reliefs placés immédiatement avant les colonnes perpendiculaires de l'obélisque, qui commençaient encore par Απολλων, ou Απολλων κρατερος, mots qu'on retrouve en effet dans ce texte aussitôt après la traduction des légendes supérieures.

Il résulte donc de cet examen critique du texte d'Hermapion, que les trois colonnes perpendiculaires de caractères hiéroglyphiques, qui couvraient chaque face de l'obélisque de Ramestès, commençaient toutes par les mots *Aroéris puissant*, qu'Hermapion a traduits par Απολλων κρατερος. Plusieurs grands obélisques de l'Égypte ou de Rome, tels que les obélisques de Louqsor et le Flaminien, ont pour premiers signes des trois colonnes perpendiculaires de chacune de leurs faces, un *épervier coiffé du pschent;* et nous avons déjà vu dans le chapitre V, qu'un épervier coiffé du pschent était le nom symbolique du dieu *Arouéris*. Il est évident par-là que l'obélisque de Ramestès avait pour signes initiaux de ses colonnes hiéroglyphiques, l'image de l'*épervier mitré,* comme les obélisques de Louqsor, le Flaminien, l'obélisque d'Alexandrie, ceux de Constantinople et d'Héliopolis, les obélisques dits Médicis, Mahuteus, &c. &c.

Il nous sera donc facile maintenant de retrouver sur les obélisques égyptiens, le titre de *chéri d'Apollon* ou *d'Arouéris,* Ον Απολλων φιλει; et l'on ne peut le méconnaître dans les cinq premiers signes des premières colonnes des faces septentrionale et occidentale de l'obélisque Flaminien, l'*épervier mitré,* un *taureau,* le *bras étendu,* le *hoyau* et les *deux feuilles* (1). L'*épervier mitré* est le nom symbolique d'*Arouéris* ou *Apollon;* le *taureau* exprimait l'idée de *force avec tempérance* (Ανδρειον μετα σωφροσυνης) selon Horapollon (2); ce taureau avec le bras, qui paraissent former un groupe, expriment ici l'idée de *fort* ou de *puissant,* épithète qu'Hermapion donne en effet dans son texte même à Apollon, qu'il nomme constamment Απολλων κρατερος, *le fort, le puissant Apollon.* Et il ne peut rester

---

(1) Tableau général, n.º 384.
(2) Liv. I, *Hiéroglyphe* n.º 46.

aucun doute sur le sens que nous attribuons à l'*épervier mitré*, au *taureau* et au *bras étendu*, en traduisant ces trois signes, *le fort* ou *le puissant Apollon*, car ces trois hiéroglyphes sont les signes initiaux de toutes les colonnes des grands obélisques, et nous avons vu que celles de l'obélisque du roi Ramestès, traduit par Hermapion, commencent toutes également par les mots Απολλων κρατερος, *le puissant Apollon*. Le groupe phonétique ⲙⲁⲓ, *aimé*, termine la légende n.° 384, qui signifie donc *le chéri du puissant ou du fort Arouéris (ou Apollon)*.

J'ai également recueilli dans les inscriptions royales sculptées sur les monumens égyptiens, tant du premier style que du second et du troisième, un très-grand nombre de titres hiéroglyphiques analogues à ceux que nous venons de citer, et qui expriment l'affection que certaines divinités étaient censées accorder à divers souverains de l'Égypte; je citerai ici les suivans :

1.° Ноⲩⲃ-ⲙⲁⲓ (n.ᵒˢ 359 et 360), LE CHÉRI DE CNOUPHIS : dans le premier, le nom du dieu est exprimé phonétiquement, et il est *figuratif* dans le second;

2.° Сⲧⲏ-ⲙⲁⲓ (n.ᵒˢ 385, 386 et 387), LE CHÉRI DE SATÉ (la Junon égyptienne) : le nom de la déesse, *phonétique* dans le premier groupe, est *figuratif* dans les deux autres;

3.° Tⲙⲟⲩⲧ-ⲛⲏⲃ ⲛ̄ ⲛⲕⲁϩ ⲙⲁⲓ (n.° 388) : LE CHÉRI DE THOTH, SEIGNEUR DES HUIT CONTRÉES : ce groupe est presque entièrement composé de caractères *symboliques;*

4.° Ϩⲑⲱⲓⲣ-ⲙⲁⲓ (n.° 383) LE CHÉRI D'ATHÔR (la Vénus céleste égyptienne) : le nom de la déesse est *symbolique;* les Grecs l'ont écrit Αθυρ;

5.° Ηⲥⲉ-ⲙⲁⲓ (n.°ˢ 377 et 378), LE CHÉRI D'ISIS; le nom de la déesse est également symbolique;

6.° Πⲧϩ-Ηⲥⲉ-ⲙⲁⲓ (n.°ˢ 379 et 380), LE CHÉRI DE PHTHA ET D'ISIS : le nom de Phtha est *phonétique,* celui d'Isis est toujours *symbolique.* Le n.° 381 a le même sens, et les noms des deux divinités y sont exprimés *figurativement;*

7.° Ηⲥⲉ-πⲧϩ-ⲙⲁⲓ (n.° 380 *bis*), LE CHÉRI D'ISIS ET DE PHTHA;

8.° Ⲁⲙⲛ-Ηⲥⲉ-ⲙⲁⲓ, LE CHÉRI D'AMON ET D'ISIS (n.° 382) : les noms des deux divinités sont figuratifs;

9.° Ⲥϭⲣ ⲛⲟⲩⲧⲉ ⲟⲩⲥⲓⲣⲉ ⲛⲟⲩⲧⲉ ⲡⲁ ⲛⲏⲃ Ⲩⲛⲧⲓ-ⲙⲁⲓ (n.° 389), LE CHÉRI DU DIEU SOCHARIS ET D'OSIRIS, DIEU GRAND, SEIGNEUR DE L'AMENTI;

10.° Ϩⲱⲓⲣ ⲥⲓ Ⲟⲩⲥⲓⲣⲉ-ⲙⲁⲓ (n.° 390), LE CHÉRI D'HORUS ... ENFANT D'OSIRIS : ici le nom d'Osiris est *figuratif* et celui d'Horus est symbolique;

11.° Ϭⲱⲙⲉ-ⲙⲁⲓ (n.° 391), LE CHÉRI DE GOMUS (l'Hercule égyptien) : le nom du dieu est figuratif;

12.° ⲛⲉⲛⲟⲩⲧⲉ-ⲙⲁⲓ (n.° 392), LE CHÉRI DES DIEUX : l'idée *dieux* est exprimée symboliquement.

Le texte hiéroglyphique de l'inscription de Rosette, en conservant le titre de πⲧϩ-ⲙⲁⲓ, *Ptah-mai* (chéri

de Phtha), nous a appris que le qualificatif ⲙⲁⲓ
(n.ᵒˢ 349, 350 et 351), placé après un nom propre,
comme affixe, prenait, dans ce composé, une *acception passive*, et devait se traduire par *chéri*, *aimé*,
amatus, ηγαπημενος. On vient de citer un grand
nombre d'exemples de ce groupe employé dans cette
acception. Le texte démotique du même monument,
qui supplée à ce qui nous manque du texte hiéroglyphique, nous indique, à son tour, que ce même qualificatif ou adjectif verbal prend un *sens actif*, et
signifie *aimant*, *chérissant*, lorsque, dans un mot composé, il est placé en première ligne. La langue copte
ne paraît point avoir conservé l'emploi de cette racine
ⲙⲁⲓ dans un sens passif, mais elle en faisait toujours
un grand usage dans le sens actif. Voici des exemples
de l'emploi du groupe hiéroglyphique ⲙⲁⲓ, *aimant*
chérissant, dans quelques titres honorifiques :

1.º Ⲙⲁⲓ-ⲡⲧϩ (n.º 376), *chérissant Phtha*, *l'ami pə
Phtha*: ce groupe, qui est la contre-partie du n.º 352 ·
Ⲡⲧϩ-ⲙⲁⲓ, *chéri de Phtha*, se lit dans une inscription
funéraire des hypogées de Siout;

2.º Ⲙⲁⲓ-ⲁⲙⲛ (n.º 393), *chérissant Ammon*, *l'ami
d'Ammon*: c'est la contre-partie du n.º 356;

3.º Ⲙⲁⲓ-ⲛⲉⲛⲟⲩⲧⲉ (n.º 394), *chérissant les dieux*,
l'ami des dieux: c'est la contre-partie du n.º 392.

Le titre de Ramestès, Ου Ηλιος προεκρινεν, est à-peu-
près le même que celui de Ου Ηφαισιος εδοκιμαζεν
(*que Phtha a éprouvé, a distingué*), donné à Ptolémée
Épiphane, par le texte grec du décret de Rosette.

Malheureusement, nous avons à regretter la partie du texte hiéroglyphique correspondant à cette formule; mais les légendes royales de ce même Ptolémée Épiphane, dessinées par M. Huyot à Philæ, à Karnac et à Dendéra, suppléeront aisément à cette perte.

Le premier des deux cartouches (1) qui les forment, contient toujours le groupe gravé planche VI, n.° 6, qui est, sans aucun doute, le même que le groupe n.° 7 (même planche), lequel, dans la partie hiéroglyphique de la pierre de Rosette, répond incontestablement aux mots du texte grec, θεος Επιφανης, *dieu Épiphane*. Dans le n.° 6, on observe seulement que le caractère en forme de *hache* est retourné et symétriquement répété sur les deux côtés du titre *Épiphane*. Ce dernier groupe est celui que nous avons déjà fait remarquer sur les cippes d'Horus, où il signifie *Manifesté, mis en lumière*, et c'est dans ce sens qu'il faut prendre aussi le mot grec Επιφανης lui-même, du texte grec de Rosette.

Ce texte grec ne mentionne presque jamais le roi régnant, sans ajouter à son nom Πτολεμαιος, les qualifications d'αιωνοϲιος, ηγαπημενος υπο τȣ Φθα, *vivant toujours, chéri de Phtha*; le cartouche que contient le texte hiéroglyphique de Rosette, renferme les mêmes titres, et ce cartouche est, signe pour signe, le même que le second cartouche de la légende d'Épiphane (n.° 132 *b*), dessiné à Philæ par M. Huyot. Il est donc évident

---

(1) Tableau général, n.° 132 *a* et *b*.

que le cartouche du monument de Rosette et les cartouches gravés au Tableau général, n.° 132, *a* et *b*, se rapportent à un seul et même prince, à Ptolémée Épiphane, le cinquième des Lagides.

Nous trouvons à la fin du cartouche *b* (n.° 132), le titre déjà bien connu et qui se lit ⲡⲧⲁϩⲙⲁⲓ, PTAHMAI (1), *chéri de Phtha:* c'est bien l'ηγαπημενος υπο του Φθα du texte de Rosette; mais, vers le milieu du cartouche *a* de la légende hiéroglyphique du même prince, nous voyons un second titre gravé dans le Tableau général, sous le n.° 398; titre qui contient également le nom de *Phtha,* mais combiné avec des signes qui n'ont rien de commun avec le groupe ⲙⲁⲓ, *mai, aimé,* ni avec ses abréviations (2); et ce nouveau titre d'Épiphane, dans lequel le nom du dieu *Phtha* se montre encore, ne peut être que l'expression hiéroglyphique du titre grec Ον ο Ηφαιϛος εδοκιμαζεν, *l'approuvé par Phtha* (ou Vulcain), *celui que Phtha a choisi* ou *a préféré,* que l'inscription de Rosette donne aussi à ce même Épiphane (3).

Il est vrai que nous ne connaissons pas encore la valeur phonétique des deux premiers signes qui, dans ce groupe (Tableau général, n.° 398), suivent le nom du dieu Phtha: mais il n'est pas douteux que le groupe formé de trois caractères (Tabl. gén. n.° 397), ne soit *phonétique,* puisque le dernier d'entre eux, la ligne *brisée*

---

(1) Tableau général, n.° 353.
(2) *Ibid.* n.ᵒˢ 349, 350, 351.
(3) Texte grec, ligne 3.

(l'n hiéroglyphique), disparaît dans certaines variantes de ce même groupe, pour faire place à son homophone habituel, la *coiffure ornée du lituus* (1), qui est aussi un ɴ dans les noms propres.

Quelle qu'ait été la prononciation de ce groupe, sa valeur peut être regardée comme certaine. Il signifiait *approuvé*, *choisi* ou *préféré*. C'était un qualificatif, et je l'ai retrouvé dans les textes hiéroglyphiques, combiné avec les noms propres de différentes divinités, soit *figuratifs*, soit *phonétiques*, soit *symboliques*, circonstance qui prouve, à elle seule, que ce groupe exprime un simple adjectif, et qu'il n'est pas le nom propre du dieu ou du fleuve Nil, comme on a pu le croire (2).

J'ai encore réuni dans le Tableau général toutes les combinaisons diverses de ce groupe avec des noms divins, ce qui forme les titres suivans, que portèrent des Pharaons, des Lagides et des empereurs romains :

L'approuvé d'Amon ou *d'Amoun*... Tabl. gén. n.° 401 et 400.
L'approuvé de Chnouphis.................. n.° 402.
L'approuvé d'Amon-rê.................... n.° 404 et 404 *bis*.
L'approuvé de Phtha..................... n.° 398.
L'approuvé de Phré (ou du Soleil)......... n.° 399.
L'approuvé d'Horus...................... n.° 403.

Le monument bilingue de Rosette, qui nous a déjà fourni tant de précieux documens, nous fait connaître encore un titre royal sur le sens précis duquel on n'a formé jusqu'ici que des conjectures plus ou moins probables. Il est compris dans le protocole du décret

---

(1) Tableau général, n.° 397 *b*.
(2) *Encyclop. britannique*, Supp. IV, pag. 58, et pl. LXXIV, n.° 19.

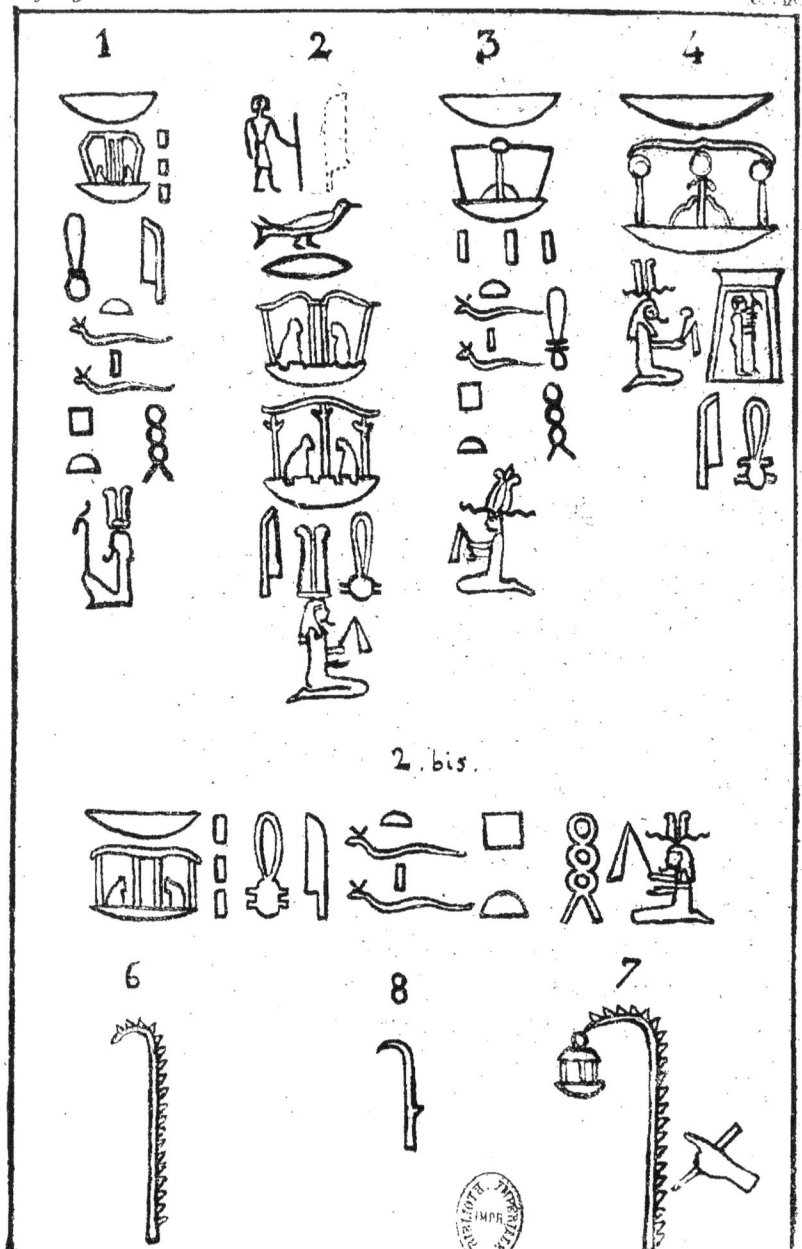

qui donne au roi Ptolémée Épiphane la qualification de *seigneur des périodes de trente années, comme Héphaistos le grand;* c'est du moins ainsi qu'on a traduit les mots du texte grec Κυριου τριακονταετηριδων καθαπερ ο Ηφαιϛος ο μεγας.

On a considéré le mot Τριακονταετηριδων, comme exprimant des périodes astronomiques, dont la durée fut de trente ans; mais on n'a pu jusqu'ici trouver ni le but ni les élémens de ces périodes; le sens réel de ce mot reste donc encore fort douteux par cette impuissance même d'assigner un motif quelconque à l'institution d'une période semblable.

Quoi qu'il en soit, je suis très-porté à croire qu'un titre hiéroglyphique donné à l'empereur Domitien, sur l'obélisque Pamphile (1), à Ptolémée Évergète II, sur l'obélisque de Philæ (2), et que j'ai reconnu dans les légendes royales de plusieurs Pharaons (3), peut répondre au titre *seigneur* des TRIACONTAÉTÉRIDES, *comme Héphaistos* (Phtha), que nous lisons dans le texte grec de la pierre de Rosette.

La formule hiéroglyphique dont il est ici question, est gravée, avec toutes ses variations, sur notre planche IX.ᵉ, mise en regard de cette page. Celle qui porte le n.° 1, est extraite des faces méridionale et occidentale de l'obélisque Flaminien; elle répond aux

---

(1) *Obélisque Pamphile,* face septentrionale.
(2) *Obélisque de Philæ,* deuxième face, première division.
(3) *Voyez*, entre autres, les légendes de l'*Obélisque Flaminien* et de l'*Obélisque oriental de Louqsor.*

mots égyptiens ⲡⲛⲏⲃ ⲛ̄ ⲧⲱⲟⲩⲧⲥ ⲛ̄ⲑⲉ ⲫⲁⲉϥ ⲡⲧⲁϩ ⲛⲟⲩⲧⲉ (1), *seigneur de la panégyrie, comme son père le dieu Phtha*. Le n.° 2, tiré de l'obélisque oriental de Louqsor, porte ⲉⲡⲛⲏⲃ (2) ⳉⲣ ⲛⲉⲧⲱⲟⲩⲧⲥ ⲛ̄ⲑⲉ ⲡⲧⲁϩ, *seigneur des grandes panégyries* (ou *grand seigneur des panégyries*), *comme Phtha*; le n.° 3 est un des titres de Ptolémée Évergète II, sur l'obélisque de Philæ, et se prononce ⲡⲛⲏⲃ ⲛ̄ⲛⲉ ⲧⲱⲟⲩⲧⲥ ⲛ̄ⲑⲉ ⲫⲁⲉϥ ⲡⲧⲁϩ ⲛⲟⲩⲧⲉ, *seigneur des panégyries, comme son père Phtha*; enfin, le n.° 4, titre de Domitien sur l'obélisque Pamphile, n'est qu'une abréviation, presque en totalité symbolique, des légendes précitées, et se prononçait ⲛⲏⲃ-ⲛ̄ⲧⲱⲟⲩⲧⲉ-ⲡⲧⲁϩ-ⲛⲟⲩⲧⲉ-ⲑⲉ, *seigneur de la panégyrie, comme le dieu Phtha*.

J'avoue qu'on ne saisit point d'abord l'analogie qui peut exister entre l'idée exprimée par le mot Τϵιαχον-ταετηϵιδων et l'hiéroglyphe symbolique (Tabl. général, n.° 317), qui, dans les légendes précitées des rois, signifie bien certainement *panégyrie, assemblée* ou *réunion générale*, comme dans sept passages divers du texte hiéroglyphique de l'inscription de Rosette (3), où il correspond aux mots πανηγυρσιν, πανηγυρειν, du texte grec (4). Les passages correspondans du texte dé-

---

(1) Les idées *seigneur*, *panégyrie* et *dieu*, sont exprimées *symboliquement*; tout le reste est *phonétique*.

(2) L'idée *seigneur* est ici exprimée *figurativement* par un homme tenant un sceptre. *Le redoublement* du caractère *panégyrie* forme le pluriel.

(3) Lignes 7, 8, 10, 11 et 12.

(4) *Ibid.* 40, 42, 49.

motique, portent un groupe de quatre ou de trois signes, qui paraît se lire sans difficulté, ⲡⲧⲟⲩⲧ ou ⲧⲟⲩⲧ, mot qui se rapporte aux racines ⲑⲱⲟⲩⲧ, ⲑⲟⲩⲱⲧ ⲧⲱⲟⲩⲧ, *congregare, in unum colligere;* et le copte avait même conservé les mots ⲡⲓⲑⲱⲟⲩϯ, ⲡⲓⲑⲱⲟⲩⲧⲥ, *congregatio, synagoga*, qui, dans les temps antiques, servirent, sans aucun doute, de prononciation à l'hiéroglyphe précité (Tabl. gén. n.° 317).

La partie du texte hiéroglyphique de Rosette, répondant aux mots du texte grec Κυριου τριακονίαετηριδων καθαπερ ὁ Ηφαισίος, n'existe plus; peut-être y eussions-nous retrouvé des signes semblables à ceux que je traduis par *seigneur des panégyries, comme Phtha,* et je persiste à le croire, quoique le texte *démotique* encore subsistant, porte, à l'endroit correspondant, le groupe *trente années* suivi d'un troisième mot dont la lecture n'est point encore bien fixée.

D'après ces rapprochemens, ne pourrait-on pas croire, en effet, que par le mot Τριακονταετηριδων, il faut entendre des *assemblées solennelles* qui avaient lieu tous *les trente ans!* Ne seraient-ce point là ces GRANDES PANÉGYRIES citées dans le texte hiéroglyphique de Rosette, ligne 8.ᵉ (1); dans le démotique, ligne 25.ᵉ, et dans le grec, ligne 42.ᵉ; assemblées religieuses pendant lesquelles on accomplissait de nombreuses cérémonies sacrées, et on exposait aux regards du peuple les images des dieux et celles des rois amis des dieux?

---

(1) Tableau général, n.° 318.

(162)

Les monumens égyptiens, tant du premier que du second style, nous montrent en effet que les *panégyries* ou assemblées religieuses étaient liées à des *périodes d'années*, de durées différentes. Plusieurs bas-reliefs gravés dans la *Description de l'Égypte*, offrent les représentations de diverses divinités tenant dans leurs mains un très-long sceptre recourbé, à l'extrémité supérieure duquel est suspendu le caractère hiéroglyphique *panégyrie* (Tabl. gén. n.° 317). Cette espèce de sceptre recourbé est *dentelé* sur toute la longueur de sa courbe extérieure (pl. IX, n.° 6); et ce même sceptre n'est que l'hiéroglyphe symbolique exprimant l'*année* (ⲡⲟⲙⲡⲉ), pl. IX, n.° 5, tel qu'on le trouve dans l'inscription de Rosette, deux fois (1), et dans une foule d'autres textes, mais dessiné de forte proportion, et auquel on a suspendu le caractère *panégyrie* (pl. IX, n.° 7).

Le caractère *année* (ⲡⲟⲙⲡⲉ), pl. IX, n.° 5, lorsqu'il entre dans l'expression d'une date quelconque, ne porte sur sa partie convexe qu'une seule *dent* ou *dentelure*; des signes numériques placés immédiatement après, expriment alors le nombre ordinal de l'année en question, et il devient évident que, dans l'alliance symbolique du caractère *année* avec le caractère *panégyrie* (pl. IX, n.° 7), chaque *dentelure* ajoutée au signe général *année*, exprime une année particulière; et si un de ces groupes présente trente *dents*, on peut

---

(1.) Texte hiéroglyphique, lignes 12 et 13.

le prendre pour le signe symbolique d'une période de trente années.

Il était difficile aux personnes qui ont dessiné en Égypte des bas-reliefs où ce groupe se rencontre, de pressentir combien il eût pu être utile de noter, avec une rigoureuse exactitude, le nombre des dentelures de ces espèces de sceptres symboliques, et nous n'osons pas espérer qu'elles se soient astreintes à ce soin minutieux. Cela serait aujourd'hui de quelque importance, puisqu'on observe de pareils sceptres dans la main gauche de plusieurs divinités qui, de la main droite, indiquent toujours avec une plume, un roseau, un style, ou tout autre instrument d'écriture, une des dentelures du *sceptre annuaire*, c'est-à-dire, une des années de la période dont ces dentelures désignaient la durée et la composition.

Ainsi, sur un des bas-reliefs de la porte du nord, à Dendéra (1), le dieu Thoth (ⲑⲱⲟⲩⲧ), l'Hermès égyptien, assis sur un trône, en face d'Isis et d'Horus, tient dans sa main le *sceptre annuaire*, et indique avec son roseau la seizième dentelure ou année; sur un second bas-relief dessiné à Philæ (2), le même dieu marque devant les mêmes divinités, et sur un pareil sceptre, la trentième dentelure ; à Philæ encore (3), une déesse, assise derrière Isis allaitant Horus et adorée par l'empereur Tibère, place son roseau au-des-

_____
(1) *Descript. de l'Égypte*, *Antiq.* vol. IV, pl. 5, n.º 2.
(2) *Ibid.* vol. I, pl. 23, n.º 1.
(3) *Ibid.* vol. I, pl. 22, n.º 2.

sous de la quatorzième dentelure; enfin, un autre bas-relief tiré du grand temple d'Edfou (1), offre, des deux côtés d'un grand cartouche contenant le nom propre de Ptolémée Évergète II, une figure accroupie sur le caractère *seigneur* (Tableau général, n.° 415), tenant dans chacune de ses mains le sceptre *annuaire* terminé, comme tous les autres, par le caractère symbolique *panégyrie*, et auquel sont suspendus la *croix ansée*, le *nilomètre* et *le sceptre* dit *à tête de huppe*, objets que nous avons déjà (2) dit se trouver constamment dans les mains du dieu *Phtha*. Cette partie du bas-relief d'Edfou, dans lequel nous retrouvons un personnage environné des caractères *seigneur, panégyrie, années*, et des insignes de *Phtha*, me paraît exprimer tout simplement un des titres d'Évergète II, dont le nom royal fait partie de ce même bas-relief, celui de *seigneur des panégyries* (Triacontaétérides), *comme Phtha*, titre que porte également ce même Évergète II sur l'obélisque de Philæ (3). Dans ce bas-relief d'Edfou, qui est un véritable *anaglyphe* (4), pour parler le langage des anciens, ce titre est exprimé d'après une méthode particulière d'*écriture monumentale*, mélange de signes phonétiques, représentatifs et symboliques, disposés d'après toutes les convenances de la décoration architecturale, sans cesser pour cela d'être une écriture.

---

(1) *Descript. de l'Égypte, Antiq.* vol. I, pl. 57, n.° 1.
(2) *Suprà*, page 95.
(3) *Ibid.* pag. 159. *Voyez*, pl. IX, n.° 3.
(4) *Voyez* le chapitre IX de cet ouvrage.

Tous ces rapprochemens concourent donc à nous persuader que le titre de *seigneur des grandes panégyries, comme Phtha*, porté par les Pharaons, par les Lagides et par les Empereurs romains, est celui-là même que le texte grec de l'inscription de Rosette a exprimé par les mots *seigneur des Triacontaétérides, comme Phtha* (Héphaistos); dans tous les cas, si ces deux formules n'étaient point identiques, il faudrait reconnaître que le titre κυριος τριακοντατηριδων καθαπερ ο Ηφαιστος, serait, parmi les titres donnés à Ptolémée Épiphane dans le décret de Rosette, *le seul* que nous ne retrouverions point reproduit dans les légendes hiéroglyphiques des autres souverains de toutes ces époques. Cette seule exception nous paraîtrait bien extraordinaire.

Il nous reste à discerner, sur les monumens égyptiens du premier comme du second et du troisième style, le groupe hiéroglyphique répondant au titre Ηλιου παις, *enfant du Soleil*, que porte le roi Ramestès sur l'obélisque traduit par Hermapion.

Une qualification tout-à-fait semblable, celle de υιος του Ηλιου, *fils du Soleil*, est donnée à Ptolémée Épiphane, dans l'inscription de Rosette : elle est immédiatement placée avant le nom propre *Ptolémée*, υιυ τυ Ηλιυ Πτολεμαιυ (1). Si, dans les légendes hiéroglyphiques de Ptolémée Épiphane (2) déjà citées, nous cherchons les signes qui précèdent toujours im-

---

(1) Texte grec, ligne 3. — *Démotique*, ligne 2.
(2) Tableau général, n.° 132.

médiatement la transcription hiéroglyphique de son nom propre *Ptolémée*, nous trouvons un groupe (1) formé de signes dont la valeur est déjà bien connue: l'*oie* ⳉ, abréviation de ⳉⲉ ou ⲥⲉ, *fils* (2), et le *disque*, signe figuratif du SOLEIL, ce qui produit ⳉⲉⲡⲏ, ou, en suppléant le signe de rapport, ⳉⲉ ⲛ̄ⲡⲏ, *fils du Soleil*. Ηλιου παις et υιος Ηλιου, sont donc de très-exactes traductions de ce groupe hiéroglyphique (Tabl. gén. n.° 405) qui, en effet, est toujours suivi, sans intervalle, des *noms propres* des Pharaons, des Lagides et des Empereurs romains.

Ce titre fastueux de *fils du Soleil* ayant été porté par tous les anciens souverains de l'Égypte, presque sans exception, j'ai dû recueillir avec soin les variations orthographiques qui l'expriment en écriture sacrée. Ces variations se réduisent à trois;

La première (*voyez* notre Tabl. général, n.° 405 *b*) ne diffère du groupe ordinaire (n.° 405 *a*), que par l'addition du signe de la voyelle H ou E (la *ligne perpendiculaire*) après l'*oie* ⳉ ou ⲥ;

La seconde (Tableau général, n.° 413) est habituellement employée dans les légendes hiéroglyphiques des empereurs romains, et se compose, 1.° du caractère figuratif symbolique du *Soleil*, le *disque orné de l'Uræus*, qu'on trouve en effet placé au-dessus de la tête d'épervier de toutes les statues du dieu Soleil;

---

(1) Tableau général, n.° 405.
(2) *ibid.* n.° 251.

2.º de l'hiéroglyphe ovoïde ou en forme de graine, qui est un Σ dans les noms propres grecs ou romains, et qui est aussi le premier caractère du mot ϲⲓ ou ϲⲉ, *enfant, nourrisson*, déjà analysé (1) (Tableau général, n.º 257). Ce groupe se prononçait donc ⲣⲏϲⲓ ou ⲣⲏϲⲉ, et signifiait, sans aucun doute, *né du Soleil, enfant du Soleil*.

Enfin, la troisième variante (Tabl. gén. n.º 414) consiste dans la combinaison du nom phonétique symbolique du dieu *Soleil* (Tabl. gén. n.º 46), avec le caractère figuratif *enfant* (Tabl. gén. n.º 247), caractère qui est également phonétique, et représente aussi, comme on l'a déjà vu, la consonne ϲ; et l'analyse phonétique de ce groupe, dont tous les élémens sont connus d'avance, nous donne encore ⲣⲏϲⲓ ou ⲣⲏϲⲉ, *enfanté par le Soleil, enfant du Soleil*.

Ces trois variantes expriment donc précisément la même idée que le groupe n.º 405, ϣⲉⲣⲏ, *enfant du Soleil, fils du Soleil;* et ces variantes confirment de plus en plus et la lecture et la traduction de ce groupe lui-même.

Dans la théologie égyptienne, le dieu *Ré* ou *Phré* (le soleil) était considéré comme le *roi* du monde visible, et de là vient que tous les souverains Egyptiens établissaient entre la famille du roi du monde matériel, et celle du maître temporaire de l'Égypte, une espèce d'alliance mystique, dont le titre de *fils du So-*

_____

(1) *Suprà*, chap. IV, pag. 68.

leil, porté par les princes, était l'expression ordinaire; c'est pour cela que ce titre se montre sans cesse devant le *nom propre* de tous les Pharaons, des Lagides et des Empereurs. Le nom hiéroglyphique de *Xerxès,* souverain de la Perse et maître de l'Égypte, est le seul que nous ayons observé jusqu'ici dénué de ce titre ; et cela s'explique naturellement par la haine que les rois persans manifestèrent sans relâche contre toutes les religions, autres que celle de leurs prophètes Héomo et Sapetman-Zoroastre. Les princes Iraniens de cette époque eurent souvent à s'occuper de discordes religieuses et de schismes dont ils étaient eux-mêmes les fauteurs ou les persécuteurs : ils durent puiser dans ces luttes ensanglantées, ce fanatisme qui n'accorde aucune tolérance à nul culte étranger. Pour une raison contraire, les Grecs et les Romains, qui, en fait de religion, croyaient retrouver par-tout leurs propres divinités, adoptèrent facilement tous les titres du protocole égyptien ; et il y avait sans doute dans cette détermination autant de politique, au moins, que de tolérance.

Dans les légendes des Pharaons, le titre *fils du Soleil* comprend souvent quelques autres épithètes honorifiques ; il est assez ordinaire d'y trouver, devant le nom propre d'un roi, le groupe (Tabl. gén. n.° 410) qui se lit sans difficulté ϣε-ρπ-ϻειϥ ou ϻεϥ, et qui signifie *fils du Soleil qui l'aime ;* et c'est là exactement le groupe qu'Hermapion a traduit par les mots Ηλιου παις καὶ υπο Ηλιου φιλουμενος, dans une des légendes de l'obélisque de Ramestès. Le groupe ⲙⲉϥ ou ⲙⲉⲓϥ (Tabl. gén. n.° 350 *bis*), *amans eum*, combiné avec le groupe ϣⲉ, *fils*, se rencontre très-souvent aussi sur les stèles funéraires et devant les *noms propres* des enfans du défunt, dans leurs légendes, qui sont précédées par les groupes ϣⲉϥ ⲙⲉⲓϥ (n.°ˢ 411 et 412), *son fils qu'il aime*, si l'enfant est du sexe masculin, et par le groupe ⲧϣⲉⲥ ϣⲉⲧⲥ ⲙⲉⲓⲥ, *sa fille qu'elle aime*, si l'enfant est du sexe féminin et présente des offrandes à sa mère défunte. Dans ces mêmes stèles et dans d'autres textes, l'idée *aimer* est exprimée par un autre groupe également phonétique, et dont toutes les variantes sont réunies dans notre Tableau général, sous les n.°ˢ 438, 439 et 440. Ces groupes se lisent ⲙⲣ, ⲙⲣⲉ, ce qui est le copte ⲙⲉⲣⲉ, *diligere, amare*, et sont affectés des pronoms affixes de la troisième personne ⲙⲉⲣⲉϥ, *aimant lui*, et ⲙⲉⲣⲉⲥ, *aimant elle*.

D'autres Pharaons se parent, dans les inscriptions des obélisques, du titre de *fils préféré* ou *distingué par le dieu Soleil*. Cette qualification, qu'on lit, par exemple, sur les deux grands obélisques de Louqsor à Thèbes, y est exprimée en hiéroglyphes purement phonétiques, et se lit ϣⲉ ⲥⲙⲥ ⲛ̄ⲣⲏ (1) sur la première face de l'obélisque occidental (2), et ϣⲉ ⲥⲙⲥ ⲛ̄ⲣⲏ (ⲛⲟⲩⲧⲉ) (3) sur la seconde face de l'obélisque oriental (4). On re-

---

(1) Tableau général, n.° 409.
(2) *Descript. de l'Égypte*, Antiq. vol. III, pl. 12.
(3) Tableau général, n.° 408.
(4) *Descript. de l'Égypte*, Antiq. vol. III, pl. 11.

marquera que, dans ces deux légendes hiéroglyphiques, le *trait recourbé*, C, de l'une, est remplacé par son homophone ordinaire, les deux *sceptres affrontés*, dans l'autre. Cette permutation de signes prouverait à elle seule la nature phonétique de ces légendes, si cette nature phonétique pouvait encore être mise en doute.

Enfin, les titres *fils d'Ammon, fils de Mars* (1), furent pris, quoique très-rarement, par plusieurs Pharaons; mais alors encore le titre *fils du Soleil* précède également les noms propres de ces princes dans leurs légendes royales.

Je m'abstiens de donner ici la lecture de plusieurs autres qualifications royales ; celles que nous avons citées suffisent pour remplir le but qu'on s'est proposé dans ce chapitre. Je me hâte donc de passer aux conclusions qu'on peut en déduire immédiatement.

Ces divers titres royaux, dont le sens et la lecture viennent d'être fixés par le moyen de notre alphabet hiéroglyphique, sont, pour la plupart, extraits d'inscriptions gravées sur des constructions qu'on attribue généralement à l'époque antérieure à la conquête de l'Égypte par Cambyse. On peut donc déjà regarder comme à-peu-près certain, 1.° que, *dans les temps antérieurs à Cambyse, les anciens Égyptiens employaient dans leurs textes hiéroglyphiques, des caractères phonétiques, c'est-à-dire, des signes qui, dans ces textes, représentaient spécialement des sons de mots appartenant à la langue égyptienne,*

---

(1) Tableau général, n.°⁵ 407 et 407 *bis*.

tels que des noms propres, des noms communs, des verbes, des adjectifs, des prépositions, &c. ;

2.° Que ces mots sont exprimés dans ces textes antiques par des signes *semblables, et dans leur forme et dans leur nature, à ceux qui servirent par la suite à transcrire des noms propres et des titres de souverains grecs ou romains, sur des monumens égyptiens du même genre.*

Je dis que ces faits peuvent être tenus pour à-peu-près certains, parce que ce n'est encore que sur des conjectures, appuyées à la vérité par des considérations de faits très-imposantes, qu'on rapporte aux rois de race égyptienne la construction des monumens et l'érection des obélisques sur lesquels nous venons de *lire* des titres royaux exprimés phonétiquement.

Mais il est une voie sûre pour parvenir à démontrer définitivement l'époque reculée de ces constructions, et pour établir par conséquent sur des fondemens inébranlables l'antiquité du système *hiéroglyphique phonétique* en Égypte; il suffit pour cela de *lire* les noms propres hiéroglyphiques des rois, qui sont gravés sur ces mêmes monumens, cette lecture devant nous donner d'une manière certaine l'époque à laquelle furent élevés les édifices ou les obélisques qui les portent. Si nous *lisons*, en effet, sur les bas-reliefs d'un temple, le nom propre d'un *roi de race égyptienne,* le nom d'un prince mentionné par les auteurs grecs qui nous ont conservé les débris de l'histoire de l'Égypte et la nomenclature des anciens souverains de cette contrée, il sera bien évident que ce temple, ou du moins la portion du temple où se trouvent ces bas-reliefs, a été construite *sous ce roi de race égyptienne*, parce qu'un autre maître de l'Égypte, soit persan, soit grec, soit romain, n'eût point souffert que l'on couvrît (1) un édifice construit sous son règne, des images et des louanges d'un vieux roi du pays, étranger à sa propre famille, et dont il pouvait même avoir usurpé le trône.

La lecture des noms propres pharaoniques sera le sujet du chapitre suivant.

CHAPITRE VIII.

Application de l'Alphabet hiéroglyphique aux noms propres des Pharaons.

Si la lecture des noms hiéroglyphiques des anciens rois de race égyptienne, noms si fréquemment gravés sur les grands édifices de la Thébaïde et sur les débris de ceux qui existèrent jadis dans le Delta, doit présenter un grand intérêt pour l'objet spécial de cet ouvrage, cette lecture sera d'une bien plus haute importance encore pour l'avancement des sciences historiques. Quoique l'expédition française en Égypte ait

---

(1) Cette expression est parfaitement propre. La décoration d'un temple égyptien consiste presque toujours dans une foule de bas-reliefs représentant le même roi, faisant successivement des offrandes à toutes les divinités adorées dans le temple, et aux dieux de leur famille.

donné à l'Europe savante une connaissance précise des monumens antiques de cette contrée, monumens sur le degré de perfection desquels on n'avait pu acquérir aucune idée exacte par les informes croquis de Paul Lucas de Pococke et de Norden, l'histoire même de l'art égyptien n'en est pas moins demeurée aussi incertaine qu'auparavant, parce que les époques de la construction de ces temples et de ces palais, époques qui devaient être les élémens premiers de la chronologie de cet art, ont été jusqu'ici complétement ignorées. Dans cette absence de documens positifs, les suppositions ont pris la place des faits, et l'on a cru pouvoir suppléer, par des conjectures plus ou moins ingénieuses, à des connaissances certaines qu'on ne devait attendre que de l'interprétation des innombrables inscriptions hiéroglyphiques gravées sur ces vénérables restes de la magnificence égyptienne.

Deux opinions contradictoires semblent se partager encore aujourd'hui le monde savant, sur l'antiquité plus ou moins reculée des monumens de l'Égypte. Toutes deux sont presque exclusives, et ne reposent en général, il faut le dire, que sur de simples considérations fondées sur des aperçus partiels dont l'exactitude peut être trop souvent contestée. On a dit que tous les grands édifices égyptiens, construits d'après les règles d'une architecture qui n'a rien de commun avec celle des Grecs ni des Romains, que tous les monumens de style égyptien et qui portent des inscriptions en écriture hiéroglyphique, devaient avoir été élevés à une époque antérieure à la conquête de l'Égypte par Cambyse, et il en résulterait que l'existence des temples égyptiens les plus modernes, remonterait au-delà de l'année 522 avant J.-C.

Avec un semblable point de départ, il était bien naturel de ne considérer les zodiaques, ou les autres tableaux regardés comme astronomiques et sculptés dans les temples de Dendéra, d'Esné et les tombeaux de Thèbes, que comme représentant un état du ciel antérieur aussi au commencement du vi.^{e} siècle avant l'ère vulgaire; et il a dû nécessairement résulter de ces calculs, fondés sur une supposition purement gratuite, que l'érection de certains monumens de Thèbes, par exemple, dont l'aspect seul suffit pour les faire attribuer à une époque qui précéda la construction de Dendéra, a été rapportée à un temps prodigieusement reculé, puisque le temple de Dendéra, plus moderne qu'eux, était déjà considéré de fait comme fort antérieur à l'ère chrétienne.

D'un autre côté, des hommes instruits et dont on avait, avec raison, l'habitude de respecter les décisions en fait d'antiquités grecques et romaines, et après eux plusieurs personnes moins bien préparées à l'examen d'une question qui exigeait une connaissance préalable de l'antiquité égyptienne, avaient avancé, les uns pour des raisons au moins spécieuses, les autres pour des motifs qui, pour la plupart, ne sauraient supporter le moindre examen, que les édifices de Dendéra et d'Esné ne remontaient pas au-delà du règne de Tibère;

et concluant de ces monumens à tous les autres, on décidait, sans hésitation, que ces autres temples de la Haute-Égypte ne pouvaient appartenir à des temps bien antérieurs à l'ère vulgaire, renfermant ainsi toutes les époques de l'art égyptien dans l'intervalle d'un petit nombre de siècles.

Toutefois, on peut dire ici, sans risquer de trop s'avancer, que, malgré tant d'efforts renouvelés de part et d'autre, l'opinion des hommes instruits flottait encore incertaine au milieu d'assertions aussi divergentes.

Deux faits nouveaux, importans par leur certitude, sont venus enfin jeter quelque lumière sur une partie de cette grande question : les Recherches de M. Letronne sur les inscriptions grecques et romaines de l'Égypte, ont démontré qu'il y avait dans cette contrée des édifices de style égyptien et décorés d'inscriptions en hiéroglyphes, qui avaient été construits, *en tout* ou *en partie*, par des Égyptiens du temps de la domination des Grecs et des Romains ; et ma découverte de l'alphabet des hiéroglyphes phonétiques a démontré plus directement encore la vérité de cette proposition, en nous faisant lire sur ces mêmes édifices égyptiens, les titres, les noms et les surnoms de rois Lagides ou d'empereurs romains.

Ainsi donc, il résulte des travaux de M. Letronne et des miens, que la première opinion, celle qui considère *tous* les temples de style égyptien comme antérieurs à Cambyse, doit être de beaucoup modifiée : on ne pouvait croire, en effet, qu'un peuple qui s'attacha si particulièrement à signaler, par les plus imposantes constructions, son respect pour sa religion, principe fondamental de son organisation sociale, et qui conserva cette religion, ses mœurs, et presque sa liberté, après la fin de la domination des Perses, n'eût construit aucun édifice public depuis les temps d'Alexandre le Grand jusqu'à son entière conversion au christianisme, c'est-à-dire, durant l'espace de près de sept siècles.

La question ainsi renfermée dans des limites et dans des termes bien connus, se réduisait donc à distinguer, s'il était possible, les monumens postérieurs à Cambyse, d'avec ceux qui existaient avant son invasion en Égypte. Pour des raisons tirées de l'ordre même de mes travaux, je n'ai d'abord publié que les applications de mon alphabet aux édifices égyptiens des époques grecque et romaine; ceux qui, pour des motifs divers, en réduisaient l'usage à la seule lecture des noms propres grecs ou romains, n'attendaient pas de ma découverte la solution pleine et entière de cette question importante, tandis que d'autres, généralisant trop mes premiers résultats, concédaient une part exorbitante aux Grecs et aux Romains, dans l'ensemble des constructions égyptiennes.

Tout dépendait donc absolument de la plus ou moins grande application de mon alphabet; et s'il pouvait se trouver qu'il servît à l'interprétation des inscriptions hiéroglyphiques de toutes les époques, cette même question allait être enfin décidée sans retour.

Le but de cet ouvrage est de démontrer l'universalité de cet emploi de mon alphabet: et celui de ce chapitre, de l'appliquer aux noms propres des Pharaons antérieurs à Cambyse : et de cette application, il résultera tout à-la-fois, 1.° les preuves de la généralité de mon alphabet et de son existence à toutes les époques connues de l'empire égyptien ; 2.° la distinction même des monumens antérieurs ou postérieurs au conquérant persan; distinction sur laquelle reposeront toutes les certitudes de l'histoire de l'art en Égypte. Ce dernier résultat de l'emploi de mon alphabet à la lecture des noms pharaoniques, sera l'objet d'un travail particulier. Il ne s'agira principalement ici que de prouver la continuité de l'usage et la haute antiquité de l'écriture phonétique en Égypte.

Les faits exposés dans ma *Lettre à M. Dacier* ont démontré que les Égyptiens écrivirent *phonétiquement* les noms propres, les titres et les surnoms de leurs souverains, dans les inscriptions hiéroglyphiques, depuis l'an 332 avant l'ère vulgaire, jusqu'à l'an 161 de cette même ère, c'est-à-dire, depuis la conquête de l'Égypte par Alexandre le Grand, jusqu'à la fin du règne d'Antonin, et cela sans interruption, puisque j'ai reconnu, sur les monumens égyptiens, les noms propres hiéroglyphiques phonétiques de presque tous les Lagides, successeurs immédiats du conquérant macédonien, et ceux de tous les Empereurs depuis Auguste, qui réduisit l'Égypte en province romaine, jusqu'à Antonin le Pieux; il n'y a d'exceptions que pour

M

les noms des empereurs Galba, Othon et Vitellius, la courte durée de leur règne n'ayant pu permettre, en effet, d'élever des monumens durables sur lesquels leurs noms fussent inscrits.

On trouvera dans le Tableau général, les légendes hiéroglyphiques des souverains grecs et romains de l'Égypte, du n.° 126 au n.° 152, et leur lecture ou leur traduction, à l'explication des planches. Ainsi donc, l'usage des signes hiéroglyphiques phonétiques, durant les périodes grecque et romaine de l'histoire égyptienne, ne saurait désormais être mis en doute.

L'emploi de ces mêmes caractères est prouvé pour l'époque intermédiaire comptée de l'arrivée d'Alexandre en Égypte à la conquête de cette contrée par Cambyse, par l'existence de trois noms propres écrits en hiéroglyphes *phonétiques :* le premier est celui d'un des plus fameux souverains de la Perse; les deux autres ont appartenu à deux rois de race égyptienne, qui combattirent vaillamment contre les Perses pour assurer l'indépendance de leur patrie, et qui donnèrent quelques années de repos à la malheureuse Égypte.

Un anonyme, qui doute beaucoup de l'existence de mon alphabet hiéroglyphique phonétique en Égypte avant les Grecs et les Romains, serait *à-peu-près* convaincu qu'il se trompe, dit-il, si je lui montrais le nom de *Cambyse* écrit en hiéroglyphes phonétiques. Ce défi ne m'a jamais paru qu'une aimable plaisanterie; car le critique anonyme sait aussi bien que moi, sans doute, que Cambyse, passant sur l'Égypte comme un torrent dévastateur, dut détruire et non édifier, et que les Égyptiens, exposés chaque jour à des massacres, ne pensaient guère, du temps de ce furieux monarque, à élever des monumens pour y inscrire le nom de Cambyse en écriture sacrée, avec les épithètes de *dieu gracieux, réparateur de l'Égypte, dieu bienfaisant, réformateur des mœurs des hommes,* et autres titres d'usage. Je conviendrai donc, et mes lecteurs en comprendront bien la cause, que je ne puis citer ici le nom hiéroglyphique de Cambyse, et que je n'ai retrouvé, jusqu'à présent, qu'un seul nom propre de roi persan, celui de *Xerxès,* troisième successeur de Cambyse; mais ce nom propre doit être aussi probant aux yeux de l'anonyme, que le serait celui de Cambyse lui-même: il suffit en effet à la discussion présente, puisque Xerxès vécut plus de cent cinquante ans avant Alexandre.

J'ai reconnu le nom propre hiéroglyphique du monarque persan, dans un *cartouche* gravé sur un beau vase d'albâtre oriental, existant au cabinet du Roi (Tabl. gén. n.º 125). Ce nom est formé de sept caractères dont la valeur est déjà certaine. Le premier est un ϩ (*khei*), comme dans le nom propre ΠΕΤϩΗΜ, *Petkhêm* (1); le second est un ϣ (*schéi*), que nous retrouverons aussi dans les noms pharaoniques; le troisième, les *deux plumes,* un κ; l'*oiseau,* ⲍ; le *lion,* λ ou

---

(1) *Suprà,* pag. 112.

p; le sixième et le septième sont encore un ꭎ et un
ᵹ, ce qui donne le véritable nom *persan* de ce roi,
ᵹꭎнᵹрꭎᵹ, *Khschéarscha,* sans aucune omission,
même celle d'une seule voyelle brève médiale.

Cette lecture est mise, outre cela, hors de doute,
par la présence, sur ce même vase, d'une inscription
en d'autres caractères et en une autre langue, contenant aussi le nom de *Xerxès.* Cette seconde inscription
est conçue en *caractères cunéiformes,* c'est-à-dire en ancienne écriture persane, telle qu'on la retrouve sur
les antiques monumens de Persépolis. Le premier mot
de cette inscription (Tabl. gén. n.° 125 *bis*), terminé,
selon la coutume, par un caractère incliné de gauche
à droite, est composé de sept lettres, comme le cartouche égyptien; la première et la sixième sont semblables, comme dans le cartouche égyptien; la quatrième et la septième se ressemblent encore, comme
dans le cartouche égyptien. Il est donc évident que
les caractères cunéiformes expriment exactement les
mêmes sons que les hiéroglyphes du cartouche égyptien. Aussi, M. Saint-Martin, qui s'était depuis long-
temps occupé de recherches tendant à découvrir l'alphabet persépolitain, et qui, par de nombreuses comparaisons, avait déjà des idées arrêtées sur ce point,
a-t-il reconnu sans peine, dans les sept premiers caractères de l'inscription cunéiforme, le nom *Khschéarscha,*
comme je lisais moi-même le cartouche hiéroglyphique;
et cette concordance des deux inscriptions ne laisse aucune incertitude sur la lecture de l'une ni de l'autre.

Bien plus, le cartouche contenant le nom hiéroglyphique de Xerxès, est accompagné, sur ce même vase d'albâtre, de cinq autres caractères hiéroglyphiques, dont la valeur phonétique bien connue donne le mot ⲓⲣⲓⲛⲁ, qu'on pouvait prononcer *Iérina*, *Iriéna* ou *Iriéno*, et qui ne peut répondre qu'au titre persan IÉRÉ, mot que porte la légende cunéiforme du même vase, et qui, dans les textes zends, exprime le nom *Héros* ou *Iranien*, c'est-à-dire *Persan*.

Il est donc prouvé aussi que l'écriture hiéroglyphique égyptienne admettait des signes phonétiques, dès l'an 460, au moins, avant J.-C.; ces signes n'ont donc point été inventés en Égypte du temps des Grecs ou des Romains, comme on a paru vouloir le croire.

Deux sphinx en basalte, de travail égyptien, placés dans la salle de Melpomène, au Musée royal, sont d'un style qui ne permet point de les rapporter à la plus ancienne époque de l'art égyptien; ils offrent, sur leur plinthe, des inscriptions en beaux caractères hiéroglyphiques, dans chacune desquelles on remarque deux cartouches ou encadremens elliptiques, séparés l'un de l'autre par le groupe bien connu, ϣⲉ ⲡⲏ, *fils du Soleil*. (*Voyez* ces deux légendes royales, Tableau général, n.ᵒˢ 123 et 124.)

Si je procédais, d'après les principes dans lesquels persiste M. le docteur Young, faute d'avoir bien fixé le sens du groupe *fils du Soleil* (Tabl. gén. n.ᵒ 405), je devrais croire que les inscriptions des deux sphinx renferment quatre noms propres, dont deux au moins de

(182)

personnages ayant exercé le pouvoir suprême en Égypte. Le savant anglais, donnant à ce groupe la simple signification de *fils*, a dû nécessairement croire que deux cartouches étant séparés par ce groupe, le premier renferme le nom d'*un roi*, et le second celui de *son père*, roi ou non. Je mets en principe, au contraire, que si deux cartouches sont séparés par le groupe n.° 405, ils n'expriment jamais que le nom d'un *seul roi*, *sans qu'il soit fait dans les cartouches la moindre mention du nom de son père;* il me sera facile de le prouver. Et comme nous ne pouvons tenter la lecture des noms propres pharaoniques, avant d'avoir une connaissance exacte de ce que peuvent contenir les *deux* cartouches qui forment *toujours* les légendes royales complètes, on pardonnera les détails dans lesquels nous sommes forcés d'entrer pour éclaircir ce point important de palæographie historique.

Si le premier des deux cartouches séparés par le groupe n.° 405, exprimait, ainsi qu'on le croit, le nom du roi régnant, et le second celui de son père, comme par exemple :

LE ROI (AMÉNOPHIS) FILS DE (THOUTHMOSIS)

il devrait inconstestablement arriver, puisque nous connaissons au moins soixante-dix ou quatre-vingts légendes royales à deux cartouches, que le *premier* cartouche d'une légende se trouvât le *second* dans une autre, comme par exemple dans celle-ci :

LE ROI (HORUS) FILS D' (AMÉNOPHIS)

Le Canon chronologique de Manéthon nous fait connaître en effet un assez grand nombre de familles qui, de père en fils, ont occupé le trône d'Égypte, pour que ce déplacement de cartouches eût lieu d'une légende à d'autres : or, cela n'arrive *jamais*, et nous devrions déjà conclure de ce fait, que, dans les deux cartouches de la légende hiéroglyphique des rois, il n'est jamais question du nom de leur père.

D'un autre côté, le groupe n.° 405, placé entre deux cartouches, ne saurait signifier simplement FILS, comme le voudrait le savant anglais, puisque ce même groupe, ou ses équivalens, précèdent toujours immédiatement les cartouches renfermant les noms propres hiéroglyphiques des empereurs *Tibère, Caïus, Néron, Domitien;* et l'on demanderait en vain quels sont *les fils* de Tibère, de Caius, de Néron et de Domitien, qui ont gouverné l'Égypte et l'empire romain. Le titre de *fils du Soleil* convient au contraire à ces différens princes, parce que ce titre fut commun à tous les souverains de l'Égypte. On a vu, en effet, que tel est le sens du groupe n.° 405 ; l'analyse que nous avons faite de ce même groupe, et la valeur bien établie de chacun des signes qui le composent, ne permettent plus de douter qu'il ne signifie rigoureusement *fils du Soleil.*

En étudiant avec quelque attention les inscriptions hiéroglyphiques dans lesquelles se trouvent les noms propres, soit des rois grecs d'Égypte, soit des empereurs romains, noms dont j'ai donné la lecture dans ma *Lettre à M. Dacier*, on s'aperçoit bientôt que chacune de ces inscriptions contient toujours *deux* cartouches accolés ou placés à une petite distance l'un de l'autre.

Le premier est précédé du groupe (n.º 270 *bis*), qui, dans le texte hiéroglyphique de Rosette, répond constamment au mot ΒΑΣΙΛΕΥΣ du texte grec. Les deux premiers signes de ce groupe, la *plante* c et le *segment de sphère* т, sont en effet les deux premiers signes du groupe (n.º 270), cтıɴ *(souten)*, *rex, director*, qui, dans les textes hiéroglyphiques, exprime très-fréquemment la même idée *roi*, et dont la forme *hiératique* est très-reconnaissable dans le groupe correspondant du texte *démotique* de Rosette. Le troisième signe du groupe n.º 270 *bis* est une *abeille* unie au *segment de sphère*, т, signe ordinaire du genre féminin en langue égyptienne; langue dans laquelle le mot ⲥϧⲛⲉⲃⲓⲱ, *abeille, mouche à miel*, est en effet du genre féminin. Si nous tenons compte du témoignage formel d'Horapollon, l'abeille exprimait, en écriture hiéroglyphique, Λαον πϱος βασιλεα πειθηνιον, *un peuple obéissant à son roi*(1); nous pouvons donc considérer les quatre signes qui composent le groupe n.º 270 *bis*, comme une formule consacrée, signifiant *le directeur* ou *le roi du peuple obéissant*, et comme formée d'une abréviation

---

(1) *Hiérogl*. l. 1, §. 62.

du groupe *phonétique* ⲥⲧⲛ (n.° 270), *roi*, et d'un caractère purement *symbolique*, *l'abeille*, insecte industrieux auquel une vie laborieuse et dirigée par un instinct admirable, donne une apparence de civilisation qui dut en effet le faire considérer comme l'emblème le plus frappant d'un peuple soumis à un ordre social fixe et à un pouvoir régulier. De plus, ce titre est quelquefois remplacé ou suivi, sur le premier cartouche, par celui de *maître du monde, seigneur du monde* (1).

Le second cartouche de toute légende royale ou impériale est précédé, s'il est horizontal, et surmonté, s'il est perpendiculaire, soit du groupe ϣⲉ ⲡⲏ, *fils du Soleil*, soit de son synonyme, le groupe ⲡⲏ ⲥⲓ, *enfant du Soleil, né du Soleil* (n.°ˢ 405, 406, 413 et 414) ; et c'est toujours dans le second cartouche des légendes que j'ai trouvé les *noms propres* des Lagides et des empereurs. Il nous reste donc à savoir ce que peut renfermer le premier cartouche des légendes royales, celui que précèdent les titres *roi du peuple obéissant* et *seigneur du monde*.

Ce premier cartouche *ne contient jamais que des titres honorifiques*, et c'est toujours le second qui renferme seul un nom propre. L'examen des doubles cartouches de plusieurs souverains de l'Égypte, grecs ou romains, doit invinciblement prouver cette assertion.

Les deux cartouches accolés de la légende de César-Auguste, sur les monumens de Philæ (Tabl. gén. n.° 140),

---

(1) Tableau général, n.° 417.

sont l'un et l'autre composés d'hiéroglyphes purement phonétiques : le premier, surmonté du groupe *roi*, ne contient que le simple titre Ⲁⲩⲧⲟⲕⲣⲧⲱⲣ (Αυτοχρατωρ), L'EMPEREUR, et le second, surmonté du groupe *fils du Soleil*, renferme le mot Ⲕⲁⲓⲥⲁⲣⲥ (Καισαρης), CÉSAR, qui était en quelque sorte le nom propre de César-Auguste, fils adoptif de Jules.

Le premier cartouche de la légende de *Tibère* (Tableau général, n.° 141), précédé de la formule *Seigneur du monde*, ne renferme encore que le titre Ⲁⲩⲧⲕⲣⲧⲣ (Αυτοχρατωρ), *l'empereur;* mais le second, surmonté du groupe ⲡⲏ-ⲥⲓ, *enfant du Soleil*, contient le nom propre Ⲧⲃⲣⲓⲥ Ⲕⲁⲓⲥⲣⲥ (Τιβεριος Καισαρ), TIBÈRE-CÉSAR, suivi de l'épithète *vivant toujours*.

La légende hiéroglyphique de l'empereur *Domitien*, gravée sur la quatrième face de l'obélisque Pamphile, est ainsi conçue : « *Le Seigneur de la panégyrie, comme
» le dieu Phtha;* roi, comme le Soleil, ROI DU PEUPLE
» OBÉISSANT, SEIGNEUR DES MONDES, *chéri de.* . . . (1);
» (L'EMPEREUR), NÉ DU SOLEIL, souverain des dia-
» dèmes (CÉSAR DOMITIEN-AUGUSTE), *chéri de Phtha
» et d'Isis, vivant comme le Soleil.* »

Le premier des deux cartouches (2) ne contient que le titre impérial; aussi est-il précédé du titre *roi du peuple obéissant*, et le second, surmonté du titre *né du Soleil*, renferme encore le nom propre.

---

(1) Ici sont trois signes dont la valeur nous est encore inconnue.
(2) Tabl. gén. n.° 147. Les parenthèses indiquent les cartouches.

Il en est ainsi de toutes les autres légendes impériales complètes. *Voyez*, à l'explication des planches, les légendes hiéroglyphiques des empereurs *Caius*, *Néron*, *Trajan*, *Hadrien* et *Antonin le Pieux* (1).

Si nous analysons les inscriptions hiéroglyphiques et les légendes royales des souverains grecs de l'Égypte, ce qui nous rapproche un peu plus des Pharaons, nous verrons qu'elles se composent toujours également de deux cartouches, l'un précédé du titre *roi du peuple obéissant*, et l'autre du groupe *fils du Soleil*, comme les cartouches pharaoniques; nous citerons seulement en preuve les doubles cartouches d'Alexandre-le-Grand, de Philippe et de Ptolémée Épiphane.

Le premier des deux cartouches affrontés (2) de la légende du conquérant macédonien, précédé de la qualification *roi*, ne contient que des titres honorifiques, dont nous avons déjà reconnu la valeur, et il doit se traduire par les mots *le chéri d'Amon-Rê, approuvé par le Soleil*. Le second cartouche, précédé des expressions ordinaires, *fils du Soleil*, doit seul renfermer le nom propre; il porte, en effet, lettre pour lettre, Ⲁⲗⲕⲥⲛⲧⲣⲥ (Ἀλεξανδρος) ALEXANDRE.

On retrouve les deux mêmes cartouches d'Alexandre dans une petite portion du palais de Louqsor. M. Huyot, membre de l'Institut, qui récemment, et avec tant de fruit, a visité l'Égypte, a reconnu sur les lieux que

---

(1) N.ᵒˢ 142, 144, 148, 149 et 152.
(2) Tableau général, n.º 126.

cette partie du palais était beaucoup plus récente que le reste de ce superbe édifice ; dans ces mêmes inscriptions où est mentionné le *roi chéri d'Amon-rê, approuvé par le Soleil, Alexandre,* se trouvent aussi deux autres cartouches accolés (Tableau général, n.º 127) : le premier renferme encore des titres, *le chéri et l'approuvé d'Amon-rê,* et le second contient le nom propre ΠΛΙΠΟΣ ou ΦΛΙΠΟΣ (Φιλιππος), PHILIPPE, précédé du titre *fils du Soleil*. Il est certain, au reste, que les signes qui séparent les cartouches d'Alexandre et de Philippe, exprimaient le degré de parenté entre les deux princes ; mais ces signes n'ont malheureusement point été copiés ; de sorte que nous ignorons s'il faut rapporter la seconde légende hiéroglyphique à Philippe, père d'Alexandre le Grand, ou à Philippe Aridée, son frère, que la politique du premier des Ptolémées reconnut pour légitime souverain de l'empire et des conquêtes d'Alexandre, pendant les sept années durant lesquelles ce Philippe survécut à Alexandre.

La légende hiéroglyphique de Ptolémée Épiphane se compose, comme celle de ses prédécesseurs et successeurs, de deux cartouches apposés (*voyez* Tableau général, n.º 132) ; on l'a copiée sur divers édifices de Philæ, de Thèbes et de Dendéra. Son premier cartouche qui précède toujours le titre *roi*, ne renferme évidemment encore que des qualifications honorifiques ; les quatre premiers signes expriment, ainsi qu'on l'a déjà dit, le titre *dieu Épiphane*, comme dans le texte hiéroglyphique du monument de Rosette ; au-dessous est le titre,

(189)

approuvé de Phtha, déjà analysé, et accru seulement de deux signes, le *scarabée* et la *bouche*, que je prononce *Ter, Tor* ou *Toré*, mot qui est un simple surnom du dieu Phtha (1). La partie inférieure du même cartouche est occupée par un troisième titre, que je traduis avec certitude par les mots *image vivante d'Amon-rê*. Le second cartouche, surmonté du titre *fils du Soleil*, contient le nom propre Ptolémée, Πτολмнс, *Ptolémée*, suivi des épithètes ordinaires, *vivant toujours, chéri de Phtha*.

Ainsi la légende royale de Ptolémée Épiphane, gravée en caractères hiéroglyphiques sur divers temples de l'Égypte, signifie textuellement, LE ROI *(dieu Épiphane, approuvé par Phtha, image vivante d'Amon-rê)* FILS DU SOLEIL *(Ptolémée toujours vivant, chéri de Phtha)*; et c'est l'exacte traduction des titres et noms que la partie grecque du monument de Rosette donne à ce même Épiphane : Βασιλευς, θεος Επιφανης, ον ο Ηφαιστος εδοκιμαζεν, εικων ζωσα τȣ Διος, υιος Ηλιου, Πτολεμαιος αιωνοβιος, ηγαπημενος υπο του Φθα.

L'analyse de ces diverses légendes royales nous conduit donc bien évidemment à reconnaître en principe que, deux cartouches étant séparés par le titre *fils du Soleil* (n.ᵒˢ 405 et 406), le *premier* caractérisé par les groupes *roi, roi du peuple obéissant*, ou *seigneur du monde*, ne renferme que des qualifications honorifiques ou des titres particuliers au roi dont le *second* cartouche

―――――――

(1) Voyez *le Panthéon égyptien*, 3.ᵉ livraison.

(190)

contient *seul le nom propre*, qui peut y être aussi accompagné de surnoms et de nouveaux titres. J'appellerai désormais le premier cartouche le *prénom*, et le second, le *nom propre*.

Tel fut, en effet, le protocole royal hiéroglyphique des souverains grecs et romains, et l'on sait avec quelle attention ces nouveaux maîtres de l'Égypte s'attachèrent à imiter les usages consacrés dès long-temps chez un peuple dont ils voulaient capter la bienveillance par un respect habituel de toutes ses coutumes. Ces princes durent donc adopter pour leurs légendes le protocole des anciens Pharaons. L'analyse qui suit des légendes hiéroglyphiques de ces Pharaons, analyse fondée sur les principes déduits de la discussion qui précède, prouvera à-la-fois la haute antiquité et de cet usage et de l'écriture *phonétique* en Égypte.

Dans les inscriptions hiéroglyphiques déjà citées (1), et qui décorent la plinthe des sphinx du Musée, nous reconnaissons deux légendes royales, chacune comprenant deux cartouches. Les deux premiers, ou cartouches-prénoms (2) des deux légendes, ne doivent contenir que des *titres;* nous retrouvons, en effet, dans l'un, le titre déjà connu, *approuvé de Cnouphis* (3), et dans l'autre, celui de ⲛⲉⲛⲟⲩⲧⲉ-ⲙⲁⲓ, *chéri des dieux* (4).

---

(1) Tableau général, n.ᵒˢ 123 et 124, et *suprà*, pag. 181.
(2) *Ibid.* n.ᵒˢ 123 *a*, 124 *a*.
(3) *Ibid.* n.ᵒ 402.
(4) *Ibid.* n.ᵒ 392.

(191)

Si nous analysons ensuite les deux cartouches (1) que précède la formule *fils du Soleil*, et qui doivent renfermer les *noms propres*, appliquant aux signes qui les composent les valeurs phonétiques déjà assurées, on obtient dans l'un (2) Ⲋⲁⲕⲣ ou Ⲋⲁⲕⲗ, et dans l'autre (3), Ⲏⲁⲓϧⲣⲟⲩⲏ ; plus, un signe dont le son est encore inconnu.

Aucun nom de souverain grec ou romain ne saurait être reconnu dans ces deux noms propres ; nous devons donc essayer si nous ne rencontrons point, dans les dynasties égyptiennes de Manéthon, deux noms propres de Pharaons qui aient quelque analogie avec ceux que nous lisons dans les deux cartouches : on les trouve bientôt en effet. Dans sa XXIX.ᵉ dynastie, celle des *Mendésiens*, il place un roi dont le nom est écrit Αχωεις, et que Diodore de Sicile appelle Αχοεις ; et ce prince, circonstance bien remarquable, eut pour prédécesseur et pour successeur deux rois que Manéthon nomme Νεφεριτης, et dont Diodore écrit le nom Νεφρεα, Νεφερεα, à l'accusatif ; et Νεφερευς, au nominatif.

Il est impossible de ne point reconnaître, dans le nom hiéroglyphique du roi Ⲋⲁⲕⲣ *(Hakr)*, le nom du roi *Acor-is* (Αχορ-ις, Αχωρ-ις), et dans Ⲏⲁⲓϧⲣⲟⲩⲏ, *(Naifroué* ou *Naifroui)*, le nom égyptien du roi appelé *Néphéreus* ou *Néphérités* par les Grecs.

---

(1) Tableau général, n.ᵒˢ 123 *b*, et 124 *b*.
(2) *Ibid.* n.° 124 *b*.
(3) *Ibid.* n.° 123 *b*.

Trois circonstances viennent renforcer en outre ce rapprochement, et mettre cette synonymie hors de doute.

La première est la parfaite conformité de proportion, de matière et de travail des deux sphinx qui portent les légendes des deux princes. Ces sphinx décorèrent évidemment un même édifice, et les Pharaons qui les firent exécuter, durent vivre à-peu-près vers une même époque.

D'un autre côté, les deux inscriptions ne diffèrent entre elles que par les prénoms et les noms propres seuls.

Enfin, le style de ces deux sphinx s'éloigne déjà de l'ancien style égyptien, et se rapproche sensiblement de celui qui caractérise les sculptures exécutées en Égypte, sous la domination des Grecs.

L'époque présumable de ces monumens, déduite du style, exige donc, comme la lecture des noms hiéroglyphiques des princes qui les firent exécuter, qu'on les rapporte à la période comprise entre les rois autochthones d'Égypte et la conquête d'Alexandre, c'est-à-dire, à la période pendant laquelle les Égyptiens, conduits par quelques chefs intrépides, luttèrent contre la puissance et l'ambition de la Perse; ce qui nous ramène aux règnes de Néphéreus I.er et d'Acoris.

Ces deux princes sont en effet les seuls qui, durant cette période de troubles et de dissensions, aient pu jouir de quelques années de repos, et songer à faire exécuter quelques travaux de décoration. *Néphé-*

reus régna en effet six années entières, et le règne d'*Acoris*, son successeur, et son fils selon toute apparence, qui fut de treize ans, est le plus long de tous ceux des XXVIIIe, XXIXe et XXXe dynasties égyptiennes, dont les membres ont occupé le trône depuis Xerxès jusqu'à Darius-Ochus, qui assura aux Perses, à la manière de Cambyse, la possession de l'Égypte, en couvrant cette malheureuse contrée de sang et de ruines.

Les noms hiéroglyphiques des Pharaons-Mendésiens, Néphéreus et Acoris, prouvent donc que *l'écriture phonétique* était en usage de leur temps. Voyons si avant Cambyse cette écriture était connue des Égyptiens.

L'obélisque *Campensis*, que l'empereur Auguste fit transporter d'Égypte à Rome, et qu'il plaça au champ de Mars pour servir de gnomon, a été reconnu par Zoëga, auquel nous devons un si important travail sur les obélisques, pour un ouvrage du premier style égyptien : Pline l'attribue, en effet, à un des anciens Pharaons, dont le nom est tellement corrompu et défiguré, ainsi que le sont tous les noms de Pharaons donnés comme érecteurs d'obélisques dans les textes manuscrits de cet auteur (1), qu'il est impossible de s'arrêter à une leçon plutôt qu'à une autre, en supposant même prouvé, ce qui est loin de l'être, que Pline ait jamais su exactement à quels rois égyptiens il fallait attribuer les grands monolithes transportés à Rome.

---

(1) Plin. *Histor. Nat.* lib. XXXVI, cap. 8, 9, 10, 11.

(194)

Le pyramidion et les inscriptions perpendiculaires qui décorent les trois faces de cet obélisque, portent la légende royale gravée sous le n.° 121 du Tableau général.

Le premier cartouche, ou le *prénom*, contient l'expression des idées *Soleil bienfaisant* ou *gracieux* ; le second cartouche, précédé du titre *fils du Soleil*, renferme conséquemment le *nom propre ;* il est entièrement phonétique et composé de signes dont le son est incontestable ; il se lit sans difficulté : le *carré* п, le *signe recourbé* c, la *chouette* ou *nycticorax* ⲙ, l'espèce de *pincette* ⲧ (1), et le *bassin à anneau* к, 6 ou ⲅ, ce qui produit, abstraction faite des voyelles que les Égyptiens supprimaient souvent dans les noms propres nationaux comme dans les noms propres grecs et latins, ⲡⲥⲙⲧⲕ (Psmtk), ⲡⲥⲙⲧ6 ou ⲡⲥⲙⲧⲅ (Psmtg), le nom même Ψαμμητικος, Ψαμμιτιχος ou Ψαμμητιχος, nom que porta, par exemple, un des plus célèbres souverains de l'Égypte, celui qui encouragea le commerce, ouvrit ses ports, comme l'intérieur de son royaume, aux Grecs, et fit fleurir les beaux-arts. Le travail de l'obélisque Campensis est tout-à-fait digne de cette belle époque de la monarchie égyptienne.

Que le nom propre *Psaméték* ou *Psamétég*, qui se lit sur cet obélisque, soit celui même du Pharaon Psammitichus I.er dont nous venons de parler, plutôt que celui de Psammitichus II son petit-fils, c'est ce que je ne chercherai point à établir ici : je trouve,

---

(1) *Voy.* les *Variantes phonétiques des Noms d'vins*, Tabl. gén. n.° 61.

en effet, dans ma collection de légendes royales hiéroglyphiques, deux rois différens qui ont porté le nom de *Psaméték* (Psammitichus); mais ils se distinguent aisément l'un de l'autre par un *signe différent* dans leur prénom (*voyez* la légende d'un autre Psammitichus, Tableau général, n.° 122), et je me réserve d'établir ailleurs (1) que ces deux derniers cartouches se rapportent au roi *Psammitichus* second, fils de Néchao fils de Psammitichus I.ᵉʳ Il importait seulement de démontrer ici que ces deux noms propres de rois égyptiens présentent, en caractères hiéroglyphiques *phonétiques*, le nom propre égyptien Ψαμμιτικ-ος, qui fut celui de deux rois d'Égypte, mentionnés par les historiens grecs.

La lecture de ce nom propre pharaonique prouve donc que les hiéroglyphes phonétiques existaient dans les textes sacrés, plus de cent-vingt ans avant Cambyse, époque à laquelle Psammitichus I.ᵉʳ occupait le trône, ou tout au moins quatre-vingts ans avant ce conquérant perse, époque à laquelle Psammitichus II régnait en Égypte.

On serait peut-être enclin à supposer que ce fut sous le règne de ces Psammitichus mêmes que les Égyptiens, influencés par l'exemple des Grecs, auxquels l'entrée de l'Égypte fut alors permise et qui avaient

---

(1) Dans un ouvrage intitulé *Chronologie des monumens égyptiens*, que je publierai incessamment, de concert avec M. Huyot, membre de l'Institut, qui a recueilli en Égypte une foule de précieux documens sur l'architecture et les arts de cette contrée.

une écriture alphabétique, s'en créèrent une à leur tour, et que l'écriture phonétique égyptienne ne remonte point au-delà de l'époque où les deux peuples furent en contact direct. Je me hâte donc de citer des noms phonétiques de Pharaons plus anciens que Psammitichus. C'est, ce me semble, la meilleure réponse que l'on puisse faire à une supposition pareille, et que rien d'ailleurs ne saurait motiver.

L'obélisque de granit encore debout au milieu des ruines d'Héliopolis, porte la légende royale gravée sous le n.° 119. Le sens du prénom nous est encore inconnu ; mais le nom propre renfermé dans le second cartouche se lit sans aucune hésitation, Oⲥⲣⲧⲥⲛ ou bien Oⲥⲣⲧⲥⲛ ; je n'ai point balancé à reconnaître dans ce nom le second roi de la XXIII.ᵉ dynastie, que Manéthon appelle ΟΣΟΡΘΩΣ ou ΟΣΟΡΘΩΝ, et il ne restera aucun doute sur cette synonymie, lorsque j'aurai développé quelques faits qui me semblent présenter un assez piquant intérêt.

Il existe, dans le cabinet de M. Durand, une statuette d'environ trois pouces de hauteur, faite d'une seule cornaline de très-belle couleur, et représentant un personnage accroupi. Entre ses jambes est gravée une petite inscription hiéroglyphique (pl. X, n.° 1), qui contient un cartouche. Je la lis ⲱⲉ ⲡⲏ Oⲥⲟⲣⲧⲥⲛ Ⲡⲧⲁ ⲥ...ϥ ⲙⲁⲓ, *le fils du Soleil, Osortäsĕn, chéri de Phtha*...... On remarquera dans ce cartouche, de plus que dans celui d'Héliopolis, qui renferme le nom du même prince, le *lituus*, signe de la voyelle o, placé

Pag. 197. Pl. X.

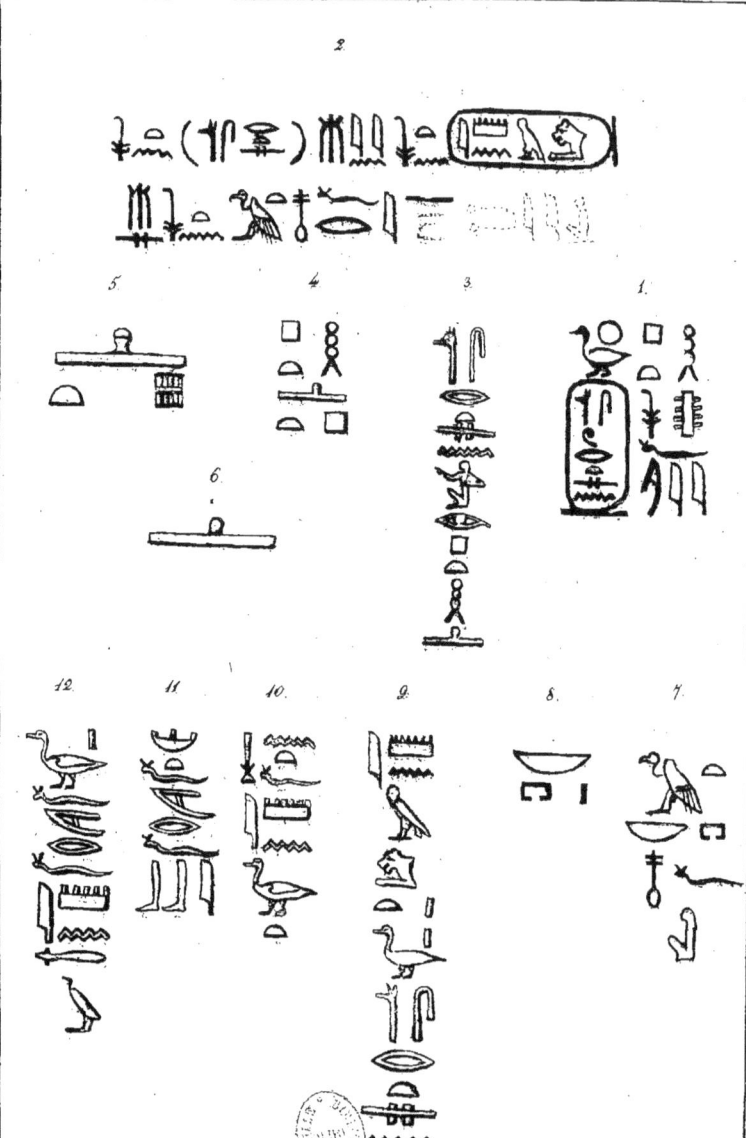

entre le ⲥ et le ⲡ (rho), comme dans le nom grec Οσορθως; cette circonstance est à noter en faveur de la synonymie.

La base de cette curieuse statuette, et qui fait corps avec la figure, porte une seconde inscription hiéroglyphique (*voyez* pl. X, n.° 2), renfermant deux cartouches, et composée en très-grande partie de signes *phonétiques ;* sa transcription, en caractères coptes, donne,

ⲤⲦⲚ (Ⲟⲥⲣⲧⲥⲛ) ⲘⲀⲒ ⲚⲤⲦⲚ (ⲤⲘⲚⲘ..(1)..)
ⲘⲤ ⲤⲦⲚ, ⲘⲞⲨⲦ (ⲚⲀⲚⲈⲤ) ⲈϤ ⲢⲀⲚ..........

ce qui signifie : *le roi (Osortasen), aimé du roi (chéri d'Ammon......) enfant du roi, et de sa gracieuse mère Ran....*

Deux stèles coloriées, envoyées récemment d'Égypte à M. Thédenat du Vent fils, sont venues confirmer pleinement la lecture du nom royal *Osortasen,* et la synonymie de ce nom hiéroglyphique avec l'Οσορθως et l'Οσορθων de Manéthon : elles nous apprennent, de plus, quel était ce fils d'Osortasen, mentionné dans l'inscription de la statuette, qui porte le titre de *chéri d'Ammon,* et dont le nom propre n'est par conséquent exprimé que par un seul caractère, les *parties antérieures d'un lion ;* ces deux stèles m'ont appris enfin, si la femme nommée *Ran* était la mère du premier ou du second de ces rois.

La première de ces stèles représente deux personnages en pied, un homme richement décoré et une femme. La légende de la figure d'homme (pl. X,

---

(1) Ici les *parties antérieures d'un lion.*

n.° 3), contient son nom propre et celui de son père, et se lit, Ⲟⲥⲣⲧⲥⲛ ⲥⲓ (ou ⲥⲧ) ⲡⲧ&ϥ, c'est-à-dire, Osortasen *fils de Ptahaf*. Nous avons évidemment ici le même nom que sur l'obélisque d'Héliopolis et sur la petite statue de cornaline ; il n'est point entouré d'un cartouche ; celui de son père n'est point complet, mais nous pouvons le restituer hardiment ; ⲡⲧ&ϥ *Ptahaf*, n'est qu'une abréviation du nom propre ⲡⲧ&ϥⲧⲡ, *Ptahaftêp* (pl. X, n.° 4), nom propre déjà analysé (1) ; car j'ai fort souvent observé, dans deux textes hiéroglyphiques comparés, que le groupe ϥⲧⲡ (pl. X, n.° 5) de l'un, était abrégé dans l'autre, de manière à ne conserver que le premier de ses signes ϥ (pl. X, n.° 6). Le nom du père d'*Osortasen* fut donc Ptahftêp, c'est-à-dire, *le goûté ou l'éprouvé par Phtha*, et *Ptahaf* par abréviation. On ne peut s'empêcher de remarquer aussi que les différens textes de Manéthon donnent au roi, père et prédécesseur d'*Osorthos* (Osortasen), les noms de Πετυβας, Πετυβατης et Πετυβαστης ; mais rien ne prouve encore que l'*Osortasen* de cette stèle soit *le roi* Osortasen de l'obélisque d'Héliopolis et de la statuette ; son nom et celui de son père étant, sur la stèle, dénués de cartouche, signe ordinaire des noms royaux.

Mais la légende qui accompagne la femme placée près de cet *Osortasen*, prouve à elle seule l'identité des deux personnages ; cette même légende, gravée

---

(1) *Suprà*, pag. 117.

(pl. X, n.° 7), signifie en effet, *Domina mater ejus gratiosa* Ran; et ce sont là, signe pour signe (à l'exception du seul titre ⲛⲉⲃϩⲓ (pl. X, n.° 8), *Domina*), les titres et le nom de la reine mentionnée dans l'inscription de la statuette, *sa gracieuse mère* Ran (1).

Il est évident que l'*Osortasen* de la stèle de M. Thédenat est bien le roi *Osortasen* de l'obélisque d'Héliopolis et de la statuette de M. Durand. Le roi *Osortasen* était donc fils du roi *Ptahftép* et de *Ran*.

S'il pouvait rester quelques doutes à cet égard, ils seraient promptement levés par la seconde stèle de M. Thédenat. Ce monument, de même matière et d'un travail semblable à celui de la première, offre l'image de deux personnages assis, un homme et une femme; devant eux est une seconde femme debout, et tous trois reçoivent des offrandes de fleurs et de fruits que leur présente un quatrième individu habillé fort simplement.

L'homme assis tient dans sa main un sceptre semblable à celui que portent les Pharaons dans les bas-reliefs historiques, et la légende placée au-dessus de sa tête (pl. X, n.° 9) est ainsi conçue : ⲁⲙⲙⲉ..... ⲙⲉ ⲟⲥⲣⲧⲥⲛ, le *chéri* ou le *donné par Ammon*..... *fils d'Osortasen*. Ainsi le nom propre de ce personnage, qualifié de *chéri d'Ammon* et de *fils d'Osortasen*, est formé comme celui du roi *chéri d'Ammon*, et fils du roi *Osortasen*, mentionné dans l'inscription de la statuette de cornaline (pl. X, n.° 2), des *parties antérieures d'un lion*. Il est

___

(1) Pl. X. n.° 2, les sept derniers caractères.

(200)

incontestable maintenant que l'obélisque d'Héliopolis, la statuette et les deux stèles se rapportent à un seul et même personnage, le roi *Osortasen* (l'Osorthos des Grecs), à son père *Ptahaftêp* (le Petubastes des Grecs), à sa mère, et à son fils, dont il importe ici d'analyser le nom propre.

Ce nom propre pouvant être exprimé par *un seul signe*, n'est certainement point phonétique; il est donc symbolique, et il ne s'agit plus que de connaître la valeur symbolique de ce même signe, les *parties antérieures d'un lion*. L'inappréciable ouvrage d'Horapollon nous satisfait pleinement à cet égard; il porte, livre I.ᵉʳ : Αλκην δε γραφοντες (Αιγυπτιοι), ΛΕΟΝΤΟΣ ΤΑ ΕΜΠΡΟΣΘΕΝ ζωγραφουσι, les Égyptiens voulant exprimer la *force* (αλκην), peignent les *parties antérieures d'un lion* (1): le texte est formel; et le mot de la langue parlée des Égyptiens, qui exprime spécialement cette idée, αλκη, *force, robur,* c'est ϫⲟⲙ, *djom, sjom,* ou ϭⲟⲙ et ϭⲁⲙ, *sjam,* selon les dialectes, mot qui est aussi la véritable orthographe égyptienne du nom de l'*Hercule* égyptien, que les Grecs ont écrit Σεμ, Σομος et Γομος. Or, le roi que Manéthon nous donne comme le successeur immédiat du roi Osorthos (Osortasen), est ΨΑΜΜΟΥΣ, nom propre dans lequel on ne peut méconnaître la même racine ϭⲟⲙ, ϭⲁⲙ, ϫⲟⲙ, *être fort, être puissant,* passée à l'état de nom par l'addition de l'article déterminatif masculin ⲡ, ce qui a produit ⲡϭⲟⲙ, ⲡϭⲁⲙ, *Psjom,*

---

(1) Horapollon, liv. I, n.° 18.

Pdjom, *Psjam*, *Pdjam*, LE FORT, ou plus simplement HERCULE (l'égyptien). La traduction de ce nom propre symbolique est justifiée d'ailleurs par ces mots de Manéthon même, placés entre le nom du roi Osorthos et celui de Psammus, mots qu'il faut évidemment rapporter à ce dernier, *Psammus :* ον Ηϱακλεα Αιγυπτιοι εκαλεσαν, *que les Égyptiens,* dit-il, *ont appelé* HERCULE.

Cette réunion de faits et de rapprochemens achève donc de prouver que les cartouches royaux de l'obélisque d'Héliopolis (1), ceux de la statuette de M. Durand, et les noms propres des deux stèles de M. Thédenat, appartiennent à une seule et même famille, et nous fournissent les noms de trois souverains de l'Égypte *Ptahaftêp*, *Osortasen* et *Pdjam*, que les Grecs ont appelés *Petubastes*, *Osorthos* et *Psammus*.

Les deux stèles de M. Thédenat présentent, outre cela, un intérêt plus particulier, en ce qu'elles nous font connaître tous les individus des deux sexes qui firent partie de la XXIII.ᵉ famille royale égyptienne, qui était *Tanite* ; nous y lisons en effet,

1.° Le nom du roi *Petoubastes* (Ptahaftêp) (2), chef de cette dynastie ;

2.° Le nom de sa femme (3) ;

3.° Le prénom et le nom du roi *Osorthos* (Osortasen), leur fils et successeur (4) ;

---

(1) Tableau général, n.° 119.
(2) Planche X, n.ᵒˢ 3 et 4.
(3) *Ibid.* n.ᵒˢ 2 et 7.
(4) *Ibid.* n.ᵒˢ 2, 3, 9. Tableau général, n.° 119.

(202)

4.° Le nom du roi *Psammus* (*Psjam*, *Pdjam*), fils et successeur d'Osorthos. Ce nom est écrit symboliquement comme ceux de la plupart des dieux, et on le retrouve avec son prénom royal (1) sur les deux grands obélisques de Karnac, à Thèbes. Ces monolithes, les plus colossals de tous ceux de leur espèce, justifient en quelque sorte le nom divin d'Hercule, donné au roi qui a élevé ces énormes blocs de granit, ayant trente-deux pieds de tour et quatre-vingt-onze pieds de hauteur;

5.° Le nom d'une fille d'Osorthos et sœur du roi *Psammus*, représentée debout, à côté de son frère assis, et recevant les mêmes offrandes; la légende hiéroglyphique de cette princesse (pl. X, n.° 10), porte : ⲧⲥⲛϥ Ⲁⲙⲛϣⲧ, c'est-à-dire, *sa sœur Amonschet*, ou *Amonsché*, si la lettre ⲧ ne fait point partie du nom propre et n'est ici que la marque caractéristique ordinaire des noms propres féminins;

6.° La même stèle montre aussi une femme assise sur le même siége que *Psammus*; c'est l'épouse de ce roi, comme nous l'apprend la légende hiéroglyphique (pl. X, n.° 11), ⲧ(ϩⲓⲙⲉ)ϥ ⲙⲣϥ Ⲃⲃⲁ : *son épouse qui l'aime*, BEBA ou BÉBO; car la *feuille*, dernier signe de ce nom propre, est une voyelle vague, susceptible, comme on l'a déjà dit, d'exprimer les sons A ou O;

7.° Enfin, à côté du roi *Psammus* et de la reine sa femme, est un petit enfant, accompagné d'une légende hiéroglyphique (pl. X, n.° 12), ainsi conçue : ϣⲉϥ

---

(1) Tableau général, n.° 120.

ⲥⲡϥ Ⲁⲙⲛⲡⲥⲣ, *son fils qui l'aime, Amonraou* ou *Amonrav*. Ce fils du roi Psammus est debout, comme sa tante Amonschet, et d'après le Canon royal de Manéthon, il ne paraît point avoir occupé le trône après son père; c'est le dernier rejeton de la famille royale des Tanites.

J'ai cru qu'on me pardonnerait ces détails en faveur des lumières historiques qu'ils fournissent en définitif; et ils étaient nécessaires pour justifier la lecture du cartouche royal de l'obélisque d'Héliopolis. Ce ne sera point d'ailleurs sans quelque plaisir qu'on retrouvera dans la jolie statuette de M. Durand, l'image d'un roi, portant le témoignage écrit du pieux souvenir d'un fils roi comme lui, et de sa mère qui lui a survécu; on verra de plus, dans les stèles de M. Thédenat, une preuve monumentale de cette espèce de culte que les Égyptiens, d'après le témoignage unanime de l'antiquité, accordaient à leurs rois et à la famille entière de ceux dont la fonction fut de veiller sans cesse au bien-être et aux plus chers intérêts du pays.

Ces rapprochemens rentrent aussi dans le but spécial de ce chapitre, puisqu'en multipliant les applications de mon alphabet, ils prouvent que, sous la XXIII.ᵉ dynastie royale, antérieure de 350 ans à Cambyse, les Égyptiens écrivaient les noms propres et d'autres mots de leur langue avec des hiéroglyphes pour la plupart *phonétiques*.

Il en était de même sous la dynastie précédente, la XXII.ᵉ, celle des *Bubastites*, dont le chef, que Manéthon appelle *Sésonchis*, Σεσογχις ou Σεσογχωσις,

Sésonchosis, est le Pharaon que l'Écriture nomme שישק ou שושק, nom qu'on prononce *Sésac, Schischac* ou *Schouschag.* Ce Pharaon s'empara de Jérusalem, sous le règne de Roboam, petit-fils de David, et enleva les boucliers d'or de Salomon (1). Les Paralipomènes, parlant du même *Schischak,* disent que son armée était composée de douze cents chars, de soixante mille cavaliers, et d'une foule innombrable de fantassins *Égyptiens* מצרים, *Libyens* לובים, *Troglodytes* סכיים, et *Éthiopiens* כושים (2). L'énumération de ces divers peuples montre la grande influence que l'Égypte exerçait à cette époque reculée; elle prouve encore que Sésonchis fut, comme la plupart des chefs de dynasties égyptiennes, un prince guerrier, que la caste militaire plaça et maintint sur le trône. Manéthon nous apprend aussi que ce conquérant transmit le pouvoir souverain à son fils *Osorchon* et à trois autres de ses descendans.

On a dessiné, à Thèbes, sur une des colonnades qui décorent la première cour du grand palais de Karnac, deux légendes royales gravées sous les n.ᵒˢ 116 et 117. Le prénom de la première contient le titre

---

(1) ויהי בשנה החמישית למלך רחבעם עלה שושק מלך מצרים על ירושלם : ויקח את אצרות בית יהוה ואת אוצרות בית המלך ויקח את כל מגני הזהב אשר עשה שלמה: « Et il arriva dans la cinquième année du
» roi Roboam, que *Schonshac,* roi d'Égypte, vint à Jérusalem; il em-
» porta les trésors de la maison de Jéhova et ceux de la maison du roi;
» il emporta aussi tous les boucliers d'or qu'avait faits Salomon ». (I.ᵉʳ *Livre des Rois,* chap. XIV, versets 25 et 26.)

(2) II.ᵉ *Paralip.* XII, 2.

(205)

approuvé par le Soleil, et le second cartouche, surmonté du titre *fils du Soleil*, est entièrement phonétique, et se lit : Ⲁⲙⲛ︦ (ⲥⲓ) Ϣϣⲛⲕ, *le chéri d'Amoun Scheschonk ;* ce qui est bien la transcription égyptienne du nom Σεσογχις, *Sésonch-is*, de Manéthon. Nous sommes donc pleinement autorisés à prononcer ce nom propre hiéroglyphique *Scheschonk*, en suppléant les voyelles supprimées dans l'égyptien, d'après l'orthographe grecque de ce même nom propre. L'analogie de ces deux noms est complète.

Mais ce qui établit encore mieux que le nom royal hiéroglyphique *Scheschonk*, et le nom grec Σεσογχ-ις, ont appartenu à un seul et même prince, c'est que le nom propre du roi compris dans la légende n.° 117, gravée sur la même colonnade de Karnac et dans le voisinage de la première, se lit sans la moindre difficulté, Ⲁⲙⲛ︦(ⲥⲓ) Ⲟⲥⲣⲕⲛ ou Ⲟⲥⲣⲃⲛ, *le chéri d'Amoun, Osorkon* ou *Osorgon ;* et nous avons déjà dit que les divers extraits de Manéthon donnent pour successeur immédiat à *Sesonchis* (Scheschonk), un roi appelé Οσορχων, nom que les copistes ont facilement confondu avec celui d'Οσορθως ou Οσορθων. Les cinq derniers signes du prénom d'Osorchon (n.° 117), expriment le titre honorifique *approuvé d'Amoun* ou d'Ammon.

Il me paraît certain que le Pharaon Osorchon est le roi nommé זרח הכושי, *Zarah, Zarach* ou *Zoroch, l'Éthiopien*, qui, comme le témoigne le quatorzième chapitre du second livre des Paralipomènes, vint camper à Marésa, avec une armée immense, sous le règne d'Asa, petit-fils de Roboam. Osorchon fut à-la-fois et le fils et le successeur de Sésonchis; ce fait, que l'histoire écrite par les Grecs n'a point indiqué, est attesté par un manuscrit hiéroglyphique gravé dans l'atlas de M. Denon. C'est un de ces tableaux funéraires chargés de figures accompagnées de légendes hiéroglyphiques, et qui, par leur courte étendue et la négligence du travail, comparés à l'importance des individus auxquels ils se rapportent, ne peuvent être considérés que comme des espèces de textes commémoratifs de la mort et des obsèques de divers rois ou grands personnages. Ces tableaux sont assez communs et se font toujours remarquer par la bizarrerie des scènes et des figures qui les composent.

Celui dont il est ici question (1), offre d'abord, comme tous les manuscrits de cette classe, l'image d'une momie que reçoit entre ses bras étendus le dieu créateur Phtha, caractérisé par un scarabée placé sur sa tête. Cette momie reparaît vers l'extrémité opposée du rouleau, couchée dans une espèce de sarcophage ou de cercueil, sur lequel repose l'image symbolique d'une *ame mâle* (l'épervier à tête humaine barbue); à côté de la momie et de l'ame sont une enseigne sacrée, et un de ces grands et longs éventails portés en signe de suprématie autour des dieux et des rois figurés sur les bas-reliefs égyptiens. A côté, et sur un riche

---

(1) *Voyage dans la Haute et Basse-Égypte*, par M. Denon, pl. 137.

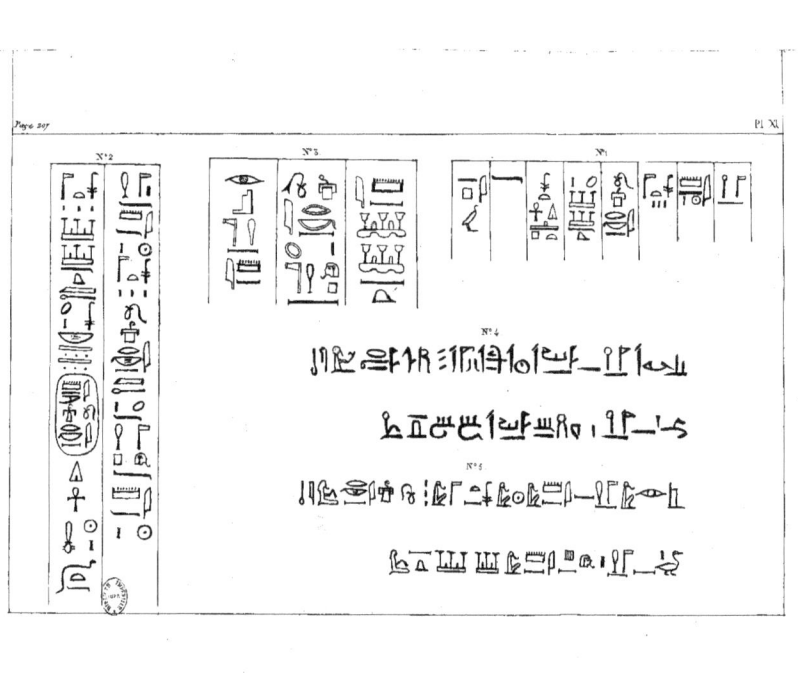

piédestal en forme d'entre-colonnement, est couché un schacal noir, emblème ordinaire du dieu Anubis, un des ministres d'Osiris son père dans l'Amenthès ou enfer égyptien. Au-dessus de la momie et des divers objets que je viens d'indiquer, est la légende gravée sur la planche XI, n.° 1 ; elle est formée de groupes hiéroglyphiques, dont la prononciation et le sens sont déjà fixés ; je la transcris ainsi, en lettres coptes, en suppléant les voyelles médiales et les abréviations :

Ouab ⲛ Ⲁⲙⲟⲛ-ⲣⲏ Ⲥⲟⲧⲧⲉⲛ ⲛ̄ⲛⲉⲛⲟⲩⲧⲉ Ⲟⲥⲟⲣⲕⲟⲛ ⲥⲓ Ϣⲉϣⲟⲛⲕ Ⲥⲟⲧⲧ (ⲉⲛ) ⲧ(ⲁⲛϩⲟ) ϥⲧⲏⲡ ⲛ̄ Ⲁⲛⲉⲡⲱ c'est à dire : *le pur par Amon-Rê roi des Dieux*, Osorkon *fils de* Scheschonk *roi vivificateur, éprouvé par Anebô* (Anubis).

Cette légende est disposée de manière que la colonne qui renferme le nom du dieu *Amon-Rê*, est placée au-dessus de la tête du dieu lui-même, représenté debout, sur une barque, à la droite de la momie du roi Osorchon, et que la colonne renfermant le nom du dieu Anubis (Anébô), est au-dessus de la tête du schacal, son symbole, figuré à la gauche de la momie royale.

A l'extrémité inférieure du même papyrus, on voit encore la momie du roi Osorchon couchée sur une barque, au-dessus de laquelle se termine une longue légende hiéroglyphique, qui est répétée deux fois, avec quelques légères variations, au commencement du manuscrit, dans des colonnes perpendiculaires. Je donne cette légende complète (pl. XI, n.º 2), qui se compose en partie des groupes de la légende précédente, et qui signifie, *le pur par Amon-Rê-roi des dieux*, OSORCHON, *défunt, fils du pur.... par Amon-Rê-roi des dieux*, SCHES-CHONK, *défunt roi, né du seigneur du monde, le chéri d'Amon* OSORCHON, *vivificateur comme le soleil, pour toujours*.

L'histoire ne nous avait point conservé le nom du père de Sésonchis (Scheschonk), chef de la XXII.ᵉ dynastie; il s'appelait, ainsi que nous l'apprend cette dernière formule hiéroglyphique, *Osorchon*, comme son petit-fils. J'ai également remarqué, en étudiant plusieurs stèles funéraires, que dans beaucoup de familles les petits-fils portaient très-fréquemment les mêmes noms que leurs grands-pères; et le manuscrit de M. Denon nous donne encore une preuve de cette touchante religion de famille, qui semble avoir imprimé son sceau à toutes les institutions sociales des Égyptiens. *Osorchon*, et son père *Sésonchis*, qui ont véritablement régné sur l'Égypte, portent bien le titre de *roi*, qui n'est point donné à *Osorchon*, père de *Sésonchis*; mais aussi ce dernier est le seul qui soit trois fois environné d'un cartouche ou encadrement elliptique qui, sur les monumens, entoure, comme signe d'honneur les noms propres des rois. Il est possible aussi qu'il fût d'usage en Égypte de donner les honneurs royaux au père du chef de chaque nouvelle dynastie.

J'ai également retrouvé le nom du roi Osorchon,

(209)

fils de Sésonchis, dans un manuscrit égyptien *hiératique*, dont, par un hasard fort singulier, M. Denon a placé la gravure, dans son atlas (1), immédiatement après le papyrus *hiéroglyphique* où nous venons de lire ces mêmes noms.

Le manuscrit hiératique commence par une scène coloriée, représentant un personnage debout, vêtu d'une peau de panthère, comme le roi du tombeau découvert par Belzoni, et offrant l'encens au dieu *Phrê* (le Soleil), assis sur son trône, et devant lequel est un autel chargé d'offrandes. La légende écrite au-dessus de l'adorateur du dieu, en écriture hiéroglyphique, est ainsi conçue (pl. XI, n.° 3) : Ⲟⲩⲥⲓⲣⲉ ⲟⲩⲁⲃ ⲛ̅ Ⲁⲙⲟⲛ Ⲟⲥⲣⲕⲟⲛ ⲥⲓ ⲟⲩⲁⲃ... ⲡ ⲛ̅ Ⲁⲙⲟⲛ Ϣⲉϣϣⲱⲛⲕ « *Osiris* (ou *l'Osirien*) *pur par Amon* Osorchon *né du pur par Amon Schehschonk*.

Le texte hiératique de ce papyrus est de trois pages, et contient, dès sa première ligne, une formule qui se répète, avec quelques légères variations ou omissions, quatre fois dans les trois pages ; nous la donnons complète (pl. XI, n.° 4). Si, appliquant à cette légende hiératique les principes et les synonymies de signes que j'ai établis dans mon travail sur l'écriture hiératique, communiqué à l'Académie des belles-lettres en 1821, nous transcrivons, signe pour signe, cette même légende en hiéroglyphes, à l'aide du Tableau général synonymique des deux écritures, nous obtenons la

---

(1) Planche 138.

légende hiéroglyphique (pl. XI, n.° 5), dans laquelle on retrouve d'abord, et dans le même ordre, tous les hiéroglyphes de la légende d'Osorchon (pl. XI, n.° 3), dans la scène peinte en tête du manuscrit; et de plus, presque une copie des autres légendes hiéroglyphiques du même roi (pl. XI, n.°s 1 et 2). La légende hiératique, composée de tout autant de signes, *phonétiques* en très-grande partie, que sa transcription hiéroglyphique, se transcrit aussi en lettres coptes sans difficulté, (en suppléant les voyelles dans les groupes *phonétiques*, et en remplaçant les signes *figuratifs* ou *symboliques* par les mots égyptiens, signes des idées qu'ils expriment), de la manière suivante :

Ⲟⲩⲥⲓⲣⲉ ⲟⲩⲁⲃ ⲛ̅ Ⲁⲙⲟⲛ ⲡⲏ ⲛⲟⲩⲧⲉ ⲥⲟⲩⲧⲉⲛ (ⲛ̅) ⲛⲉⲛⲟⲩⲧⲉ Ⲟⲥⲟⲣⲕⲟⲛ ⲣⲱⲙⲉ ... ϣⲉ ⲛ̅ⲟⲩⲁⲃ ⲛ̅ Ⲁⲙⲟⲛ ⲛⲟⲩⲧⲉ Ϣⲉϣⲟⲛⲕ ⲣⲱⲙⲉ

Osiris. Le pur par Amon - Rê dieu, roi des dieux, Osorchon, *homme (défunt) fils du pur par Amon dieu* Scheschonk *homme.*

On remarquera que l'*hiératique* emploie ici l'*oie*, au lieu du signe *ovoïde* dans le mot ⲥⲩ, *enfant, né, natus*, que porte la légende hiéroglyphique du même manuscrit. Les noms propres d'Osorchon et de Sésonchis y sont également terminés par le signe figuratif d'espèce *homme*, qui manque dans la plupart des noms propres hiéroglyphiques de ces deux rois, cités jusqu'ici, parce qu'ils sont suffisamment caractérisés comme tels par les titres qui les précèdent ou qui les suivent. La transcription de cette légende hiératique, qu'on vient d'opérer en caractères hiéroglyphiques, suffit pour démontrer l'identité de nature et les rapports intimes que j'ai dit exister, soit dans leur ensemble, soit dans leurs plus petits détails, entre le système d'écriture *hiéroglyphique* et le système d'écriture *hiératique* des anciens Égyptiens. On conçoit alors avec quelle facilité j'ai dû recueillir les élémens de l'alphabet *phonétique hiératique*.

On trouve encore, sur d'autres monumens que ceux déjà cités, les noms propres, et toujours *phonétiques*, des Pharaons Sésonchis et Osorchon. On lit, par exemple, le nom du premier de ces rois, avec les mêmes prénoms et titres qu'il porte dans la colonnade du palais de Karnac, sur une statue de granit représentant la déesse à tête de lion, *Tafné* ou *Tafnèt* (1), qui existe au Musée royal de Paris, et sur la base d'un sphinx, au Musée britannique.

Le nom, le prénom et les titres de son fils et successeur, le roi Osorchon, sont aussi gravés sur la panse d'un grand et superbe vase d'albâtre oriental, qui, d'après le contenu de l'inscription hiéroglyphique, a été jadis offert par ce prince au Dieu *souverain des régions du monde, au seigneur suprême Amon-Rê :* ce vase fut, dans les temps antiques, enlevé à l'Égypte et transporté à Rome, où un membre illustre de la famille

---

(1) *Voyez* les noms hiéroglyphiques de cette déesse, Tableau général, n.ᵒˢ 53 et 72.

Claudia le trouva convenable pour en faire son urne funéraire ; l'épitaphe de ce patricien est gravée en grandes lettres latines sur la panse du même vase, à l'opposite de la dédicace hiéroglyphique du roi Osorchon. Ce monument curieux existe au Musée royal de France.

Les Pharaons Sésonchis et Osorchon vécurent vers l'an mille avant l'ère vulgaire, puisqu'ils furent contemporains des rois de Juda, Roboam, fils de Salomon, et Asa, petit-fils de Roboam, dans les états desquels ils firent successivement des invasions. Il reste donc prouvé par la lecture de leurs noms hiéroglyphiques retrouvés sur plusieurs monumens, que sous leur règne, au xe siècle avant J.-C., les Égyptiens employaient déjà dans leurs textes un très-grand nombre d'hiéroglyphes *phonétiques*.

Mais je puis prouver encore que ce système d'écriture remonte à une époque même fort antérieure : je néglige de citer, à l'appui de cette assertion, les noms hiéroglyphiques, toujours *phonétiques*, de plusieurs Pharaons de la xixe dynastie, dite des *Diospolitains*, dont le dernier roi *Thouoris* fut, selon Manéthon et tous les chronologistes, contemporain de la guerre de Troie ; je produirai seulement ici le nom du Pharaon, chef de cette dynastie, et ceux de plusieurs de ses ancêtres, rois de la xviiie dynastie, l'une des Diospolitaines.

La légende royale la plus fréquente sur les monumens du premier style, existant soit dans la Nubie, depuis la seconde cataracte jusqu'à Philæ, soit en Égypte, depuis Syène jusqu'aux rivages de la Méditerranée, est celle que je donne avec toutes ses variantes sur la planche XII, mise en regard de cette page.

On ne peut s'étonner, sans doute, de la multiplicité des variantes d'une légende qui a été écrite à-la-fois dans des lieux si distans les uns des autres, et sur un aussi grand nombre de monumens. Ces différences portant d'ailleurs presque toutes sur le *nom propre* ou second cartouche, s'expliquent naturellement par l'emploi de l'alphabet phonétique égyptien, si riche en caractères homophones; et c'est ainsi que, sur les monumens du troisième style, j'ai recueilli un plus grand nombre de variantes encore, et du prénom impérial et du nom propre de l'empereur Domitien. Si la légende pharaonique dont il s'agit, était écrite en caractères *symboliques*, comme on l'a cru jusqu'ici, ces variantes seraient pour ainsi dire inexplicables, et l'on se trouverait forcé de recourir à des suppositions également absurdes, savoir, que quatorze rois égyptiens auraient porté le *même prénom royal*, ce qui est contraire au témoignage irrécusable des monumens; ou bien encore, si l'on persistait à soutenir, contre l'évidence des faits (1), que les deux cartouches d'une légende royale renferment chacun un nom propre, nous aurions ici le nom d'un roi, fils de quatorze pères différens, ou tout au moins, fils d'un roi dont le père

---

(1) *Suprà*, pag. 181, 182 et suiv.

eût porté quatorze noms différens, ce qui est tout aussi absurde.

Mais un fait décisif prouve invinciblement que ces cartouches, si variés au premier coup d'œil, se rapportent à un seul et même prince : ces cartouches se trouvent souvent presque tous sculptés, en effet, sur un seul et même monument, ou sur une seule et même partie, quelquefois peu étendue, d'un édifice. Cette légende doit appartenir à un seul roi : l'analyse du prénom et la lecture du nom propre le prouveront encore mieux.

Le prénom de ce prince, qu'on pourrait à bon droit surnommer *pariétaire*, épithète par laquelle l'antiquité voulut qualifier l'empereur Trajan, est terminé par le titre connu *approuvé par le Soleil* (1); ses premiers signes, au nombre de trois, sont, 1.° le *disque solaire*, nom figuratif du *Soleil* ou du dieu *Phrê* : ce disque est, en effet, peint en rouge, lorsque le cartouche est colorié ; 2.° un sceptre *terminé par une tête de schacal ;* 3.° l'image d'une déesse, que sa tête, surmontée d'une longue plume ou feuille, nous fait reconnaître pour la déesse *Saté* ou la Junon égyptienne (2), portant sur ses genoux le signe de la *vie divine*.

Deux énormes cartouches qui se trouvent réduits sur notre planche XII, n.° 3 (*a* et *b*), occupent, l'un, le côté droit, l'autre, le côté gauche de la porte

---

(1) Planche XII, n.ᵒˢ 1, 2.
(2) *Suprà*, pag. 99, et *Panthéon égyptien*, n.° 7.

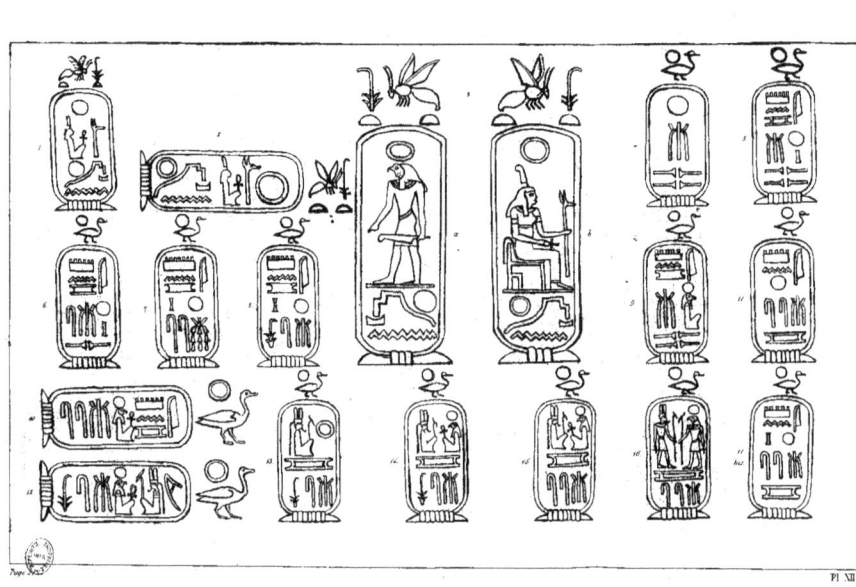

d'entrée intérieure du grand édifice d'Ibsamboul, où M. Huyot, membre de l'Institut, les a copiés avec ce soin et cette exactitude qui caractérisent tous les dessins qu'il a rapportés de son important voyage en Grèce, en Asie et en Afrique. Ces deux cartouches vont nous expliquer le sens des trois premiers signes du prénom royal. Sur toutes les autres parties du vaste monument d'Ibsamboul, on ne trouve, mais répétée un très-grand nombre de fois, qu'une seule légende royale dont le prénom est semblable au n.° 1 ou 2, et le nom propre y est écrit selon toutes les variantes, n.os 6, 7, 10, 11, 14, 15 et 16, de notre planche XII.

Les deux grands cartouches (planche XII, n.° 3) de la porte intérieure d'*Ibsamboul*, ne sont, en effet, qu'une espèce de *dédoublement* du *prénom* royal ordinaire (planche XII, n.° 1); aussi sont-ils surmontés l'un et l'autre, comme tous les prénoms royaux, du titre *roi* ou *roi du peuple obéissant,* écrit en grands hiéroglyphes. Le cartouche de gauche (marqué *a*), nous offre en effet l'image en pied du dieu *Phré* lui-même (le Soleil), caractérisé par sa tête d'épervier surmontée du disque solaire; ce dieu est simplement indiqué dans le prénom ordinaire (pl. XII, n.° 1), comme ailleurs, par l'image seule de son disque, dont le volume est quelquefois remarquable, comme, par exemple, dans la variante n.° 2.

Le second grand cartouche, celui de droite (pl. XII, n.° 3, *b*), contient la représentation en grand de la déesse *Saté* (1), la tête surmontée de sa *feuille* ou *plume*, tenant en main le *sceptre à tête de schacal*, et assise sur un trône : c'est le développement de la petite figure de la déesse Saté, devant laquelle est placé le sceptre à tête de schacal, dans le prénom ordinaire (planche XII, n.º 1). Le disque, emblème du *dieu Soleil*, est placé ici au-dessus de la déesse *Saté*, de la même manière que dans le prénom (a); le dieu Soleil en pied tient à son tour, dans sa main, la *plume* ou *feuille*, emblème et insigne ordinaire de la déesse *Saté*. Enfin, chacun de ces deux grands cartouches est terminé par le groupe (Tableau général, n.º 399), *approuvé par le Soleil*, comme le prénom ordinaire (planche XII, n.ᵒˢ 1 et 2).

Il est évident que ces deux grands cartouches sont de simples variantes du prénom ordinaire; que les divers prénoms exprimaient tous les mêmes idées, mais par le moyen de signes variés et plus ou moins développés : cette richesse de moyens d'expression de l'écriture hiéroglyphique résidait principalement dans la classe des signes symboliques.

L'analyse de ces prénoms établit encore qu'ils ne peuvent exprimer que les idées *Rê* (Soleil), *Saté*, *approuvé par le Soleil;* à moins qu'on ne considère le *sceptre à tête de schacal*, qui, dans le prénom (pl. XII, 3 *b*), est cependant placé dans la main de la déesse,

---

(1) *La Junon égyptienne.* Voyez le *Panthéon égyptien*, 1.ʳᵉ livraison, n.º 7.

et qui est omis dans l'autre prénom (planche XII, 3 *a*), comme un caractère distinct, essentiel et exprimant une idée distincte, par exemple, celle de *protégé*. Nous devrions traduire alors ce prénom par *le protégé de Phrê et de Saté, approuvé par le Soleil*. J'avoue, toutefois, que je penche pour la première version *Rê-Saté, approuvé par le Soleil* : Rê-Saté serait une espèce de nom ou de prénom *mystique*, composé de la réunion des noms propres de deux grandes divinités ; et nous savons, en effet, que des rois égyptiens ont été désignés par des noms formés simplement de deux noms de divinités ainsi combinés. Je citerai ici le nom d'un roi de Thèbes, Σεμφεϑυκραΐης, qui, d'après le témoignage formel d'Ératosthène, signifiait *Hercule-Harpocrate*. Quoi qu'il en soit, je pense que la diversité des noms qu'on remarque dans les différentes listes des rois égyptiens données par Manéthon, Ératosthène, Diodore de Sicile et Hérodote, ne proviennent que de ce que les uns ont donné le prénom royal, et les autres le nom propre d'un même prince, ou, en d'autres termes, que les uns ont traduit ou transcrit la prononciation du premier cartouche d'une légende royale, et que les autres ont transcrit la prononciation du second, qui contient le véritable nom propre. Mais ce n'est point ici le lieu de développer cette assertion ; il est temps de passer à la lecture du nom propre qui accompagne le prénom que nous venons d'examiner.

La forme la plus simple de ce nom propre est le n.° 4 (planche XII) ; la valeur et la prononciation

(218)

des quatre signes qui le composent ont été déjà bien fixées (1). *Le globe ou disque* est le nom figuratif du soleil ⲣⲏ *(Rê, Ri* ou *Ra) ;* le second signe est un ⲙ ; et les deux derniers, les *sceptres horizontaux affrontés,* sont deux ⲥ : nous obtenons donc la lecture Ⲣⲏⲙⲥⲥ, que nous pouvons prononcer, en suppléant les voyelles supprimées selon l'usage, *Rêmsés, Ramsés, Ramessé* ou même *Ramssé.*

Dans la variante n.° 5, qui se prononçait Ⲁⲙⲛ ⲙⲁⲓ ⲣⲏⲙⲥⲥ, *Amon-mai-Ramsés*, nous trouvons, de plus que dans le précédent, le titre phonétique *chéri d'Ammon*, inscrit avant le nom propre qui offre de plus aussi la *petite ligne perpendiculaire*, laquelle est la voyelle placée après *le disque*. On n'a point oublié que ces deux caractères forment un des noms les plus habituels du dieu Rê, Ra ou Ri (le Soleil) (2).

La variante n.° 6 ne diffère de la précédente que par l'emploi d'un caractère, le *signe recourbé,* homophone bien connu des deux *sceptres affrontés,* pour exprimer le premier ⲥ. Le *signe recourbé* exprime, à son tour, les deux ⲥ dans la variante n.° 7 ; et un nouvel homophone, la *tige de plante recourbée,* qui est déjà reconnu pour un ⲥ dans les mots ⲥⲟⲧⲛ, et ⲙⲥⲅ ou ⲙⲥⲉ, &c. (3), représente le second signe dans la variante n.° 8.

Quelques différences notables se font remarquer dans

---

(1) *Suprà*, pag. 86; pag. 69.
(2) Tableau général, n.ᵒˢ 46; et *suprà*, pag. 86.
(3) *Suprà*, pag. 72, 139.

(219)

les variantes n.ºs 9 et 10 ; mais elles ne sont qu'apparentes. Le nom du dieu Soleil ⲢⲎ, est seulement exprimé ici par l'image même du *dieu Soleil* à tête d'épervier, surmontée du disque ; ces deux cartouches contiennent donc toujours, comme les autres, les mots Ⲁⲙⲛⲙⲁⲓ Ⲣⲏⲙⲥⲥ , *le chéri d'Ammon-Ramsès*.

Mais la variante n.° 11 offre une singularité digne d'être observée : la première partie du titre tout phonétique *chéri d'Ammou*, reste en tête du cartouche, comme dans les précédens, et la dernière partie, la consonne ⲙ, abréviation de ⲙⲁⲓ, *aimé*, *chéri*, est rejetée à la fin, après le nom propre royal, ce qui donne en lettres coptes la transcription Ⲁⲙⲛ-Ⲣⲏⲙⲥⲥ-ⲙ., c'est-à-dire, *d'Amoun-Ramsès-chéri*, au lieu de ⲁⲙⲛ-ⲙⲁⲓ-ⲣⲏⲙⲥⲥ, *le chéri d'Amoun Ramsès*, comme portent les variantes 5, 6, 7, 8, 9, &c.

Dans la variante n.° 12, nous voyons une particularité nouvelle : le titre *Amon-mai (chéri d'Ammon)*, qui est ici exprimé par l'image, déjà bien connue, du dieu Amoun (1), mise à la place du nom phonétique, et par le *hoyau* ou *charrue*, homophone (2) du *piédestal*, abréviation du groupe ⲙⲁⲓ (3), procède de *gauche à droite*, tandis que le nom propre Ⲣⲏⲙⲥⲥ est écrit de *droite à gauche*; de sorte que la figure du dieu *Amoun* est face à face avec l'image du dieu Rê ('le

---

(1) *Suprà*, pag. 105, 144, et Tableau général, n.° 67.
(2) *Suprà*, pag. 141 et 142.
(3) *Voyez* Tableau général, n.° 351.

Soleil), qui exprime la syllabe ⲡⲏ du nom propre Ⲡⲏⲙⲥⲥ, *Ramsès.*

Cette singulière disposition de signes est en partie imitée dans les variantes n.ᵒˢ 14, 15 et 16, où les images des dieux *Amoun* et *Rê* sont face à face, et placées sur le *piédestal* représentant l'ⲙ du titre abrégé ⲙⲉⲓ; ce même signe sépare l'image du dieu Soleil Rê ou Ra, du reste du nom propre ⲙⲥⲥ, dont il est une partie nécessaire.

Ainsi la légende entière (1) du Pharaon dont le prénom, le nom et les titres se présentent le plus fréquemment sur les monumens égyptiens du premier style, doit se traduire par ces mots : *Le roi du peuple obéissant (Ra-Saté, approuvé par Amoun), fils du Soleil (chéri d'Amoun* Ramsès).

Puisque la lecture de ce nom royal est bien fixée, il reste à savoir quel est celui des monarques égyptiens mentionnés par les historiens Grecs, auquel il a pu appartenir.

La légende royale de ce prince se lit dans les dédicaces et sur toutes les parties des grands édifices d'Ibsamboul, de Calabsché, de Derry, de Ghirché et de Ouady-Ésséboûâ, dans la Nubie ; en Égypte, sur plusieurs parties du palais de Karnac à Thèbes, et principalement dans la grande salle hypostyle ; sur le grand pylone, les colonnes et la première cour du palais de Louqsor ; sur toutes les parties de l'édifice qu'on

---

(1) *Voyez* Tableau général, n.ᵒ 114, *a* ou *b*.

a désigné sous le nom de *Tombeau d'Osymandias;* dans le palais d'Abydos; enfin sur les obélisques de Louqsor, et sur les obélisques de Rome appelés *Flaminien*, *Sallustien* (1), *Mahuteus*, *Médicis;* enfin, sur une foule d'autres monumens de tout genre. On retrouve également cette même légende royale sur une inscription dont le texte est bilingue, *hiéroglyphique* et en écriture *cunéiforme;* ce monument précieux existe à Nahhar-el-Kelb, en Syrie, près de l'ancienne Bérythus.

Le Pharaon auquel se rapporte cette légende si souvent reproduite, fut un souverain guerrier, puisque son image est sculptée dans des bas-reliefs représentant des siéges, des combats, des allocutions, des marches militaires, et des passages de fleuves; il porta aussi les armes dans des pays éloignés de l'Égypte, puisqu'il est, sur d'autres tableaux, l'objet des hommages de peuples vaincus ou captifs, dont la couleur et le costume n'ont rien de commun avec les Égyptiens figurés sur les mêmes bas-reliefs; il pénétra sur-tout en vainqueur dans l'intérieur de l'Afrique, puisqu'on le voit, sur d'autres bas-reliefs, recevant en présent des productions propres à cette région, telles que des giraffes, des autruches et diverses espèces de singes et de gazelles; ce roi possédait d'immenses richesses, accrut nécessairement les revenus de l'État aux dépens des nations étrangères, et encouragea les arts : le

---

(1) Cet obélisque n'est qu'une mauvaise copie, faite jadis par un ciseau romain, du bel obélisque connu sous le nom de *Flaminien.*

nombre et l'importance des édifices qu'il a fait élever ne permettent aucun doute à cet égard. Voilà ce que les monumens nous apprennent sur ce prince ; il est évident qu'il fut un des plus illustres et des plus puissans monarques de l'Égypte.

Et en effet, lorsque Germanicus, parcourant les bords du Nil, visita les vénérables débris de la grandeur de Thèbes, et qu'il interrogea le plus âgé d'entre les prêtres du pays, sur le sens des inscriptions hiéroglyphiques qui couvraient ces monumens, ce prêtre lui dit alors que ces textes sacrés contenaient des notions sur l'ancien état de l'Égypte, sur ses forces militaires, ses revenus, et se rapportaient sur-tout à la conquête de la Libye, de l'Éthiopie, de la Syrie et d'une grande portion de l'Asie, faite par les Égyptiens, sous la conduite d'un de leurs anciens rois qui s'appelait RAMSÈS (1); c'est précisément là le nom propre que nous trouvons écrit Pⲣⲱⲥⲥ, *Ramsès*, dans les légendes royales qu'on vient d'analyser.

Mais à quelle époque vécut ce grand roi Ramsès ? nous ne pourrons la fixer qu'en trouvant la place de

---

(1) *Mox* (Germanicus) *visit veterum Thebarum magna vestigia; et manebant structis molibus litteræ Ægyptiæ, priorem opulentiam complexæ : jussusque è senioribus sacerdotum patrium sermonem interpretari, referebat habitâsse quondam septingenta millia ætate militari : atque eo cum exercitu regem RHAMSEN Libya, Æthiopia, Medisque et Persis, et Bactriano ac Scythâ potitum ; quasque terras Suri Armeniique et contigui Cappadoces colunt, inde Bithynum, hinc Lycium ad mare imperio enuisse,* &c. C. Tacitus, *Annalium* lib. II, pag. 78; Amstelod., typis Lud. Elzevirii, 1649.

ce même roi dans le Canon chronologique de Manéthon, où sont aussi tous les Pharaons dont nous avons déjà lu les noms propres.

Cet historien mentionne dans ce Canon, qui nous a été conservé en abrégé par Jules l'Africain et Eusèbe, trois souverains qui ont porté des noms tout-à-fait semblables ou très-approchans du Ramsès de Tacite.

Le premier est Ραμεσης ou Αρμεσης, quatorzième roi de la XVIII.ᵉ dynastie ; mais on ne cite de lui aucune action mémorable.

Le second est son fils et son successeur Ραμεσης-Μειαμουν, c'est-à-dire, *Ramésès aimant Amoun, Ramésès l'ami d'Amoun*. Ce n'est point encore là le Ramsès de notre légende hiéroglyphique, qui porte constamment le titre *Amon-maï* (Tableau général, n.ᵒˢ 354, 355), c'est-à-dire, *chéri d'Ammon*, et jamais celui de *Maï-Amoun* (Tableau général, n.ᵒ 393), *chérissant Ammon, l'ami d'Ammon*, comme le second Ramsès de Manéthon.

Le troisième *Ramsès* nommé dans cet auteur, est le quatrième prince de la XIX.ᵉ dynastie ; on ne lui attribue encore aucune entreprise militaire, aucune action qui le distingue de la foule des rois dont les noms se lisent sans gloire dans cette longue série chronologique.

Mais le bisaïeul de ce dernier *Ramsès* ou *Ramésès*, et le petit-fils de *Ramésès-Meïamoun*, nommé Σεθως, Σεθ et Σεθωσις dans les divers textes de Manéthon, le premier roi de la XIX.ᵉ dynastie, fut un de ces princes guerriers dont le souvenir, perpétué par les grands événemens de leur règne, survit dans les fastes historiques au temps et aux révolutions. *Séthosis*, d'après le témoignage formel de l'historien égyptien, monta sur le trône d'Égypte après la mort de son père Aménophis III, et fit la conquête de la Syrie, de la Phénicie, de Babylone, de la Médie, &c.; Manéthon le donne enfin pour le plus illustre des anciens rois.

Le Séthosis de Manéthon est bien certainement le même personnage que le *Sésoosis* de Diodore de Sicile, et le *Sésostris* d'Hérodote et de Strabon, que ces auteurs nous peignent comme le plus grand roi qu'ait eu la nation égyptienne, et auquel ils attribuent également la conquête de l'Éthiopie, de la Syrie et d'une grande partie de l'Asie occidentale : les traditions écrites, conservées par les Grecs, sur ce roi *Séthos*, *Séthosis*, *Sésoosis* ou *Sésostris*, s'accordent donc très-bien avec ce que les monumens égyptiens nous apprennent sur le grand roi *Ramsès*; mais ce dernier nom diffère tellement de ceux donnés au conquérant égyptien par Manéthon, Hérodote, Diodore de Sicile et Strabon, qu'il est impossible de croire, sans une autorité expresse, que ces noms ont été portés à-la-fois par un seul et même prince.

Mais Manéthon lui-même, et c'est bien la plus imposante autorité que l'on puisse citer en pareille matière, lève complétement cette difficulté, en nous apprenant que *Séthos* ou *Séthosis* porta aussi le nom de

Ramessès ou de *Rampsès*. Cet historien, racontant la seconde invasion des pasteurs en Égypte, sous le règne d'Aménophis III, père de Séthos, dit, en effet, que le roi, troublé à la nouvelle de l'arrivée de ces étrangers, partit pour les combattre, *après avoir confié à un ami sûr son fils* SÉTHOS, *alors âgé de cinq ans, et qui portait aussi le nom de* RAMESSÈS, *à cause de Rampsès, nom de son père* (1). « Τον δε υιον ΣΕΘΩΝ, τον και ΡΑΜΕΣΣΗΝ απο Ραμψνους του πατρος ωνομασμενον, πενΤα ετη οντα, εξεθετο προς τον εαυτου φιλον (2). » Plus loin, Manéthon raconte qu'Aménophis III n'ayant pu résister aux pasteurs, se retira avec son fils en Éthiopie, où il demeura pendant de longues années ; mais qu'enfin, ayant rassemblé une armée éthiopienne, il rentra en Égypte, toujours avec son fils RAMPSÈS, qui commandait lui-même alors un corps de troupes. « (Αμενωφις) και ο υιος αυτου ΡΑΜΨΗΣ και αυτος εχων δυναμιν &c. (3). Il paraît, au reste, que ce nom de *Ramsis, Rampsès* ou *Ramésès* fut très-usité en Égypte : nous verrons en effet ailleurs que cinq Pharaons le prirent successivement, et l'Exode nous apprend aussi qu'une des villes de la Basse-Égypte bâties par les Hébreux pendant leur longue captivité, portait le nom de רעמסס *Ramésès* ou *Ramsès* (4) ; et ce nom est écrit dans le texte original par un *resch*, un *aîn*, un

---

(1) *Ramessès-Meiamoun*, père d'Aménophis III.
(2) Manetho *apud Josephum contra Appionem*, lib. I, pag. 1053.
(3) *Ibid.* pag. 1054.
(4) Exode, I, 11.

mem et deux *samech*, c'est-à-dire, par tout autant de signes que dans l'égyptien, et par des signes équivalant aux caractères hiéroglyphiques phonétiques qui forment ce même nom *Ramsès* dans les légendes précitées (1). On connaît encore, dans la Basse-Égypte, province de Bohaïréh, une position où se trouvent des ruines égyptiennes et un bourg qui porte le nom de رمسيس *Ramsis* (2).

Il résulte donc de cet ensemble de faits, que le souverain égyptien, qualifié dans sa légende royale hiéroglyphique des titres *approuvé par le Soleil, chéri d'Amoun, fils du Soleil,* RAMSÈS, est, sans aucun doute, le même prince que le *Rhamsès* de Tacite, le *Ramésès* ou le *Rampsès* de Manéthon, le *Séthos* ou le *Séthosis* de ce même historien, le *Sésoosis* de Diodore, et le *Sésostris* d'Hérodote et de Strabon; et comme tous les documens qui nous ont été transmis sur ce grand prince, ne permettent point de placer son existence plus tard que le XV.ᵉ siècle avant notre ère, il résulte également de la lecture de sa légende royale, que l'écriture hiéroglyphique phonétique était en usage en Égypte dix siècles avant l'invasion de Cambyse, et douze siècles avant Alexandre le Grand.

Le Canon de Manéthon mentionne plusieurs prédécesseurs ou successeurs de ce grand conquérant, qui portèrent aussi le nom de RAMSÈS ou RAMÉSÈS. Je

---

(1) *Voyez* planche XII, n.ᵒˢ 4, 5, 6, &c.
(2) *Voyez* l'*Égypte sous les Pharaons*, partie géographique, tom. II, pag. 248.

(227)

trouve, en effet, sur divers monumens égyptiens, des légendes royales dont le cartouche qui renferme le nom propre se lit également *Ramsès* PHꙬCC, mais dont le cartouche *prénom* diffère d'une manière marquée du prénom constant des légendes royales de Ramsès le Grand. Il importe de reconnaître à quels rois de la liste de Manéthon peuvent se rapporter ces légendes, et c'est en fixant cette synonymie que nous pouvons acquérir de nouvelles certitudes sur l'antiquité des hiéroglyphes phonétiques.

La légende royale du Pharaon qui a construit le magnifique palais de *Médinétabou*, et quelques parties des édifices de Karnac et de Louqsor à Thèbes, est reproduite dans notre Tableau général, sous le n.º 113. Le prénom est formé d'abord des trois signes que, dans le nom de Ramsès le Grand, n.º 114, nous avons reconnus être les noms divins *Rê* et *Saté*; mais au lieu du titre *approuvé par le Soleil*, que contient ensuite ce dernier, le prénom de la légende n.º 113 offre quatre autres caractères dont la valeur est bien connue (1), et qui forment le titre UɛɪꙃꙬꙟ (2) MEIAMON, MEIAMOUN, *aimant Ammon, celui qui aime Ammon, l'ami d'Ammon :* et comme le nom propre de ce roi est aussi PHꙬCC *Ramsès*, suivi d'un titre particulier que je traduis par *Martial*, ou par les mots *favorisé de Mars* (3), nous ne pou-

---

(1) *Suprà*, pag. 155.
(2) Tableau général, n.º 393.
(3) *Voyez* toutes les variations de ce titre au Tableau général, n.º 443 *bis*, et la note à l'explication des planches.

P*

vons méconnaître dans ce 𝐏𝐇⋆𝐂𝐂 *Ramsès*, surnommé 𝐔𝐄𝐈𝐙⋆𝐍 *Mei-amoun*, le roi Ραμεσης, que Manéthon surnomme aussi Μιαμουν ou Μειαμμουν. C'est le quinzième roi de la XVIII.ᵉ dynastie, le père d'Aménophis III père de Ramsès le Grand ou Sésostris.

Le règne de Ramsès-Meiamoun fut de plus de soixante ans; et, d'après les sculptures de son palais de Médinétabou, des expéditions militaires en illustrèrent la durée. Le tombeau de ce Pharaon existe aussi dans la vallée de Biban-el-Molouk, à l'occident de Thèbes; c'est le V.ᵉ tombeau de l'est. Cette superbe excavation renfermait un sarcophage dont le couvercle de granit rouge, ayant dix pieds de long, a été transporté par le célèbre voyageur Belzoni, d'Égypte en Angleterre, où il décore le musée de l'université de Cambridge; ce couvercle offre, sculptée en très-haut relief, l'image du Pharaon Ramsès-Meiamoun, entourée de sa légende royale; et cette même légende se trouve répétée un très-grand nombre de fois dans les bas-reliefs du tombeau, et, par exemple, sur les beaux fauteuils sculptés et coloriés dont la Commission d'Égypte a rapporté les dessins (1).

Le petit temple de Calabsché, en Nubie, et quelques parties du palais de Louqsor portent la légende royale d'un troisième RAMSÈS (Tableau général, n.° 112).

Le prénom, dont les deux premiers signes, le *Soleil* et le *sceptre à tête de schacal*, sont semblables à ceux

---

(1) *Description de l'Égypte*, Antiq. vol. II, pl. 89.

des prénoms de *Ramsès le Grand* et de *Ramsès-Meia-moun*, n'en diffère essentiellement que par le signe final, qui est le c hiéroglyphique, et sur-tout par le troisième signe, qui, au lieu d'être la déesse Saté caractérisée par sa coiffure ornée d'une plume, est le dieu *Djom* ou *Gom*, l'Hercule égyptien, dont la tête est tout aussi habituellement surmontée d'une plume ou feuille; et la *barbe* que porte la petite figure dans tous les dessins de ce prénom royal que j'ai pu consulter, ne laisse en effet aucun doute sur le sexe. Le second cartouche contient le nom propre qui se lit sans difficulté, PRͶCC, *Ramsès*.

La légende de ce prince se montre également dans la colonne médiale de deux faces de l'obélisque oriental et de l'obélisque occidental de Louqsor; mais les colonnes latérales de ces faces, comme les trois colonnes de la troisième face de chacun de ces monolithes, offrent la légende royale de *Ramsès le Grand*. Ces diverses circonstances prouvent, 1.° que les obélisques ont été taillés et érigés par le Pharaon dont la légende se trouve dans les colonnes médiales de deux de leurs faces; 2.° que ces obélisques n'ont eu d'abord, comme ceux de Karnac et celui d'Héliopolis, qu'une seule colonne d'hiéroglyphes, portant, comme on l'a vu, la légende du *Ramsès* qui les fit élever; 3.° que dans la suite *Ramsès le Grand* ayant embelli le même palais par des constructions nouvelles, on consacra son nom et les détails de ses travaux dans les deux colonnes latérales des deux premières faces et dans trois colonnes

(230)

de la troisième face de chacun des deux monolithes, lesquelles ne portaient point encore d'inscriptions. Cette théorie sur les obélisques à deux légendes royales, théorie qui s'applique avec un égal succès aux obélisques de Saint-Jean de Latran et à l'obélisque Flaminien, sera développée dans un travail particulier sur la chronologie des monumens égyptiens; et je prouverai alors que, dans les temps antiques, les obélisques n'étaient placés à l'entrée des principaux édifices, que comme de grandes stèles portant la dédicace des temples ou autres constructions, à certaines divinités, mentionnant spécialement les rois qui avaient fait exécuter ces constructions, et donnant quelquefois le détail des travaux entrepris par chaque prince, et de l'exécution des obélisques eux-mêmes.

Il résulte, principalement de la place qu'occupent les deux légendes royales gravées sur les deux superbes obélisques de Louqsor, que le troisième *Ramsès* dont nous trouvons le nom (1) dans les colonnes médiales, était *antérieur à Ramsès le Grand;* on doit donc chercher le nom de ce nouveau Ramsès parmi les prédécesseurs de *Ramsès le Grand.* Il ne peut être que son bisaïeul *Ramsès*, quatorzième roi de la XVIIIe dynastie, père et prédécesseur de *Ramsès-Meiamoun* dont nous avons aussi déjà reconnu la légende royale (2).

Les grandes colonnes de la salle hypostyle du palais de Karnac, et une portion des petites, portent la lé-

---

(1) Tableau général, n.° 112.
(2) *Ibid.* n.° 113.

gende royale de *Ramsès le Grand;* le reste des petites colonnes offre la légende royale d'un quatrième Pharaon du nom de *Ramsès.* Cette dernière est gravée sous le n.º 115, *a* et *b.*

Dans les trois premiers signes du prénom, on remarque, comme parmi les trois premiers du prénom de Ramsès le Grand, le caractère *figuratif* du Soleil *(Rê)* et l'image de la déesse *Saté,* dont la tête est surmontée d'une plume ou feuille; mais le second signe, le sceptre, au lieu d'être terminé par une *tête de schacal,* est le sceptre recourbé qu'on a vaguement nommé *le crochet,* et qu'on retrouve sans cesse dans les mains du dieu Osiris. Le prénom de la légende n.º 115 contient, de plus, le titre *approuvé d'Amoun,* tandis que le prénom de Ramsès le Grand se termine par le titre *approuvé par le Soleil.* Le n.º 115 *c* offre une variante curieuse du prénom de ce nouveau Ramsès. L'image de la déesse *Saté* a disparu, et son signe caractéristique, la *plume* ou *feuille,* a passé dans la main de l'image d'*Amoun.* Les prénoms royaux nous ont déjà montré des exemples de cette curieuse contraction de signes, particulière à la classe des caractères hiéroglyphiques *symboliques.* Enfin, dans le prénom 115 *c,* le dernier signe du groupe (1) qui exprime l'idée *approuvé,* est la *coiffure royale,* caractère *homophone* de la *ligne brisée,* et cette variante prouve, comme nous l'avons déjà dit, que ce groupe est réellement *phonétique.*

---

(1) Tableau général, n.º 397 *a.*

Le cartouche nom propre de la nouvelle légende (n.° 115 *a*) se lit, ⲀⲨⲚⲨⲤⲒ ⲢⲘⲤⲤ Amonmai-Ramsès, *le chéri d'Ammon* Ramsès, et présente une particularité que n'ont point fournie les nombreuses variantes du nom de *Ramsès le Grand*. Les deux *feuilles* représentant la diphthongue ⲨⲒ ou bien Ⲓ du mot ⲨⲨⲤⲒ *amatus*, sont groupées symétriquement à droite et à gauche du signe Ⲩ du nom propre ⲢⲘⲨⲤⲤ. Un cartouche de l'empereur Claude (1) nous montre un déplacement tout-à-fait analogue : les deux *feuilles* représentant l'Ⲓ du mot ⲄⲢⲨⲚⲒⲔⲤ (Γερμανικος, Germanicus), sont divisées et groupées l'une à droite et l'autre à gauche du Ⲅ de ce même mot.

Ce quatrième *Ramsès* qui a terminé les colonnes de la salle hypostyle de Karnac, magnifique monument décoré en très-grande partie sous le règne de *Ramsès le Grand*, ne peut être que le Pharaon Ραμψης, *Rampsès*, son fils et son successeur, l'héritier de ses richesses, de son amour pour les arts, de sa piété envers les dieux, mais non de son courage ni de sa science politique, puisque, d'après l'histoire, ce Pharaon laissa décliner, durant un très-long règne, l'influence que l'Égypte exerçait avant lui sur les contrées voisines.

Ainsi, les noms royaux encore *phonétiques* de *Ramsès-Meiamoun*, et de *Ramsès* son père, bisaïeul de *Ramsès le Grand*, prouvent encore que, trois générations avant cet illustre conquérant, l'écriture hiéroglyphique comp-

---

(1) *Voyez* Tableau général, n.° 143 *b*. Ce cartouche est sculpté sur le portique d'Esné.

tait déjà parmi ses élémens un très-grand nombre de caractères *phonétiques* ou exprimant *des sons;* et de plus, que les signes de ce genre qui, dans la transcription des noms propres des rois grecs et des empereurs romains en écriture sacrée, servaient à rendre certaines voyelles ou certaines consonnes, exprimaient déjà ces mêmes voyelles et ces mêmes consonnes à cette époque si reculée.

Je n'ajouterai plus à cette série que la lecture de trois autres noms pharaoniques, noms que portèrent sans aucun doute, comme on pourra le voir, trois rois égyptiens qui, d'après le Canon de Manéthon, dont tout concourt déjà à prouver l'exactitude, furent les ancêtres des divers Pharaons de la XVIIIe dynastie, que nous venons de reconnaître.

Le premier et le plus rapproché de nous est le septième prédécesseur de *Ramsès-Meiamoun,* Aménophis II, huitième roi de la XVIIIe dynastie, lequel, d'après Manéthon, qui, certes, devait connaître mieux que tout autre l'histoire ancienne de son pays, est le roi égyptien que les Grecs ont confondu avec leur *Memnom* : Ουτος ο Μεμνων ειναι νομιζομενος, dit le prêtre de Sebennytus (1).

Il était naturel de chercher sur-le-champ la légende royale hiéroglyphique de ce prince sur le colosse de Thèbes, que l'antiquité grecque et romaine a reconnu pour être une statue de *Memnon;* cette légende

---

(1) Manéthon. — *Voy.* Georg. Syncell. *Chronographia,* pag. 72, &c

a été dessinée avec une égale exactitude et par la Commission d'Égypte (1) et par M. Huyot: je la reproduis dans le Tableau général, sous le n.° 111.

Le prénom (n.° 111 *a*) contient encore le disque solaire et la figure de la déesse portant une plume ou feuille sur sa tête; ce sont encore là les noms sacrés du dieu *Phré* et de la déesse *Saté*, que nous avons constamment remarqués dans les prénoms de plusieurs rois de cette même XVIII.ᵉ dynastie, qui, d'après Manéthon, étaient d'une seule et même famille. Le troisième signe du prénom est une sorte de grand segment de cercle qu'il ne faut point confondre avec le *bassin à anneau*, caractère phonétique qui exprime le κ et le τ des noms grecs et le 6 des mots égyptiens. Ce grand segment de sphère (2) qui paraît figurer une espèce de coupe, employé très-fréquemment dans les légendes des rois et des dieux, y exprime toujours une idée de *possession* et de *suprématie;* c'est ce même signe qui a été rendu par le mot grec δεσπότης, *seigneur*, dans la traduction d'un obélisque par Hermapion (3), et je l'exprime constamment par le mot copte ⲚⲎⲂ, *seigneur*, κυριος. Ainsi, la valeur de tous les caractères du prénom royal (n.° 111 *a*) étant connue, nous pouvons le traduire d'une manière très-approximative par ces mots: *Seigneur par Phré et par*

---

(1) *Description de l'Égypte. Ant.* vol. II, pl. XXII, n.° 3.
(2) *Tableau général*, n.ᵒˢ 415 et 416.
(3) *Suprà*, pag. 149 et 150.

Saté; quoi qu'il en soit, la connaissance du sens rigoureux de ce prénom n'importe point à la discussion présente.

Il n'en est pas ainsi du cartouche nom propre (n.° 111 *b*) : ses quatre premiers signes sont purement *phonétiques*, déjà connus, et se lisent sans hésitation ⲀⲘⲚϤ, ce qui donne la voyelle initiale et toutes les consonnes du nom ΑΜΕΝΩΦ-ις que Manéthon nous dit être en effet le nom égyptien, le véritable nom du Pharaon que les Grecs ont confondu avec leur *Memnon*. Les deux caractères qui suivent sont un de ces titres qui terminent ordinairement les cartouches contenant les noms propres royaux ; dans certaines légendes d'*Aménophis*, ce titre, dont le sens est encore ignoré, manque, et ce cartouche ne contient que le nom seul ⲀⲘⲚϤ (Aménof).

Cette coïncidence de l'orthographe du nom propre hiéroglyphique avec le Canon et la remarque de Manéthon, ne peut laisser aucune incertitude sur l'identité d'*Aménophis* et du roi égyptien dont la statue, appelée *Memnon* par les Grecs et placée dans la partie occidentale de la plaine de Thèbes (1), attira pendant fort long-temps la curiosité des Grecs et des Romains. Parmi les inscriptions grecques qui couvrent les jambes du colosse et qui attestent que leurs auteurs ont entendu la voix mélodieuse de Memnon , il en est une qui contient

---

(1) M. Langlès, dans ses notes sur le *Voyage de Norden* (Paris , 1795, *in*-4.°, tom. II, pag. 227), a réuni dans un savant mémoire les notions que l'antiquité nous a transmises sur Memnon.

à-la-fois le nom grec et le véritable nom égyptien du personnage que le colosse représente; elle renferme les deux vers suivant :

ΕΚΛΥΟΝ ΑΥΔΗΣΑΝΤΟΣ ΕΓΩ ΠΟΒΛΙΟΣ ΒΑΛΒΙΝΟΣ
ΦΩΝΑΣ ΤΑΣ ΘΕΙΑΣ ΜΕΜΝΟΝΟΣ Η ΦΑΜΕΝΩΦ

« Moi, Publius Balbinus (1), j'ai entendu *Memnon* ou *Pha-*
» *ménoph* rendant des sons divins. »

Dans cette inscription bien connue, le second nom de Memnon, le nom local, le nom égyptien est Φαμενωφ, qui n'est que le nom Αμενωφις, précédé de l'article masculin égyytien ⳨, et privé de la désinence grecque ις, Φαμενοφ ou Φαμενωφ. A ce témoignage irrécusable de la lecture du nom égyptien hiéroglyphique de Memnon, on peut joindre celui de Pausanias, qui, dans sa description de l'Attique, dit formellement, en parlant du colosse de Thèbes que les Grecs croient être leur Memnon : Αλλα γαρ ου ΜΕΜΝΟΝΑ οι Θηβαιοι λεγουσι, ΦΑΜΕΝΩΦΑ δε ειναι των εγχωριων, ου τουτο αγαλμα ην. « Mais les habitans de Thèbes disent que cette statue » n'est point celle de *Memnon*, mais bien celle de *Pha-* » *ménoph*, un de leurs compatriotes. »

Ainsi la lecture, par mon alphabet, du nom royal hiéroglyphique gravé sur le colosse, étant celui d'Ἀμunq

---

(1) Ce Publius Balbinus accompagnait l'impératrice Sabine, femme d'Hadrien, qui visitait les ruines de Thèbes le 21 novembre de l'an 130 de J. C. *Voyez*, sur cette curieuse inscription, l'explication de sa date égyptienne, dissertation insérée par mon frère dans ses *Annales des Lagides*, tom. I, pag. 413 à 455.

(*Aménof* ou *Aménoph*), l'inscription grecque de la statue, le Canon de Manéthon, et le passage de Pausanias, concordent, s'appuient, se prouvent réciproquement, et font disparaître toute incertitude et sur la réalité de ma lecture et sur la synonymie des personnages.

La légende royale d'Aménophis II se lit sur un grand nombre de monumens et sous sa forme accoutumée (Tableau général, n.° 111); elle nous apprend d'abord que ce Pharaon a fondé, construit et décoré le grand sanctuaire ainsi que les parties les plus anciennes du palais de Louqsor à Thèbes. C'est encore sa légende que portent, comme on devait s'y attendre, les constructions de Thèbes, connues des Grecs sous le nom de *Memnonium*; elle se lit de plus sur une statue de granit gris, et de dix pieds de hauteur, trouvée par M. Belzoni parmi les ruines du *Memnonium*, et dans le voisinage même du grand colosse de *Memnon* (Aménophis): le nom propre Aménof (ⲁⲙⲛϥ) y est accompagné du titre ⲥⲱⲧⲡⲏ-ⲙⲁⲓ (Tableau général, n.° 365 b), *chéri d'Amon-Ré* ou *d'Amon-Ra*, qui est le nom le plus ordinaire du dieu *Amon*, *Amen* ou *Amoun* (Ammon) sur les monumens de Thèbes.

Si, d'un autre côté, nous remarquons aussi que ce roi est le fondateur du temple d'*Amen-Neb* ⲁⲙⲛ-ⲛⲃ l'*Aménébis* ou l'*Ammon-Chnubis* des Grecs, à Éléphantine, et que l'image de ce Pharaon y est souvent répétée avec sa légende royale suivie du titre ⲛⲟⲩⲃ-ⲙⲁⲓ et ⲛⲃ-ⲙⲁⲓ, *chéri de Cnèph* ou *Chnoubis*, on restera convaincu que ce prince eut pour divinité protectrice spéciale, le dieu Ammon, et l'on reconnaîtra aussi que le nom phonétique ordinaire de ce même dieu, ⲁⲙⲛ (Tableau général, n.° 39), entre dans la composition et l'expression écrite de son nom propre ⲁⲙⲛϥ (*Aménof*).

Nous avons déjà dit que le nom propre ⲁⲙⲛϥ AMÉNOF semblait n'être qu'une abréviation d'ⲁⲙⲛϥⲧⲡ AMÉNOFTÈP, *celui qu'Ammon a goûté*, de la même manière que Ⲡⲧϩϥ PTAHAF (1) n'est aussi qu'une simple abréviation de Ⲡⲧϩϥⲧⲡ PTAHFTÈP ou PTAHAFTÈP (2), *celui que Phtha a goûté*, ces deux noms propres étant formés des noms divins ⲁⲙⲛ *Amen* ou *Amon* (Ammon), Ⲡⲧϩ *Ptah* (Phtha) et du verbe ⲧⲡ. Je trouve la confirmation pleine et entière de cet aperçu dans les deux faits suivans.

1.° Les légendes qui décorent les trois cercueils ou couvercles de la plus belle momie du cabinet du roi, présentent le nom propre du défunt écrit tantôt ⲁⲙⲛϥ *Aménof* (Tableau général, n.° 160), tantôt ⲁⲙⲛϥⲧⲡ (*ibid.* n.° 161), *Aménoftèp*, indifféremment;

2.° Les membres de la Commission d'Égypte ont trouvé dans le tombeau royal isolé, de l'ouest, plusieurs statuettes de grès ou de serpentine qui, toutes, portent *la légende* du roi Aménophis II, et le nom propre est évidemment écrit ⲁⲙⲛϥⲧⲡ AMÉNOFTÈP

---

(1) Tableau général, n.° 171.
(2) *Ibid.* n.° 172.

sur l'une d'entre elles (1). La présence de ces figurines dans le tombeau isolé de l'ouest, prouve du reste, comme nous le développerons ailleurs, que cette superbe excavation est le tombeau du Pharaon Aménophis II; et en reconnaissant ainsi que le nom propre *Aménof* n'est qu'une abréviation orale et graphique d'*Aménofièp*, cela nous explique bien naturellement pourquoi les Grecs ont écrit le nom propre de plusieurs princes tantôt Αμενωφις, et tantôt Αμενωφθις et Αμενεφθης.

Le Pharaon Aménophis II fut, comme son descendant Ramsès le Grand, un prince guerrrier, et sous son règne l'empire égyptien s'étendit, vers le midi, au moins à cent lieues environ plus loin que l'île de Philæ, que l'on considère habituellement comme la limite extrême de l'ancien royaume d'Égypte; les belles ruines de Soleb, situées sur les bords du Nil, vers les 20° 10' de latitude boréale, montrent du moins la légende royale de ce roi, et offrent les images de plusieurs peuples étrangers, qui sont figurés dans un état non équivoque de captivité.

Plusieurs autres rois égyptiens ont porté le même nom que ce grand prince; l'histoire et les monumens ne permettent aucun doute à cet égard. Le sanctuaire, c'est-à-dire la partie la plus ancienne du temple d'Amada, entre Ibsamboul et Derry, présente la légende royale d'un autre *Aménophis* (Tableau général,

---

(1) *Description de l'Égypte*, Ant. vol. II, pl. LXXX, n.° 4.

n.° 109), qu'on ne saurait, sous aucun rapport, confondre avec la légende d'Aménophis II (Memnon), puisque le prénom de l'un diffère entièrement du prénom de l'autre. Ils n'ont en effet qu'un seul signe commun ; le premier, le disque ou globe solaire, signe qui est aussi *le premier dans tous les prénoms de tous les Pharaons;* car ces souverains prenant tous la qualification de *fils du Soleil,* s'assimilaient évidemment à leur père dans leur prénom royal.

L'*Aménophis* du temple d'Amada, peut être Aménophis I, troisième roi de la XVIII.ᵉ dynastie, ancêtre d'Aménophis II (Memnon) ; ou bien Aménophis III, père de Ramsès le Grand : mais les autres légendes du même temple ne permettent point d'hésitation, et décident promptement la question en faveur du premier de ces Pharaons.

J'ai dit que la légende royale du nouvel *Aménophis* occupait le sanctuaire et les parties environnantes du monument d'Amada; les autres parties de ce temple ont été décorées par un second Pharaon dont la légende royale est gravée dans notre Tableau général, sous le n.° 110, et dans la planche ci-jointe, avec toutes ses variantes (planche XIII).

Le *prénom* est constamment le même dans toutes les variantes de cette légende, qui se montre sur un grand nombre de constructions égyptiennes et sur de grands obélisques ; ce qui prouve d'abord que le prince dont elle contient et les titres et le nom propre fut un des plus célèbres souverains de cette contrée.

Page 240

Pl. XIII.

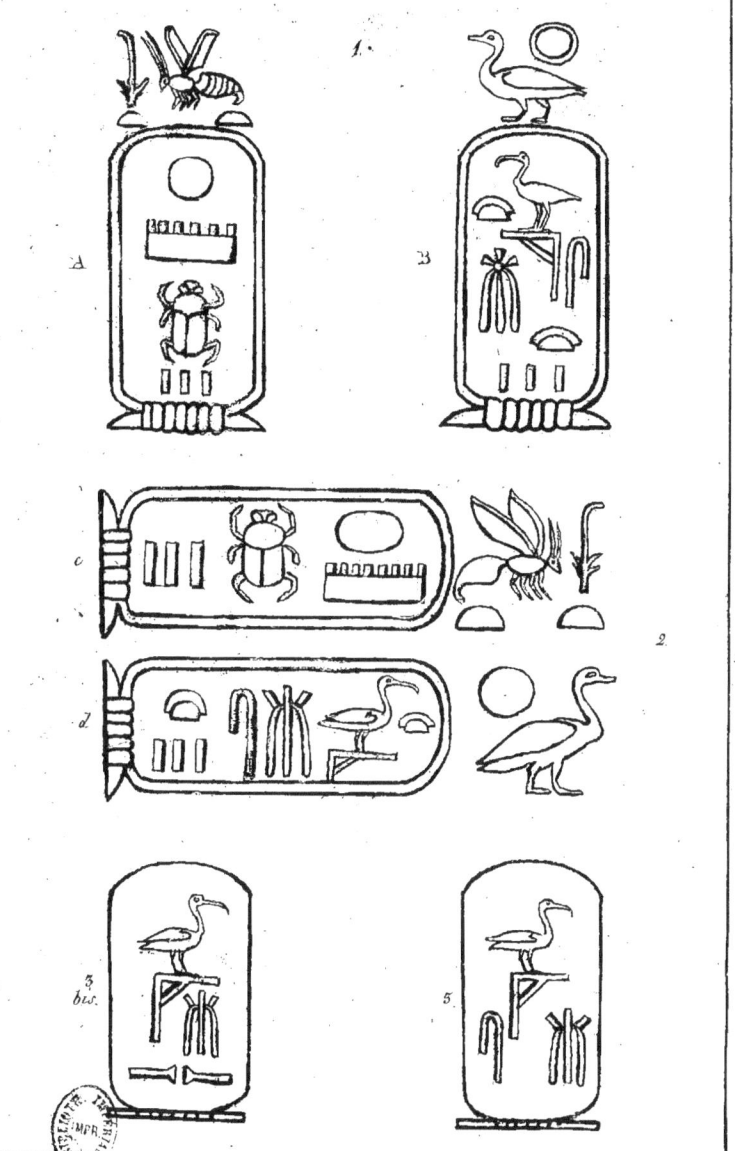

Le *nom propre*, entremêlé avec des titres (pl. XIII, n.° 1 *b* et n.° 2 *d*), est dégagé de tout caractère étranger dans la variante n.° 3, même planche.

Le premier groupe du cartouche, *l'Ibis perché sur une enseigne*, nous est bien connu ; c'est le nom propre symbolique de l'Hermès égyptien, du dieu Thoth, en égyptien Ⲧⲱⲟⲩⲧ, Ⲑⲱⲟⲩⲧ, *Toôout*, *Thôout*. Le nom propre du Pharaon commence donc par le nom symbolique du dieu *Thôout*, de la même manière que les noms propres des quatre *Ramsès* commencent par l'image symbolique du dieu *Ré* ou *Ra* (le Soleil). Le second signe du cartouche (planche XIII, n.° 3) est la consonne hiéroglyphique ⲙ, et le troisième et dernier un ⲥ : la transcription de ce nom entier en lettres coptes donne Ⲑⲱⲟⲩⲧⲙⲥ (Thoutms); c'est évidemment le nom propre hiéroglyphique du roi que Manéthon nomme ΤΟΥΘΜΟΣ-ΙΣ ou ΤΟΥΘΜΩΣ-ΙΣ : c'est celui qui délivra l'Égypte intérieure du ravage des Pasteurs, et chassa ces étrangers au-delà des frontières de la Syrie.

Ce fut donc Touthmosis, fils de Misphragmouthosis, et le septième roi de la XVIII.ᵉ dynastie, qui agrandit et termina le temple d'Amada en Nubie, commencé par un de ses prédécesseurs nommé *Aménophis;* et nous trouvons en effet dans les Dynasties de Manéthon, que le quatrième prédécesseur de ce Touthmosis se nomme Αμενωφις ; c'était le frère de la reine Amensés, qui occupa le trône après lui ; cette princesse était la bisaïeule de Touthmosis; et s'il était bien prouvé que

(242)

les Pharaons épousaient leurs sœurs, comme le firent dans la suite les rois Lagides, on pourrait croire, en conséquence, qu'Aménophis I, qui a construit le sanctuaire du temple d'Amada, était lui-même le bisaïeul de Touthmosis qui a complété et achevé cet édifice.

Quoi qu'il en soit, il ne reste pas moins prouvé par la lecture des noms mêmes de tous ces Pharaons, que l'écriture sacrée des Égyptiens, l'écriture dite *hiéroglyphique*, était déjà *phonétique* en très-grande partie dès les premiers règnes de la XVIII.ᵉ dynastie, c'est-à-dire, dès le XVIII.ᵉ siècle avant l'ère chrétienne.

C'est sous le règne des Pharaons de la XVIII.ᵉ dynastie qu'il faut placer l'époque la plus brillante de la monarchie égyptienne. Ses premiers princes chassèrent de la Basse-Égypte et d'une portion de l'Égypte moyenne, des hordes étrangères connues sous le nom de *Pasteurs*, et que les Égyptiens appelaient ⲈⲨⲔⲰⲰⲤ *Hikschôs*, c'est-à-dire *Pasteurs-captifs* (1); ils rendirent sa liberté, ses lois et son culte à cette fraction de la nation égyptienne qui, pendant plusieurs siècles, avait gémi sous la tyrannie des barbares : c'est aussi aux rois de cette famille que Thèbes dut toute la splendeur dont les débris frappent encore les voyageurs d'admiration et de respect. Les vastes palais et les temples de Karnac, de Louqsor, de Médinétabou, de Kourna, ceux qui existèrent au Memnonium et à Médamoud, furent élevés et décorés sous le règne de ces princes :

---

(1) Manetho *apud Josephum*.

voilà les constructions qui prouvent véritablement et la haute antiquité de la civilisation égyptienne, et le haut degré d'avancement auquel étaient parvenus et les arts et les sciences dans ces temps si éloignés de nous. Ce sont là les témoins irrécusables de l'antériorité des Égyptiens à l'égard de plusieurs autres nations célèbres, et des grands progrès qu'ils avaient faits vers le perfectionnement social ; et cette antiquité historique, qu'on a voulu d'autre part établir sur des tableaux astronomiques, vagues de leur nature, et sculptés, comme je l'ai prouvé, sous la domination romaine, reposera désormais sur une base inébranlable, puisqu'elle sera fondée sur des monumens publics dont le témoignage ne peut être récusé, et dont l'un des plus considérables, le grand palais de Karnac, continué, accru et décoré pendant onze siècles, porte successivement, dans ses diverses parties, les légendes royales des plus grands princes qui ont régi l'Égypte, depuis Aménophis I, de la XVIII.ᵉ dynastie, jusqu'à Psammitichus I et à Néchao II, rois de la XXVI.ᵉ

Les tombeaux des rois dans la vallée dite *de Biban el-molouk* près de Thèbes, sont encore des ouvrages du premier style égyptien, et les divers dessins de légendes royales copiées dans leurs longues galeries et dans leurs vastes salles, nous apprennent que c'est là que reposèrent jadis les corps embaumés des princes de cette XVIII.ᵉ dynastie qui rendit la liberté à l'Égypte, y réorganisa l'état social, et prépara le règne de *Ramsès le Grand* (Sésostris), premier roi de la XIX.ᵉ dynastie,

Q*

mais descendant en ligne directe des Pharaons de la XVIII.ᵉ

Tous ces résultats, si importans pour l'histoire, ne sont pas fondés uniquement sur la lecture que nous venons de donner des noms propres hiéroglyphiques de divers Pharaons, quoiqu'ils en soient déjà des conséquences forcées; ils reposent aussi sur le témoignage de l'historien grec de l'Égypte, de Manéthon, dont le Canon chronologique a été trop dédaigné jusqu'ici, parce qu'on ne s'était point donné la peine de le comprendre ni de l'étudier, et qui, toutefois, est bien loin d'accorder à la monarchie égyptienne cette durée excessive qui effrayait l'imagination et semblait appeler le doute sur la totalité même des assertions de son auteur. Les inscriptions sacrées des monumens de l'Égypte offrent une concordance complète et dans les noms et dans la succession ou la filiation des rois, avec ce que présente la série des dynasties égytiennes donnée par Manéthon, série réduite à ses véritables valeurs chronologiques, sans qu'il soit besoin pour cela de recourir au système absurde des dynasties collatérales, si ce n'est en un seul point de cette longue succession de rois et de familles tant nationales qu'étrangères. Ainsi les monumens et les listes de Manéthon se prêtent un mutuel appui, et forment un ensemble de preuves que ne peuvent récuser ni la saine critique ni le scepticisme même le plus étendu.

La lecture que nous venons de présenter des noms propres hiéroglyphiques des Pharaons de la XVIII.ᵉ dynastie, *Aménophis I*, *Touthmosis* (1), *Aménophis II*, *Ramsès I*, *Méïamoun-Ramsès*, et de *Ramsès le Grand*, chef de la XIX.ᵉ, est en outre pleinement justifiée, ainsi que le texte grec de l'histoire de la XVIII.ᵉ dynastie de Manéthon (2), par un texte hiéroglyphique du plus haut intérêt, sculpté dans un des appartemens du palais d'Abydos, et dont le dessin a été apporté par notre courageux voyageur M. Cailliaud.

C'est un tableau composé de trois séries horizontales de cartouches précédés du titre *roi* (n.° 270 *c*). Les deux premières séries contiennent une suite de cartouches qui diffèrent tous les uns des autres ; la troisième et dernière série ne renferme que la légende royale entière de *Ramsès le Grand*, composée des deux cartouches (*le nom* et *le prénom*). Elle est ainsi conçue : *Le roi (Ré-Saté.... approuvé par le Soleil), fils du Soleil (chéri d'Ammon-RAMSÈS)*; tandis que les deux séries supérieures ne renferment qu'une suite de cartouches *prénoms*, sauf le dernier de la seconde série, qui est un cartouche *nom propre*.

La seconde série contient vingt-un *prénoms* royaux ; et il m'a été facile, en étudiant les dessins de la Commission d'Égypte, et sur-tout ceux que M. Huyot a faits, avec un soin si particulier, des légendes royales sculptées sur les monumens de l'Égypte et de la Nubie, de retrouver les *cartouches noms propres* qui accompagnent

---
(1) Touthmosis II, si l'on donne aussi à Amosis, premier roi de cette dynastie, le nom de *Touthmosis I*.
(2) Manetho *apud Josephum*.

toujours les *cartouches prénoms* du tableau d'Abydos. Ce tableau précieux étant ainsi complété par la connaissance des noms propres royaux, j'ai pu, par la *lecture* de ces cartouches noms propres, au moyen de mon alphabet hiéroglyphique, me convaincre bientôt pleinement que les treize derniers cartouches, en remontant la seconde série de ce tableau, sont les prénoms mêmes des souverains de la xviii.ᵉ dynastie, rangés généalogiquement; savoir : *Ramsès-Méiamoun, Ramsès I.ᵉʳ* (1), *Rathosis* (2), *Chenchères, Horus, Aménophis II* (3), *Touthmosis, Misphra-Touthmosis* (4), *Méphrès* ou *Mesphrès* (5), *Amensès, Aménophis I.ᵉʳ, Chébron,* et *Amosis* le chef de cette même dynastie; les cinq *cartouches prénoms* qui précèdent ce dernier, toujours en remontant dans la seconde série, sont ceux des rois de la xvi.ᵉ dynastie, dite *Diospolitaine*, composée aussi de cinq rois, et qui occupa le trône de Thèbes immédiatement avant la xviii.ᵉ (6). Les dix-sept *cartouches prénoms* qui précèdent ceux-ci, dans la

---

(1) Appelé aussi *Armesès* et *Armaios*, par corruption.

(2) C'est le fameux tyran *Busiris*, si connu dans les mythes grecs. Ce roi est aussi nommé *Rathotis* et *Athoris*.

(3) Confondu par les Grecs avec leur *Memnon*.

(4) Nommé *Alisphragmuthosis, Misphragmuthosis,* et *Méphrathmuthosis*, par corruption.

(5) C'est le fameux *Mœris* ou *Myris* d'Hérodote et de Diodore de Sicile.

(6) M. Cailliaud publiera incessamment le dessin de ce précieux tableau ; et je me propose de donner, dans *la Chronologie des monumens égyptiens*, un travail particulier sur cet inappréciable fragment des Annales de l'Égypte. (La xvii.ᵉ dynastie est celle des Pasteurs.)

seconde et la première série du tableau d'Abydos, et qui sont plus ou moins frustes, la muraille sur laquelle ils sont sculptés étant ruinée en partie, se rapportent à des temps encore plus reculés ; mais nous devons ajouter qu'aucun édifice subsistant aujourd'hui en Égypte, ne porte, à notre connaissance du moins, la légende complète des plus anciens de ces princes. J'ai retrouvé seulement les prénoms de deux d'entre eux, sur deux scarabées de terre cuite sans émail, et d'un travail fort grossier : l'une de ces amulettes fait partie de la belle collection d'antiquités de M. Durand; l'autre appartient à M. Thédenat du Vent fils, qui l'a rapportée d'Égypte avec une foule d'autres monumens curieux.

Ce fait capital, que les cartouches renfermant les *noms propres* des rois de la XVIII.ᵉ dynastie, dont le tableau d'Abydos contient les *cartouches prénoms* rangés chronologiquement, lus au moyen de mon alphabet hiéroglyphique, donnent exactement, et dans le même ordre, des noms propres que nous retrouvons écrits en lettres grecques et dans les Dynasties de Manéthon, et pour la plupart dans Hérodote et Diodore de Sicile, prouve donc, d'un côté, la certitude entière de l'histoire égyptienne transmise en grec par ce prêtre de Sébennytus, et d'autre part, la *haute antiquité des* CARACTÈRES SIGNES DE SONS OU PHONÉTIQUES *dans le système d'écriture hiéroglyphique ou sacrée des anciens Égyptiens.* La table généalogique ou chronologique du palais d'Abydos, ne peut d'ailleurs être postérieure à *Ramsès le*

Grand (Sésostris), puisqu'il est le dernier prince dont elle donne le prénom, et même la légende royale entière.

C'était uniquement pour établir l'antiquité de l'écriture phonétique en Égypte, que j'ai présenté dans ce chapitre la lecture des noms propres hiéroglyphiques des Pharaons, *Acoris* Ⲁⲕⲣ, *Néphéreus* Ⲛⲁⲓϥⲣⲟⲩⲏ..., *Psammitichus II* Ⲡⲥⲙⲧⲕ, *Psammitichus I.ᵉʳ* Ⲡⲥⲙⲧⲕ, *Osorthos* Ⲟⲥⲟⲣⲧⲥⲛ, *Osorchon* Ⲟⲥⲣⲕⲛ, *Sésonchis* Ϣϣⲟⲛⲕ, *Ramsès*, fils de Séthosis, Ⲣⲙⲥⲥ, *Séthosis* ou *Ramsès* le Grand Ⲙⲛ-ⲙⲉⲓ Ⲣⲙⲥⲥ, *Ramsès-Méïamoun* Ⲙⲉⲓⲙⲛ-Ⲣⲙⲥⲥ, *Ramsès I.ᵉʳ* Ⲣⲙⲥⲥ, *Aménophis II* Ⲁⲙⲛϥ, *Touthmosis* Ⲑⲱⲟⲧⲙⲥ, et *Améophis I.ᵉʳ* Ⲁⲙⲛϥ;

D'un autre côté, j'avais déjà retrouvé sur les monumens égyptiens, et encore écrits avec les mêmes caractères hiéroglyphiques phonétiques, les noms de *Xerxés* Ⳓϣⲏⲁⲣϣⲁ; ceux des rois grecs, *Alexandre* le Grand Ⲁⲗⲕⲥⲛⲧⲣⲥ, et *Philippe* Ⲡⲗⲓⲡⲟⲥ; ceux des Lagides, *Ptolémée* Ⲡⲧⲟⲗⲙⲥ et Ⲡⲧⲗⲟⲙⲥ, *Bérénice* Ⲃⲣⲛⲕⲥ, *Arsinoë* Ⲁⲣⲥⲛⲏ, *Ptolémée - Alexandre* Ⲡⲧⲟⲗⲙⲥ-Ⲁⲗⲕⲥⲛⲧⲣⲥ, *Cléopâtre* Ⲕⲗⲟⲡⲧⲣⲁ, son fils *Cæsarion* Ⲡⲧⲟⲗⲙⲏⲥ Ⲛⲟⲕⲥⲥⲣⲥ; enfin ceux des empereurs romains, *Auguste* Ⲁⲩⲧⲟⲕⲣⲧⲱⲣ, Ⲕⲁⲓⲥⲣ, *Tibère* Ⲧⲓⲃⲣⲓⲥ, *Caius* Ⲕⲓⲥ, *Claude* Ⲧⲓⲃⲣⲓⲥ Ⲕⲗⲟⲧⲓⲥ, *Néron* Ⲏⲣⲟⲛⲓ, *Vespasien* Ⲟⲩⲥⲡⲃⲓⲛⲥ, *Titus* Ⲧⲓⲧⲥ, *Domitien* Ⲧⲟⲙⲧⲓⲁⲛⲥ, *Nerva-Trajan* Ⲏⲣⲟⲩⲁ-Ⲧⲣⲓⲛⲥ, *Hadrien* Ⲁⲧⲣⲓⲛⲥ et Ⲁⲧⲓⲣⲓⲁⲛⲥ, *Antonin le Pieux* Ⲁⲛⲧⲟⲛⲓⲛⲥ, et le nom de l'impératrice *Sabine* Ⲥⲁⲃⲓⲛⲁ Ⲥⲃⲥⲧⲏ;

On a vu enfin que les titres royaux des anciens Pharaons, et les titres des empereurs romains, qui accompagnent leurs noms propres dans les inscriptions hiéroglyphiques, sont, pour la plupart, exprimés *phonétiquement*, ainsi qu'une foule de noms propres de simples particuliers égyptiens, grecs et romains :

J'ai donc dû conclure, et j'ai conclu avec toute raison, de ces faits si nombreux et si évidens, d'abord, *que l'usage de l'écriture* PHONÉTIQUE ÉGYPTIENNE, *dont j'ai publié le premier l'alphabet dans ma Lettre à M. Dacier*, remontait à l'antiquité la plus reculée ; et en second lieu, que le *système d'écriture hiéroglyphique, regardé jusqu'ici comme purement formé de signes qui représentent des idées et non des sons ou des prononciations, était, au contraire, formé* DE SIGNES DONT UNE TRÈS-GRANDE PARTIE EXPRIME LES SONS DES MOTS DE LA LANGUE PARLÉE DES ÉGYPTIENS, C'EST-À-DIRE DE CARACTÈRES PHONÉTIQUES.

Ces mêmes conclusions me semblent désormais appuyées sur une assez grande masse de faits, pour oser espérer que le monde savant les adoptera bientôt malgré leur nouveauté. Ces faits détruisent, il est vrai, tous les systèmes avancés jusqu'ici sur la nature de l'écriture hiéroglyphique égyptienne ; ils frappent de nullité toutes les explications de textes ou de monumens égyptiens hasardées depuis trois siècles : mais les savans feront facilement, en faveur de la vérité, le sacrifice de toutes les hypothèses énoncées jusqu'ici, et qui sont en contradiction avec le principe fondamental que nous venons de reconnaître; et tous les regrets, s'il en est à cet égard, doivent diminuer et même cesser entièrement, à mesure qu'on appréciera avec plus de soin et à leur seule valeur les résultats des travaux des modernes qui se sont livrés à l'étude des inscriptions hiéroglyphiques en partant du principe absolu que l'écriture sacrée des Égyptiens était uniquement composée de *signes d'idées*, et que ce peuple ne connut d'écriture alphabétique, ou des signes de sons, que par les Grecs seulement. J'avais long-temps aussi partagé cette erreur, et j'ai persisté dans cette fausse route jusqu'au moment où l'évidence des faits m'a présenté l'écriture égyptienne hiéroglyphique sous un point de vue tout-à-fait inattendu, en me forçant, pour ainsi dire, de reconnaître une valeur *phonétique* à une foule de groupes hiéroglyphiques compris dans les inscriptions qui décorent les monumens égyptiens de tous les âges.

J'ai lieu de croire que personne ne viendra du moins me contester encore la priorité dans cette manière tout-à-fait neuve de considérer le système hiéroglyphique des anciens Égyptiens à toutes les époques : si je me trompe donc, l'erreur m'appartient toute entière; mais si l'ensemble des faits reconnus et des faits nouveaux vient confirmer de plus en plus ma nouvelle théorie, comme cela arrive tous les jours, il est juste qu'on reconnaisse, même en Angleterre, que ces importans résultats sont le fruit de mes recherches.

Il nous reste à présenter, dans le chapitre suivant,

un précis des bases du système hiéroglyphique, considéré d'abord dans ses élémens matériels, et par suite dans les différens moyens d'expression des idées, qui lui furent propres ; nous y exposerons les premiers résultats de nos études sur la nature et les combinaisons des diverses espèces de signes qu'il emploie, et sur les liaisons de ce système avec les autres systèmes d'écritures égyptiennes. Ce chapitre contiendra ainsi toutes les déductions naturelles des faits précédemment exposés, et les résultats généraux de mes recherches sur le système graphique de l'ancienne Égypte.

CHAPITRE IX.

Des Élémens premiers du Système d'écriture hiéroglyphique.

CE n'est point sans une grande défiance de mes propres forces, et même sans une certaine appréhension de cette défaveur à-peu-près juste qui s'est trop de fois attachée aux écrits des savans où est traitée la même matière, que j'ai tracé le titre de cette subdivision de mon ouvrage. Je connais assez à fond les mécomptes, les obscurités, les illusions et tous les obstacles qui hérissent et rendent si difficile la carrière vers laquelle j'ai spécialement dirigé mes études ; je me suis défait, autant qu'il a été en mon pouvoir, de tout esprit de système ; j'ai lutté contre ce penchant naturel qui nous porte à voir des élémens de théories dans quelques aperçus, dans quelques rapprochemens peu réfléchis et dont l'imagination seule fait ordinairement tous les frais ; le sort de tant d'ouvrages déjà oubliés, et dans lesquels leurs auteurs ont prétendu tracer *à priori* les principes du système hiéroglyphique égyptien, m'a servi d'un salutaire avertissement; et le soin que j'ai pris de ne rien *deviner*, mais de me tout démontrer par des faits très-multipliés, évidens par eux-mêmes, observés avec attention et comparés avec sévérité, ce soin, dis-je, donnera quelque poids à mes déductions et aux idées qui me restent à présenter, quoiqu'elles diffèrent très-essentiellement de l'opinion qu'on s'était en général formée de cette écriture sacrée de l'anciennne Égypte.

On trouvera ici le résumé rigoureux des faits dont on vient de lire l'exposition dans les précédens chapitres, faits qu'il me serait facile de corroborer par la citation d'une foule d'autres semblables. Mon but est d'énoncer les principes fondamentaux qui régissent le système hiéroglyphique, en fixant définitivement la nature générale et particulière des caractères qui lui sont propres, en distinguant les différentes espèces de ces caractères, en reconnaissant leur emploi relatif, en notant enfin les altérations qu'ils subissent successivement dans leurs formes. Nous acquerrons par cet examen une connaissance exacte du mécanisme de cette singulière méthode graphique, et les travaux des savans qui, dans diverses contrées de l'Europe, s'efforcent de pénétrer dans le sens intime des textes hiéroglyphiques, recevront ainsi une direction fructueuse et uniforme, parce que nous obtiendrons, je l'espère du moins, des notions précises sur la nature d'un terrain qu'on a fouillé jusqu'ici avec aussi peu de succès.

Il importe de s'occuper d'abord des formes matérielles des caractères sacrés, avant de rechercher les différences qui existent entre eux quant à leur expression.

§. I.ᵉʳ *Formes des Signes.*

1. Les caractères *hiéroglyphiques* ou *sacrés* des anciens Égyptiens, considérés sous l'unique rapport de leurs formes, appartiennent en quelque sorte à une seule espèce, puisqu'ils représentent tous des objets physiques plus ou moins bien figurés, plus ou moins reconnaissables pour nous qui sommes étrangers aux mœurs et aux usages du peuple qui les traça.

2. On peut dire qu'aucune nation n'a jamais inventé d'écriture plus variée dans ses signes, et d'un aspect à-la-fois si pittoresque et si singulier; les textes hiéroglyphiques offrent en effet l'image de toutes les classes d'êtres que renferme la création. On y reconnaît :

La représentation de divers *corps célestes ;* le soleil, la lune, les étoiles, le ciel, &c. ;

L'homme de tout sexe, à tout âge, de tout rang et dans toutes les positions que son corps est susceptible de prendre, soit dans l'action, soit dans le repos ;

ailleurs, les divers *membres* qui le composent, isolément reproduits ;

Les *quadrupèdes*, soit *domestiques*, tels que le bœuf, la vache, le veau, le belier, la chèvre, le bouc, le cheval, le porc et le chameau ; soit *sauvages*, tels que le lion, la panthère, le schacal, le rhinocéros, l'hippopotame, la gerboise, le lièvre, diverses espèces de gazelles et de singes ;

Une foule d'*oiseaux*, parmi lesquels on observe plus fréquemment la caille, l'épervier, l'aigle, le vautour, le nycticorax, l'hirondelle, le vanneau, l'oie, l'ibis et plusieurs espèces de palmipèdes et d'échassiers ;

Des *reptiles*, la grenouille, le lézard, le crocodile, l'aspic, le céraste, la vipère, la couleuvre ;

Plusieurs espèces de *poissons* qui vivent encore dans le Nil ;

Quelques *insectes*, tels que l'abeille, la mante, le scarabée, la fourmi ;

Enfin, une suite de *végétaux*, de *fleurs* et de *fruits*.

Un autre ordre de signes, tout aussi multipliés, se compose de la représentation fidèle des instrumens et des produits des arts inventés par le génie de l'homme : on y remarque des *vases* d'un galbe diversifié, des *armes*, des *chaussures* et des *coiffures* de toute espèce, des *meubles*, des *ustensiles* domestiques, des *instrumens d'agriculture* et *de musique*, les *outils* de différens métiers, des images d'*édifices* sacrés ou civils, et celles de tous les *objets du culte* public.

3. Outre cela, un nombre assez considérable de

formes géométriques est admis parmi les élémens de l'écriture sacrée; les lignes droites, courbes ou brisées, des angles, des triangles, des quadrilatères, des parallélogrammes, des cercles, des sphères, des polygones, y sont fréquemment reproduits, et sur-tout les figures les plus simples.

4. Mais ce n'était point assez pour ce singulier système d'écriture, de s'être approprié, par une imitation plus ou moins parfaite, les formes si variées que l'homme observe dans la nature vivante, et celles que sa main industrieuse impose à la nature inerte; l'imagination vint à son tour accroître les moyens d'expression, en créant une nombreuse suite de nouveaux caractères bien distincts de tous les autres, puisqu'ils présentent des combinaisons de formes que l'œil n'apercevra jamais dans le domaine de l'existence réelle. Ces images sont celles d'êtres fantastiques, et semblent pour la plupart n'être que les produits du plus extravagant délire; et tels sont des corps humains unis aux têtes de divers animaux, des serpens, des vases même, montés sur des jambes d'homme, des oiseaux et des reptiles à tête humaine, des quadrupèdes à tête d'oiseau, &c.

5. Tous ces signes, de classes si différentes, se trouvent constamment mêlés ensemble, et une inscription hiéroglyphique présente l'aspect d'un véritable chaos; rien n'est à sa place; tout manque de rapport; les objets les plus opposés dans la nature se trouvent en contact immédiat, et produisent des alliances monstrueuses: cependant des règles invariables, des combi-

naisons méditées, une marche calculée et systématique, ont incontestablement dirigé la main qui traça ce tableau, en apparence si désordonné ; ces caractères tellement diversifiés dans leurs formes, souvent si contraires dans leur expression matérielle, n'en sont pas moins des signes qui servent à noter une série régulière d'idées, expriment un sens fixe, suivi, et constituent ainsi une véritable écriture. Il ne serait plus permis d'avancer aujourd'hui, comme on l'osa jadis (1), que les hiéroglyphes n'ont été employés que *pour servir d'ornement aux édifices sur lesquels on les gravait, et qu'ils n'ont jamais été inventés pour peindre les idées.*

6. Il faut donc entendre par *hiéroglyphes*, des caractères qui, dans leur ensemble ou dans leurs parties, étant des imitations plus ou moins exactes d'objets naturels, furent destinés, non pas à une vaine décoration, mais à exprimer la pensée de ceux qui en réglèrent l'arrangement et l'emploi.

7. Le premier pas à faire dans l'étude raisonnée du système d'écriture dont ces caractères sont les élémens, était sans contredit de distinguer d'abord les hiéroglyphes proprement dits, de toutes les autres représentations qui couvrent les anciens monumens de travail égyptien, et, en second lieu, de se bien familiariser avec les formes mêmes de ces nombreux caractères.

La première dictinction, si importante et si fonda-

---

(1) *Dissertation sur l'Écriture hiéroglyphique*, par l'abbé Tandeau de Saint-Nicolas Paris, Barbou, 1762, *in*-8.º

mentale, ayant été négligée, on prit pendant long-temps, les figures et les divers objets reproduits dans des peintures et des bas-reliefs égyptiens qui représentent simplement des scènes allégoriques, religieuses, civiles ou militaires, pour de véritables *hiéroglyphes*, et l'on s'épuisa en vaines conjectures sur le sens de ces tableaux, n'exprimant, pour la plupart, que ce qu'ils montraient réellement aux yeux; mais on s'obstinait à vouloir y reconnaître un sens occulte et profond, à y voir, sous des apparences prétendues allégoriques, les plus secrètes spéculations de la philosophie égyptienne. Malgré même les salutaires avertissemens donnés à cet égard par les auteurs de la *Description de l'Égypte*, qui ont très-bien distingué les simples *bas-reliefs* et *tableaux*, des *légendes* et des *inscriptions* réellement *hiéroglyphiques* qui les accompagnent, nous avons vu naguère paraître de longs ouvrages dont le titre seul se rapportait à *l'écriture hiéroglyphique*, tout leur contenu ne présentant que des explications plus ou moins hasardées de simples bas-reliefs ou de tableaux peints, dont on avait même la précaution d'élaguer les véritables *légendes hiéroglyphiques* comme tout-à-fait étrangères au sujet traité.

Il est encore tout aussi indispensable d'acquérir une connaissance exacte des formes mêmes des caractères hiéroglyphiques, en les étudiant individuellement: on s'étonnera moins de la presque nullité des progrès que les savans ont pu faire dans leur interprétation, à mesure que l'on se convaincra du peu de soins qu'ils ont pris de bien fixer leurs idées sur ces formes, et qu'on s'assurera sur-tout de l'extrême négligence avec laquelle ont été exécutés les dessins et les gravures des inscriptions hiéroglyphiques qui ont servi de fondemens à leurs travaux : on peut affirmer, en effet, que les copies d'inscriptions hiéroglyphiques produites dans les ouvrages de Kircher, Montfaucon et du comte de Caylus, par exemple, ne méritent aucune confiance ; et les recueils publiés depuis cette époque, moins imparfaits sous beaucoup de rapports, ne sont cependant point exempts de tout reproche (1). Le moyen de ne point s'égarer dans ses recherches serait de ne travailler qu'en ayant sous les yeux un très-grand nombre de monumens originaux, ou de ne se confier qu'à des dessins exécutés par des personnes qui auraient fait une longue et minutieuse étude des produits de l'art égyptien ; on ne s'exposerait point alors à asseoir des hypothèses sur des dessins qui n'ont presque rien de commun avec les textes originaux.

§. II. *Tracé des Signes.*

8. Sous le seul rapport de leur exécution, les caractères hiéroglyphiques peuvent être partagés en plusieurs classes très-distinctes, d'après le degré de précision, d'élégance ou d'exactitude avec lequel ils sont

---

(1) On peut citer comme modèles de fidélité les pierres gravées et amulettes égyptiennes publiées par M. Dubois, et les manuscrits hiéroglyphiques et hiératiques gravés dans la *Description de l'Égypte.*

exécutés ; les différences qu'on observe entre un texte hiéroglyphique et un autre, proviennent souvent aussi de la différence même des deux matières sur lesquelles ils sont tracés, et sur-tout de la proportion qu'on a trouvé convenable de donner aux caractères.

9. Certains hiéroglyphes sculptés sur la pierre ou dessinés sur différentes matières, sont exécutés avec une grande recherche, et souvent avec ce soin minutieux qui ne laisse échapper aucun petit détail ; les figures d'animaux sur-tout sont traitées avec une pureté de dessin qui ne permet point de méconnaître leur genre et leur espèce. Les meubles, les vases, les divers instrumens, ne manquent jamais d'une certaine élégance ; tous les signes enfin semblent reproduire avec hardiesse et fidélité l'objet que l'artiste se proposait de représenter.

Le vif éclat des couleurs appliquées sur les signes, les unes d'après les indications fournies par la nature même de l'objet figuré, les autres d'après certaines règles conventionnelles, venait ajouter à la richesse des caractères, et rendait l'imitation encore plus frappante.

Nous donnerons à ces hiéroglyphes qui offrent une représentation complète et détaillée d'objets physiques, le nom d'HIÉROGLYPHES PURS ; cette espèce paraît avoir été sur-tout réservée pour les monumens publics, et répondait, en effet, à la magnificence des constructions. (*Voyez* pl. XIV, n.° 1.)

Les sculpteurs exécutaient les *hiéroglyphes purs* de

R*

trois manières : 1.° en *bas-relief* très-surbaissé, sur-tout dans l'intérieur des édifices ; 2.° *en bas-relief dans le creux*, méthode propre à l'art égyptien, et dont le but principal fut la conservation des caractères : cette seconde manière est la plus générale ; les temples, les obélisques et quelques stèles en offrent de très-beaux modèles ; 3.° on traçait les contours et tous les détails intérieurs de l'hiéroglyphe, sur la pierre ou le métal, avec un instrument très-aigu.

On a trouvé également des inscriptions en *hiéroglyphes purs*, tracées d'abord au pinceau et coloriées ensuite. Quelques portions de manuscrits offrent également, dans leurs scènes principales, des légendes en *hiéroglyphes purs* écrites avec le roseau et coloriées enfin au pinceau. (*Voyez* pl. XIV, n.° 1.)

10. D'autres inscriptions hiéroglyphiques ne sont en quelque sorte composées que des *silhouettes* des *hiéroglyphes purs;* le sculpteur, après avoir dessiné les contours extérieurs du signe, en évidait entièrement l'intérieur, qu'on remplissait quelquefois d'un mastic ou d'un émail colorié. (*Voyez* pl. XIV, n.° 2.)

Le peintre dessinait, pour ainsi dire, l'ombre régulière de l'objet représenté par le signe, l'intérieur du caractère ne présentant aucun détail et étant totalement noir, rouge ou bleu, selon la couleur employée pour l'inscription entière. (*Voyez* planche XIV, n.° 3.) Le texte hiéroglyphique de Rosette, la plupart des inscriptions qui décorent les petits bas-reliefs, les stèles, les statuettes, les scarabées, les vases funéraires et les amulettes, sont conçus en cette espèce d'hiéroglyphes, que l'on pourrait désigner sous le nom d'HIÉROGLYPHES PROFILÉS.

11. Mais la plupart des manuscrits et des légendes qui décorent les cercueils des momies, sont formés de caractères n'offrant qu'un simple trait, qu'une esquisse fort abrégée des objets, et qui, composée du plus petit nombre de traits possible, souvent fort spirituelle, suffit toujours pour qu'on ne se méprenne point, lorsqu'on a quelque habitude des *hiéroglyphes purs*, sur la nature de l'objet dont le caractère retrace ou plutôt indique succinctement la forme. (*Voyez* pl. XIV, n.° 4.) J'ai donné à cette espèce de caractères, la plus fréquemment employée, le nom d'HIÉROGLYPHES LINÉAIRES; on les a pris quelquefois à tort pour ceux de l'écriture *hiératique*, qui en diffèrent très-essentiellement et forment en réalité une espèce d'écriture à part. (*Voyez* pl. XIV, n.° 5.)

12. Les Égyptiens tracèrent les *hiéroglyphes linéaires* sur le papyrus avec un *roseau* semblable à ceux dont se servent encore les Arabes et qu'ils appellent قلم *Qalam;* ce roseau portait en langue égyptienne le nom de ⲕⲁϣ *[kasch]*. Pour écrire sur la toile ou sur le bois, et même sur des tables de pierre, ils employaient le *pinceau* ⲕⲁϣⲉⲛϥⲟⲓ *[kasch-am-foi]*, instrument qui paraîtrait, d'après son nom même, avoir été appliqué, postérieurement au *kasch* ou *roseau*, à l'usage d'écrire; car le mot ⲕⲁϣⲉⲛϥⲟⲓ signifie *kasch* ou *roseau de poil*.

13. Telles sont les principales distinctions qu'il

(262)

est utile d'établir dans les méthodes d'après lesquelles furent tracés les caractères hiéroglyphiques : ces différences ne constituent point trois écritures particulières ; ce ne sont simplement que des manières plus ou moins parfaites, plus ou moins expéditives, d'écrire, de graver ou de peindre les élémens d'un seul et même système graphique.

14. L'éclat des couleurs variées ajouté aux signes hiéroglyphiques, et la nature matérielle de ces signes, prouvent que l'art de l'écriture fut, en Égypte, essentiellement lié à l'art de peindre; ou plutôt ce n'était qu'un seul et même art, arrivant au même but par les mêmes moyens, l'imitation des objets, avec cette seule différence que la peinture procédait toujours au propre, tandis que l'écriture fut souvent forcée de recourir à des formes tropiques pour exprimer un certain ordre de choses qui, ne tombant point sous les sens, échappaient au pinceau du peintre pour devenir la propriété exclusive de l'écrivain ; il fut donc naturel en Égypte, plus que par-tout ailleurs, que, dans la langue parlée qui a conservé l'empreinte bien caractérisée des mœurs et des usages primitifs, un même mot exprimât l'action de *peindre* et celle d'*écrire* (1), l'*écriture* et la *peinture* (2), le *scribe* et le *peintre* (3). Cette seule observation suffirait, s'il en était besoin, pour prouver qu'à l'origine

―――――――――――――――――――――――――

(1) Thébain Cϩⲁⲓ, Memphitique Cϧⲁⲓ.
(2) Thébain ⲧⲙⲛⲧⲥⲁϩ, Memphitique ϯⲙⲉⲧⲥϧⲁⲓ.
(3) Thébain Ⲡⲣⲉϥⲥⲁϩ, Memphitique Ⲡⲓⲣⲉϥⲥϧⲁⲓ.

de la civilisation égyptienne, la première écriture usitée consista, comme au Mexique, dans la simple peinture des choses : ce système imparfait fut successivement régularisé, changea presque totalement de nature par le seul effet des progrès de l'intelligence humaine, et constitua enfin cette écriture *hiéroglyphique* qui couvre les édifices de l'Égypte ; système graphique aussi supérieur dans ses procédés et dans ses résultats aux peintures informes des peuples d'Anahuac, que les monumens de Thèbes sont au-dessus des grossiers essais de la sculpture et de de l'architecture aztèque.

§. III. *Nombre des Caractères hiéroglyphiques.*

15. L'écriture sacrée des Égyptiens, identifiée en quelque sorte avec la peinture, s'empara du domaine entier des formes physiques, et ses caractères se multiplièrent progressivement au point de former ces riches tableaux dont les élémens variés offrent un intérêt si piquant même, à la simple curiosité.

Mais le nombre réel de ces signes n'est ni aussi étendu qu'il semble l'être au premier examen, ni aussi borné qu'on a voulu le croire.

Un voyageur moderne, dont les opinions sont rarement exemptes de quelque légèreté, le chevalier Bruce, assure que pendant son voyage en Égypte, et en parcourant les divers monumens antiques de cette contrée, il n'a pu compter que *cinq cent quatorze* (1) hiéroglyphes

---

(1) *Voyage aux sources du Nil*, tome I, pag. 135, édit. de Paris.

dont les formes différassent essentiellement. Sans nous arrêter à la singulière induction qu'il en tire, savoir, que cinq cents hiéroglyphes ne pouvaient *former à eux seuls une langue*, concluons de notre côté que Bruce fit son recueil d'une manière bien superficielle, puisque le célèbre Georges Zoëga, en étudiant les seuls obélisques de Rome et quelques monumens renfermés dans les musées de l'Italie, parvint à recueillir une suite de *neuf cent cinquante-huit* signes hiéroglyphiques qu'il regardait comme bien distincts (1).

16. Je suis très-porté à croire que ce savant Danois a souvent noté comme signes différens, des caractères qui n'étaient au fond que des variations sans conséquence les uns des autres, puisque ayant moi-même recueilli d'après les meilleurs dessins des monumens existant en Italie, et sur-tout en étudiant un très-grand nombre de manuscrits et de monumens originaux de toute espèce, les hiéroglyphes bien évidemment distincts par leur forme, je n'ai cependant pu obtenir qu'un résultat numérique inférieur à celui de Zoëga.

On sent d'ailleurs qu'en un calcul de ce genre, il est pour ainsi dire impossible d'arriver, dans l'état actuel de nos connaissances, à un résultat rigoureusement exact : comment se défendre, en effet, de ne point compter fréquemment comme signes distincts, deux caractères différant seulement par certains détails qui n'apportaient toutefois aucun changement dans la

---

(1) *De Origine et Usu obeliscorum*, cap. 2, sect. IV, pag. 497.

signification : telles sont, 1.° les diverses variantes de la *cassolette* ou *encensoir*, signes de la consonne B (1), qui porte tantôt deux *grains d'encens* à côté de la flamme, et tantôt la flamme seule reconnaissable uniquement à sa couleur ; 2.° les variantes de cette espèce de jardin, qui, toutes, n'expriment cependant que la consonne ⲩ (schei) (2).

On est exposé tout aussi fréquemment à séparer comme signes différens, des images d'objets d'une même *espèce*, parce qu'ils varient assez essentiellemment dans leur forme : il a pu arriver cependant que ces images ne fussent que les signes d'une seule et même idée, et qu'il fût peu important qu'on leur donnât telle forme plutôt que telle autre, pourvu que *l'espèce* de l'objet représenté fût bien reconnaissable : du nombre de ces signes *synonymes* sont, sans aucun doute, des *vases* de diverses formes qui n'expriment que la seule consonne N, et les coiffures diverses qui expriment aussi la même articulation (3).

17. Ainsi donc, ces relevés de signes hiéroglyphiques ne pourront être faits avec quelque exactitude, qu'au moment où l'on connaîtra le mode d'expression et la valeur de la plus grande partie d'entre eux ; tout ce que nous tenterions de faire maintenant, se bornerait à recueillir sans aucun fruit réel les formes distinctes disséminées dans les textes hiéroglyphiques ; mais ce tra-

---

(1) *Voyez* notre Alphabet hiéroglyphique.
(2) *Ibidem.*
(3) *Ibidem.*

vail, quelque complet qu'il fût, ne nous fournirait aucune notion véritable sur le fond de ce système graphique ; le quotient de ce relevé ne donnera jamais le nombre positif des signes élémentaires de l'écriture sacrée des Égyptiens.

18. Nous pouvons seulement inférer de l'examen du matériel des textes hiéroglyphiques, que ce système d'écriture ne comptait point un aussi grand nombre d'élémens ou même de formes qu'on est porté à le croire après un examen superficiel. Le fragment du texte hiéroglyphique de la stèle de Rosette peut le prouver : les quatorze lignes plus ou moins fracturées dont il se compose, répondent à-peu-près à dix-huit lignes entières du texte grec, qui, à vingt-sept mots par ligne, ce qui est la moyenne de dix lignes, formeraient quatre cent quatre-vingt-six mots ; et les idées exprimées par ces quatre cent quatre-vingt-six mots grecs le sont, dans le texte hiéroglyphique, par quatorze cent dix-neuf signes ; et parmi ce grand nombre de signes, il n'y en a que cent soixante-six de forme différente, y compris même plusieurs caractères qui ne sont au fond que des ligatures de deux signes simples.

Ce calcul établit donc que le nombre des caractères hiéroglyphiques n'est point aussi étendu qu'on le suppose ordinairement ; et il semble prouver sur-tout, pour le dire en passant, que chaque hiéroglyphe n'exprimait point à lui seul *une idée,* puisqu'on a eu besoin de quatorze cent dix-neuf signes hiéroglyphiques pour rendre seulement quatre cent quatre-vingt-six mots grecs, ou de quatre cent quatre-vingt-six mots grecs pour exprimer les idées notées par quatorze cent dix-neuf signes hiéroglyphiques.

19. Voici toutefois le résultat approximatif que j'ai obtenu jusqu'ici, en distinguant avec soin les signes hiéroglyphiques différens de forme, sur le très-grand nombre de monumens qu'il m'a été possible d'étudier. Dans cette rapide énumération, je divise les signes d'après la nature de l'objet dont chacun d'eux est l'image :

1.° Corps célestes................ 10.
2.° L'homme dans diverses positions... 120.
3.° Membres humains............. 60. (1)
4.° Quadrupèdes sauvages......... 24.
5.° Quadrupèdes domestiques....... 10.
6.° Membres d'animaux............ 22.
7.° Oiseaux et membres d'oiseaux.... 50.
8.° Poissons..................... 10.
9.° Reptiles et portions de reptiles.... 30.
10.° Insectes..................... 14.
11.° Végétaux, plantes, fleurs et fruits.. 60.
12.° Édifices et constructions......... 24.
13.° Meubles et objets d'art.......... 100.
14.° Chaussures, armes, coiffures, sceptres, enseignes, ornemens..... 80.
15.° Ustensiles et instrumens de divers états..................... 150.

---

(1) Y compris les mains et bras isolés tenant divers objets.

16.° Vases, coupes, &c............ 30.
17.° Figures et formes géométriques.... 20.
18.° Formes fantastiques........... 50. (1)

Total des signes.......... 864.

Tel est mon résultat jusqu'à ce jour. Je répète encore qu'on ne sauroit conclure de ce calcul, que les élémens réels de l'écriture hiéroglyphique fussent en aussi grand nombre; il ne s'agit ici que des formes matérielles des signes.

§. IV. *Disposition des Signes.*

20. Avec une légère attention donnée aux monumens égyptiens accompagnés d'inscriptions hiéroglyphiques, on s'aperçoit que les signes sont rangés de diverses manières, les uns en *colonnes perpendiculaires*, ce qui arrive sur-tout lorsque les textes sont d'une certaine étendue, et les autres en lignes *horizontales*. On peut dire que les dimensions de l'espace mis à la disposition de l'écrivain ou laissé libre par les images des dieux et des héros dans les scènes historiques ou religieuses, déterminent seules la manière de disposer les caractères des légendes.

21. Mais quoique rangés en colonnes perpendiculaires, les hiéroglyphes ne sont point pour cela, comme les caractères chinois, placés successivement les uns

---

(1) En élaguant les alliances de deux signes simples liés qui produisent souvent un tout monstrueux.

au-dessous des autres ; ils sont très-souvent, au contraire, groupés deux à deux ou trois à trois, surtout lorsque leur forme a plus de hauteur que de largeur.

22. Le contraire arrive, lorsque les signes sont rangés *horizontalement :* si deux, trois ou quatre caractères, ayant, dans leur forme, plus de largeur que de hauteur, se rencontrent dans une phrase, ils se rangent perpendiculairement les uns au-dessous des autres, de manière toutefois à ne point dépasser la hauteur commune de la ligne, laquelle est réglée par la proportion donnée aux signes dont les formes sont forcément perpendiculaires, et qui se placent alors successivement les unes après les autres.

23. En règle générale, on connaît dans quel sens une inscription hiéroglyphique était lue, et quel est le premier des signes qui la composent, en observant le côté vers lequel *se dirigent les têtes des hommes et des animaux, ou les parties saillantes, anguleuses, renflées ou recourbées des choses inanimées représentées dans ces textes.* C'est de ce même côté que commence l'inscription.

24. Ainsi, les caractères hiéroglyphiques peuvent être disposés de quatre manières différentes, et souvent il en est ainsi sur un seul et même monument :

1.° *En colonnes perpendiculaires, se succédant de droite à gauche;* la tête des animaux regarde alors vers *la droite;*

2.° *En colonnes perpendiculaires, se succédant de gauche*

à *droite*; la tête des animaux est tournée vers *la gauche* (1);

3.º *En lignes horizontales, les signes allant de droite à gauche;* la tête des animaux regarde *la droite;*

4.º *En lignes horizontales, les signes allant de gauche à droite;* la tête des animaux regarde alors *la gauche.*

25. La première et la seconde de ces dispositions sont les plus habituelles dans les manuscrits hiéroglyphiques ; les autres sont usitées dans les bas-reliefs et les peintures, lorsque les légendes se rapportent à des personnages ou à des objets regardant vers la gauche.

26. Ainsi une ligne d'hiéroglyphes, composée de caractères représentatifs, figure une sorte de procession régulière, toutes les images d'êtres animés paraissant suivre la marche du signe initial; et c'est probablement pour indiquer cette direction, que presque toutes les figures d'hommes, de quadrupèdes, de reptiles, d'insectes et d'oiseaux ont été dessinées de profil; ce qui d'ailleurs était bien plus commode et plus expéditif.

Ici se terminent les observations relatives au matériel des inscriptions hiéroglyphiques. Nous devons ajouter que cette disposition régulière des signes distingue déjà, d'une manière tranchée, un livre égyptien, de ce qu'on a voulu appeler un livre mexicain; l'un est un

---

(1) Il existe au cabinet du Roi un très-beau manuscrit hiéroglyphique, qui fait exception à cette règle : les colonnes de caractères se succèdent de *gauche* à droite ; mais les signes sont rangés de droite à gauche ; les têtes des animaux regardent aussi la droite. C'est le seul exemple que je connaisse d'une disposition semblable.

véritable *livre*; l'autre ne sera jamais qu'un *tableau* ou une *série de tableaux*.

§. V. *De l'expression des Signes et de leurs différentes espèces.*

27. Il existe nécessairement parmi les caractères qui forment ces textes pittoresques, et pour ainsi dire animés par des images fidèles des productions principales de la nature et de l'art, différens modes d'expression, qui tous, mais par un chemin plus ou moins direct, concourent à un même but, la représentation des idées.

Il est facile, en effet, de comprendre que toutes ces images si diverses ne peuvent être prises au propre, surtout celles qui, dans leur composition, violent les règles immuables de la nature (1). D'un autre côté, on conçoit difficilement l'existence d'une écriture formée de signes représentatifs des choses, qui, dédaignant toujours l'expression propre des signes qu'elle emploie, procéderait seulement par des tropes, des symboles et des méthodes énigmatiques, à la représentation des idées et de leurs objets même les plus matériels. On ne comprendrait point davantage qu'un peuple arrivé à un assez haut degré de développement moral, eût sanctionné et perpétué l'usage d'une écriture absolument indépendante de sa langue parlée.

28. Le nombre immense d'inscriptions conçues en

―――――――――――――――――――――

(1) *Suprà*, 4, page 255.

ces caractères images d'objets physiques, et qui couvrent les monumens publics et privés des Égyptiens de tous les âges, prouve d'abord l'emploi général de l'écriture *hiéroglyphique* dans toute la vallée du Nil; fait soupçonner que cette écriture ne fut point jadis aussi difficile à apprendre que nous pouvons le croire, et sur-tout que ce système ne fut jamais réservé, comme on voudrait parfois le soutenir encore, à une petite fraction, à une classe privilégiée de la nation égyptienne. Clément d'Alexandrie ne nous dit-il point en effet que, même de son temps, *ceux qui parmi les Égyptiens recevaient de l'instruction, apprenaient* les trois genres d'écritures égyptiennes, l'*épistolographique,* l'*hiératique* et l'HIÉROGLYPHIQUE (1)?

29. Nous devons croire en conséquence que le système hiéroglyphique reposait, en très-grande partie, sur des principes fort simples; qu'il ne se priva point de l'emploi de caractères *figuratifs* des objets pour exprimer ces objets mêmes, et c'est en effet la première méthode qui s'offre à l'esprit de l'homme pour perpétuer le souvenir des choses; qu'il recourut forcément à des caractères *tropiques,* mais qu'il parvint bientôt à se lier intimement avec la langue parlée, en s'accroissant d'un troisième ordre de signes d'une nature fort différente de celle des deux autres.

Ces diverses propositions seront développées et prouvées dans les paragraphes suivans.

---

(1) *Stromates.* Livre V, Chap. 4.

§. VI. *Des Caractères figuratifs.*

29. On doit entendre par *caractères figuratifs*, des signes qui, par leurs formes matérielles, sont une image des objets mêmes dont ils doivent exprimer l'idée dans un système d'écriture.

30. Des caractères de cette nature existèrent incontestablement dans l'écriture sacrée des Égyptiens.

Nous avons vu d'abord que tous les noms propres de simples particuliers, écrits en hiéroglyphes, sont terminés par un caractère représentant un *homme* (1), si ces noms sont maculins, et par le caractère représentant une *femme* (2), si ces noms propres sont féminins.

31. Toutefois on pourrait considérer ces deux signes, non comme des caractères véritablement *figuratifs*, mais comme de simples marques d'*espèce* ou de *genre*.

Et en effet, tous les noms propres égyptiens étant significatifs par eux-mêmes, il devenait indispensable de distinguer d'une manière particulière les groupes de signes qui les exprimaient, pour qu'on vît bien qu'ils étaient l'expression d'un nom propre, et non celle d'un verbe, d'un participe, d'un adjectif, d'un nom commun, ou même d'une courte proposition. Ainsi, par exemple, si le groupe numéroté 164 *bis* dans notre Tableau général, était dénué de son signe final, le caractère *homme*, ce ne serait plus un nom propre,

---

(1) Tableau général, n.ᵒˢ 153, 154, &c. &c.
(2) *Ibidem*, n.ᵒˢ 158, 159, 162, 165, 169, 176, 178, &c. &c.

ⲀⲘⲚⲘⲀⲒ *Amonmaï*, mais une simple qualification ⲀⲘⲚ-ⲘⲀⲒ, *chéri d'Ammon*, que prennent habituellement les souverains de l'Égypte parmi leurs titres dans leurs légendes.

32. Mais il est impossible de méconnaître de véritables *caractères figuratifs* dans les signes du texte hiéroglyphique de Rosette qui expriment les mots du texte grec ναος, *chapelle*, εικων, *image*, ξοανον, *statue*, τεκνον, *enfant*, αστις, *aspic*, et *stèle;* ces divers objets sont représentés très-fidèlement dans le courant du texte (1).

33. Il est nécessaire d'indiquer ici plusieurs autres exemples de l'emploi de caractères *figuratifs*.

1.º Dans la dédicace du temple de Ouady-Essebouâ en Nubie, par Ramsès le Grand, dédicace dessinée par M. Huyot, et dont on publiera bientôt le texte et la traduction, il est question de l'édifice et des *sphinx* qui le précèdent; et cette dédicace est reproduite sur le socle même des sphinx, qui y sont indiqués figurativement par leur image parfaitement détaillée (Tableau général, n.º 301).

2.º L'inscription qui décore l'appui des *colosses* oriental et occidental de Louqsor, présente parmi ses signes l'image même de ces colosses (Tableau général, n.º 299), dont l'énorme proportion est exprimée par un groupe de deux caractères, qui signifie *grand*, placé sous l'image de la statue.

3.º Dans les bas-reliefs du palais de Médinétabou,

---

(1) Tableau général, n.ᵒˢ 293, 297, 298, 247, 333 *bis* et 316.

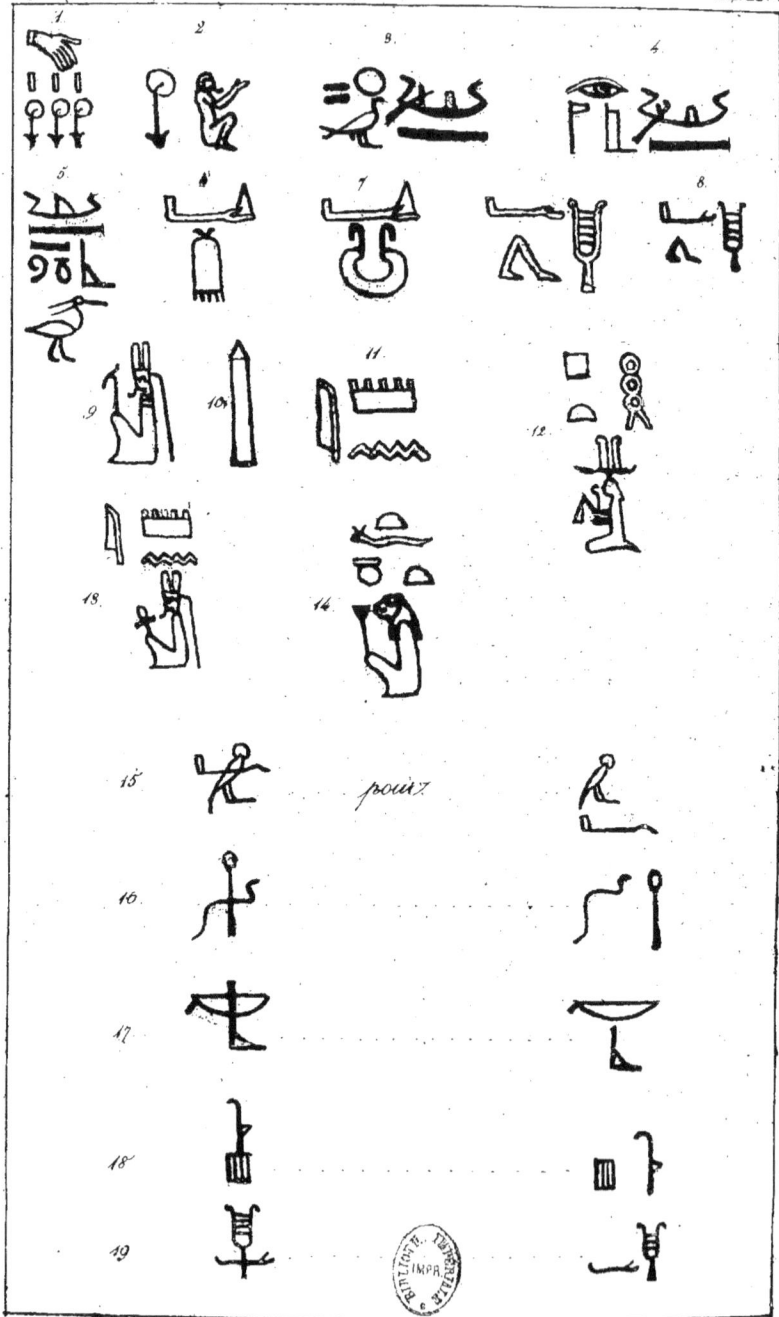

qui représentent une victoire de Ramsès-Meïamoun sur des peuples étrangers, on amène une foule de prisonniers ; plus loin, en présence du roi, un Égyptien compte les *mains coupées* aux ennemis, un second en écrit le nombre, et un troisième le proclame. La légende tracée au-dessus de la tête de ces personnages, offre le caractère *figuratif* MAIN, suivi de signes numériques exprimant que le nombre des *mains* coupées aux vaincus était de *trois mille* (pl. XV, n.° 1); et immédiatement au-dessus, dans la même légende, est le signe *figuratif* HOMME, suivi du signe numérique *mille*, qui se rapporte évidemment au nombre des *hommes prisonniers* (pl. XV, n.° 2).

4.° On remarque souvent, dans les peintures des manuscrits égyptiens, différentes *barques* ou *vaisseaux* sur lesquels sont placés, soit divers emblèmes des dieux, soit les images des dieux eux-mêmes ; les légendes qui les surmontent ou qui suivent ces *barques,* contiennent ordinairement le caractère figuratif *vaisseau*, accompagné de la préposition ⲛ̀, *de* (la ligne horizontale), et du nom propre du dieu auquel elles sont consacrées ; comme par exemple, *le vaisseau de Phrê*(1), *le vaisseau d'Osiris*(2), *le vaisseau de Benno* (3). (*Voyez* pl. XV, n.°ˢ 3, 4 et 5).

5.° Il existe au Musée royal une inscription hiéro-

---

(1) Ms. hiéroglyphique du comte de Mountnorris.
(2) *Idem*.
(3) Ms. hiéroglyphique du cabinet du Roi.

(276)

glyphique du temps des Lagides, et relative à une victoire remportée dans des courses de *chevaux* et de *quadriges*, lesquels sont exprimés *figurativement* dans plusieurs colonnes de ce beau texte (Tableau général, n.ᵒˢ 330 et 331).

6.º Parmi les bas-reliefs d'une portion de frise donnée par Ficoroni et dans la Collection de gravures de monumens égyptiens récemment publiée en Angleterre par les soins de M. le docteur Young sous ce simple titre *Hiéroglyphics* (1), est un fragment de basalte noir, représentant un des Pharaons qui ont porté le nom de Néchao, faisant l'offrande aux dieux de l'Égypte de divers objets qu'il tient dans ses mains, et parmi lesquels on remarque un *collier;* ce collier et autres objets sont figurés de nouveau dans une courte légende écrite devant le roi, et qui consiste dans le verbe *donner* (le bras étendu soutenant le niveau), ⲧ ou ⳁ, et dans l'image exacte de l'objet donné (planche XV, n.ᵒˢ 6 et 7).

7.º Dans les inscriptions des obélisques, j'ai trouvé presque toujours ces monolithes *figurativement* exprimés (Tableau général, n.º 300); et ces images parlantes sont précédées du même groupe (planche XV, n.º 8) qui, dans l'inscription de Rosette, exprime le mot ⲥⲑⲛⲥⲁⲓ, *être placé,* être érigé, du texte grec.

8.º Enfin, j'ai reconnu dans les bas-reliefs, les stèles et les manuscrits hiéroglyphiques, un grand nombre de signes qui sont incontestablement *figuratifs* des objets

---

(1) Planche IX.

(277)

dont ils étaient destinés à rappeler l'idée, telle que celle de *soleil*, *lune*, *étoile*, *vase*, *balance*, *lit de repos*, *botte d'ognons*, *pain*, *sistre*, *poisson*, *oie*, *tortue*, *bœuf*, *vache*, *veau*, *cuisse de bœuf*, *antilope*, *arc*, *flèche*, *patère*, *autel*, *encensoir*, *vase de fleurs*, *porte d'enceinte*, *chapelle-monolithe*, &c. (1).

34. Les *hiéroglyphes figuratifs* cités jusqu'ici, offrent, tous, les contours bien exacts et souvent même les couleurs vraies des objets qu'ils expriment; mais il est une autre sorte de caractères qui sont également *figuratifs* sans offrir une image aussi précise des objets, et tels sont, par exemple, ceux qui servaient à rendre les idées, *habitation*, *maison*, *demeure* ou *édifice*; ce n'est ni le profil ni l'élévation de ces objets, mais le *plan* même ou bien la *coupe* de l'enceinte d'une maison ou d'un édifice (*voyez* Tabl. gén., n.ᵒˢ 280, 281 et 282.)

35. D'autres caractères, plus éloignés encore de la nature réelle, peuvent cependant être compris au nombre des caractères figuratifs, parce qu'ils ont les formes que les Égyptiens, d'après leurs idées particulières, attribuaient à certains objets : tels sont d'abord le caractère *ciel*, ⲡⲉ, ou *firmament*, ⲧⲃⲭⲣⲟ (Tableau génér. n.° 234), qui est représenté comme un véritable *plafond* de temple (2), tantôt couvert d'étoiles, tantôt

---

(1) *Voyez* Tableau général, n.ᵒˢ 245, 246, 247, 292 à 303, 316, 319 à 337.

(2) Telle était l'idée populaire en Égypte à l'égard du firmament, comme on est autorisé à le croire par le passage de l'Homélie d'un S. Père copte, qui disait à ses auditeurs : ⲉⲣⲉ ⲧⲡⲉ ⲏ ⲡⲉⲥⲧⲉ-

peint seulement de couleur bleue; et en second lieu, les caractères qui rappellent à eux seuls l'idée des dieux *Ammon, Phtha, Saté, Netphé, Osiris, Isis* et *Hercule* (1). Ces caractères ne sont, en effet, que de véritables représentations de ces divinités, telles que la masse des Égyptiens les adorait dans les temples, et se figurait qu'elles existaient dans les régions célestes : aussi ces caractères-images portent-ils les attributs et souvent les couleurs des êtres divins dont ils expriment l'idée.

36. On pourrait donc diviser les caractères *figuratifs* qui faisaient partie du système hiéroglyphique, en trois classes distinctes, d'après leur degré d'exactitude et de réalité dans l'imitation des objets qu'ils expriment :

1.º Les caractères *figuratifs propres* (33);

2.º Les caractères *figuratifs abrégés* (34);

3.º Les caractères *figuratifs conventionnels* (35).

Telle est la première espèce de signes que nous avons reconnue dans les textes hiéroglyphiques. J'ai donné à ces signes la qualification de *figuratifs*, en abandonnant le terme de *caractères cyriologiques*, employé par divers auteurs, parce que j'ai conçu des doutes assez fondés, comme on le verra plus tard, sur l'acception dans laquelle on prend ordinairement

---

ⲣⲉⲙⲩⲉ ⲕⲏ ⲁⲛ ⲉϩⲣⲁⲓ ⲉϫⲛ ϩⲉⲛ ⲙⲁ ⲛ̄ⲧⲉ ⲡⲕⲁϩ ⲛ̄ⲑⲉ ⲛ̄ⲧⲙⲉⲗⲱⲧ ⲉⲧⲕⲏ ⲉϫⲙ̄ ⲡⲏⲓ , (Zoëga , *mss. copt. Mus. Borgiani.*) « Le ciel ou le firmament n'est point placé sur les lieux de » la terre, comme un *toit* sur une maison »

(1) Tableau général, n.ºˢ 67, 70, 71, 73, 74, 75 et 79.

le mot κυριολογικη dans le passage si connu de Clément d'Alexandrie sur les écritures égyptiennes.

37. On a dit, il y a long-temps, que les caractères *figuratifs* avaient été la première *écriture* des peuples; mais cette idée, vraie sous certains rapports, devient d'une fausseté évidente par la trop grande extension qu'on a voulu lui donner.

Il est indubitable qu'un des premiers moyens qui se présentèrent à l'esprit de l'homme, soit pour perpétuer le souvenir d'un objet, soit pour communiquer certaines idées à ses semblables, fut de tracer, sur une matière quelconque, une grossière *image* des objets dont il voulait conserver la mémoire, ou sur lesquels, quoique absens, il voulait fixer l'attention d'autres individus de son espèce. Mais cette méthode si simple ne saurait jamais être rigoureusement appliquée qu'à la notation seule de quelques idées *isolées,* et ne peut, dans aucun cas et sans un secours étranger, exprimer les nombreux rapports de l'homme avec les objets extérieurs, ni tous les divers rapports de ces objets entre eux. Les circonstances de temps, parties intégrantes des objets de nos idées, et comprises dans tous nos rapports avec ces objets, ne sauraient être indiquées *figurativement ;* c'est donc à tort que l'on voudrait donner le beau nom d'*écriture* à une méthode *purement représentative,* incapable sur-tout d'exprimer à la rigueur la proposition la plus simple, et qui n'est, à proprement parler, que la *peinture* dans sa première enfance.

Si l'on voulait, avec son seul secours, perpétuer le souvenir d'un événement, on ne produirait jamais qu'un vrai tableau qui, fût-il dessiné par le crayon de Raphaël et colorié par le pinceau de Rubens, laissera toujours ignorer, soit le nom des personnages, soit l'époque, soit la durée de l'action, et ne donnera jamais à tout autre individu qu'à celui seul qui l'a composé, une idée complète du fait, la peinture ne pouvant jamais représenter qu'une manière d'être instantanée, et qui suppose toujours dans les spectateurs certaines notions préliminaires.

38. Les tableaux des Mexicains tiennent encore à cette méthode imparfaite ; mais quelque grossiers et incomplets qu'ils puissent paraître, il est certain qu'ils sont beaucoup plus que de la peinture, et qu'ils tendent déjà vers l'expression d'un autre ordre d'idées que celles des objets purement physiques.

39. Nous ignorons, et pour toujours selon toute apparence, quels furent dans ce prétendu genre d'écriture les premiers essais des Égyptiens. Il faudrait, pour obtenir quelques données sur ce point important, avoir sous les yeux des produits de l'enfance des arts en Égypte; or, c'est ce qui n'est point. Les monumens qui subsistent encore sur ce sol antique, quoique fort antérieurs à tout ce que nous pouvons connaître de pareil en Europe, sont les résultats et d'une sculpture assez avancée et d'une architecture parfaite. Les bas-reliefs qui les décorent sont tous accompagnés de légendes hiéroglyphiques absolument semblables

dans les formes, les combinaisons et l'arrangement de leurs signes, aux légendes qui accompagnent, sur les derniers produits de l'art égyptien, les images des rois grecs et celles des empereurs romains. Ainsi, l'écriture hiéroglyphique égyptienne ne se présente jamais à nous que dans son état de perfection, quelque anciens que soient les textes dans lesquels nous pouvons l'étudier.

Parmi les monumens égyptiens connus jusqu'à ce jour, ceux qui remontent à l'époque la plus reculée (1), ont été exécutés vers le XIX.ᵉ siècle avant l'ère vulgaire, sous la XVIII.ᵉ dynastie, et ils nous montrent déjà l'*écriture* comme un art essentiellement distinct de la peinture et de la sculpture, avec lesquelles il reste confondu chez les peuples à peine échappés à l'état sauvage. L'écriture égyptienne de ces temps éloignés, étant la même que celle des derniers Égyptiens, il faut croire que ce système graphique était déjà arrivé à un certain degré de perfection absolue, puisque, pendant un espace de vingt-deux siècles à partir de cette époque, il ne paraît point avoir subi la moindre modification.

40. L'histoire de la formation du système hiéroglyphique ne peut donc être connue que par déduction; et sans examiner maintenant si les Égyptiens ou leur ancêtres, quelle que soit la contrée qu'ils aient habitée, se servirent primitivement d'une simple peinture, comme les peuplades de l'Océanique, pour ex-

---

(1) *Voyez* ci-dessus, chap. VIII.

primer vaguement un certain nombre d'idées, et, dans la suite, d'une méthode un peu plus avancée comme celle des Mexicains, contentons-nous de reconnaître d'abord que, dans leur écriture hiéroglyphique, il existe une classe de caractères qui sont une image des objets mêmes dont ils sont destinés à rappeler l'idée. Ces signes *figuratifs* répondent exactement à ceux que les Chinois nomment *Siáng-Hing*, c'est-à-dire *images*, dans leur écriture.

41. En examinant avec attention les textes hiéroglyphiques dont nous possédons une traduction, on s'aperçoit bientôt que les caractères *figuratifs* ne sont point aussi nombreux qu'on pourrait le croire dans ces inscriptions, dont presque tous les signes offrent cependant des images d'objets physiques. Nous dirons en preuve de ce fait, que, dans le texte hiéroglyphique de Rosette, qui répond au tiers environ du texte grec du même monument, les seules idées *chapelle, enfant, statue, aspic, pschent* et *stèle*, sont exprimées par des caractères réellement *figuratifs*.

Il reste donc à savoir quel fut le mode d'expression des nombreux caractères qui, dans les textes hiéroglyphiques, sont perpétuellement entremêlés aux caractères *figuratifs*.

§. VII. *Des Caractères symboliques.*

Lorsqu'on n'a reconnu que la nature purement *figurative* d'un certain nombre de signes dans l'écriture sacrée des Égyptiens, on est loin d'avoir une idée exacte de ce singulier système ; car les signes de cet ordre se trouvent, pour ainsi dire, perdus au milieu d'une grande quantité d'autres, dont un certain nombre montrent, par leur forme seule, qu'ils tiennent à une méthode d'expression fort différente de celle des premiers exprimant l'idée d'un objet par la forme même de cet objet.

Quel fut donc le mode d'expression des autres caractères ? Les auteurs grecs nous fournissent à cet égard des notions précieuses, que l'autorité des monumens confirme dans toute leur étendue.

42. Il résulte des différentes assertions de Clément d'Alexandrie, de Diodore de Sicile, et du livre entier d'Horapollon (1), que les Égyptiens, dans leur écriture sacrée, procédaient souvent par une méthode *symbolique* ou *énigmatique*.

Nous avons observé, en effet, dans l'analyse de diverses inscriptions hiéroglyphiques, tentée dans nos précédens chapitres, des caractères dont chacun exprimait l'idée d'un objet dont ces mêmes caractères ne représentaient cependant point la forme par eux-mêmes. Ces signes sont évidemment du nombre de ceux que les anciens ont appelés hiéroglyphes *symboliques*, *tropiques* et *énigmatiques*.

43. Les *caractères figuratifs* suffisaient pour rappeler, même avec plus de précision que les mots de la langue

---

(1) Clément, *Stromates*, liv. V, ch. 4. — Diodore, liv. I, ch. 81. — Horapollon, *Hiéroglyphes*, liv. I et II, passim.

la mieux faite, le souvenir des êtres purement physiques ; mais aucune idée abstraite ne pouvait être directement représentée par cette méthode.

Le procédé suivi dans l'écriture sacrée pour exprimer ceux des objets de nos idées qui ne tombent point sous les sens, fut et devait être forcément semblable à celui qu'on mit primitivement en pratique pour la création des *mots*, signes oraux des idées intellectuelles. Il est évident, en effet, que tout système matériel de signes ayant pour but la représentation directe des idées, ne saurait prendre d'autre route que celle qu'adopta primordialement l'esprit humain dans la formation des langues parlées, lesquelles, après le geste, furent pour l'homme le premier et bien longtemps le seul moyen de communication de la pensée.

44. Le principe des langues, comme celui des écritures véritablement idéographiques, est un et identique, c'est l'*imitation ;* et ce principe, donné par la nature, est appliqué d'une manière plus ou moins directe, et dans les langues parlées, et dans les écritures idéographiques.

45. Les langues procédèrent d'abord directement par *imitation,* en attachant plutôt tel son que tel autre à l'expression d'une idée donnée; aussi la langue de tout peuple voisin de l'état appelé sauvage, consiste-t-elle principalement en cette espèce de mots qu'on a nommés *onomatopées*, comme si leur son était imitatif des choses qu'ils signifient.

La langue parlée des Égyptiens, malgré la longue carrière de civilisation que ce peuple a parcourue avec tant de gloire, conserva toujours de nombreuses traces de cet état primitif; la plupart des noms d'animaux ne sont autre chose que l'imitation, plus ou moins exacte pour notre oreille, du cri propre à chacun d'eux:

ιω........	Iô...........	*Ane.*
ⲙⲟⲩⲓ.......	Moui.......	*Lion.*
ⲉϩⲉ........	Éhé........	*Bœuf.*
ⲕⲣⲟⲩⲣ......	Crour.......	*Grenouille.*
ϣⲁⲩ.......	Chaou......	*Chat.*
ⲣⲓⲣ........	Rir.........	*Cochon.*
ⲡⲉⲧⲉⲡⲏⲡ....	Pétépép.....	*Huppe.*
ϩϥⲱ, ϩⲟϥ..	Hfo, Hof....	*Serpent.*

46. D'après le même principe, on ne représenta point la plupart des objets inanimés, ni des actions et manières d'être physiques, par des sons arbitraires; mais on s'efforça de prendre pour signes de cet ordre d'idées, les sons et les articulations qui semblaient les plus propres, d'après une certaine analogie, à en rappeler le souvenir; tels sont, par exemple, les mots égyptiens

ⲥⲉⲛⲥⲉⲛ.....	Sensen......	Sonare, *sonner, rendre un son.*
ⲑⲁϥ.......	Thaf.......	Sputum, *crachat.*
ⲑⲟϥⲑⲉϥ....	Thofthef....	*Cracher.*
ⲟⲩⲟϫⲟⲩⲉϫ..	Ouodjouedj..	*Mâcher.*
ⲕⲓⲙ........	Kim........	*Frapper.*
ⲕⲉⲙⲕⲉⲙ....	Kemkem....	Sistre, *instrument de percussion.*

ⲕⲣⲙⲣⲙ....	Kremrem....	*Bruit.*
ⳉⲣⲁϫⲣⲉϫ..	Khradjredj. ..	*Grincer les dents.*
ⲧⲗⲧⲗ.....	Teltél......	Stillare, *tomber goutte à goutte.*
ϣⲕⲉⲗⲕⲓⲗ...	Schkelkil....	*Sonnette.*
ⲱⲙⲕ......	Omk.......	*Avaler.*
ⲣⲟϫⲣⲉϫ...	Rodjredj.....	*Frotter, polir.*
ⲙⲟⲛⲙⲉⲛ....	Monmen....	*Ébranler.*
ⳉⲉⲣⳉⲉⲣ...	Kherkher....	*Ronfler,* stertere.
ⲛⲉϥ, ⲛⲓϥⲉ...	Nef, nifé....	*Souffler.*

On s'aperçoit aisément, en effet, que ces mots ont une relation de son avec celui qui est produit par les objets, ou qui résulte des actions et des manières d'être physiques dont ces mots sont devenus le signe oral. Tous ces *mots images* sont donc parfaitement analogues dans leur formation, comme dans leur but, aux *signes figuratifs*, fondement premier de l'écriture hiéroglyphique égyptienne.

47. Mais les langues, comme les écritures idéographiques, épuisent bientôt la série des objets qu'il leur est possible et commode d'exprimer, celles-là par une imitation *directe* des sons, et celles-ci par une imitation *directe* des formes; les unes et les autres ont alors recours à une imitation *indirecte*.

Les langues tendent dès-lors à établir entre les qualités des objets de certaines idées, et les qualités des sons par lesquels on les exprime, une certaine *similitude* qui ne peut cependant être absolument exacte, c'est-à-dire qu'elles cherchent à rappeler au moyen de sons doux, rapides, durs ou longs, l'idée d'objets qui se distinguent éminemment par des qualités physiques analogues à celles du son choisi pour les exprimer : tels sont, par exemple, les mots égyptiens

ⲥⲟⲩⲥⲟⲩ...... Sousou....... *Un instant très-rapide.*
ⲣⲉⲕⲣⲓⲕⲉ..... Rekrike...... *Clignoter, clin-d'œil.*
ⲟⲩⲱ........ Ouô......... *Voix.*
ϣⲟⲩϣⲟⲩ.... Chouchou.... *Louer, flatter, caresser.*
ⲃⲣⲏϫ....... Bridj........ *Éclair.*
ϣⲉⲣϣⲱⲣ.... Cherchôr..... *Détruire, dévaster.*
ⲗⲁⲗⲓ, ⲗⲟⲩⲗⲁⲓ. Lali, loulai.... *Se réjouir.*

48. De la même manière, les écritures idéographiques n'ayant plus le pouvoir de donner aux signes de certains objets les formes mêmes de ces objets, s'efforcent de les peindre par l'image d'autres objets physiques dans lesquels on croit trouver des qualités analogues à celles de l'objet qu'il s'agit d'exprimer. Ces caractères ont reçu le nom de *symboliques* ou de *symboles*, mots qui, radicalement, expriment une *comparaison*, une *assimilation*.

49. Ce n'est en effet que par des assimilations, par des comparaisons *puisées dans l'ordre physique seul*, que les langues parlées ont pu se créer des signes de toutes les idées abstraites ou d'objets intellectuels. Le

dictionnaire de la langue égyptienne renferme les preuves les plus frappantes de cette vérité.

Le mot ϨΗΤ (hèt) exprime l'idée *cœur*, par suite celle d'*esprit* ou d'*intelligence*, et la plupart des qualifications morales sont exprimées *symboliquement* par l'énonciation de diverses manières d'être physiques du *cœur*. Ainsi les Égyptiens disaient :

ϨΗΤϢΗΜ...... Petit cœur, c'est-à-dire, *Craintif, lâche.*

ϨΑΡϢϨΗΤ..... Cœur pesant *ou* lent de cœur........ *Patient.*

ϬΑϹΙϨΗΤ...... Cœur haut *ou* haut de cœur.......... *Orgueilleux.*

ϬΑΒϨΗΤ....... Cœur débile, débile de cœur........ *Timide.*

ϨΗΤΝΑϢΤ..... Cœur dur......... *Inclément.*

ϨΗΤϹΝΑΥ...... Ayant deux cœurs.. *Indécis.*

ΤΑΜϨΗΤ...... Cœur fermé, fermé de cœur........... *Obstiné.*

ΟΥΩΜΝϨΗΤ.... Mangeant son cœur. *Revenant.*

ΑΘΗΤ ou ΑΤϨΗΤ. Sans cœur........ *Insensé.*

De ces qualificatifs se formèrent, par la simple addition du monosyllabe ΜΝΤ ou ΜΕΤ, qui signifie attribution, les noms abstraits ΜΝΤϨΗΤϢΗΜ, *l'attribution d'avoir le cœur petit*, c'est-à-dire, la lâcheté ; ΜΝΤϨΑΡϢϨΗΤ *l'attribution d'avoir le cœur lent*, c'est-à-dire, la patience ou la *longanimité*, &c.

Une foule de verbes égyptiens se forment aussi de

ce même mot *cœur* ⳉⲏⲧ, et exprimant par des similitudes tirées de l'ordre physique, des actions ou des manières d'être purement intellectuelles. Exemples :

ⲉⲓⳉⲏⲧ... Cœur venant, sentir venir son cœur, c.-à-d., *Rêver, réfléchir.*
ⲑⲱⲧⳉⲏⲧ. Mêler le cœur...... *Tempérer, persuader.*
ⲕⲁⳉⲏⲧ... Poser ou placer son cœur........... *Se confier.*
ϯⳉⲏⲧ... Donner son cœur.... *Observer, examiner.*
ϫⲉⲙⳉⲏⲧ. Trouver de cœur.... *Savoir.*
ⲙⲉⳌⳉⲏⲧ. Remplir le cœur..... *Satisfaire, contenter.*

C'est toujours d'après le même principe que, de ⲧⲟⲧ *main*, se sont formés les mots ϯⲧⲟⲧ ou ⲉⲣⲧⲟⲧ, *donner la main* ou *faire la main*, c'est-à-dire, *aider, secourir;* ⳉⲓⲧⲟⲧ, *jeter la main*, c'est-à-dire, *entreprendre, commencer*. Une foule d'autres idées ont été peintes métaphoriquement par des expressions tropiques fortement frappées et très-énergiques ; telles sont entre autres : ⲥϥϫⲓⲣ, *rechercheur de mouches*, c'est-à-dire, avare ; ⳍⲣⲃⲁⲗ, *œil pointu*, impudent ; ϫⲁⲥⲉⲃⲁⲗ, *œil levé*, audacieux ; ⲃⲁⲗⳉⲏⲧ, *cœur dans l'œil*, ingénu, naïf ; ⳉⲓⲗⲁ, *jeter la langue*, calomnier ; ⲗⲁⳈⲏⲧϥ, *langue-ventre*, ou bien ⲗⲁⲙⲁⳌⲧ, *langue-intestins*, gourmand ; ⲉⲗⲉⲕϣⲁ ou ⲗⲉⲕϣⲁ, *retirer le nez*, se moquer ; ⲣⲟⲙⲡⲉ, *la face du ciel*, l'année ; Ⳅⲣⲱⲟⲩⲙⲡⲉ, ⳉⲣⲟⲟⲩⲙⲡⲉ, *la voix du ciel*, le tonnerre ; ⲛⲁϣⲧⲙⲁⲕⳌ, *cou dur*, c'est-à-dire, obstiné, &c. &c.

50. Tels sont les procédés suivis originairement

T

pour la formation de la langue égyptienne parlée. Dans la partie purement idéographique de leur écriture sacrée, les Égyptiens ne purent éviter de recourir aussi à cette méthode symbolique ou comparative; ils cherchèrent donc naturellement à exprimer les idées d'objets tout-à-fait intellectuels et sans formes sensibles, par les images corporelles présentant des rapports plus ou moins réels, plus ou moins éloignés, avec l'objet de l'idée qu'il s'agissait de noter. Les signes créés d'après cette méthode enrichirent l'écriture hiéroglyphique d'un nouvel ordre de caractères que nous nommerons, avec les anciens, caractères *symboliques* ou *tropiques*, et qui répondent à-peu-près aux caractères *Hoëï-i* et *Kià-tsiéï* de l'écriture chinoise.

51. Dans la détermination des signes symboliques ou tropiques, les Égyptiens procédèrent principalement:

1.º Par *synecdoche*, en se contentant de peindre la partie pour exprimer un tout. Ainsi, *deux bras tenant un trait et un arc* signifiaient une bataille, une armée rangée en bataille (1); *deux bras élevés vers le ciel*, une offrande (2); *un vase duquel s'échappe de l'eau*, une libation (3); *une cassolette et des grains d'encens*, une adoration (4); *un homme lançant des flèches*, un tumulte, un attroupement populaire (5).

---

(1) Horapollon; liv. II, hiéroglyphe n.º 4.
(2) *Voyez* notre Tableau général, n.º 308 *a*.
(3) *Ibid.* n.º 308 *b*.
(4) *Ibid.* n.º 308 *c*.
(5) Horapollon, liv. II, hiéroglyphe 12.

2.° Par *métonymie*, en peignant la cause pour l'effet. C'est ainsi que, dans l'inscription de Rosette (1), nous voyons l'idée *mois*, ⲀⲂⲞⲦ, ⲈⲂⲰⲦ, *mensis*, exprimée, comme le dit Horapollon (2), par l'image du croissant de la lune, les cornes tournées en bas : Σεληνην επεϛραμμενην εις το κατω. Ce même signe se montre en effet comme *signe d'espèce* (*supra* 3 1) dans les groupes hiéroglyphiques exprimant les noms des mois égyptiens.

Nous trouvons également sur la stèle de Rosette (3), l'idée *écrire*, et par suite celles d'*écriture*, *caractère* ou *lettre*, rendues métonymiquement par l'image du *pinceau* ou du *roseau* au moyen duquel on traçait les signes, groupé avec la *palette* qui portait la couleur noire et rouge; et souvent même on joignait à ces objets la figure du *petit vase* dans lequel on trempait le pinceau pour délayer la couleur, ou qui contenait l'encre si l'on se servait du *roseau* pour tracer les lettres. J'ai réuni dans le tableau général des signes cités dans cet ouvrage, le caractère symbolique *écriture* avec toutes ses variations (4). Horapollon cite, en effet, le *roseau* (σχοινον) et l'*encre* (μελαν) parmi les objets qu'on peignit pour exprimer symboliquement les *lettres égyptiennes*, Αιγυπτια γραμματα (5).

―――――――――――――
(1) Lignes 11 et 13 du texte hiéroglyphique. — *Voyez* notre Tableau général, n.° 238 *a*.
(2) Liv. I, hiéroglyphe 4.
(3) Texte hiéroglyphique, ligne 14.
(4) N.° 312.
(5) Livre I, hiéroglyphe 38.

3.° Par *métaphore* (ce qui rentre au fond dans l'esprit général des procédés indiqués jusqu'ici), en employant l'image d'un objet pour exprimer autre chose que cet objet lui-même. Ainsi, *l'abeille* signifiait un *peuple obéissant à son roi* (1); *les parties antérieures d'un lion*, la force (2); *le vol de l'épervier*, le vent (3); *un aspic*, la puissance de vie et de mort (4); *le crocodile*, la rapacité (5).

4.° Enfin, une foule de signes symboliques étaient, à proprement parler, de véritables *énigmes*, les objets dont ces caractères présentaient les formes n'ayant que des rapports excessivement éloignés et presque de pure convention avec l'objet de l'idée qu'on leur faisait exprimer. C'est ainsi que *le scarabée* était le symbole du *monde*, de la *nature mâle* ou de la *paternité* (6); *le vautour*, celui de la *nature femelle* et de la *maternité* (7); un serpent tortueux figurait le *cours des astres* (8); et l'on peut voir dans Horapollon et dans Clément d'Alexandrie, les raisons qui déterminèrent les Égyptiens à choisir ces êtres physiques pour signes de ces idées si différentes et si éloignées de leur nature.

On doit principalement comprendre parmi les signes

---

(1) Horapollon, liv. I, hiéroglyphe 62.
(2) *Suprà*, pag. 200.
(3) Horapollon, liv. II, hiéroglyphe 15.
(4) *Idem*. liv. I, hiéroglyphe 1.
(5) *Ibid*. hiéroglyphe 67.
(6) *Ibid*. hiéroglyphe 10.
(7) *Ibid*. hiéroglyphe 11.
(8) Clément d'Alex. *Stromat*. liv. V, chap. 4.

symboliques énigmatiques, ceux qui, dans les textes égyptiens, tiennent la place des noms propres des différentes divinités, caractères dont la valeur est déjà connue d'une manière certaine (1).

52. Les noms divins symboliques sont de deux espèces.

Les uns se forment d'un corps humain, avec ou sans bras, assis, mais dont la tête est remplacée par celle d'un quadrupède, d'un oiseau ou d'un reptile, &c. Ces têtes d'animaux, ainsi ajoutées au corps d'un homme ou d'une femme, caractérisent spécialement chaque divinité égyptienne : *un homme à tête de belier* exprime l'idée d'*Ammon - Cnouphis ; un homme à tête d'épervier surmontée d'un disque,* celle du *dieu Phré; un homme à tête de schacal,* celle du *dieu Anubis; un homme à tête d'ibis,* celle du *dieu Thoth; un homme à tête de crocodile,* celle du *dieu Suchus* (2), &c.

Ces caractères ne sont en réalité que les images symboliques des dieux eux-mêmes, introduites dans l'écriture, et telles qu'on les voyait en grand dans les temples, les bas-reliefs et les peintures religieuses. Quelques savans ont pris ces dernières représentations des dieux et des déesses de l'Égypte pour des prêtres ayant leur face couverte de masques figurant des têtes de divers animaux : cette singulière opinion ne repose d'ailleurs sur aucune autorité valable.

---

(1) *Suprà*, pages 104 et 105.
(2) *Voyez* ces caractères, Tableau général, n.ᵒˢ 68, 69, 72, 76, 77, 78, 80, 81, 82 et 83.

Ces alliances monstrueuses étaient motivées sur les similitudes que les Égyptiens avaient établies entre certains dieux et certains animaux dont les qualités dominantes ou les habitudes leur parurent propres à rappeler à la pensée les qualités ou les fonctions des personnages mythiques. C'est comme si les Grecs et les Romains, qui consacrèrent aussi divers animaux à chacun de leurs dieux, eussent représenté Jupiter avec une tête d'*aigle*, Junon avec celle d'un *paon*, Minerve avec celle d'une *chouette*, Esculape avec la tête d'un *serpent*, &c., au lieu de placer simplement ces animaux aux pieds de la statue de chacune de ces divinités.

53. La seconde espèce de caractères symboliques-énigmatiques exprimant des noms divins, consiste simplement dans la représentation entière de l'animal consacré à chaque dieu ou déesse; les animaux portent alors les insignes propres à la divinité dont ils sont les emblèmes. Ainsi, un *épervier* ayant *un disque sur la tête* exprime symboliquement le dieu Phrê; un *belier les cornes surmontées de longues plumes ou d'un disque*, Ammon-Cnouphis; un *épervier mitré*, le dieu Horsiési; *un schacal armé d'un fouet*, Anubis; *un ibis* et même *un cynocéphale*, espèce de singe à tête de chien, le dieu Thoth, l'Hermès ou le Mercure égyptien; « *et* » *ce n'est point*, comme le dit Plutarque par la plume » naïve d'Amyot, *que*, selon les Égyptiens, *Mercure* » *soit un chien, ains la nature de celle bête, qui est de gar-* » *der, d'estre vigilant, sage à discerner et chercher, estimer et*

» *juger. Ils accompare̜nt le chien au plus docte des dieux* (1). »

Les caractères de cet ordre, réunis en partie dans notre tableau général (2), ne furent, au fond, que la représentation seule des animaux vivans qui, dans les sanctuaires des temples égyptiens, tenaient la place des dieux dont ils étaient des images symboliques.

54. Les dieux étaient aussi symboliquement désignés par des caractères qui ne figuraient que des fractions *d'êtres animés*, ou même que des *objets physiques inanimés:* un *œil* était le symbole d'Osiris et du Soleil (3); l'objet qu'on nomme un *nilomètre* (4) rappelait l'idée du dieu *Phtha;* un *obélisque,* celle du dieu *Ammon* (5). Mais les caractères de ce genre paraissent être assez rares dans les textes hiéroglyphiques (6).

55. L'examen de ces textes mêmes tendrait à prouver que, si la plus grande partie des signes dont ils se composent étaient, ainsi qu'on l'a cru, des caractères *symboliques,* l'écriture sacrée des Égyptiens fut nécessairement fort obscure, les idées ne pouvant y être exprimées que par une suite de métaphores, de comparaisons et d'énigmes inextricables; l'étude d'un pareil système eût exigé infiniment plus de peine qu'il ne pouvait offrir d'avantages, et l'on

---

(1) Plutarque, traité *d'Isis et d'Osiris.*
(2) *Voyez* les n.os 85, 88, 90, 96, 97, 98, 99, 100, 108 *a*, &c.
(3) Plutarque, traité *d'Isis et d'Osiris,* et les monumens *passim.*
(4) Tableau général, n.º 89.
(5) *Ibid.* n.º 84.
(6) *Voyez* les n.os 93, 103, 104, 105, 106 et 107 du Tabl. général.

concevrait difficilement qu'un peuple n'ayant qu'une telle méthode pour transmettre les idées, eût fait dans la civilisation et dans les sciences les grands progrès que l'orgueil des modernes est contraint, pour ainsi dire, d'attribuer à la nation égyptienne.

56. Il existe, il est vrai, à l'extrémité orientale de l'Asie, un peuple qui use, et de toute antiquité, d'un système d'écriture foncièrement *idéographique ;* et cependant, quoi qu'en aient pu dire certains esprits trop prompts à décider, ce peuple apprend facilement cette écriture, comprend sans effort les textes tracés d'après ses principes, et se contente, encore aujourd'hui, de ce système graphique, qu'il place même au-dessus de tout ce que les autres nations ont pu inventer dans ce genre. Voudrait-on en conclure que les Égyptiens ont pu faire ce qu'ont fait les Chinois, composer une écriture claire, facile, quoique entièrement idéographique et formée, comme celle des Chinois, de *signes-images* et de *signes tropiques !*

Il est bien permis, en l'absence des faits, d'avancer une semblable hypothèse ; mais des observations nombreuses démontrent que le système hiéroglyphique égyptien procéda par des moyens fort différens de ceux qu'emploie l'écriture chinoise.

57. Dans les temps les plus reculés, lorsque les Chinois se servaient des caractères primitifs, qui n'étaient que des dessins grossiers d'objets matériels, un texte chinois et un texte égyptien en hiéroglyphes linéaires auraient offert matériellement plusieurs points de res-

semblance, et l'on eût pu croire que les règles de l'une de ces écritures ne différaient point sensiblement des règles de l'autre. Cependant, dès les temps anciens, comme aujourd'hui, l'écriture chinoise et l'écriture égyptienne n'ont eu de commun que quelques principes généraux. Elles diffèrent fort essentiellement sur plusieurs points importans, et n'ont jamais eu cette analogie suivie que leur supposent quelques savans, et sur la foi de laquelle on ne balançait même point à considérer les ancêtres des hommes fixés sur les rives du Hoang-ho, comme partis des bords du Nil, emportant avec eux les premiers principes de l'écriture hiéroglyphique.

58. Et en effet, l'écriture chinoise, étudiée dans ses élémens matériels, consiste en caractères primitifs et en caractères dérivés, ou, en d'autres termes, en *caractères simples* et en *caractères composés*.

Les caractères *primitifs* chinois, dont les uns, dits *siáng-hîng*, sont des *images grossières des objets physiques* qu'ils expriment, et dont les autres, appelés *tchì-ssé* et *tchouàn-tchú*, sont des signes *symboliques* indiquant des rapports de position ou de formes, ne furent jamais très-multipliés ; les *siáng-hîng*, par exemple, les plus nombreux de tous, ne dépassent point *deux cents* (1).

Nous avons vu, au contraire, que le nombre des

---

(1) *Élémens de la Grammaire chinoise*, par M. Abel-Remusat, pag. 1, note 2.

caractères hiéroglyphiques simples, bien distincts de formes, et que l'on doit considérer comme les élémens primitifs de l'écriture sacrée égyptienne, s'élèvent à plus de *huit cents* (1), même sans que nous soyons certains pour cela d'avoir recueilli tous les caractères différens que cette écriture employa jadis.

Les caractères idéographiques chinois *composés*, et qui sont en très-grand nombre, consistent dans la réunion de deux ou de plusieurs caractères simples qui, ainsi rapprochés, expriment symboliquement une foule de notions diverses. On nomme ces caractères, souvent très-compliqués, *hoëï-i* (2). Pour former ces caractères, les signes simples se groupent ensemble de très-près, s'inscrivent parfois les uns dans les autres, et constituent ainsi un tout parfaitement distinct des autres caractères, soit simples, soit composés, employés dans la même colonne ou ligne.

On n'observe, en général, presque rien de semblable dans les textes hiéroglyphiques égyptiens : on y rencontre à peine quinze à vingt groupes formés de deux hiéroglyphes simples, liés ensemble de manière à ne paraître à l'œil qu'un seul caractère ; et nous verrons ailleurs que ces groupes ne sont presque tous que de simples *ligatures*, fruits du caprice du sculpteur ou de l'écrivain. De plus, si plusieurs caractères hiéroglyphiques sont souvent superposés, cela tient

---

(1) *Suprà*, §. III, 19, page 267.
(2) *Élémens de la Grammaire chinoise*, pag. 2.

uniquement à la disposition générale du texte, soit en ligne horizontale, soit en colonne perpendiculaire, et sur-tout à l'intention de profiter de l'espace : tout ceci doit s'entendre et des caractères *figuratifs* et des caractères *symboliques*.

59. Il faut donc reconnaître que, dans l'écriture sacrée égyptienne, les caractères *tropiques* ou *symboliques* étaient *simples*, s'employaient presque toujours *isolément*, et ne se combinaient point habituellement entre eux, comme les caractères *simples* chinois, pour former des *caractères composés* signes *de nouvelles idées*. Cette seule différence dans les deux écritures suffit pour les caractériser d'une manière spéciale, et pour les faire considérer comme deux systèmes essentiellement distincts dans leur marche.

60. Les notions les plus étendues que l'antiquité nous ait transmises sur les caractères *tropiques* des Égyptiens, sont renfermées dans le célèbre ouvrage d'Horapollon, intitulé ΙΕΡΟΓΛΥΦΙΚΑ, traduit de l'égyptien en grec par un certain Philippe.

On a jusqu'ici considéré cet ouvrage comme devant jeter une grande lumière sur la marche et les principes de l'*écriture hiéroglyphique* proprement dite ; et cependant l'étude de cet auteur n'a donné naissance qu'à de vaines théories, et l'examen des inscriptions égyptiennes, son livre à la main, n'a produit que de bien faibles résultats. Cela ne prouverait-il point que la plupart des signes décrits et expliqués par Horapollon ne faisaient point réellement partie de ce que nous appelons *l'écriture hiéroglyphique*, et tenait primordialement à un tout autre système de représentation de la pensée?

Je n'ai reconnu, en effet, jusqu'ici, dans les textes hiéroglyphiques, que trente seulement des *soixante-dix objets physiques* indiqués par Horapollon, dans son livre premier, comme signes symboliques de certaines idées; et sur ces *trente* caractères, il en est *treize* seulement, savoir, *le croissant de la lune renversé, le scarabée, le vautour, les parties antérieures du lion, les trois vases, le lièvre, l'ibis, l'encrier, le roseau, le taureau, l'oie-chenalopex, la tête de coucoupha* et *l'abeille*, qui paraissent réellement avoir, dans ces textes, le sens qu'Horapollon leur attribue.

61. Mais la plupart des images symboliques indiquées dans tout le livre I.er d'Horapollon et dans la partie du II.e qui semble la plus authentique, se retrouvent dans des tableaux sculptés ou peints soit sur les murs des temples et des palais, sur les parois des tombeaux, soit dans les manuscrits, sur les enveloppes et cercueils des momies, sur les amulettes, &c., peintures et tableaux sculptés qui ne retracent point des scènes de la vie publique ou privée, ni des cérémonies religieuses, mais qui sont des compositions extraordinaires, où des êtres fantastiques, soit même des êtres réels qui n'ont entre eux aucune relation dans la nature, sont cependant unis, rapprochés et mis en action. Ces bas-reliefs, purement *allégoriques* ou *symboliues*, abondent sur les constructions égyptien-

nes (1), et furent particulièrement désignés par les anciens sous le nom d'*anaglyphes* (2), que nous adopterons désormais.

Cette distinction établie, il est aisé de voir que l'ouvrage d'Horapollon se rapporte bien plus spécialement à l'explication des images dont se composaient les *anaglyphes*, qu'aux élémens ou caractères de l'*écriture hiéroglyphique* proprement dite : le titre si vague de ce livre, Ιερογλυφικα [*sculptures sacrées* ou *gravures sacrées*], est la seule cause de la méprise.

62. Confondre un *anaglyphe* avec un *texte hiéroglyphique*, ce serait tomber dans l'erreur trop commune que nous avons signalée dans notre paragraphe premier (*suprà*, 7). On peut bien, jusqu'à un certain point, considérer les anaglyphes comme une espèce d'écriture, et ce sera, si l'on veut, l'*écriture symbolique;* mais sous aucun rapport on ne saurait les assimiler à l'*écriture hiéroglyphique* pure qui en fut essentiellement distincte : il suffit en effet de dire, pour le prouver, que la plupart des figures qui composent les anaglyphes, sont accompagnées de petites légendes explicatives en véritable *écriture hiéroglyphique*.

Il résulte seulement de toutes ces observations, qu'une partie des images *symboliques* employées dans

---

(1) *Voyez* des bas-reliefs de ce genre, dans la *Descript. de l'Égypte*, *Antiq.* vol. II, pl. 82, 83, n.ᵒˢ 1 et 2; 84, n.ᵛˢ 6, 7; 85, n.ᵒˢ 10, 13; 86, n.ᵒˢ 1, 6, 7, 8, 11; 92, n.ᵒ 11, &c. vol. III, pl. 34, n.ᵒ 1, pl. 64, &c.

(2) Clément d'Alexandrie, *Stromates*, liv. V, chap. 4.

les anaglyphes, passait dans les textes hiéroglyphiques, non pour s'y combiner et y former des scènes et des tableaux, mais comme simples signes *tropiques* d'une idée, comme caractères d'une véritable écriture; ils étaient mêlés et mis en ligne avec d'autres caractères d'une nature toute différente, quant à leur mode d'expression.

64. Il était, au contraire, de l'essence des *anaglyphes* de se former presque toujours par la combinaison de plusieurs images tropiques; aussi n'ai-je retrouvé jusqu'ici, dans les textes en hiéroglyphes purs, que *deux* des *quarante* groupes symboliques décrits par Horapollon : l'un est le *signe* complexe de l'idée *lettre, écriture* (*suprà*, 51); et l'autre les *trois vases*, qui exprimaient l'inondation du fleuve.

65. Les caractères symboliques ou tropiques ne sont point, dans l'écriture hiéroglyphique, aussi multipliés qu'on se l'était persuadé; la plus grande partie de ceux qui s'y rencontrent, y tiennent, comme on l'a déjà vu (*suprà*, 52 et 53), la place des noms propres des dieux et des déesses dont ils rappelaient symboliquement l'idée.

66. Le respect profond que tous les anciens peuples de l'Orient eurent en général pour les noms propres de leurs dieux, suffisait déjà pour porter les Égyptiens à exprimer ces noms sacrés par des caractères symboliques, plus fréquemment que par des signes exprimant les sons mêmes de ces noms. On peut voir, en effet, dans le traité de Iamblique *sur les mys-*

tères (1), l'importance que les Égyptiens, et les Grecs élevés à leur école, attachaient aux noms des dieux, qu'ils croyaient être d'institution divine, pleins d'un sens mystérieux, remontant aux siècles les plus voisins de l'origine des choses, et fort peu susceptibles d'être exactement traduits en langue grecque. Ces noms mystiques sont, il est vrai, souvent exprimés *phonétiquement* dans les textes *hiéroglyphiques* et *hiératiques*; toutefois, il ne faut point oublier que les textes de ce genre étaient écrits par des membres de la caste sacerdotale, et qu'ils furent eux-mêmes *sacrés* et conçus en caractères spécialement destinés à écrire sur les matières religieuses. Mais dans les textes démotiques considérés comme profanes et vulgaires, les noms des dieux paraissent avoir toujours été exprimés par le moyen de *symboles,* et jamais *phonétiquement :* c'est ainsi que les Hébreux ayant à écrire le nom ineffable, le τετραγράμματον, יהוה *[Jehovah]*, le remplaçaient souvent par une abréviation convenue, ne le prononçaient jamais en lisant les textes, et y substituaient le mot *Adonaï.* L'examen de plusieurs manuscrits égyptiens m'a également convaincu que, pour des motifs semblables, certains noms divins hiéroglyphiques étaient écrits d'une manière et prononcés d'une autre : mais ce n'est point ici le lieu de développer cet aperçu.

67. Les caractères *tropiques* ou *symboliques* de l'écriture égyptienne ne se combinant point entre eux et

---

(1) Section VII, chap. IV et V.

fort rarement avec des caractères *figuratifs*, comme le font diverses classes de caractères chinois pour former ainsi des signes de nouvelles idées, il est bien difficile de comprendre par quel moyen, si ce n'est par l'adoption de quelque autre classe de caractères d'une nature particulière, l'écriture sacrée des Égyptiens se compléta et devint capable d'exprimer clairement toutes les conceptions de la pensée humaine.

§. VIII. *Des Caractères phonétiques.*

68. Nous ne saurions, en effet, admettre comme possible l'existence d'une écriture *totalement idéographique*, qui, par le secours des seuls caractères *figuratifs* ou *symboliques*, marcherait de pair avec une langue bien faite et rivaliserait avec elle en clarté dans l'art d'exprimer les idées.

69. Les Chinois, qui ont fait un usage bien plus étendu que les Égyptiens des signes *images* et des *symboles*, soit isolés, soit combinés ensemble, n'ont pu éviter cependant d'introduire, dans une infinité de ces groupes, certains signes qui indiquent *un son* et rattachent ainsi l'écriture à la langue parlée. Nous puisons une idée fort claire de la composition de ces caractères formés d'*images* et de *signes de son*, dans la précieuse Grammaire de la langue chinoise, publiée par M. Abel-Remusat. Ce docte et ingénieux académicien, qui, le premier, a débarrassé l'étude du chinois de ces ténèbres, on pourrait dire, mystiques, dont ses prédécesseurs l'avaient enveloppée, désigne cette es-

pèce de caractères mixtes par leur nom chinois *hing-ching* ou *figurant le son*, et avertit qu'ils forment *au moins la moitié* de la langue chinoise écrite (1).

« Comme tout signe simple ou composé, dit M. Abel-
» Rémusat, a son terme correspondant dans la langue
» parlée, lequel lui tient lieu de prononciation, il en
» est *un certain nombre* qui ont été pris *comme signes de*
» *sons auxquels ils répondaient*, abstraction faite de leur
» signification primitive, et qu'on a joints en cette qua-
» lité aux images pour former des caractères mixtes.
» L'une de leurs parties, qui est l'image, *détermine le*
» *sens et fixe le genre;* l'autre, qui est un groupe de traits
» devenus insignifians, *indique le son et caractérise l'es-*
» *pèce*. Ces sortes de caractères sont moitié *représenta-*
» *tifs* et moitié *syllabiques* (2). »

70. De leur côté, les Égyptiens durent se trouver aussi, et plus promptement encore que les Chinois *(suprà, 67)*, dans la nécessité de compléter leur système d'écriture en le rattachant à leur langue parlée; il leur fallut pour cela trouver un moyen de représenter les sons des mots de la langue maternelle.

Les Chinois créèrent une sorte de caractères *syllabiques*, et cela devait être en effet. Dès les premiers temps, comme aujourd'hui, les sons dont se composait la langue chinoise parlée étaient en *très-petit nombre :* ce sont des mots *très-courts*, ou même des monosyllabes

---

(1) *Élémens de la Grammaire chinoise*, pag. 4.
(2) *Ibid.* pag. 3.

(306)

commençant par une articulation et finissant par des voyelles ou par des diphthongues pures ou nasales (1). La langue chinoise consiste en quatre cent cinquante syllabes, qui sont portées à douze cent trois par la variation des accens, et servent de prononciation à plusieurs milliers de caractères (2). On conçoit, d'après cela, que les Chinois aient été conduits naturellement à prendre pour signes d'un certain nombre de ces *syllabes*, les caractères représentatifs d'objets dont ces mêmes syllabes étaient les signes oraux dans la langue parlée; et que, faisant abstraction de leur signification réelle, on les ait fait entrer comme simples signes *phonétiques syllabiques* dans la composition d'un grand nombre de caractères complexes, dont ils indiquent ainsi la *prononciation*. La nature de la langue chinoise conduisait donc par elle-même à l'invention d'une écriture *syllabique*.

71. La langue parlée des Égyptiens fut aussi composée de mots primitifs *monosyllabiques*; mais la plupart de ces monosyllabes ne consistent point, comme les mots chinois, en une articulation finissant par des voyelles ou par des diphthongues pures ou nasales; ils contiennent pour l'ordinaire plusieurs articulations placées avant ou après leur voyelle ou diphthongue; tels sont, par exemple, les mots ϩορϣ (horsch), *être lent, être lourd*, ϫωλκ (djôlk), *étendre*, ϧρωμ (chrôm),

---

(1) *Élémens de la grammaire chinoise*, pag. 23 et 24.
(2) *Ibid.* pag. 33.

feu, ⲧⲱⲙ (tôm), *fermer*, ⲟⲩⲱⲛϩ (ouônh), *paraître*, ⲟⲩⲱϣⲧ (ouôscht), *adorer*, ⲧⲣⲟⲡ (trop), *coup, pulsation*, &c.

Il est évident que les Égyptiens, puisque les mots primitifs et les mots dérivés monosyllabiques de leur langue étaient infiniment plus nombreux que les syllabes chinoises, ne purent songer à inventer un signe phonétique particulier pour chacun de leurs monosyllabes; c'eût été, non pas représenter les sons de ces mots, mais créer une écriture idéographique excessivement imparfaite: il dut leur paraître bien plus simple d'analyser leurs monosyllabes, de séparer les articulations des voyelles qui les composent, de reconnaître le nombre des unes comme des autres, et de chercher enfin à représenter par des signes chacune de ces articulations et chacune de ces voyelles, de façon à pouvoir noter pour l'œil, et d'une manière facile, tous les mots de leur langue ainsi analysés. La nature même de la langue égyptienne conduisit donc aussi ceux qui la parlaient à rechercher l'invention d'un système d'écriture propre à représenter les sons et les articulations des mots, c'est-à-dire, l'invention d'une écriture *phonétique alphabétique*.

72. La solution d'un tel problème offrait une difficulté extrême, et celui qui la trouva le premier, changea, sans le savoir, la face du monde; il décida à-la-fois de l'état social de son pays, de celui des peuples voisins, et de la destinée de toutes les générations futures. Les Égyptiens, qui, sans doute, avaient oublié ou n'a-

vaient jamais connu le nom de l'inventeur de leurs signes phonétiques, en faisaient honneur, au temps de Platon, à l'une de leurs divinités du second ordre, à Thoth (1), que l'on regardait également comme le père des sciences et des arts.

L'idée de représenter un son par un caractère de forme tout-à-fait *arbitraire*, ne vint certainement point à celui qui, le premier, inventa une écriture alphabétique : des signes de cette espèce exigent une trop forte abstraction, et de la part de celui qui les invente, et de la part de ceux qui en usent. Un alphabet composé de signes *arbitraires* ne peut naître, dans mon opinion du moins, que de deux manières : ou il résultera du temps seul, qui a corrompu et dénaturé, par l'effet d'un long usage, la forme des signes de *sons* qui, dans leur origine, n'étaient pas plus absolument arbitraires que les mots ; ou bien cet alphabet aura été composé par un individu, lequel n'a nullement inventé la méthode alphabétique, mais qui, voulant donner un alphabet propre à sa nation, inventa une suite de signes, en se réglant, quant à leur nature et à leur destination, sur l'aphabet en usage chez un peuple voisin : ce copiste n'aura plus saisi l'esprit primitif de cette méthode ; il aura pu arriver même que les traces de cet esprit eussent déjà disparu de l'alphabet qui servait de modèle.

73. On a cru assez généralement que l'écriture *alphabétique* a pu naître de l'écriture *représentative pure*.

---

(1) Platon. *Philebus*, pag. 374, édit. de Francfort, 1602.

Mais comment concevoir qu'une écriture qui n'a aucune sorte de rapport direct avec la langue, qui peint les objets et non les mots, ait pu produire un système de peinture des sons ? Toute écriture seulement *représentative*, quelque parfaite qu'on la suppose, n'exprimera jamais analytiquement la proposition la plus simple ; elle ne saurait l'exprimer qu'en masse, et en quelque sorte par un seul caractère ; ses tableaux, comparés à une page des autres divers genres d'écriture, sont ce que serait une *interjection* mise en parallèle avec une *phrase* complète, et qui peindrait, à l'aide d'un certain nombre de mots bien choisis, le même sentiment de peine ou de plaisir que l'interjection dont il s'agit. Ainsi donc l'écriture *représentative*, procédant toujours par masse, n'est point susceptible de suggérer l'idée d'un système de signes propres à noter, les unes après les autres, non-seulement toutes les parties ou mots d'une proposition complète, mais encore tous les élémens distincts dont se compose chacun de ces mots en particulier.

74. Serait-il plus vrai de dire que l'écriture alphabétique est née *insensiblement* d'un système d'écriture à-la-fois *figurative et symbolique*, comme celle des Chinois ? On se le persuadera difficilement, si l'on considère que les *caractères symboliques* étant, dans leur forme, plus éloignés que les caractères figuratifs des *choses* qu'ils expriment, ils le sont encore infiniment plus des *mots*. Nous avons vu, il est vrai, que les Chinois sont arrivés assez facilement à l'invention de

signes *syllabiques*; mais cela a dépendu tout autant, pour le moins, de la nature même de leur langue parlée, que de celle de leur écriture. N'oublions point d'ailleurs la grande distance qui sépare une écriture *syllabique* d'une écriture véritablement *alphabétique*.

75. Quoi qu'il en soit, les témoignages les plus imposans de l'antiquité classique concourent à attribuer aux Égyptiens l'invention de l'écriture *alphabétique*; et le docte Georges Zoëga, qui, le premier parmi les savans modernes, a professé hautement cette opinion, indique (1) les divers passages de Platon, de Tacite, de Pline, de Plutarque, de Diodore de Sicile et de Varron sur lesquels elle est fondée. Il reste donc, en profitant des données que nous fournit l'étude des monumens de l'Égypte, non pas à deviner comment l'écriture alphabétique a pu naître des caractères *figuratifs* ou des caractères *symboliques*, dont, selon toute apparence, les Égyptiens usèrent d'abord, mais à voir si les principes généraux qui présidèrent à la détermination des caractères idéographiques égyptiens, ne présidèrent point aussi à celle de leurs caractères alphabétiques, lorsque la nécessité de l'invention de signes de cet ordre se fut fait sentir pour compléter le système d'écriture hiéroglyphique.

76. Il est déjà démontré par les faits exposés dans les huit premiers chapitres de notre ouvrage, que le système hiéroglyphique égyptien renferme une *classe*

---

(1) *De Origine et U[s]u obeliscor.* pag. 556, 557 et 558.

nombreuse de caractères destinés, comme les lettres de nos alphabets modernes, à peindre les sons et les articulations des mots de la langue égyptienne. On a pu voir aussi, par leur forme même, que ces signes désignés par la qualification de *caractères phonétiques* parce qu'ils expriment des voix ou des prononciations, loin d'être, comme les signes de nos alphabets actuels, composés de traits assemblés sans aucun but marqué d'imitation, furent au contraire des *images de divers objets physiques*, tout aussi précises et tout aussi exactes que les *caractères figuratifs* eux-mêmes.

77. Les propres formes de ces *signes phonétiques* images d'objets naturels, démontrent que l'Égyptien, ou l'individu à quelque nation qu'il ait appartenu qui créa la partie phonétique de l'écriture sacrée, loin de songer à des signes arbitraires pour peindre les sons, se laissa conduire tout simplement par un principe d'analogie déjà mis en pratique dans le système d'écriture qu'il s'efforçait de perfectionner.

78. Pour exprimer graphiquement les objets physiques de nos idées, on s'était contenté de tracer l'image de ces objets, êtres corporels dont les formes principales étaient reproduites par l'hiéroglyphe : cette méthode *représentative* ne pouvait s'appliquer à l'expression des *sons*, puisque les *sons* n'ont point de forme.

Mais, par la méthode *symbolique*, l'Égyptien avait déjà l'habitude, contractée peut-être dès-long-temps, de représenter indirectement les idées dont les objets n'ont point de forme, par l'image d'objets physiques ayant certains rapports vrais ou faux avec les objets des idées purement abstraites, dont ces objets physiques devenaient par cela même des signes indirects.

79. On put donc trouver également facile, convenable et même naturel, d'exprimer tel ou tel son par l'image d'un objet physique auquel le son à peindre se rapportait plutôt qu'à tout autre dans la langue parlée ; et le but se trouva atteint, lorsque l'Égyptien eut conçu et éprouvé la possibilité de représenter indirectement, ou plutôt de rappeler le souvenir de chaque son de sa langue, par l'image d'objets matériels dont le signe oral ou mot qui les exprimait dans la langue égyptienne, *contenait en première ligne le son qu'il s'agissait de peindre.*

Ainsi, l'image d'un *aigle*, en langue égyptienne, ⲀϨⲰⲘ ou ⲀϪⲰⲘ (ahôm, akhôm), devint le signe de la voyelle Ⲁ ; un petit vase ou *cassolette* ⲂⲢⲂⲈ (berbe), le signe de la consonne Ⲃ ; une *main* ⲦⲞⲦ, le signe de la consonne Ⲧ ; une *hache* ⲔⲈⲖⲈⲂⲒⲚ (kelebin), le signe de la consonne Ⲕ ; un *lion* ou une *lionne*, ⲖⲀⲂⲞ (labo), le signe de la consonne Ⲗ ; une espèce de *chouette*, appelée *nycticorax* par les Grecs, et ⲘⲞⲨⲖⲀϪ (mouladj) par les Égyptiens, le signe de la consonne Ⲙ ; une *flûte*, ⲤⲎⲂⲒⲚϪⲰ (sébiandjo), le signe de la consonne Ⲥ ; une *bouche* Ⲣⲱ (ro), le signe de la consonne Ⲣ ; l'image abrégée d'un *jardin*, ϢⲚⲎ (schné), le signe de la consonne Ϣ.

80. Tel fut, en effet, le principe qui présida au

choix des images destinées à représenter les voix et les articulations des mots introduits dans le système hiéroglyphique ; tous ceux qui ont quelque teinture de la langue copte, laquelle est l'ancien égyptien écrit en lettres grecques, en comparant avec soin le grand nombre de mots grecs ou latins, soit noms propres, soit noms communs, soit adjectifs, dont j'ai découvert la transcription en caractères hiéroglyphiques, seront involontairement conduits à reconnaître comme moi ce principe de l'alphabet égyptien ; et si nous ne pouvons encore en montrer l'application dans plusieurs caractères dont la valeur, comme signes de consonnes ou de voyelles, est cependant certaine, cela tient à deux raisons principales : la première, c'est que nous ne savons point d'une manière positive quel est l'objet physique dont le caractère retrace la forme ; et la seconde, que nos dictionnaires coptes n'étant point encore assez complets, peuvent ne point renfermer le mot égyptien exprimant l'objet dont le caractère emprunte la forme.

81. Accrue de ce nouvel ordre de signes, l'écriture hiéroglyphique égyptienne resta toutefois parfaitement homogène, quant à ses formes matérielles ; elle n'employa toujours que des signes *images d'objets physiques*: mais les uns, les *caractères figuratifs*, exprimaient directement les objets mêmes dont ils retraçaient l'image ; les autres, les *caractères tropiques* ou *symboliques*, exprimaient indirectement des idées avec lesquelles l'objet qu'ils imitaient dans leur forme n'avait que des rap-

ports fort éloignés; et les caractères *phonétiques* n'exprimaient ni directement ni indirectement des idées, mais seulement des voix et des articulations simples.

82. L'existence de cette troisième classe de caractères dans l'écriture hiéroglyphique égyptienne, ne pouvant plus être mise en question, on cherche naturellement à fixer ses idées sur l'époque de l'invention de ces caractères. Il serait, sans doute, fort intéressant de savoir si les Égyptiens ont usé d'abord d'une écriture seulement *figurative* et *symbolique*, et de connaître les circonstances qui ont conduit ce peuple à introduire des signes de sons dans ce système graphique; mais nous avons vu (1) que les plus anciens monumens connus nous montrent déjà les signes phonétiques mêlés dans toutes les inscriptions avec les signes figuratifs et les signes symboliques. Un seul fait ressort de cette observation, c'est la très-haute antiquité de la présence des signes phonétiques dans l'écriture sacrée.

83. Le principe de l'écriture phonétique égyptienne étant ainsi posé, comme les faits l'établissent: *Une voix ou une articulation peut avoir pour signe l'image d'un objet physique dont le nom, dans la langue parlée, commence par la voix ou l'articulation qu'il s'agit d'exprimer;* il s'ensuit nécessairement qu'une consonne ou une voyelle put être exprimée par les images d'une foule d'objets différens, avec la seule condition que les noms usuels de ces

---

(1) *Suprà*, chapitre VIII.

objets eussent pour initiale, dans la langue parlée, cette même *voix* ou cette même articulation.

Nous avons vu, en effet, que l'articulation R, par exemple, était représentée dans les noms propres d'empereurs romains, écrits en hiéroglyphes, tantôt par l'image d'une *bouche*, Ⲣⲱ (rô), tantôt par une *larme*, ⲣⲙⲉⲓⲏ, ⲣⲙⲓⲉ (rmeiê), et ailleurs par l'image d'une fleur de grenade, ⲁⲡⲟⲩⲁⲛ, ⲣⲙⲁⲛ (roman, rman); l'articulation κ est figurée ici par l'image d'une *hache*, ⲕⲉⲗⲉⲃⲓⲛ, kelebin; là, par celle d'une coiffure ou capuchon, ⲕⲗⲁϥⲧ (klaft); et dans d'autres noms, par l'image d'un *genou*, ⲕⲉⲗⲓ (kéli), &c.

Ces variations de signes et cet échange perpétuel de caractères n'apportaient aucun embarras dans la lecture, aucune incertitude sur le son exprimé, parce que le principe dont cette abondance de signes tirait son origine, était immuable et rigoureusement posé. Nous avons donné le titre d'*homophones* à tous les signes phonétiques destinés à représenter une même voix ou une même articulation.

84. Quoique j'aie déjà reconnu la *nature phonétique* de plus de *cent* caractères hiéroglyphiques (1), je regarde toutefois comme certain que le nombre des signes affectés à chaque voyelle ou consonne n'était point aussi étendu ni aussi variable qu'on pourrait d'abord le supposer. On verra des preuves directes de cette assertion, si l'on compare les noms et mots

---

(1) *Voyez* l'Alphabet ou Tableau général, planches I, II, et suiv.

exprimés phonétiquement sur les plus anciens édifices de l'Égypte, avec ceux que nous trouvons sur les plus récens. Des images semblables y sont habituellement employées comme signes des mêmes consonnes et des mêmes voyelles, quoique l'époque où l'on grava les uns soit souvent séparée par plus de vingt siècles de celle où l'on grava les autres. Nous avons également fait remarquer dans notre chapitre III (1), que la plupart des caractères reconnus pour être *phonétiques*, dans la transcription hiéroglyphique des noms propres grecs et latins, se trouvent reproduits sans cesse dans les textes hiéroglyphiques *de tous les âges*, où ils conservent aussi *leur valeur phonétique*, comme le prouve leur fréquente *permutation* avec des *caractères homophones* (2).

85. Les caractères *phonétiques* égyptiens tenaient à un système véritablement *alphabétique*, comme celui des Arabes actuels et ceux des anciens peuples de l'Asie occidentale, les Hébreux, les Syriens et les Phéniciens. On ne peut, sous aucun rapport, les considérer comme des *signes syllabiques* proprement dits. Les faits sur lesquels ces conclusions reposent ont été exposés et développés dans le chapitre III de cet ouvrage (3). On se contentera de rappeler ici que nous avons retrouvé les noms des dieux, ceux des souverains et des simples particuliers, des noms communs, des

---

(1) Page 50.
(2) Pag. 51, 52 et 53.
(3) Pag. 57 et suivantes.

verbes, des adjectifs, des pronoms et des prépositions, exprimés en hiéroglyphes alphabétiques répondant aux voix et aux articulations de ces mots, à l'exception toutefois de certaines *voyelles médiales,* qui ne sont point représentées dans beaucoup d'entre eux : mais il en est également ainsi dans les écritures phénicienne, hébraïque et arabe.

86. Le motif déterminant de ces peuples, pour n'écrire habituellement que les consonnes et les principales voyelles des mots, fut sans doute le même qui guidait les Égyptiens dans une semblable pratique. Mais quel fut ce motif? J'ignore si l'on a, à cet égard, des raisons plus positives à alléguer que le son vague des voyelles dans les langues parlées de ces peuples ; voyelles qui n'ont point un son aussi brillant et aussi décidé que celui des langues de notre Europe méridionale. Le son des voyelles est si fugitif, et la manière de prononcer celles d'un même mot varie tellement d'un canton à l'autre, et souvent même d'un individu à un autre, qu'il était naturel, lors de la création des alphabets égyptien, phénicien, hébreu, syrien, &c., de n'accorder qu'une importance bien secondaire à l'expression des voyelles.

87. Quant à la suppression des voyelles médiales dans la peinture des mots, d'après la méthode égyptienne, on pourrait s'en rendre raison, en considérant qu'à l'époque de l'invention des caractères phonétiques, il existait au moins un aussi grand nombre de dialectes ou de manières différentes de prononcer les mots de

la langue, qu'il en put exister après cette invention ; et croire, puisque les différences entre les trois dialectes encore connus de la langue égyptienne consistent en très-grande partie dans des nuances de voyelles, que le créateur du système alphabétique égyptien put, à cause de cela, négliger la notation des voyelles, pour s'occuper plus spécialement des consonnes, sujettes à bien moins de variations.

Quoi qu'il en soit, il n'est pas moins vrai de dire qu'un texte hiéroglyphique convenait, même dans sa *partie phonétique*, à tous les habitans de l'Égypte, qu'ils parlassent soit le *dialecte thébain*, soit le *dialecte memphitique*, soit le *dialecte* dit *baschmourique*, en supposant, ce qui peut être prouvé pour une époque assez ancienne, que l'existence de ces trois dialectes fût contemporaine de l'usage de l'écriture hiéroglyphique. Les différences de dialecte disparaissent, en effet, dans les mots égyptiens écrits en caractères phonétiques.

1.° La consonne π des mots du dialecte thébain se change en ϕ dans le memphitique, et nous avons vu qu'un seul et même caractère hiéroglyphique exprime à-la-fois le π et le ϕ des noms propres grecs transcrits en hiéroglyphes.

2.° Les consonnes κ et τ du thébain sont souvent remplacées par le ϧ et le ϑ dans le memphitique ; un seul hiéroglyphe phonétique représente les consonnes κ et ϧ, comme un autre les consonnes τ et ϑ.

3.° La consonne ρ des mots thébains et memphitiques devient λ dans le dialecte dit *baschmourique*, et nous avons vu aussi que le signe hiéroglyphique de la consonne L, *le lion couché*, représentait indifféremment le λ et le ρ des noms et des mots grecs, et qu'à leur tour, les signes hiéroglyphiques de la consonne R, la *bouche* et ses homophones, représentaient parfois aussi la consonne L.

4.° Enfin, les signes hiéroglyphiques des voyelles ont une valeur tellement vague, qu'ils se permutent presque indifféremment les uns pour les autres, un même caractère exprimant dans diverses occasions les voyelles E, H ou I, et un autre les voyelles A, E, O ou Ω; de leur côté, les dialectes diffèrent sur-tout par la permutation constante de ces mêmes voyelles.

Avec de telles nuances dans la prononciation de certains caractères phonétiques, il arriva nécessairement qu'un même texte hiéroglyphique pouvait être *lu* sans difficulté par trois hommes parlant chacun un des trois dialectes de la langue égyptienne : ce fait nous a paru digne de quelque attention.

88. On ne peut d'ailleurs douter un seul instant que les Égyptiens ne se soient jadis servis d'un alphabet dont les signes vocaux étaient fort vagues, et qu'ils n'aient eu aussi l'habitude de supprimer, en écrivant, la plupart des voyelles médiales ; il suffit de jeter les yeux sur les textes coptes thébains, c'est-à-dire, sur les *textes égyptiens écrits en lettres grecques* : on y remarque en effet encore la suppression habituelle de certaines voyelles médiales ; on y trouve plusieurs mots écrits sans une seule voyelle et avec des consonnes seulement,

tels que ⲙⲛ *et*, ⲙⲛⲧ *avec*, ⲙⲛⲧ *attribution*, ⲡⲙ *habitant*, ⲥⲛⲧ *créer*, ⲧⲙ *fermer*, ⲥⲧⲙ *entendre*, ⲛⲧⲕ *toi*, &c; d'autres mots enfin y sont écrits avec plusieurs voyelles différentes, sans que leur sens en soit aucunement modifié.

89. Tels sont les divers points de vue sous lesquels l'observation d'une série de faits positifs nous montre la troisième classe de caractères employée dans l'écriture sacrée des Égyptiens. L'admission des *signes phonétiques* compléta ce système; et si quelque chose d'inhérent à ce même système peut encore étonner notre raison et se montre étranger à nos idées actuelles sur les écritures alphabétiques, c'est sans contredit le grand nombre seul de caractères très-variés que les Égyptiens employèrent simultanément pour exprimer un même son.

C'est sur-tout à cette persistance bien remarquable des Égyptiens à n'introduire dans leur écriture, même pour peindre *les sons*, que des caractères *images* d'objets naturels (ce qui toutefois était bien conforme au principe fondamental de cette même écriture, *suprà*, 44, 47 et 48), qu'il faut particulièrement attribuer l'opinion erronée qui nous a été transmise presque unanimement par les auteurs anciens; opinion d'après laquelle l'écriture hiéroglyphique égyptienne aurait été formée seulement de signes figuratifs des objets et de signes n'exprimant les idées que d'une manière symbolique ou énigmatique: telles sont du moins les données générales que les savans modernes peuvent retirer de tout ce qu'ont écrit sur ce système hiéroglyphique les Grecs et les Romains, qui ne portèrent jamais dans l'étude des langues et des écritures des peuples orientaux, autant de soin et d'esprit d'analyse que le font les Européens actuels. Un seul auteur grec, comme on le verra bientôt, a démêlé et signalé, dans l'écriture égyptienne sacrée, les élémens phonétiques, lesquels en sont, pour ainsi dire, le principe vital. Les recherches des modernes, partant des seules données fournies par les auteurs classiques, n'ont pu, pour cela même, conduire à des résultats positifs.

90. Mais puisqu'un aussi grand nombre de caractères destinés à rendre le même son, est un vice facile à apercevoir dans une écriture quelconque, il faut croire que les anciens Égyptiens savaient tirer de cette faculté d'exprimer un même son par une foule de *caractères-images* très-différens les uns des autres, certains avantages qui balançaient, à leur avis du moins, l'inconvénient de cette surabondance des signes.

Je crois, en effet, avoir acquis la conviction que, de cette faculté reconnue de représenter un même son par une foule de signes-images tout-à-fait différens, les Égyptiens surent tirer un avantage singulier et bien approprié au génie que leur prête l'antiquité entière: ce fut de *symboliser une idée au moyen des caractères mêmes qui représentaient d'abord le son du mot* signe de cette idée dans la langue parlée; ils purent, en conséquence, pour écrire les sons principaux et toutes les articulations d'un mot, choisir parmi les divers caractères

X

homophones qu'ils étaient les maîtres d'employer, ceux qui, dans leur forme, représentaient des objets physiques en relation directe ou conventionnelle avec l'idée signifiée par le *mot* dont ces mêmes caractères servaient d'abord à exprimer la prononciation.

Ainsi, par exemple, ils auraient de préférence exprimé le ⲥ du mot ⲥⲓ ou ⲥⲉ *(si, sé), fils, enfant, rejeton, nourrisson*, par le caractère ovoïde (1), parce qu'il représente un *germe*, une *graine*, une *semence*, en langue égyptienne ⲥⲓϯ *(siti)*, ou un *grain de froment*, ⲥⲟⲩⲟ *(souô)*; dans le groupe ⲥⲉ *se* ou ϣⲉ *sché* (2), qui a la même valeur, ils auraient employé l'oie ou *chénalopex*, parce qu'ils avaient remarqué, selon Horapollon, que cet oiseau avait une très-grande tendresse pour ses petits : Ὑιὸν δὲ βουλόμενοι γεάψαι ΧΗΝΑΛΩΠΕΚΑ ζωγεάφυσι, τοῦτο γὰρ τὸ ζῶον ΦΙΛΟΤΕΚΝΩΤΑΤΟΝ ὑπάρχει. « Voulant écrire FILS, les Égyptiens peignent un CHÉ-
» NALOPEX, parce que cet animal *aime beaucoup ses*
» *petits* (3). »

Dans le nom propre phonétique du dieu ⲚⲞⲨⲂ *(Noub)*, le Chnubis des inscriptions grecques, les Égyptiens rendirent, 1.° l'articulation B par le *bélier*, plutôt que par ses homophones, la *cassolette* ou bien la *jambe*, parce que le bélier était lui-même le symbole du dieu Chnubis qui, sur les monumens, en emprunte la tête ; 2.° l'articulation N par un *vase*, plutôt que par

---
(1) Tableau général, n.° 257.
(2) *Ibid.* n.° 251.
(3) Horapollon, liv. I, hiéroglyphe 53.

tout autre de ses nombreux homophones, puisque le dieu Chnubis était ordinairement représenté avec un *vase de terre à ses pieds*, vase dont il aurait créé l'homme, si l'on adoptait certaines corrections dans le passage d'Eusèbe, qui n'est pas fort clair quant à la destination du vase seulement.

Le *lion*, signe tropique de la force et du courage, dans l'idée de tous les peuples qui ont connu ce superbe quadrupède, se montre dans les noms et les titres des Lagides et des souverains de race romaine, pour y exprimer les consonnes Λ ou P.

Dans les cartouches de Tibère-Claude, sculptés sur le portique d'Esné consacré au dieu *Ammon-Chnoubis*, le B du mot *Tibère* est rendu par le *belier*, animal qui est le symbole propre du dieu principal du temple ; tandis que le B de ce même nom propre *Tibère* est exprimé par des signes tout différens dans les sculptures du temple de Dendéra, consacré à Athôr, la Vénus égyptienne. D'un autre côté, l'articulation B du titre Σεϐαστός, c'est-à-dire, *auguste, vénérable, adorable*, est ordinairement rendue, dans la transcription hiéroglyphique, par la *cassolette* ou *encensoir*, instrument d'adoration. J'ajoute enfin que, dans beaucoup de noms et de titres impériaux romains, la voyelle A est exprimée par l'*aigle* (ⲁϩⲱⲙ Akhôm), symbole connu de la puissance romaine.

Ces exemples doivent donner une idée suffisante du procédé que les Égyptiens ont pu suivre à cet égard : ils surent ainsi tirer un parti ingénieux de la multiplicité même de leurs signes phonétiques. On sait d'ailleurs que les Chinois profitent, avec un égal avantage et d'une manière analogue, de leurs caractères *hing-ching (supra 69)* employés, sous certaines conditions, à la transcription des noms propres et des mots étrangers à leur langue. Ces caractères, qui n'expriment alors *qu'un son* seulement, emportent avec eux, si on les prend dans leur sens figuratif, une idée en bonne ou en mauvaise part.

91. La tendance générale du système hiéroglyphique égyptien, quoique composé de trois ordres de signes essentiellement différens dans leur mode d'expression, semble donc avoir été de peindre, soit les objets des idées, soit les mots qui en sont les signes oraux, de manière à présenter le mieux possible, au propre ou au figuré, l'image même de ces objets ou celle de leurs qualités distinctives. Il dut résulter nécessairement de cette tendance, que certaines règles présidèrent, comme on vient de le voir, à la notation des sons des mots par le moyen de caractères-images. On dut donc choisir certains caractères phonétiques dans la table des homophones, et de préférence à tous les autres, pour les affecter plus particulièrement à la représentation des voyelles ou des consonnes de certains mots ; et de l'habitude contractée d'écrire tel ou tel mot par tels caractères phonétiques plutôt que par d'autres, il arriva qu'on put, sans de grands inconvéniens, et dans le but de rendre l'écriture plus expéditive, se contenter de tracer, soit le premier,

soit les deux premiers signes, ou même le premier et le dernier signe phonétique d'un certain nombre de mots, et sur-tout de ceux qui revenaient le plus fréquemment dans un texte.

Quelle que puisse avoir été l'origine de ces *abréviations*, il est de fait qu'elles existent dans la plupart des inscriptions hiéroglyphiques (1) ; et l'on peut facilement en acquérir la conviction, en comparant, par exemple, deux manuscrits funéraires contenant les mêmes peintures et les mêmes légendes. La présence de ces *abréviations*, assez nombreuses dans les textes égyptiens, n'a pas peu contribué à faire croire à l'existence d'une énorme quantité de signes symboliques dans le système hiéroglyphique. La collation seule de plusieurs papyrus roulant sur une même matière, a pu nous avertir à cet égard, et nous donner la certitude que beaucoup de signes isolés, observés dans un texte, ne sont très-souvent que les signes initiaux de groupes phonétiques qu'un second texte nous montre complétement exprimés. Nous avons noté, dans notre Tableau général, plusieurs de ces *abréviations ;* elles y sont placées à la suite des groupes complets (2).

92. En résumé, ce sont aussi des faits matériels et leur étude qui, seuls, nous ont conduits à la connaissance de la *nature phonétique* d'une partie des élémens

---

(1) *Voyez* chapitre VII, pag. 140.
(2) N.ᵒˢ 248, 251, 252, 259, 260, 264, 268, &c.

constitutifs du système hiéroglyphique. On sent que, par l'introduction de cette troisième classe de signes, l'écriture sacrée des Égyptiens fut complétée, et de plus que, possédant à-la-fois trois moyens différens pour exprimer les idées, les Égyptiens employèrent dans un même texte celui qui leur paraissait le mieux approprié à la représentation d'une idée donnée. Si l'objet d'une idée ne pouvait être clairement noté, soit en procédant en propre par un caractère *figuratif*, soit tropiquement par un *caractère symbolique*, l'écrivain recourait aux caractères *phonétiques*, lesquels suppléaient aisément à la représentation directe ou indirecte de l'idée, par la peinture conventionnelle du mot signe de cette même idée. Ainsi donc la série des *caractères phonétiques* fut le moyen le plus puissant et le plus usité du système graphique égyptien ; c'est par eux sur-tout que les idées les plus métaphysiques, les nuances les plus délicates de la langue, les inflexions, et enfin toutes les formes grammaticales (1), purent être exprimées en hiéroglyphes, à-peu-près avec tout autant de clarté qu'elles le sont, par exemple, au moyen du simple alphabet des Phéniciens ou des Arabes.

93. Il résulte enfin de tout ce qui précède, et avec une pleine évidence :

1.° *Qu'il n'y avait point d'écriture égyptienne toute*

---

(1) *Suprà*, page 73 et suivantes.

REPRÉSENTATIVE, *comme on a cru que l'était, par exemple, l'écriture mexicaine;*

2.° *Qu'il n'existe point sur les monumens de l'Égypte, d'écriture régulière entièrement* IDÉOGRAPHIQUE, *c'est-à-dire, procédant par le mélange seul de caractères figuratifs et de caractères symboliques;*

3.° *Que l'Égypte primitive ne se servit point d'écriture toute* PHONÉTIQUE;

5.° *Mais que l'écriture* HIÉROGLYPHIQUE *est un système complexe, une écriture tout-à-la-fois* FIGURATIVE, SYMBOLIQUE *et* PHONÉTIQUE, *dans un même texte, une même phrase, je dirais presque dans le même mot.*

§. IX. *Concordance de ces résultats avec les témoignages de l'antiquité.*

94. Les anciens qui ont parlé de l'écriture hiéroglyphique, ne nous avaient pas, jusqu'ici, conduits à cette distinction fondamentale de trois espèces de signes. Il est vrai qu'aucun de ces auteurs, soit grec, soit romain, ne s'était proposé de transmettre à la postérité une définition complète et développée de ce système graphique. Clément d'Alexandrie s'est, lui seul, occasionnellement attaché à en donner une idée claire; et ce philosophe chrétien était, bien plus que tout autre, en position d'en être bien instruit.

Lorque mes recherches et l'étude constante des monumens égyptiens m'eurent conduit aux résultats précédemment exposés, je dus revenir sur ce passage de Clément d'Alexandrie, que j'ai souvent cité, pour savoir si, à la faveur des notions que j'avais tirées d'un examen soutenu des inscriptions hiéroglyphiques, le texte de l'auteur grec ne deviendrait pas plus intelligible qu'il ne l'avait paru jusque-là. J'avoue que ses termes me semblèrent alors si positifs et si clairs, et les idées qu'il renferme si exactement conformes à ma théorie de l'écriture hiéroglyphique égyptienne, que je dus craindre aussi de me livrer à une illusion et à un entraînement dont tout me commandait de me défier. Je recourus alors à d'autres lumières; j'eus l'occasion d'en conférer avec M. Letronne : ce savant helléniste se chargea d'examiner le passage de Clément avec réflexion, et voici la traduction et le commentaire qu'il a bien voulu me communiquer.

TEXTE	TRADUCTION.
DE CLÉMENT D'ALEXANDRIE (1).	
Αὐτίκα οἱ παρ' Αἰγυπτίοις παιδευόμενοι, πρῶτον μὲν πάντων τὴν Αἰγυπτίων γραμμάτων μέθοδον ἐκμανθάνουσι, τὴν ΕΠΙΣΤΟΛΟΓΡΑΦΙΚΗΝ καλουμένην· δεύτερον δὲ, τὴν ΙΕΡΑΤΙΚΗΝ, ᾗ χρῶνται οἱ ἱερογραμματεῖς· ὑστάτην δὲ κὴ τελευταίαν τὴν ΙΕΡΟΓΛΥΦΙΚΗΝ, ἧς	« Ceux qui parmi les Égyp- » tiens (2) reçoivent de l'ins- » truction, apprennent d'abord le » genre d'écriture égyptienne qu'on » appelle *épistolographique* : [ils » apprennent] en second lieu *l'hié-* » *ratique*, dont se servent les hié- » rogrammates ; et enfin *l'hiérogly-* » *phique.* » » L'hiéroglyphique [est de deux » genres], l'un exprimant *au propre*

(1) *Stromat.* V, 657, Potter.

(2) La version latine, *jam verò qui docentur ab Ægyptiis,* est inexacte ; il faut *apud Ægyptios :* mais elle offre bien d'autres inexactitudes ; elle est en général un peu plus obscure que le texte.

ἡ μὲν ἔστι διὰ τῶν ΠΡΩΤΩΝ ΣΤΟΙΧΕΙΩΝ ΚΥΡΙΟΛΟΓΙΚΗ ; ἡ δὲ ΣΥΜΒΟΛΙΚΗ. Τῆς δὲ ΣΥΜΒΟΛΙΚΗΣ ἡ μὲν ΚΥΡΙΟΛΟΓΕΙΤΑΙ ΚΑΤΑ ΜΙΜΗΣΙΝ, ἡ δ' ὥσπερ ΤΡΟΠΙΚΩΣ γράφεται, ἡ δὲ ἀντικρὺς ἀλληγορεῖται ΚΑΤΑ ΤΙΝΑΣ ΑΙΝΙΓΜΟΥΣ. Ἥλιον γοῦν γράψαι βουλόμενοι κύκλον ποιοῦσι, σελήνην δὲ σχῆμα μηνοειδὲς, ΚΑΤΑ ΤΟ ΚΥΡΙΟΛΟΓΟΥΜΕΝΟΝ ΕΙΔΟΣ· ΤΡΟΠΙΚΩΣ δὲ κατ' οἰκειότητα μετάγοντες καὶ μετατιθέντες, τὰ δ' ἐξαλλάττοντες, τὰ δὲ πολλαχῶς μετασχηματίζοντες χαράττουσιν. Τὰς γοῦν τῶν βασιλέων ἐπαίνους θεολογουμένοις μύθοις παραδιδόντες, ἀναγράφουσι διὰ τῶν ΑΝΑΓΛΥΦΩΝ. Τοῦ δὲ ΚΑΤΑ ΤΟΥΣ ΑΙΝΙΓΜΟΥΣ τρίτου εἴδους δεῖγμα ἔστω τόδε· τὰ μὲν γὰρ τῶν ἄλλων ἄστρων, διὰ τὴν πορείαν τὴν λοξὴν ὄφεων σώμασιν ἀπείκαζον, τὸν δὲ Ἥλιον τῷ τοῦ κανθάρου.

» les objets par LES LETTRES, l'autre
» les représentant par des symboles.
 » L'hiéroglyphique SYMBOLI-
» QUE [se subdivise en plusieurss
» espèces] : l'une représente les ob-
» jets *au propre* par *imitation*; l'autre
» les exprime *tropiquement*; la troi-
» sième, au contraire, les rappelle
» au moyen de certaines allégories
» énigmatiques. Ainsi, d'après la
» méthode *de représenter les objets au
» propre*, les Égyptiens veulent-ils
» écrire *le soleil*, ils font un *cercle*;
» la *lune*, ils tracent la figure d'un
» *croissant*. Dans la méthode *tro-
» pique*, ils représentent les objets
» au moyen d'analogies (ou de
» propriétés semblables), qu'ils
» transportent dans l'expression de
» ces objets, tantôt par des mo-
» difications [de forme], tantôt
» et plus souvent par des transfor-
» mations totales. Ainsi, ils re-
» présentent par des *anaglyphes*
» [bas-reliefs allégoriques], les
» louanges de leurs rois, quand ils
» veulent les faire connaître au
» moyen de mythes religieux.
» Voici un exemple de la troisième
» espèce [d'écriture hiéroglyphi-
» que] qui emploie des allusions
» *énigmatiques* : les Égyptiens figu-
» rent les *astres* [planétaires] par
» un *serpent*, à cause de l'obli-
» quité de leur course ; mais le
» *soleil* est figuré par un scarabée.

Voici le commentaire que M. Letronne a joint à sa traduction :

« Les termes κυριολογία, κυριολογικὸς, κυριολογεῖσθαι, s'entendent
» des expressions propres et caractéristiques pour désigner les
» objets ; ces mots s'emploient par opposition aux termes figurés

» ou aux périphrases ; ainsi Longin ou l'auteur quelconque du
» traité *du Sublime* : οὕτως ἡ περίφρασις πολλάκις συμφθέγκεται
» τῇ κυριολογίᾳ (*Subl.* XXVIII, 1.) On trouvera beaucoup
» d'exemples dans Henri Étienne.

» On voit donc que Clément d'Alexandrie, par les mots ἡ
» διὰ τῶν πρώτων στοιχείων κυριολογική, désigne un genre d'écriture
» qui exprimait *au propre* les objets διὰ τῶν πρώτων στοιχείων. Il ne
» s'agit plus que de savoir ce que signifient les mots τὰ πρῶτα
» στοιχεῖα en cet endroit, et c'est ce que va nous apprendre l'ana-
» lyse plus détaillée de ce passage, que l'on ne paraît pas avoir
» compris, parce qu'on a confondu les expressions génériques
» avec les expressions spécifiques.

» Il est clair, en effet, que Clément admet trois genres d'écri-
» ture égyptienne :

» Ἐπιστολογραφική,

» Ἱερατική,

» Ἱερογλυφική.

» Sur les deux premiers genres, il ne donne aucun détail ; il
» ne s'occupe que du dernier, savoir, *l'hiéroglyphique*.

» *L'hiéroglyphique* se subdivise en deux espèces : celle que l'au-
» teur désigne par les mots ἡ διὰ τῶν πρώτων στοιχείων κυριολογική,
» et celle qu'il appelle συμβολική : il ne dit rien de la première ;
» mais il entre dans quelques détails sur la seconde, qu'il sub-
» divise en trois espèces secondaires, qu'on pourrait appeler,
» d'après lui, κυριολογικὴ κατὰ μίμησιν, τροπική, et αἰνιγματώδης :
» de sorte qu'on a le tableau synoptique suivant, comprenant
» tous les genres et espèces d'écriture :

Εἴδη τῶν Αἰγυπτίων γραμμάτων
 { ἐπιστολογραφική
   ἱερατική
   ἱερογλυφική.. { κυριολογικὴ { κυριολογικὴ διὰ τῶν πρώτων στοιχείων.
                                   κυριολογικὴ κατὰ μίμησιν.
                 συμβολική.. { τροπική.
                               αἰνιγματώδης.

» De cette classification, que je crois exacte, je conclus que
» les mots ἡ διὰ τῶν πρώτων στοιχείων κυριολογική désignent une des
» *deux espèces* de caractères hiéroglyphiques ; il faut donc que
» cette espèce consiste, selon sa dénomination même, dans une
» expression *au propre* (κυριολογική) des objets, au moyen d'une
» combinaison quelconque de certains *caractères sacrés* (ἱερὰ
» γράμματα) : mais, quels caractères employait-elle ! τὰ πρῶτα
» στοιχεῖα, dit l'auteur, mots qui désignent en grec les *lettres de*
» *l'alphabet (prima elementa litterarum)* (1) ; et il me semble que
» ces mots, appliqués à l'écriture hiéroglyphique, ne peuvent
» s'entendre que des *hiéroglyphes* employés comme *lettres ;* ce
» qui caractérise clairement les *hiéroglyphes phonétiques*.

» Il est remarquable qu'entendu de cette manière, le passage
» de Clément d'Alexandrie rentre dans les faits actuellement
» connus, puisqu'on admet maintenant deux modes d'écriture
» hiéroglyphique, l'une *phonétique*, l'autre *symbolique ;* mais peut-
» être qu'avant la découverte de la première, il était impossible
» d'entendre cette phrase du texte de Clément d'Alexandrie,
» dont le sens me paraît maintenant assez clair (2).

« L'auteur caractérise ensuite les trois espèces d'*écriture sym-*
» *bolique.* La première (ἡ κυριολογικὴ κατὰ μίμησιν) est indiquée avec
» précision, tant par ces mots eux-mêmes, que par les deux
» exemples que donne l'auteur : on voit qu'elle consiste à
» représenter *au propre* (κυριολογεῖσθαι) un objet, en imitant
» (κατὰ μίμησιν) sa forme. Cette forme n'étant qu'un des attributs
» de l'objet, en est une sorte de *symbole :* c'est donc avec
» raison que Clément d'Alexandrie range ce genre d'expression
» dans la *symbolique*.

« La seconde espèce est fort obscurément définie, et l'exemple
» n'est peut-être pas beaucoup plus clair que la définition : je
» crois cependant ma traduction exacte. Ce que ce passage pré-

---

(1) Quintilian. I, 1, 23. — Horat. I, *Sat.* I, 25.
(2) *Voyez* une note à la fin de l'ouvrage.

« sente de curieux, entre autres choses, c'est qu'il paraît que les
» *anaglyphes* ou bas-reliefs allégoriques étaient, en certains cas,
» considérés comme une sorte d'écriture symbolique, en ce sens,
» qu'ils exprimaient des *idées* par des *actions* : ce qui m'explique
» l'impression que j'avais retirée de l'examen des sculptures
» égyptiennes, et que j'ai rendue en ces termes dans mes *Con-*
» *sidérations historiques sur l'état des arts, &c., depuis Cambyse*
» *jusqu'au siècle des Antonins :*

» ..... *La sculpture et la peinture ne furent plus qu'un lan-*
» *gage dont la grammaire et le dictionnaire furent fixés sans*
» *retour : de là vient que certains bas-reliefs paraissent n'être que*
» *des hiéroglyphes en grand, et que certains hiéroglyphes semblent*
» *être de la sculpture réduite à de petites dimensions. On dirait*
» *souvent deux idiomes qui se confondent et se font des emprunts*
» *mutuels.*

» Les mots τοὺς γοῦν τ̃ βασιλέων ἐπαίνες θεολογουμένοις μύθοις παρα-
» διδόντες ne sont pas clairs : j'ai entendu les trois derniers, dans
» le même sens que γραφῇ παραδιδόναι, en latin, *tradere litteris*.

» Il n'y a nulle obscurité dans ce que l'auteur dit de la troi-
» sième espèce. »

Ainsi donc Clément d'Alexandrie développe l'ensemble et les détails de tout le système graphique des Égyptiens, sous le même point de vue que les monumens, mes seuls guides, ont dû me l'offrir; et l'analyse qu'il présente, en particulier, des élémens de l'écriture *hiéroglyphique*, est entièrement conforme à celle qui est résultée de mes recherches. J'ai reconnu, comme ce savant père,

1.° Trois différentes espèces d'écritures chez les Égyptiens (1), savoir :

---

(1) *Suprà*, chapitre I, pag. 18.

A. L'écriture vulgaire, que j'ai appelée DÉMOTIQUE d'après Hérodote, et que Clément a nommée *épistolographique;*

B. L'écriture sacerdotale, que je désigne également sous le nom d'écriture HIÉRATIQUE;

C. L'écriture *hiéroglyphique,* qui est l'écriture égyptienne monumentale.

2.° Que l'écriture hiéroglyphique procédait de plusieurs manières différentes dans l'expression des idées.

3.° Qu'elle procédait premièrement, au propre de toute écriture, en exprimant les objets par la peinture de leurs noms, au moyen de caractères *phonétiques* (1) ou de caractères *signes de sons et de prononciations.* Cette méthode hiéroglyphique est appelée par Clément d'Alexandrie, κυριολογικὴ διὰ τῶν πρώτων στοιχείων, c'est-à-dire, *s'exprimant au propre par le moyen de* LETTRES. J'ai cité un très-grand nombre d'exemples de l'emploi de ces caractères alphabétiques (2).

4.° Qu'elle procéda, en second lieu, par la représentation même des objets, au moyen de *caractères purement figuratifs;* c'est là, sans aucun doute, la méthode hiéroglyphique nommée κυριολογικὴ κατὰ μίμησιν (3).

5.° Qu'elle employa des caractères *symboliques* ou exprimant indirectement les objets par synecdoche, par métonymie, ou par des métaphores plus ou moins

---

(1) *Suprà,* chapitres III, IV, V, &c.
(2) Tableau général, du n.° 1 à 66; du n.° 109 à 195, &c.
(3) *Suprà,* §. VI. Exemples de caractères de cet ordre au Tableau général, n.ᵒˢ 245, 246, 247, 292 à 303, &c.

faciles à saisir (1). Clément d'Alexandrie a désigné cette troisième méthode hiéroglyphique par la qualification de *symbolique tropique*.

6.° Enfin, le même auteur mentionne une méthode hiéroglyphique procédant à l'expression des idées par le moyen de *certaines énigmes*, κατά τινας αἰνιγμούς, et nous avons compris les signes de ce genre, tout en les distinguant, sous la dénomination générale de *caractères symboliques* (2). Cette complète concordance de mes résultats, avec les seuls documens un peu détaillés que l'antiquité nous ait transmis sur l'écriture hiéroglyphique égyptienne, est bien digne de remarque, et donne dès ce moment même, à ces résultats, un poids et une consistance qu'ils n'auraient dû attendre que d'une longue série d'applications.

§. X. *De l'emploi et des diverses combinaisons des trois espèces de caractères.*

Après avoir reconnu, d'une manière certaine, les différentes classes de caractères, élémens premiers de l'écriture hiéroglyphique, il était urgent de chercher à saisir quelques-unes des lois qui présidaient à leurs combinaisons, et les alliances que ces signes, si opposés dans leur nature, pouvaient contracter entre

---

(1) *Suprà*, §. VII. Exemples de cette sorte de caractères, n.ᵒˢ 241, 238 *a*, 308 *a*, 308 *b*, 308 *c*, &c.

(2) *Suprà*, §. VII, 51 ; pag. 292, où sont indiqués une foule d'exemples de cette espèce de signes.

eux ; il devrait résulter en effet de ces notions une connaissance générale des divers ordres d'idées que chaque classe de caractères était destinée à exprimer d'une manière plus ou moins spéciale.

95. Il n'est plus douteux, d'abord, que toute inscription hiéroglyphique, quelque peu étendue qu'elle soit, présente un mélange constant des trois ordres de signes. On retrouve dans tous les textes les *caractères figuratifs*, les *caractères symboliques* et les *caractères phonétiques* perpétuellement entremêlés, et concourant, chacun à leur manière et selon leur essence, à l'expression des idées dont il s'agissait de perpétuer le souvenir.

96. On a dû remarquer en effet que, dans le système hiéroglyphique, il arrivait qu'une même idée pouvait être exprimée, sans qu'il en résultât le moindre inconvénient pour la clarté, par trois méthodes diverses et au choix de celui qui tenait le pinceau. S'il fallait, par exemple, mentionner dans un texte la divinité suprême de Thèbes, *Amon*, *Amen* ou *Ammon*, l'hiérogrammate était le maître de signaler l'idée de ce dieu, soit *figurativement*, en retraçant en petit l'image même de cet être mythique, telle qu'on la voyait dans les temples de la capitale (1) ; soit *symboliquement*, en dessinant les formes d'un *obélisque* (2) ou celles du *belier sacré* (3), emblèmes d'Amon ; soit enfin *pho-*

---

(1) Tableau général, n.º 67.
(2) *Ibid.* n.º 84.
(3) *Ibid.* n.º 85.

nétiquement, en écrivant les trois caractères *de son*, signes de la voix initiale et des deux articulations qui constituent le nom divin ⲀⲘⲚ *(Amon)* lui-même (1). Des procédés semblables pouvaient être suivis, lorsqu'il était question de rappeler l'idée de la plupart des dieux et des déesses de l'Égypte, dont j'ai en effet déjà retrouvé à-la-fois les noms *figuratifs*, *symboliques* et *phonétiques*. On a reconnu, dans l'analyse des légendes royales ou impériales hiéroglyphiques, une foule d'exemples de caractères ou de signes de ces trois natures, groupés ensemble et exprimant tous une seule et même idée, quoique par une méthode différente.

97. Mais il ne faut point conclure de ce fait, qu'il fût en la puissance de l'écriture hiéroglyphique de rendre toutes les idées de trois manières différentes, au moyen de signes ou de groupes puisés successivement dans les trois classes de caractères. Cela n'arrivait que pour une série assez bornée d'idées, du nombre de celles qui se rapportent directement à la religion, à la doctrine sur l'état futur de l'ame, ou à chaque dieu en particulier.

98. Les caractères *symboliques* semblent avoir été plus spécialement consacrés à la représentation des idées abstraites qui étaient du domaine de la religion et de la puissance royale : telles sont par exemple, dans l'inscription de Rosette, les idées *Dieu, immortalité, vie divine, puissance, bien, bienfait, loi* ou *décret, région supérieure, région inférieure, panégyrique, temple,* &c. &c.

---

(1) Tableau général, n.º 39.

99. On employait quelquefois simultanément des caractères *figuratifs* et des groupes de signes *phonétiques*, pour peindre une même idée; l'expression des uns était alors renforcée, pour ainsi dire, par celle des autres. Voyez les noms *phonétiques* de divinité Πτε, Αμν et Τϥντ, Phtha, Amon et Tafnet (1), suivis du caractère *figuratif* représentant au propre ces mêmes personnages mythiques.

100. Certaines idées étaient exprimées aussi par l'union d'un *caractère figuratif* avec un *caractère symbolique*; mais les groupes de ce genre ne paraissent point avoir été nombreux. Nous citerons pour exemple le n.° 283 du Tableau général, groupe qui signifie *temple*, et qui se compose du *caractère figuratif* ÉDIFICE ou HABITATION (n.° 282), et du *caractère symbolique* DIEU (n.° 226), c'est-à-dire, *habitation d'un dieu;* souvent aussi le caractère *symbolique* est inscrit dans le caractère *figuratif* (n.° 284).

101. D'autres objets paraissent avoir été désignés par la combinaison d'un caractère *figuratif* et d'un groupe *phonétique :* tel est, par exemple, le nom de la ville de MEMPHIS (2) en écriture sacrée. Ce nom se forme du caractère *figuratif* HABITATION, *demeure* ou *enceinte* (n.° 282), et du nom *phonétique* du dieu PHTHA : ces signes ainsi rapprochés signifient rigoureusement

---

(1) *Suprà*, planche XV, n.ᵒˢ 12, 13 et 14.
(2) *Inscription de Rosette*, texte hiéroglyphique, ligne 9; et Tableau général, n.° 287.

Y

demeure de Phtha, habitation de Phtha. Nous savons en effet, par les anciens auteurs, que la divinité spéciale de *Memphis* fut *Phtha*, l'Ηφαιϲίος des Grecs et le Vulcain des Romains. Je crois avoir reconnu également, dans les textes hiéroglyphiques, quelques autres noms de villes égyptiennes, formés d'élémens de même nature que ceux du nom sacré de Memphis, et contenant, comme ce dernier, des noms de divinités. Cela m'a conduit à considérer les noms propres de villes égyptiennes que nous trouvons dans les textes coptes, et qui, pour la plupart, ont été adoptés par les Arabes, tels que ⲘⲉⲙⲂⲉ *Memphis*, Ⲱⲛ *Héliopolis*, Ⲡⲁⲡⲉ *Thèbes*, Ⲁⲧⲃⲱ *Edfou*, Ⲥⲓⲱⲟⲩⲧ *Osyouth*, Ⲩϣⲙⲟⲩⲛ *Aschmounéin*, &c., comme n'étant que les anciens noms *vulgaires* de ces villes, lesquelles, *en écriture sacrée* et dans le langage habituel des prêtres, portaient en même temps les noms théologiques, *demeure de Phtha, demeure de Phré* (le soleil), *demeure d'Amon, demeure d'Aroéris, demeure d'Anubis, demeure de Thoth*, &c.; noms sacerdotaux que les premiers Grecs qui visitèrent l'Égypte, philosophes voyageurs plus en rapport avec la caste sacerdotale qu'avec les autres castes de la nation égyptienne, apprirent directement des prêtres et s'efforcèrent de traduire en grec par *Héliopolis, Diospolis, Apollonopolis, Lycopolis, Hermopolis*, &c.; mots avec lesquels les noms coptes ou *anciens noms populaires* de ces villes n'ont aucun rapport de signification.

102. Les *caractères phonétiques*, dont l'usage est très-fréquent dans les inscriptions et les textes sacrés de

(339)

toutes les époques, étant rapprochés pour peindre les sons d'un mot, sont superposés les uns aux autres, selon que le permettent les proportions, soit en hauteur, soit en largeur, de chacun d'eux. Cet arrangement a passé dans l'écriture *hiératique* et jusque dans la *démotique*, où les signes se lient cependant plutôt entre eux qu'ils ne se superposent. Cette disposition de signes est particulière aux écritures égyptiennes.

103. Les circonstances de temps, de genre, de nombre, de personne, et les divers rapports et formes de la grammaire, sont exprimés par des *caractères phonétiques* qui représentent les voix, les articulations, les syllabes ou les mots qui, dans la langue parlée, étaient les signes de toutes ces modifications des noms, des adjectifs, des verbes, &c. Notre Tableau général présente une série de signes et de groupes *phonétiques* exprimant des *articles*, des *mots conjonctifs, conjonctifs-possessifs*, des *pronoms simples ou composés*, certaines *désinences du pluriel*, des formes de *verbes*, des *prépositions* et des *conjonctions* (1).

104. Les signes *grammaticaux phonétiques* se joignent à des *caractères figuratifs*, à des *caractères symboliques*, répondant à des noms, à des verbes, à des adjectifs de la langue parlée, tout aussi bien qu'à des *groupes phonétiques* exprimant ces mêmes espèces de mots, et pour en indiquer, soit le *genre*, soit le *nombre*, soit la *personne* ou *le temps*.

---

(1) Du n.° 1 à 38.

(340)

105. Les *caractères figuratifs* et les *caractères symboliques* forment cependant quelquefois leur pluriel d'une manière toute particulière ; au lieu de prendre les mêmes terminaisons que les groupes phonétiques, ces deux classes de caractères passent à l'état de pluriel en se reproduisant *deux* et plus ordinairement *trois* fois de suite. Voyez dans notre Tableau général (1) plusieurs exemples de ce genre de pluriels on pourrait dire *figuratifs*.

106. On aura sans doute déjà remarqué diverses combinaisons de *caractères phonétiques* avec des *caractères symboliques*, dans la notation du très-grand nombre de *noms propres* que nous avons analysés dans notre sixième chapitre. La plupart des noms propres qui ne sont point entièrement *phonétiques*, sont composés d'un *caractère symbolique* exprimant le nom d'une divinité, précédé des conjonctifs-possessifs, ou articles possessifs *phonétiques* ⲡⲁ ou ⲫⲁ et ⲡⲧ (2), si le nom propre est masculin, et ⲧⲁ ou ⲧⲁ et ⲧⲛⲧ (3), si le nom propre est féminin.

107. Il ne faut point oublier sur-tout que les noms propres et toute autre espèce de *mots* sont souvent écrits *dans un même texte, sur un même monument, de deux ou de trois manières différentes*. Il est d'autant plus utile d'être prévenu de ces variations d'orthographe, si l'on

---

(1) N.ᵒˢ 227, 234, 282, 291, 297, 300, 304.
(2) N.ᵒˢ 153 à 157 - 186 - 196 à 202 - 207, &c.
(3) N.ᵒˢ 159, 206 et 207.

peut s'exprimer ainsi, qu'elles peuvent conduire à de très-fausses conclusions dans l'étude de certains monumens. Nous ne citerons ici que deux exemples remarquables de cette habitude d'écrire un même nom propre avec des caractères très-variés.

L'Égyptien à la momie duquel se rapportait le grand manuscrit hiéroglyphique du cabinet du Roi, gravé dans la *Description de l'Égypte* (1), s'appelait, comme on l'a déjà dit (2), *Pétamon*, c'est-à-dire, *celui qui appartient à Amon, Ammonien;* et ce nom propre est écrit de trois manières différentes dans ce même manuscrit.

Il s'y lit d'abord *phonétiquement* exprimé dans tout son entier (3) par le *carré strié* п, le signe triangulaire dit le *niveau* т, la *feuille* த ou Є, le *parallélogramme crénelé* м, et la *ligne horizontale* ɴ; ce qui produit Птதмɴ ou ПтЄмɴ, car la *feuille* est indifféremment த ou Є dans les noms propres et mots égyptiens hiéroglyphiques. Mais comme, d'un autre côté, la *feuille*, le *parallélogramme crénelé* et la *ligne horizontale* ou *brisée* forment constamment, dans tous les textes de toutes les époques, le nom *phonétique* du dieu de Thèbes *(Ammon)*, (4) qui paraît avoir été prononcé indifféremment *Amon, Amoun, Amen* et *Emen;* et que, de

---

(1) *Ant.* vol. II, planch. 72, 73, 74 et 75.

(2) *Suprà*, page 110.

(3) *Description de l'Égypte, Antiq.* vol. II, pl. 75, col. 13; pl. 74, col. 112 et 65; pl. 73, col. 49, 41 et 7; pl. 72, col. 77.

(4) *Suprà*, pag. 88. *Voyez* aussi le *Panthéon égyptien*, planches numérotées 1, 2 et 5, de la 1.ʳᵉ livraison.

(342)

plus, la valeur et la prononciation du monosyllabe ⲡⲧ (pet)(1) est invariable, le nom propre du manuscrit prononcé *Pétamon*, *Pétamen* ou *Pétémen* signifiera toujours *celui qui appartient à Ammon*, *Ammonien*.

Ce même nom propre est encore écrit *phonétiquement*, et toujours dans le même manuscrit (2), par le *carré* et le *niveau*, ⲡⲧ *(pet) celui qui appartient à, celui qui est à;* mais le nom du dieu *Amon*, *Amen* ou *Émen* est simplement exprimé par le caractère *elliptique*, qui est un ⲙ dans d'autres noms propres, et renfermant dans son intérieur la *ligne horizontale* ou *brisée* ⲛ : ce qui donne ⲡⲧⲙⲛ. Cette nouvelle orthographe, *Pétémen* ou *Pétamen*, est la moins usitée dans le manuscrit; elle reparaît, avec une légère modification, dans la scène du jugement (3), au milieu de la légende écrite au-dessus de l'image du défunt *Pétémen* ou *Pétamon* lui-même, debout devant la balance infernale. Le ⲧ de ce nom est ici rendu, non par le *niveau*, mais par son homophone, le *bras soutenant le niveau*, observé avec cette même valeur phonétique dans tant d'autres noms propres hiéroglyphiques (4).

Enfin, dans la plus grande partie des subdivisions du manuscrit (5), on trouve le nom du défunt écrit

---

(1) Tableau général, n.ᵒˢ 9, 10 et 11.
(2) *Descript. de l'Égypte*, *Antiq.* vol. II, pl. 72, col. 55 et 4.— *Voyez* notre Tableau général, n.º 156 *c*.
(3) *Ibid.* vol. II, pl. 72.—*Voyez* notre Tableau général, n.º 156 *b*.
(4) Tableau général, n.ᵒˢ 197, 199, 201 &c.
(5) *Descript. de l'Égypte*, *Ant.* vol. II, planches 72, 73, 74 et 75.

(343)

moitié phonétiquement et *moitié symboliquement* : partie *phonétique*, le *carré* ⊓ et le *niveau* ⊤ ; *partie symbolique*, l'idée ou le nom du dieu *Amon*, *Amen* ou *Emen*, exprimé par l'image d'un *obélisque* (1).

On ne saurait douter d'ailleurs que les signes phonétiques répondant aux lettres coptes Ⲁⲙⲛ, Ⲉⲙⲛ et Ⲩⲛ, ainsi que le signe symbolique (l'obélisque), ne désignent un même personnage divin, Ammon, puisque ces divers caractères sont suivis, dans tout le texte du manuscrit (à l'exception de la légende placée au-dessus de la tête du mort dans la scène du jugement, l'espace ne l'ayant point permis), du titre ordinaire du dieu Ammon, *seigneur des régions du monde*, qui accompagne toutes les images de ce grand être cosmogonique, sculptées sur les monumens de l'Égypte (2). Le signe d'espèce *homme*, qui caractérise tous les noms propres, et le groupe (3) qui suit habituellement les noms propres des défunts, ne sont placés qu'après ce titre qui se rapporte au dieu, dont le nom entre dans la composition du nom propre du mort. La légende funéraire est donc ainsi conçue : *Osiris* (4) ou l'*Osirien* Pétamon (*celui qui est à Amon*), *seigneur des régions du monde*, *homme* (défunt), *né de &c.*

---

(1) *Descript. de l'Égypte, Antiq.* vol. II, pl. 75, col. 132, 46, 42, 22, &c.; pl. 74, col. 108, 103, 98, &c.; pl. 73, col. 119, 109, 105, 103, 94, 83, 81, &c. ; pl. 72, col. 109, 103, 93, 90, &c.

(2) *Voyez* le *Panthéon égyptien*, 1.re livrais. pl. n.° 1 et le texte.

(3) Tableau général, n.° 447.

(4) *Suprà*, pag. 42.

(344)

Depuis que l'impression du présent ouvrage est commencée, notre courageux voyageur M. Cailliaud a rapporté d'Égypte un monument du plus haut intérêt, et qui confirme, de la manière la plus complète, d'abord *l'existence des signes phonétiques* dans les trois systèmes d'écritures égyptiennes, et en particulier les fréquentes variations d'orthographe d'un même mot, au moyen de signes d'une forme ou d'une nature différente, dans un seul et même texte : il s'agit ici d'une momie égyptienne qui est du temps de la domination grecque ou même romaine. En examinant les inscriptions hiéroglyphiques qui la décorent, je reconnus promptement que ce défunt s'appelait *Pétamon*, *Pétamen* ou *Pétémen* (c'est-à-dire, *celui qui appartient à Ammon*), comme le défunt mentionné dans le grand manuscrit du cabinet du Roi; et que, de plus, il était fils d'une femme nommée *Cléopâtre;* et mes lectures se trouvèrent pleinement confirmées par les restes d'*une inscription grecque*, tracée à côté de l'une des légendes hiéroglyphiques, et dans laquelle, quoique très-altérée, on distingue encore fort bien les mots ΠΕΤΕΜΕΝΟC Ο ΚΑΙ ΑΜΜΩΝΙΟC ΜΗΤΡΟC ΚΛ....... *Petémén-os qui est aussi Ammonius, fils de Cl........*

Le nom propre hiéroglyphique de l'individu embaumé est écrit de *deux manières*, et par les mêmes signes que le nom du défunt mentionné dans le grand manuscrit hiéroglyphique du cabinet du Roi : 1.º par le *carré strié*, le *bras soutenant le niveau* et *l'ellipse* renfermant la *ligne brisée*, ce qui, d'après mon alphabet, donne en lettres coptes ⲡⲧⲙⲛ, *Pétémen* ou *Pétamen* (1), en suppléant les voyelles omises comme à l'ordinaire; 2.° par les caractères phonétiques, le *carré* et le *bras soutenant le niveau*, ⲡⲧ, et par l'*obélisque*, signe symbolique du dieu *Amon*, *Amen* ou *Émen* (Ammon) (2), ce qui donne encore ⲡⲧⲁⲙⲛ, *Pétamen*, ou ⲡⲧⲉⲙⲛ, *Pétémen*.

On voit aisément que l'inscription grecque de cette momie contient, dans le mot ΠΕΤΕΜΕΝΟΣ, la transcription ou plutôt la prononciation du nom égyptien hiéroglyphique, accru de la terminaison grecque ΟΣ; et de plus, dans le mot ΑΜΜΩΝΙΟΣ, donné formellement pour synonyme de ΠΕΤΕΜΕΝΟΣ, la traduction même du nom hiéroglyphique ⲡⲧⲙⲛ, *Pétémen*, ou ⲡⲧⲁⲙⲛ, *Pétamen*, *celui qui appartient à Ammon*. On ne pouvait en effet rendre mieux en langue grecque le sens de ce nom que par le mot Αμμωνιος, *Ammonien*.

Le nom de *Cléopâtre*, mère du défunt, est aussi écrit de deux manières, mais toujours phonétiquement; d'abord par la *hache* Κ, la *bouche* Ρ ou Λ, le *lituus* Ο, le *carré* Π, la *main* Τ, la *bouche* Ρ, ce qui donne ΚΛΟΠΤΡ (3), et ces caractères sont suivis du *segment de sphère* ⲧ, article féminin indiquant *le genre* du nom, et du caractère figuratif d'*espèce*, FEMME. Ailleurs ce nom

---

(1) Tableau général, n.° 156 *b*.
(2) *Ibid*. n.° 156 *d*.
(3) Tableau général, n.° 219 *a*. — Le nom de la reine Cléopâtre est également écrit ⲕⲗⲟⲡⲧⲣ dans un contrat *démotique* du cabinet du Roi. *Voyez* Tableau général, n.° 219 *e*.

(346)

est exprimé par les mêmes signes, sauf que le T du nom propre, au lieu d'être rendu par la *main*, l'est par le *segment de sphère* ⲧ (1).

M. Cailliaud a trouvé, attaché à la première enveloppe de toile peinte qui couvre la momie, un petit rouleau de papyrus. Le nom de *Pétémen* en écriture *démotique*, et ce même nom en *lettres grecques*, ΠΕΤΕΜΕΝΟC, se lisent encore sur le bord extérieur du rouleau. L'intérieur, qui est en écriture *hiératique*, contient quelques prières adressées aux dieux en faveur de *Pétémen* ou *Pétamon*, dont le nom se lit dans les premières lignes, et n'est que la transcription *hiératique* du groupe hiéroglyphique répondant aux lettres coptes ⲡⲧⲍⲙⲛ (2). Le nom *hiératique* de Cléopâtre, sa mère (3), transcrit en hiéroglyphes d'après le tableau synonymique des signes qui se correspondent de l'une à l'autre écriture, donnerait le groupe (Tableau général, n.° 219 *d*), en lettres coptes ⲕⲗⲟⲡⲧⲗ pour ⲕⲗⲟⲡⲧⲣ; car j'ai déjà dit qu'un même caractère exprime à-la-fois, dans les alphabets égyptiens, les articulations L et R (*supra*, pages 44, 47 et 63).

En ajoutant enfin que cette momie égyptienne, qui ne peut être antérieure à la domination des Grecs en Égypte, puisqu'on y lit des noms grecs, et qui, selon toute apparence, n'appartient même qu'à l'époque

---

(1) Tableau général, n.° 219 *b*.
(2) *Ibid.* n.° 154.
(3) *Ibid.* n.° 219 *c*.

romaine, est renfermée dans une espèce de cercueil où, parmi d'autres peintures, on voit celle d'un *zodiaque* dont les signes, semblables dans leurs formes à ceux du *zodiaque de Dendéra* que j'ai prouvé être de l'époque romaine, sont aussi rangés dans le même ordre, *le lion étant le premier et le cancer le dernier.* On sentira qu'il était difficile de desirer, dans l'intérêt de mes travaux, un monument qui prouvât d'une manière plus positive la vérité de ma découverte des alphabets égyptiens hiéroglyphique et hiératique, ainsi que celle de la date récente que j'ai assignée, par le secours de ces mêmes alphabets, au zodiaque de Dendéra, et par suite à celui d'Esné.

En général, ces diverses manières d'écrire un même mot égyptien tenaient autant à une sorte d'élégance et de recherche qu'aux proportions de l'espace qui restait à remplir entre un groupe de signes et un autre.

108. Quoique les signes hiéroglyphiques aient des formes si bien distinctes et si bien arrêtées, qu'il semble impossible de penser à les lier ensemble comme les caractères des autres écritures, il arrive cependant que les textes présentent, quoique assez rarement, certains caractères liés entre eux de manière à former un tout qu'on pourrait prendre pour un seul signe. J'ai acquis la conviction que la plupart de ces groupes doivent leur origine au seul caprice de l'écrivain, puisque, ayant comparé beaucoup de textes roulant sur une même matière, je me suis constamment assuré que deux caractères liés dans un texte étaient tracés

isolément dans l'autre. On trouvera dans la planche XV des exemples de ces *ligatures* (1) avec leur dédoublement : les caractères qui les forment sont presque toujours *phonétiques*.

109. Certains caractères *symboliques* ou même *phonétiques*, exprimant des qualifications, se lient quelquefois aussi avec des caractères *figuratifs* représentant l'objet qualifié. C'est ainsi, par exemple, que l'hiéroglyphe, Tableau général, n.° 445, caractère initial et abréviation du groupe 444 qui signifie *grand*, est uni au caractère figuratif *habitation* (n.° 282), pour exprimer l'idée de *palais* ou de *grand édifice*, Tableau général, n. 286; ce même groupe (n.° 444) se place ailleurs sous le caractère figuratif, comme, par exemple, sous celui qui signifie *statue*, pour exprimer l'idée de *colosse*. (Tableau général, n.° 299.)

110. Beaucoup de caractères *figuratifs*, et quelques caractères *symboliques*, remplissent, outre leur valeur propre dans laquelle ils sont fréquemment employés, les fonctions de signes purement déterminatifs. Placés à la suite de certains caractères ou groupes de caractères, soit *symboliques*, soit *phonétiques*, exprimant des individus déterminés d'une espèce, ces caractères deviennent simplement les *signes de l'espèce* à laquelle appartient l'individu exprimé par le caractère symbolique ou le groupe phonétique. Ainsi, le caractère symbolique (n.° 226) *dieu*, et le caractère *figuratif*

---

(1) N.°⁵ 15, 16, 17 et 18 de la planche XV.

(n.° 229) *dieu*, soit isolés, soit réunis, terminent tous les noms propres de divinités *mâles* ; le groupe symbolico-phonétique (n.° 228) *déesse*, ou le caractère *figuratif* (n.° 231) signe de la même idée, se placent à la fin de tous les noms propres des déesses de l'Égypte. On a déjà remarqué que tous les noms propres de simples particuliers sont terminés, selon leur genre, par le signe d'espèce *homme* (n.° 245) ou *femme* (n.° 246). Nous citerons de plus, parmi les caractères employés comme *signes d'espèce*, le caractère *figuratif* ⲥⲓⲟⲩ, ⲥⲟⲩ, *étoile* (n.° 239), qui termine les noms des trente-six *constellations* dans les deux zodiaques de Dendéra ; les caractères *figuratifs taureau* et *vache*, qui suivent les noms propres des taureaux ou des vaches sacrées ; le caractère *symbolique* (n.° 240), *région*, qui termine tous les noms propres des soixante régions du monde ; enfin, le groupe (n.° 279), *maison, demeure*, qui accompagne, comme signe déterminatif, les groupes ou même les caractères *figuratifs* représentant des habitations divines ou humaines (1).

On comprendra facilement la nécessité de la plupart de ces caractères *déterminatifs*, si l'on considère que les noms propres égyptiens d'hommes, de dieux, d'animaux sacrés, de régions, &c., étaient tous significatifs par eux-mêmes, et qu'il importait d'avertir de leur état de *noms propres* dans certaines circonstances.

Telles sont les principales combinaisons matérielles

---

(1) *Voyez* Tableau général, n.°⁵ 281, 284, 290, 294, 292.

des signes hiéroglyphiques des trois classes : les documens exposés dans ce paragraphe sont les seuls qu'il me soit permis de produire dans un ouvrage spécialement destiné à la seule recherche des *principes généraux* du système de l'écriture sacrée des Égyptiens.

§. XI. *Liaison intime de l'Écriture hiéroglyphique avec les deux autres sortes d'écritures égyptiennes, et avec les anaglyphes.*

On ne saurait lire le texte de Clément d'Alexandrie, cité dans le paragraphe IX de ce chapitre, sans conclure de l'ordre dans lequel les Égyptiens apprenaient successivement, selon ce savant père, leurs trois espèces d'écritures, 1.° l'*épistolographique* ou *démotique*, 2.° l'*hiératique*, et 3.° l'*hiéroglyphique*, que ces mêmes écritures avaient entre elles une certaine liaison, et que l'une des trois avait donné naissance aux deux autres, qui n'en auraient été que des modifications.

D'autre part, il est dans la nature des choses que les Égyptiens procédassent, dans l'étude de ces écritures, en remontant du plus simple au plus composé ; et, comme les théories les plus simples ne résultent jamais que du perfectionnement de théories d'abord très-compliquées, nous sommes conduits à déduire aussi de ce même texte, que l'écriture *démotique* était la plus simple des trois écritures, puisqu'on l'étudiait la première, qu'elle dérivait de l'*hiératique*, et que celle-ci n'était à son tour qu'une modification, qu'un premier abrégé de l'écriture hiéroglyphique la plus ancienne de toutes et l'origine première des deux autres.

Ces aperçus qui résultent du raisonnement seul, opérant sur des considérations générales, sont pleinement confirmés par l'examen des faits.

111. L'*écriture hiéroglyphique pure* était, comme on l'a vu, un système immense qui usait de près d'un millier de caractères différens, et chacun de ces caractères ne devait être clairement tracé que par des mains habiles dans l'art du dessin. Cette écriture ne put donc jamais devenir vulgaire; mais ce désavantage, résultant d'une extrême surabondance de signes compliqués, était amplement racheté lorsqu'on employait l'écriture hiéroglyphique pure dans les innombrables inscriptions qui couvraient les monumens publics, par la richesse et la variété même de ces caractères images de toute la nature vivante et des plus nobles productions de l'art. L'écriture hiéroglyphique pure, et cette écriture seule parmi toutes celles qu'a pu inventer le génie de l'homme, fut, par cela même, éminemment monumentale et propre à décorer les édifices publics. Certaines séries de signes hiéroglyphiques, revêtus de couleurs variées, sont souvent tellement bien disposées, qu'elles produisent à l'œil un effet aussi riche que la plupart des ornemens de pure fantaisie qui décorent l'architecture des autres peuples. Ces mêmes séries de signes, tout en flattant l'œil, parlent encore à l'esprit; nous font connaître l'origine et la destination des monumens qui les portent;

expriment des pensées religieuses, ou rappellent les actions mémorables des rois et la gloire de la nation qui les a fait construire.

L'emploi des hiéroglyphes purs sur les grandes constructions et sur les monumens publics de tous les genres, était donc très-convenable et n'offrait aucun désavantage réel sous le rapport du temps qu'exigeait l'exécution de ces caractères. Mais, si cette écriture eût été la seule usitée en Égypte pour les relations journalières et dans les usages privés, l'inconvénient de la complication de ses signes aurait été bien réel ; et une telle écriture, devenue forcément vulgaire, eût, sans aucun doute, retardé les progrès du peuple égyptien dans le développement de ses facultés intellectuelles, et arrêté sa marche vers une civilisation perfectionnée.

Il n'en fut point ainsi : les Égyptiens durent sentir de bonne heure la nécessité d'un système d'écriture plus expéditif et d'un usage plus facile. On songea donc à abréger considérablement le tracé des *caractères hiéroglyphiques purs*, plutôt que de recourir à un système d'écriture totalement différent de celui qu'on avait déjà inventé, et que la religion avait définitivement consacré aux yeux de la nation entière.

112. Le premier moyen fut de réduire les caractères *hiéroglyphiques purs*, images d'objets physiques imités souvent jusque dans leurs plus petits détails, à une forme cursive, purement linéaire, conservant une esquisse des contours généraux de chaque image, ne

reproduisant aucun détail, mais outrant quelquefois le trait caractéristique de l'être physique, exprimé ainsi par une espèce de *caricature* ou de *charge* très-facile à saisir. Cette première modification du système *hiéroglyphique pur*, et qui porte uniquement sur la forme des signes, se montre dans tous les *manuscrits hiéroglyphiques* connus jusqu'ici : j'ai donné à ces hiéroglyphes cursifs le nom de *linéaires* (1).

113. Ce pas important conduisit à un second qui atteignit complétement le but qu'on se proposait, celui d'abréger et de rendre fort rapide le tracé des signes, soit *représentatifs*, soit *symboliques*, soit *phonétiques*. On fut insensiblement conduit, à force de réductions, à une nouvelle sorte d'écriture que nous trouvons employée dans la plupart des manuscrits qu'on découvre chaque jour dans les catacombes égyptiennes. Ces textes diffèrent très-essentiellement des manuscrits *hiéroglyphiques linéaires;* ils appartiennent au système d'écriture que j'ai fait reconnaître pour l'écriture égyptienne nommée *hiératique* ou *sacerdotale* par Clément d'Alexandrie.

114. Les principes généraux de l'écriture *hiératique* sont absolument les mêmes que ceux qui régissent l'écriture hiéroglyphique pure et linéaire. La méthode *hiératique*, dont se servaient la caste sacerdotale et, en particulier, les hiérogrammates ou scribes sacrés, appelés par la nature de leurs fonctions à composer ou

---

(1) *Suprà*, §. II, 11 et 12.

à copier un très-grand nombre d'écrits sur des matières religieuses, n'était au fond qu'une véritable *tachygraphie* de la méthode hiéroglyphique.

115. Cette écriture est immédiatement dérivée de l'hiéroglyphique. Les *signes hiératiques* ne sont, en effet, pour la plupart, que des *abréviations d'hiéroglyphes purs ou linéaires*. J'ai reconnu trois classes distinctes de *caractères hiératiques :*

Les uns sont une imitation complète, mais excessivement abrégée, des caractères hiéroglyphiques;

D'autres ne présentent que l'abrégé de *la partie principale* du caractère hiéroglyphique;

Une troisième classe enfin renferme des signes purement *arbitraires*, mais qui sont sans cesse les équivalens d'un seul et même caractère hiéroglyphique. Il est possible que, dès l'origine, ces signes ne fussent point arbitraires; mais ils le sont devenus en quelque sorte à force d'être abrégés : la plus grande partie des signes hiéroglyphiques ont leur correspondant fixe dans l'écriture hiératique.

116. L'écriture *hiératique* renferme donc, comme l'*hiéroglyphique*, des caractères *phonétiques*, des *caractères symboliques* et des caractères *figuratifs*, répondant exactement les uns aux autres, abstraction faite de leurs formes matérielles; mais l'écriture hiératique diffère toutefois de l'écriture sacrée, en ce qu'elle admet un moins grand nombre de caractères *figuratifs* et *symboliques*.

L'*écriture sacerdotale*, inventée dans le dessein formel

de créer une écriture expéditive, repousse nécessairement tout caractère dont l'expression graphique réside dans l'exactitude de ses formes elles-mêmes; on n'a donc pu conserver dans l'écriture *hiératique*, véritable *tachygraphie*, les signes *figuratifs* qui, pour atteindre le but de leur adoption, ont besoin de reproduire, avec une scrupuleuse exactitude, les contours généraux et les principaux détails des objets dont ils sont destinés à rappeler l'idée. Il en a été de même pour beaucoup de signes symboliques très-compliqués, tels, par exemple, que les caractères images symboliques des dieux (1) : aussi ne trouve-t-on dans les textes hiératiques qu'un certain nombre de caractères *figuratifs* ou *symboliques*, et uniquement ceux qu'il était facile de rendre en abrégé d'une manière reconnaissable et par un petit nombre de traits seulement. Les autres, plus compliqués, ont été remplacés soit par des signes arbitraires, soit par des groupes de caractères d'une classe différente, mais exprimant la même idée. Malgré ces suppressions forcées, comme l'écriture sacerdotale a des signes équivalant à la plus grande partie des caractères hiéroglyphiques phonétiques et à un certain nombre de signes des deux autres classes, le nombre des caractères *hiératiques* était encore fort considérable. Mon tableau des signes qui se correspondent exactement de l'un à l'autre de ces deux systèmes, s'élève déjà à plus de quatre cents.

---

(1) *Suprà*, page 293.

117. Cette seconde écriture était donc encore trop compliquée pour devenir vulgaire. Il fallait au peuple, et même aux castes supérieures, une méthode plus simple et plus abrégée, pour les relations habituelles et pour tous les détails de la vie civile. Cette nécessité bien sentie donna naissance à l'écriture *démotique* (populaire) ou *épistolographique*. Cette troisième espèce d'écriture dériva de l'*hiératique*, comme celle-ci dérivait elle-même de l'*hiéroglyphique*.

118. L'écriture *démotique* ou populaire *emprunta tous ses élémens à l'écriture hiératique ou sacerdotale, et consiste principalement en signes de sons ou phonétiques*. On choisit, parmi les caractères sacerdotaux les moins compliqués, un nombre assez borné d'*homophones* qui devinrent les signes de chaque voix et de chaque articulation dont se composait la langue égyptienne parlée. Ainsi réduite à une quantité de signes beaucoup moins étendue que l'écriture sacerdotale, l'écriture populaire s'en éloigna encore sous deux autres rapports très-importans.

119. Le nouveau système rejette d'abord, presque sans exception, tous les caractères *figuratifs* que l'écriture hiératique repoussait déjà en partie seulement, et il les remplace par des signes de sons.

120. L'écriture *démotique* n'admet enfin qu'un fort petit nombre de caractères *symboliques*, et ceux-là seulement qui représentent des *noms propres divins* ou *des choses sacrées*, signes dont les formes sont puisées, comme celles de tous les caractères *démotiques*, dans

l'écriture *hiératique*. Cette exception fut commandée par le respect profond que portèrent toujours les Égyptiens, et en général tous les peuples orientaux, aux objets du culte et de leur croyance religieuse.

121. Ainsi donc, le principe *phonétique* préexistant et déjà fort étendu dans l'*écriture sacrée*, un peu plus développé dans l'écriture *hiératique*, dominait très-essentiellement dans l'écriture *populaire* : les caractères *figuratifs* et *symboliques* deviennent au contraire plus rares dans le système graphique égyptien, à mesure qu'on descend de l'état primitif du système (l'écriture *hiéroglyphique*) à la dernière de ses modifications, l'écriture *démotique* ou populaire.

122. Ces trois systèmes d'écriture, si étroitement liés entre eux, furent usités à-la-fois et dans toute l'étendue de l'Égypte ; on couvrait les édifices publics et religieux d'inscriptions en *hiéroglyphes purs ;* on traçait des manuscrits en *hiéroglyphes linéaires*, en même temps que les prêtres écrivaient, en *caractères hiératiques*, les rituels sacrés, les rituels funéraires, des traités sur la religion et sur les sciences, des hymnes en l'honneur des dieux ou les louanges des rois, et que toutes les classes de la nation employaient l'écriture *démotique* à leur correspondance privée et à la rédaction des actes publics et privés qui réglaient les intérêts des familles. On découvre journellement, en effet, dans les catacombes de l'Égypte, des rouleaux de papyrus purement *hiéroglyphiques*, et d'autres conçus dans leur entier en caractères *hiératiques ;* il en est,

enfin, qui sont totalement *démotiques;* mais ces derniers n'ont aucun rapport bien direct aux choses sacrées. Enfin nous possédons des manuscrits qui prouvent la simultanéité de l'emploi des trois sortes d'écritures : les uns sont à-la-fois *hiéroglyphiques* et *hiératiques*, et d'autres contiennent, dans diverses parties, des légendes *hiéroglyphiques*, *hiératiques* et *démotiques*.

123. Il n'est plus douteux maintenant que le peuple éygptien ne possédât des moyens nombreux et faciles pour fixer la pensée d'une manière durable, pour perpétuer le souvenir des grands événemens et conserver la mémoire des découvertes utiles, soit dans les sciences, soit dans les arts. Cette nation, à laquelle l'Europe doit directement tous les principes de ses connaissances, et par suite ceux de son état social, ne fut donc point retardée dans ses développemens moraux, comme l'ont prétendu même de fort bons esprits : mais ils tiraient cette conclusion de l'idée entièrement fausse qu'ils s'étaient formée de l'ancien système graphique de l'Égypte. L'écriture hiéroglyphique pure, ou même la *linéaire*, eut pû, il est vrai, exercer dans ce sens une influence funeste par l'embarras et la perte de temps inséparables de son emploi; mais on vient de voir que deux méthodes beaucoup plus simples rendaient plus rapide, plus commode, et par cela même plus général, l'usage de l'écriture, ce puissant levier de la civilisation.

124. Il est également certain, contre l'opinion commune, que l'écriture *hiéroglyphique*, c'est-à-dire le

système *sacré*, le plus compliqué des trois, était étudiée et comprise par la partie la plus distinguée de toutes les castes de la nation, loin d'être, comme on l'a dit si souvent, une écriture mystérieuse, secrète, et dont la caste sacerdotale se réservait la connaissance, pour la communiquer seulement à un très-petit nombre d'initiés. Comment se persuader, en effet, que tous les édifices publics fussent couverts intérieurement et extérieurement d'une quantité innombrable d'inscriptions en caractères sacrés, si ces caractères n'étaient compris que par quelques adeptes ? Les monumens élevés par la piété des simples particuliers, les stèles funéraires, les cercueils des momies, les enveloppes mêmes des plus pauvres d'entre elles, portent des légendes hiéroglyphiques, et des caractères de ce genre se montrent sur les ustensiles employés aux usages même les moins relevés, sur les ornemens du métal le plus précieux et du bois le plus commun, sur des amulettes de riche matière, et sur les amulettes de terre cuite sans émail : ainsi tout concourt à démontrer une connaissance très-générale de l'écriture hiéroglyphique parmi les individus aisés de toutes les castes de la nation égyptienne.

125. L'étude elle-même de ce système d'écriture ne dut présenter, dans les temps anciens, que bien peu de difficultés. Les *caractères figuratifs* n'exigeaient certainement aucun travail d'esprit ; il suffisait de les regarder pour saisir aussitôt leur valeur : le principe des *caractères phonétiques* (*suprà* 83) était si simple,

qu'il ne s'agissait uniquement que de l'entendre énoncer une seule fois et de le bien comprendre, pour l'appliquer sur-le-champ avec une extrême facilité, puisqu'un égyptien possédait la plupart des mots de sa langue avant d'apprendre à lire : les seuls signes qui exigeassent un travail étaient les *caractères symboliques ;* mais nous avons vu que ces signes ne furent point en très-grand nombre ; et d'ailleurs, l'Égyptien qui étudiait l'écriture hiéroglyphique, déjà imbu des idées mêmes, vraies ou fausses, qui avaient déterminé le choix des signes symboliques, devait en saisir plus facilement l'application. Nous sommes donc autorisés à conclure, encore une fois, que l'intelligence des textes hiéroglyphiques était à-peu-près générale parmi les Égyptiens, lorsque ces textes roulaient sur des matières bien à la portée de la grande masse de la nation : et tel est le cas de la plupart des inscriptions monumentales.

126. S'il existait en Égypte, comme les témoignages très-multipliés des anciens permettent à peine d'en douter, un système réservé à la caste sacerdotale et à ceux-là seuls qu'elle initiait à ses mystères, ce dut être nécessairement la méthode qui présidait au tracé des *anaglyphes (suprà* 61 *)*. Ces bas-reliefs ou tableaux, composés d'êtres fantastiques, ne procédant que par symboles, contiennent évidemment les plus secrets mystères de la théologie, l'histoire de la naissance, des combats et de diverses actions des personnages mythiques de tous les ordres, êtres fictifs qui exprimaient,

les uns des qualités morales, soit propres à Dieu, le principe de toutes choses, soit communiquées à l'homme par la divinité même ; et les autres, des qualités ou des phénomènes physiques. On peut dire que les images des dieux exposées dans les sanctuaires des temples, et ces personnages humains à tête d'animal, ou ces animaux avec des membres humains, ne sont que des *lettres* de cette écriture cachée des *anaglyphes*, si l'on peut tout-à-fait donner le nom d'*écriture* à des tableaux qui n'expriment que des ensembles d'idées sans une liaison bien suivie. C'est probablement dans ce sens que les prêtres d'Égypte donnaient à l'ibis, à l'épervier et au schacal, dont ils portaient les images dans certaines cérémonies sacrées, le nom de *lettres* [γραμματα] (1), comme étant de véritables élémens d'une sorte d'écriture allégorique.

On conçoit en effet comment ces images, ou plutôt ces *symboles*, élémens combinés et rapprochés selon certaines règles, produisaient une série de scènes, et cachaient, sous les apparences les plus bizarres, le système cosmogonique, la psychologie et les principes fondamentaux de la croyance et de la philosophie des Égyptiens. Les initiés devaient nécessairement attendre des prêtres seuls l'intelligence de ces tableaux énigmatiques, si multipliés dans l'intérieur des temples et des hypogées, mais qui se distinguent sans peine des bas-reliefs et des peintures représen-

---

(1) Plutarque, *Traité d'Isis et d'Osirie.*

tant des scènes historiques ou civiles, et des cérémonies du culte.

127. Il ne faut point toutefois prendre pour des *anaglyphes* certaines décorations architecturales formées d'images d'objets physiques groupés d'une manière singulière, et répétés successivement un grand nombre de fois dans certaines frises, dans des soubassemens, dans des anneaux de colonnes ; ce ne sont souvent que de véritables légendes hiéroglyphiques pures, disposées de manière à produire pour l'œil un effet régulier, sans perdre pour cela leur valeur d'expression.

Telle est, par exemple, une des frises du grand temple du sud, à Karnac, publiée par la Commission d'Égypte (1), et gravée sous le n.° 1 de la planche mise en regard de cette page. Cette frise est composée de deux groupes de caractères (A et B), qui présentent alternativement le prénom royal et le nom propre du Pharaon *Ramsès,* fils de Ramsès le Grand, le Phéron d'Hérodote et le Sésoosis second de Diodore. Ce n'est en réalité qu'une variante, développée et ramenée pour ainsi dire à des formes pittoresques, de la légende royale ordinaire de ce prince. (Tableau général, n.° 115, et planche XV, n.° 2, A et B.)

Le prénom royal ordinaire (n.° 2, A) peut se traduire par *le puissant par Rê* (le Soleil) *et par Saté, approuvé par Ammon ;* le groupe (A) de la frise exprime les mêmes idées ; le disque de *Rê* ou du soleil y est

_____

(1) *Description de l'Égypte.* Ant. vol. III, pl. 57, n.° 7.

reproduit, mais enrichi de deux *uræus*; le *sceptre* et la déesse *Saté* sont entre les mains de l'image même du roi agenouillé; enfin le groupe *approuvé par Ammon* (n.º 2, A, *d, e, f, g*), a été répété tout entier dans la frise (n.º 1, A, *d, e, f, g*), sauf que la *coiffure ornée du lituus* de l'un, est remplacée dans l'autre par son *homophone* habituel, la *ligne brisée*.

Le groupe (n.º 1, B) de la frise, contient, comme le second cartouche de la légende ordinaire n.º 2, B, les mots *le chéri d'Ammon, Ramsès*. Le titre ⲥⲙⲟⲛⲙⲁⲓ (Amonmai), *chéri d'Ammon*, est formé, dans l'un et dans l'autre, par le caractère figuratif du dieu et le *piédestal* ⲙ., abréviation de ⲙⲁⲓ. Dans la frise, le nom propre du roi qui est de nouveau figuré, dans le groupe, agenouillé et tenant dans les mains l'emblème et l'image de la déesse *Saté*, est exprimé, 1.º par le disque du soleil ⲣⲏ (n.º 1, B, *h*); 2.º par le *piédestal* ⲙ., qui est ici un signe à double emploi; 3.º enfin, par le signe de la consonne c, répété deux fois cc, ce qui produit ⲣⲏⲙⲥⲥ *Ramsès*, comme porte le cartouche ordinaire, qui exprime séparément l'ⲙ. du titre ⲥⲙⲟⲛ-ⲙⲁⲓ, et celle du nom propre ⲣⲏⲙⲥⲥ, *Ramsès*.

128. Les frises hiéroglyphiques de cette espèce ne sont point rares dans les grands édifices de l'Égypte; M. Huyot en a dessiné plusieurs, et entre autres une à Ibsamboul, renfermant la légende royale de Ramsès le Grand, père du Ramsès auquel se rapporte la frise du temple du sud, à Karnac, que nous venons d'analyser.

129. Les *anaglyphes* proprement dits ou les tableaux allégoriques, quoique formés en général d'images monstrueuses, étaient toutefois en liaison directe avec l'écriture *hiéroglyphique pure*. Les textes sacrés et les anaglyphes avaient une certaine quantité de caractères communs, et de ce nombre furent, par exemple, les *signes symboliques*, tenant la place des noms propres de différentes divinités; signes introduits dans les textes hiéroglyphiques, en quelque sorte, comme caractères *représentatifs* des êtres mythiques.

130. Tels furent, d'après les faits, les rapports théoriques et matériels qui liaient les diverses parties du système graphique des anciens Égyptiens. Ce système si étendu, figuratif, symbolique et phonétique à-la-fois, embrassait, soit directement, soit indirectement, tous les arts d'imitation. Leur principe ne fut point en Égypte celui qui, en Grèce, présida à leur extrême développement : ces arts n'avaient point pour but spécial la représentation des belles formes de la nature; ils ne tendaient qu'à l'expression seule d'un certain ordre d'idées, et devaient seulement perpétuer, non le souvenir des formes, mais celui même des personnes et des choses. L'énorme colosse, comme la plus petite amulette, étaient des signes fixes d'une idée; quelque finie ou quelque grossière que fût leur exécution, le but était atteint, la perfection des formes dans le signe n'étant absolument que très-secondaire. Mais en Grèce la forme fut tout; on cultivait l'art pour l'art lui-même. En Égypte, il ne fut qu'un moyen puis-

sant de peindre la pensée; le plus petit ornement de l'architecture égyptienne a son expression propre, et se rapporte directement à l'idée qui motiva la construction de l'édifice entier, tandis que les décorations des temples grecs et romains ne parlent trop souvent qu'à l'œil, et sont muettes pour l'esprit. Le génie de ces peuples se montre ainsi essentiellement différent. L'écriture et les arts d'imitation se séparèrent de bonne heure et pour toujours chez les Grecs; mais en Égypte, l'écriture, le dessin, la peinture et la sculpture marchèrent constamment de front vers un même but; et si nous considérons l'état particulier de chacun de ces arts, et sur-tout la destination de leurs produits, il est vrai de dire qu'ils venaient se confondre dans un seul art, dans l'art par excellence, celui de l'*écriture*. Les temples, comme leur nom égyptien l'indique (1), n'étaient, si l'on peut s'exprimer ainsi, que de grands et magnifiques *caractères représentatifs* des demeures célestes : les statues, les images des rois et des simples particuliers, les bas-reliefs et les peintures qui retraçaient au propre des scènes de la vie publique et privée, rentraient, pour ainsi dire, dans la classe des caractères *figuratifs;* et les images des dieux, les emblèmes des idées abstraites, les ornemens et les peintures allégoriques, enfin la nombreuse série des anaglyphes, se rattachaient d'une manière directe au principe *symbolique* de l'écriture proprement dite. Cette union intime

---

(1) *Suprà*, pag. 337.

des beaux-arts avec le système graphique égyptien nous explique sans effort les causes de l'état de simplicité naïve dans lequel la peinture et la sculpture persistèrent toujours en Égypte. L'imitation des objets physiques, poussée à un certain point seulement, était suffisante pour le but proposé; une plus grande recherche dans l'exécution n'eût rien ajouté à la clarté ni à l'expression voulues de l'image peinte ou sculptée, véritable signe d'écriture, presque toujours lié à une vaste composition dont il n'était lui-même qu'un simple élément.

CHAPITRE X.

Conclusion.

L'ENSEMBLE des faits exposés dans cet ouvrage, et celui des notions nouvelles qu'ils ont produites sur le système graphique de l'ancienne Égypte, nous ont paru exiger le résumé sommaire qui est le sujet de ce dernier chapitre. On y présentera, 1.° l'état général des opinions sur ce système, avant ma découverte de l'alphabet des hiéroglyphes phonétiques; 2.° la série des principes certains de ce même système, résultats directs des faits discutés, quoique rapidement, dans les précédens chapitres ; 3.° celles des notions positives, relatives à l'histoire civile et religieuse de l'Égypte, déjà déduites de l'application de ces principes aux monumens; 4.° un aperçu de ce qui reste à faire pour compléter ces principes fondamentaux, multiplier leurs applications, et nous montrer enfin, sous tous ses aspects, la nation illustre dont l'antiquité toute entière admira le génie, célébra les travaux, et s'appropria les plus sages institutions.

Les auteurs grecs ou romains qui reçurent par eux-mêmes ou indirectement quelques notions sur le système graphique des anciens Égyptiens, et en particulier sur leur écriture monumentale ou *hiéroglyphique pure*, durent être plus particulièrement frappés d'y rencontrer des caractères figuratifs et symboliques, c'est-à-dire, des caractères dont chacun exprimait à lui seul une idée, et sans aucune relation bien directe avec le son du mot signe de cette même idée dans la langue parlée : ces Grecs et ces Romains, habitués à une écriture toute alphabétique, et qui notait uniquement les mots de la langue, remarquèrent sur-tout, en effet, ces caractères *figuratifs* et ces caractères *symboliques* de l'écriture égyptienne, qui s'éloignaient tout-à-fait, et dans la forme et dans le fond, de la nature des signes dont ils se servaient eux-mêmes pour écrire la langue grecque ou la langue latine. Aussi, en parlant de l'écriture hiéroglyphique, n'ont-ils expressément mentionné que ces deux ordres de signes, sans donner aucun détail sur les élémens *phonétiques* égyptiens, soit qu'ils ne les aient point connus, soit qu'étant d'une nature analogue, aux formes près, à celle des lettres qu'ils employaient eux-mêmes, ils aient cru inutile d'en parler d'une manière expresse. On a pu remarquer aussi que Clément d'Alexandrie lui-même, l'auteur qui nous a transmis les documens les plus circonstanciés sur le système graphique égyptien, ne parle que très-rapidement des élémens *phonétiques*, sans entrer dans aucune explication à leur sujet; et cela, au point que nul des critiques qui ont travaillé sur ce passage, n'y avait saisi cette indication de signes ou *lettres* représentant des sons (1), comme élémens premiers de l'*écriture hiéroglyphique* proprement dite.

C'est principalement à cette circonstance qu'il faut attribuer toutes les vaines tentatives des modernes sur les textes hiéroglyphiques. Ne trouvant, dans les auteurs classiques grecs et latins, que des indications multipliées de signes *symboliques* ou bien d'*images* mêmes des objets, les savans des trois derniers siècles en ont conclu que l'écriture hiéroglyphique était uniquement composée de caractères dont chacun était le signe fixe d'une idée. En partant de ce faux principe, ils recueillirent dans les écrits de ces mêmes auteurs grecs et latins, l'indication des formes d'un certain nombre de signes égyptiens; ils crurent les reconnaître sur les monumens, et ne balancèrent point à leur assigner la valeur souvent contradictoire que Diodore de Sicile, Horapollon, Clément d'Alexandrie, Plutarque et Eusèbe attribuent à chacun d'eux.

Mais la série des signes symboliques et figuratifs dont le sens a été indiqué par les anciens, est fort courte, comparativement au nombre immense de

---

(1) *Suprà*, page 331.

caractères variés que présentent les inscriptions hiéroglyphiques. L'esprit inventif des auteurs suppléa bientôt au silence de l'antiquité; et prenant chaque hiéroglyphe pour un symbole, on devina, à l'envi, le sens caché que chacun d'eux devait renfermer, en ayant égard, non pas à la forme même du signe ni à sa nature possible, mais bien seulement aux idées particulières qu'on voulait à toute force retrouver dans les inscriptions égyptiennes.

Dès ce moment les études hiéroglyphiques furent détournées de leur véritable direction, ou plutôt on ne s'y livra pas en réalité, puisque l'imagination prenait alors la place du raisonnement, et les conjectures celle des faits. Telle fut en particulier la méthode du jésuite Kircher.

Cet infatigable auteur de tant de longs ouvrages, s'abandonnant, je n'oserais dire de bonne foi, aux hypothèses les moins naturelles, et négligeant les plus simples élémens de la saine critique, prétendit reconnaître, dans les textes hiéroglyphiques gravés sur les obélisques, les statues, les momies et les amulettes de style égyptien, toute la science cabalistique et les rêveries monstrueuses de la démonomanie la plus raffinée : c'est ainsi, par exemple, que le cartouche qui, sur l'obélisque Pamphile, renferme tout simplement le titre Ⲁⲟⲧⲕⲣⲧⲣ (Αυτοκρατωρ) (1), *l'Empereur*, en caractères phonétiques, exprime *emblématiquement*,

---

(1) Gravé dans ma *Lettre à M. Dacier*, pl. III, n.º 70 a.

selon Kircher (1), les idées suivantes : « L'auteur de
» la fécondité et de toute végétation est Osiris, dont la
» faculté génératrice est tirée du ciel dans son royaume,
» par le saint Mophta (2); » c'est ainsi encore que le
cartouche du même obélisque, qui contient seulement,
et toujours en caractères phonétiques, les mots Ⲕⲏⲥⲣⲥ
Ⲧⲙⲧⲓⲍⲛⲥ Ⲥⲃⲥⲧⲥ (Καισαρ Δομιτιανος Σεβασ͑ος),
César-Domitien-Auguste, signifie textuellement, selon
le même auteur : *Generationis beneficus præses cælesti
dominio quadripotens aerem per Mophta beneficum humo-
rem aereum committit Ammoni inferiora potentissimo qui
per simulacrum et ceremonias appropriatas trahitur ad po-
tentiam exerendam* (3); paroles tellement obscures, que
je les cite sans oser en essayer une traduction française, par la crainte de ne point saisir l'idée de Kircher, en supposant toutefois qu'il y en attachât une
lui-même.

Quoi qu'il en soit, Kircher fit école, et, comme
il arrive toujours en pareille occasion, les imitateurs
ont passé le maître. Sa doctrine n'est même point
encore tout-à-fait abandonnée, puisqu'on vient de voir
paraître une nouvelle traduction des hiéroglyphes de
l'obélisque Pamphile qui, selon le nouvel Œdipe,
conserve la mémoire du *triomphe sur les impies, obtenu
par les adorateurs de la Très-Sainte Trinité et du Verbe*

---

(1) *Obeliscus Pamphilius*, pag. 557.
(2) Prétendu génie égyptien de la création du P. Kircher.
(3) *Obeliscus Pamphilius*, pag. 559.

éternel, sous le gouvernement des sixième et septième rois d'Egypte, au sixième siècle après le déluge (1); et l'on n'apprendra point, sans quelque surprise, qu'un de ces *pieux* monarques fut *Sésac*, celui-là même qui, selon l'Écriture, pilla Jérusalem, et enleva les trésors du temple et ceux de la maison de David.

Toutefois, et malgré les divagations de Kircher, quelques bons esprits s'adonnèrent enfin à l'étude d'un sujet qu'ils ne jugèrent point épuisé. Warburton, beaucoup plus sage que tous ses devanciers, discuta les divers textes des anciens, relatifs aux écritures égyptiennes; il reconnut théoriquement diverses sortes de caractères, mais il commit l'erreur grave d'avancer que chacune de ces espèces de caractères formait une écriture à part: ce savant évêque n'a d'ailleurs prétendu donner que des généralités, sans en faire aucune application aux monumens égyptiens existant alors en Europe.

D'autres écrivains, ne voyant encore que des *symboles* dans les objets d'art comme dans les inscriptions égyptiennes, crurent retrouver, dans les uns comme dans les autres, des emblèmes nombreux et uniquement relatifs à l'astronomie, au calendrier et aux travaux de l'agriculture. C'est l'abbé Pluche, qui, le premier, énonça positivement une pareille idée (2); et ceux qui ont marché sur ses traces, ne s'embarrassant

---

(1) Gênes; de l'imprimerie archiépiscopale, 1821.
(2) *Histoire du ciel*, de l'Écriture symbolique des Égyptiens, t. I.

guère plus que lui de l'incohérence de leurs mille et une explications, sans se douter même de l'impossibilité réelle de les coordonner en un système général un peu supportable, ont ainsi décidé, contre toute vraisemblance, que les innombrables inscriptions qui couvrent les monumens de l'Égypte, se rapportent à une seule science, à un seul et même ordre d'idées. Toutefois aucun de ces interprètes, aucun même de ceux qui, associant les idées de Pluche à celles de Dupuis, ont entrepris d'expliquer les hiéroglyphes, n'a tenté de donner le sens suivi d'une seule inscription hiéroglyphique, pas même de la plus courte. Tous ont pris les personnages représentés sur les différentes espèces de bas-reliefs, pour des *lettres* hiéroglyphes, et ont attribué à chacune d'elles le sens qui convenait le mieux à leurs explications *à priori*.

Il n'en est pas ainsi de l'auteur d'un grand ouvrage intitulé, *de l'Étude des hiéroglyphes* (1); celui-ci s'est réellement occupé des véritables textes hiéroglyphiques. Abordant franchement toutes les difficultés, et convaincu qu'il était possible, à l'aide des traditions anciennes et par la connaissance des emblèmes et des expressions figurées particulières à divers peuples de la terre, de parvenir à l'intelligence des inscriptions égyptiennes qui, selon lui encore, sont toutes composées de signes symboliques, cet infatigable scrutateur recueille ce qu'il nomme *les symboles des peuples*

---

(1) Paris, 1812, en cinq vol. *in-12*.

en Afrique, en Asie, en Europe, comme en Amérique, et, en faisant l'application aux grands monumens de l'Égypte, il trouve, par exemple, sur le portique du grand temple de Dendéra, *une traduction du centième psaume de David, composé pour inviter les peuples à entrer dans le temple de Dieu* (1).

On est même allé plus loin : non contens de supposer que les monumens de l'Égypte exprimaient des séries d'idées tout-à-fait semblables à celles que renferment les textes sacrés des chrétiens et des juifs, d'autres ont cru découvrir que tous les hiéroglyphes, considérés comme de simples lettres, n'exprimaient encore que des mots *hébreux* (2). Le simple bon sens veut cependant que, si les textes égyptiens expriment des prononciations, leur lecture nous donne des mots égyptiens et non des mots hébreux, chaldéens ou arabes.

Toutes ces aberrations, tous ces vains systèmes, ont eu pour cause première la prétention de parvenir à l'intelligence des hiéroglyphes, sans se donner souvent même la peine de savoir si les Égyptiens n'avaient pas une langue propre, et s'il ne restait point des débris de cette langue égyptienne dont les mots et les tournures devaient nécessairement être exprimés dans les textes hiéroglyphiques, si ces textes tenaient par hasard à un système *phonétique*. La connaissance de cette

---

(1) *De l'Étude des hiéroglyphes*, t. IV, pag. 23, 27 et suivantes.
(2) *Essai sur les hiéroglyphes égyptiens.* Bordeaux, 1821.

langue, la *langue copte*, n'était pas moins indispensable, même dans la supposition que les signes hiéroglyphiques fussent tous *symboliques ;* car, en exprimant leurs idées par des symboles peints, les Égyptiens devaient de toute nécessité avoir suivi dans leur écriture les mêmes tournures, le même ordre logique, selon lequel ils exprimaient habituellement ces mêmes idées par le moyen des mots de leur langue parlée.

D'un autre côté, on travaillait à la découverte de ce qu'on a vulgairement appelé *la clef des hiéroglyphes,* sans se demander si les monumens de style égyptien étaient en assez grand nombre, ou même avaient été assez fidèlement dessinés, pour être certain d'obtenir quelque lumière en les rapprochant soigneusement les uns des autres, et en éprouvant, par leur moyen, l'exactitude des assertions des anciens auteurs grecs et latins sur le système hiéroglyphique.

On ne saurait donc s'étonner de la complète inutilité de toutes les tentatives faites avec aussi peu de préparation, sur l'ensemble et sur les détails du système graphique des Égyptiens, ni du découragement général des savans qui regardaient comme fermé pour toujours à la science moderne, le champ si vaste et si riche de l'archéologie égyptienne.

C'est de l'apparition du bel ouvrage exécuté par les ordres du Gouvernement français, la *Description de l'Égypte,* que datent seulement en Europe les véritables études hiéroglyphiques. Ce sont les nombreux manuscrits égyptiens gravés avec une étonnante fidélité dans ce magnifique recueil, ainsi que les empreintes, les dessins et les gravures plus ou moins exactes du célèbre monument de Rosette, qui seuls ont pu servir de fondement solide aux recherches des archéologues de tous les pays; et quant à la langue, on devait déjà à M. Étienne Quatremère (1) l'importante démonstration, rendue sans réplique par une suite non interrompue de faits et de témoignages contemporains, que *la langue copte était la langue égyptienne elle-même,* transmise de bouche en bouche et écrite en caractères grecs, depuis l'établissement du christianisme en Égypte jusqu'à des temps peu éloignés de nous.

Avec le secours de matériaux aussi importans et de documens aussi précieux, il était bien difficile que l'étude constante des monumens écrits de l'ancienne Égypte, étude à laquelle plusieurs savans se livrèrent dès-lors sans relâche, ne produisît pas enfin quelques fruits. Mais le système graphique égyptien est si compliqué, il est formé d'élémens de leur nature si différens, que nos certitudes à son égard n'ont cependant pu naître et s'accroître que fort lentement et par le travail le plus opiniâtre.

On a déjà dit, dans la première partie de cet ouvrage, que c'est aux travaux de MM. Silvestre de Sacy, Ackerblad et Young, que l'Europe savante est redevable des premières notions exactes sur quelques points relatifs aux écritures de l'ancienne Égypte.

---

(1) *Rech. sur la Langue et la littérat. de l'Égypte.* Paris, 1808, in-8.

(376)

L'illustre académicien reconnut le premier, dans le texte *démotique* de Rosette, les groupes qui représentaient différens noms propres grecs, ainsi que leur nature alphabétique.

Le savant Danois étendit ces notions : il sépara la plupart des élémens alphabétiques de ces noms propres grecs; mais il échoua tout-à-fait lorsqu'il voulut analyser les groupes de ce texte qui expriment autre chose que des mots grecs. Il considéra le texte démotique de Rosette *comme entièrement alphabétique*, mais n'y soupçonna point cette suppression des voyelles médiales qui est si habituelle dans les écritures de l'Asie occidentale; et c'est-là, certes, la seule cause du petit nombre d'erreurs qu'il a commises dans la distinction des élémens de chaque nom propre grec écrits en caractères démotiques.

Plus tard, le savant Anglais proposa des corrections et des additions à l'alphabet de M. Ackerblad; il proposa également la lecture d'un assez grand nombre de mots égyptiens du même texte *démotique* (1); mais il a depuis renoncé lui-même à ces diverses lectures, et de plus il a émis formellement l'opinion que le texte *démotique* de Rosette *n'était composé que de signes d'idées*, et nullement de *signes alphabétiques ou de sons*, si ce n'est peut être, dit-il, les groupes peu nombreux qui expriment les noms propres grecs sur ce monument (2).

───────────────

(1) *Museum criticum* de Cambridge.
(2) *Supplém. à l'Encyclop. britann.* vol IV, 1.re part. pag. 54 et 55.

Jusque-là, il n'avait été question que de l'écriture égyptienne populaire; M. le docteur Young publia aussi ses résultats sur le texte *hiéroglyphique* de Rosette, et donna une série de plus de deux cents caractères ou groupes de caractères hiéroglyphiques, dont il pensait avoir reconnu la véritable signification. Néanmoins, en supposant même que toutes ces valeurs fussent bien établies, ce qui n'est point, la théorie de l'écriture hiéroglyphique n'avait retiré au fond presque aucune lumière de ce dernier travail (1). Mais il n'est pas moins juste de dire en même temps que M. le docteur Young présenta ainsi pour la première fois au monde savant la valeur véritable d'un certain nombre de signes et de groupes hiéroglyphiques (2), valeurs obtenues, pour la plupart, de la comparaison toute matérielle des trois textes de la pierre de Rosette, et faciles à démontrer par ce même moyen.

Mais ce savant laborieux, qui avait aussi reconnu l'intime liaison de l'écriture courante des papyrus avec l'écriture hiéroglyphique, confondit en une seule deux écritures essentiellement différentes, *l'hiératique*

---

(1) *Suprà,* Introduction, pag. 9 et 10.

(2) Ce sont, selon moi, dans son Tableau général inséré dans l'*Encyclopédie britannique,* les n.os 1, 2, 3, 4, 7, 8, 11, 12, 14, 15, 20, 33, 56, 58, 74, 80, 83, 85, 87, 88, 91, 94, 101, 102, 103, 108, 110, 113, 116, 118, 121, 126, 133, 137, 142, 146, 152, 154, 157, 158, 159, 164, 168, 169, 171, 174, 175, 177, 178, 179, 180, 182, 183, 184, 185, 186, 187, 188, 189, 190, 191, 192, 193, 194, 195, 196, 197, 198, 200, 201, 203, 204, 209, 211, 212, 215 et 217.

et la *démotique*; il ne démêla point le principe *phonétique* qui est en quelque sorte l'ame des trois sortes d'écritures égyptiennes, quoique ce même savant eût essayé d'analyser phonétiquement les deux noms propres hiéroglyphiques *Ptolémée* et *Bérénice*. C'est en décembre 1819 que M. le docteur Young publia, dans le supplément de l'Encyclopédie britannique, ses idées sur la nature des différentes écritures égyptiennes, qu'il regarde comme essentiellement composées de caractères *idéographiques*, y compris même l'écriture vulgaire ou démotique dont il a parlé sous le nom d'*enchoriale*.

Les auteurs de divers mémoires insérés dans la *Description de l'Égypte*, ont cru au contraire que les manuscrits hiératiques, qu'ils confondent, à l'imitation de M. le docteur Young, avec l'écriture *démotique*, en donnant aussi comme le savant Anglais le nom de *caractères hiératiques* aux *hiéroglyphes linéaires*, étaient entièrement *alphabétiques*; mais que les textes hiéroglyphiques sont au contraire entièrement composés de signes *symboliques* et de signes *représentatifs*. Toutefois le petit nombre de caractères sacrés dont on a cherché à donner l'explication dans ce grand ouvrage, sont tirés des *anaglyphes* (1), et nullement des textes hiéroglyphiques proprement dits. On annonce depuis long-temps, et comme devant faire partie de ce recueil, un travail de feu M. Raige sur l'inscription de Rosette; mais l'idée que nous donne

---

(1) *Suprà*, pag. 360.

de ce travail une note de son continuateur (1), ne permet d'attacher aucune espérance à ses résultats. Il n'en sera point de même du *Tableau général des signes hiéroglyphiques,* dressé par M. Jomard, et qui sera compris dans la dernière livraison de la Description de l'Égypte; et je regrette de ne pouvoir en dire davantage sur ce Tableau, qui n'est point encore publié et dont je n'ai aucune connaissance.

Ainsi la somme des certitudes acquises jusqu'ici sur l'ensemble du système graphique des Égyptiens, se bornait à la lecture de quelques noms propres grecs écrits en caractères démotiques, à la détermination de la valeur de soixante-dix-sept signes ou groupes hiéroglyphiques, et à un essai très-imparfait de lecture de deux noms propres grecs écrits en hiéroglyphes. On n'avait enfin tiré de ces résultats peu étendus, aucune idée générale ni aucun principe théorique sur la nature ni sur les élémens de ces divers systèmes d'écriture; de plus, les distinctions qu'on avait cherché à établir entre elles ne résultaient point d'une exacte analyse, et l'on n'en avait déduit aucun fait élémentaire, toujours applicable dans les circonstances analogues. La question relative à la théorie de ces écritures et à leurs rapports réciproques, restait donc toute entière.

J'avais toujours considéré comme la notion la plus nécessaire à acquérir, la distinction précise des trois

---

(1) *Descript. de l'Égypte,* état moderne, *Mémoire sur les inscriptions du Mékias.*

espèces d'écritures que l'antiquité grecque nous dit avoir simultanément existé en Égypte. La détermination de l'écriture nommée *hiératique*, simple tachygraphie des hiéroglyphes, est l'objet du Mémoire que j'ai présenté, en 1821, à l'Académie royale des belles-lettres. Mon travail sur l'écriture *démotique* ou *épistolographique* a été soumis à cette compagnie savante en 1822; et au mois de septembre de la même année, j'ai publié ma *Lettre à M. Dacier*, relative à ma découverte de l'*alphabet des hiéroglyphes phonétiques*, dont je bornai d'abord l'application aux noms propres hiéroglyphiques des souverains grecs et romains inscrits sur les temples de l'Égypte ; et le présent ouvrage, également communiqué à l'Académie au commencement de cette année (1823), ouvrage qui embrasse le système graphique égyptien en général, et qui traite plus spécialement des élémens premiers de l'écriture hiéroglyphique, aura pour résultat, ce me semble du moins, la démonstration des principes suivans:

1.° Le système graphique égyptien était composé de *trois* espèces d'écritures :

 A *l'écriture hiéroglyphique* ou *sacrée;*

 B *l'écriture hiératique* ou *sacerdotale;*

 C *l'écriture démotique* ou *populaire.*

A 1.° L'écriture *hiéroglyphique* ou sacrée consistait dans l'emploi *simultané* de signes de trois espèces bien distinctes:

 a. De *caractères figuratifs*, ou représentant l'objet même qu'ils servaient à exprimer;

b. De *caractères symboliques*, *tropiques* ou *énigmatiques*, exprimant une idée par l'image d'un objet physique qui avait une analogie vraie ou fausse, directe ou indirecte, prochaine ou très-éloignée, avec l'idée à exprimer;

c. De caractères *phonétiques* exprimant les sons encore par le moyen d'images d'objets physiques.

A 2. Les caractères *figuratifs* et les caractères *symboliques* sont employés dans tous les textes en moindre proportion que les caractères *phonétiques*.

A 3. Les caractères *phonétiques* sont de véritables signes *alphabétiques* qui expriment les sons des mots de la langue égyptienne parlée.

A 4. Tout hiéroglyphe *phonétique* est l'image d'un objet physique dont le nom, en langue égyptienne parlée, commençait par la *voix* ou par l'*articulation* que le signe lui-même est destiné à exprimer.

A 5. Les caractères phonétiques se combinent entre eux pour former des mots, comme les lettres de tout autre alphabet, mais se superposent souvent et d'une manière variée, suivant la disposition du texte, soit en colonnes perpendiculaires, soit en lignes horizontales.

A 6. Les voyelles médiales des mots écrits en hiéroglyphes phonétiques sont très-souvent supprimées, comme dans les écritures hébraïque, phénicienne et arabe moderne.

A 7. Chaque voix et chaque articulation pouvait, en conséquence du principe posé (A 4), être représentée par plusieurs signes phonétiques différens, mais étant des signes *homophones*.

A. 8. L'emploi de tel caractère *phonétique*, plutôt que celui de tel autre, son *homophone*, était souvent réglé sur des considérations tirées de la forme matérielle du signe employé, et de la nature de l'idée exprimée par le mot qu'il s'agissait d'écrire en caractères *phonétiques*.

A. 9. Les divers hiéroglyphes phonétiques destinés à représenter les voix, c'est-à-dire les signes *voyelles*, n'ont point un son plus fixe que l'aleph א, le iod י et le vau ו des Hébreux, l'élif ا, le waw و et l'ya ى des Arabes.

A. 10. Les textes hiéroglyphiques présentent très-fréquemment des *abréviations* de groupes *phonétiques*.

A. 11. Les caractères *phonétiques*, élémens nécessaires et inséparables de l'écriture hiéroglyphique égyptienne, existent dans les textes égyptiens des époques les plus anciennes comme les plus récentes.

A. 12. J'ai déjà fixé la valeur de plus de cent *caractères hiéroglyphiques phonétiques*, parmi lesquels se trouvent ceux qui se montrent le plus fréquemment dans les textes de tous les âges.

A. 13. Toutes les inscriptions hiéroglyphiques tracées sur les monumens de style égyptien se rapportent à un seul et même système d'écriture, composé, comme on l'a dit, de trois ordres de signes employés simultanément.

A. 14. Il est prouvé, par une série de monumens

publics, que l'écriture sacrée, tout-à-la-fois *figurative*, *symbolique* et *phonétique*, fut en usage sans interruption, en Égypte, depuis le xix.ᵉ siècle avant l'ère vulgaire, jusqu'à la conversion totale des Égyptiens au christianisme, sous la domination romaine, époque à laquelle toutes les écritures égyptiennes furent remplacées par l'écriture *copte*, c'est-à-dire, par l'alphabet grec, accru d'un certain nombre de signes d'articulations tirés de l'ancienne écriture démotique égyptienne.

A 15. Certaines idées sont parfois représentées dans un même texte hiéroglyphique, tantôt par un caractère *figuratif*, tantôt par un caractère *symbolique*, tantôt enfin par un groupe de signes *phonétiques*, exprimant le mot signe de cette même idée dans la langue parlée.

A 16. D'autres idées sont notées, soit par un *groupe* formé d'un signe *figuratif* et d'un signe *symbolique*, soit par l'alliance d'un signe figuratif ou symbolique avec des caractères phonétiques.

A 17. Certains bas-reliefs égyptiens ou peintures composées d'images d'êtres physiques et sur-tout de figures monstrueuses groupées et mises en rapport, n'appartiennent point à l'*écriture hiéroglyphique*; ce sont des scènes purement allégoriques ou symboliques, et que les anciens ont distinguées sous la dénomination d'*anaglyphes*, nom que nous devons leur conserver.

A 18. Un certain nombre d'images étaient communes à l'*écriture hiéroglyphique* proprement dite, et au système de peinture ou si l'on veut même d'écriture qui produisait les *anaglyphes*.

A 19. Les *anaglyphes* semblent être des pages de cette écriture secrète que les anciens auteurs grecs et romains nous disent avoir été connue seulement des prêtres et de ceux qu'ils initiaient à leurs mystères. Quant à l'écriture *hiéroglyphique*, elle ne fut jamais secrète; et tous ceux qui, en Égypte, recevaient quelque éducation, en possédaient la connaissance.

A 20. Deux nouveaux systèmes d'écriture dérivèrent avec le temps de l'écriture hiéroglyphique et furent inventés pour rendre l'art d'écrire plus rapide et plus usuel.

B 21. L'écriture *hiératique* ou *sacerdotale* n'est qu'une simple tachygraphie de l'écriture sacrée et en dérive immédiatement; et dans ce second système, la forme des signes est considérablement abrégée.

B 22. Il se compose encore, à la rigueur, de signes *figuratifs*, de signes *symboliques* et de signes *phonétiques*; mais les deux premiers ordres de caractères sont souvent remplacés, soit par des groupes de caractères *phonétiques*, soit par des caractères *arbitraires* qui ne conservent plus la forme de leur signe correspondant dans le système hiéroglyphique.

B 23. Tous les manuscrits *hiératiques* existans, et nous en possédons des époques pharaoniques, de l'époque grecque et de l'époque romaine, appartiennent à un seul système, quelque différence que l'on puisse trouver d'ailleurs au premier coup-d'œil dans le tracé des divers caractères.

B 24. L'emploi de l'écriture *hiératique* paraît avoir

été borné à la transcription des textes roulant sur des matières sacrées et à quelques inscriptions toujours religieuses.

C 25. L'écriture *démotique*, *épistolographique* ou *enchoriale*, est un système d'écriture distinct de l'*hiéroglyphique*, et de l'*hiératique* dont il dérive immédiatement.

C 26. Les signes employés dans l'écriture *démotique* ne sont que des caractères simples empruntés à l'écriture *hiératique*.

C 27. L'écriture *démotique* exclut à très-peu près tous les caractères *figuratifs*.

C 28. Elle admet toutefois un certain nombre de caractères *symboliques*, mais seulement pour exprimer des idées essentiellement liées au système religieux.

C 29. La plus grande partie de chaque texte *démotique* consiste en caractères *phonétiques* ou signes de sons.

C 30. Les caractères employés dans l'écriture *démotique* sont de beaucoup moins nombreux que ceux des autres systèmes.

C 31. Dans l'écriture *démotique*, les voyelles médiales des mots, soit égyptiens, soit étrangers à la langue égyptienne, sont très-souvent supprimées, ainsi que cela arrive dans les textes hiératiques et hiéroglyphiques.

C 32. Comme les écritures dont elle dérive, la *démotique* peut exprimer chaque consonne ou chaque

B b

voyelle, au moyen de plusieurs signes très-différens de forme, mais entièrement *homophones*. Toutefois le nombre des *homophones démotiques* est loin d'être aussi grand que dans l'écriture sacrée et dans l'écriture sacerdotale.

C 33. L'écriture *démotique*, l'écriture *hiératique* et l'écriture hiéroglyphique ont été simultanément en usage et pendant une longue série de siècles dans toute l'étendue de l'Égypte.

Les applications nombreuses que j'ai eu occasion de faire de ces principes fondamentaux à des textes appartenant aux trois espèces d'écritures égyptiennes, ont déjà acquis aux études historiques, des faits nouveaux, des données qui ne sont point sans importance, et des moyens dont on peut facilement apprécier l'étendue.

La grande question de l'antiquité plus ou moins reculée des monumens de l'Égypte, soit temples, soit palais, tombeaux, obélisques ou colosses, a été irrévocablement décidée par la découverte de l'alphabet des hiéroglyphes phonétiques, et par la lecture de soixante-dix-huit cartouches faisant partie des légendes hiéroglyphiques de rois Lagides ou d'empereurs romains ; et c'est au temps de ces derniers, que se rapportent les zodiaques d'Esné et ceux de Dendéra.

La lecture des noms propres et la traduction des légendes royales des anciens Pharaons, données dans le présent ouvrage, nous font connaître la chronologie relative non-seulement des temples et des palais, mais celle même de chaque partie de ces constructions, ouvrage des rois du pays et véritables preuves et témoins de l'antique civilisation égyptienne : les monumens élevés par la piété et la puissance des Pharaons ou rois de race égyptienne, sont les suivans, connus pour la plupart sous les noms modernes des villes ou des villages près desquels ils sont situés : les ruines de *San* (l'ancienne Tanis), l'obélisque d'Héliopolis, le palais d'Abydos, ou d'*El-Arabah*, un petit temple à *Dendéra*, *Karnac*, *Louqsor*, *Médamoud*, *Qourna*, le *Memnonium*, le palais désigné sous le nom de *Tombeau d'Osymandias*, les superbes excavations de *Biban-el-Molouk*, la plupart des *hypogées* qui percent dans tous les sens la montagne libyque à la hauteur de Thèbes, les temples d'*Éléphantine*, et une très-petite portion des édifices *de Philæ*, en Égypte. Dans la Nubie, les monumens du premier style et du même temps que ceux que nous venons de nommer, sont les temples de *Ghirché*, de *Wadi-essebouâ*, un des édifices de *Calabsché*, les deux magnifiques excavations et les colosses d'*Ibsamboul*, les temples d'*Amada*, de *Derry*, de *Moharraka*; enfin celui de *Soleb*, vers les frontières de l'Éthiopie.

Les seuls monumens bien connus de l'époque grecque et romaine, sont, en Égypte, le temple de *Bahbeït*, le *Qasr-Kéroun*, le portique de *Kau-el-Kebir*, le grand temple et le typhonium de *Dendéra*, le portique d'*Esné*, le temple au *nord d'Esné*, le temple et le typhonium d'*Edfou*, les temples d'*Ombos*, ainsi que les plus grands des édifices de Philæ ; en *Nubie*, enfin, les temples de *Calabsché*, *Dendour* et *Dakké*.

Je ne saurais fixer les époques de quelques autres édifices connus de l'Égypte et de la Nubie, n'ayant pu me procurer les dessins des légendes royales que portent ces constructions, telles que les temples d'Hermontis, d'El-Kab, de Taoud, de Syène, d'Aschmounaïn, du Fâyoun et des Oasis.

L'histoire nationale de l'Égypte a déjà recueilli de nombreuses certitudes : j'ai reconnu les noms de ses plus grands princes inscrits sur des monumens élevés sous leur règne ; les exploits des plus fameux de ces rois, *Misphrathoutmosis*, *Thouthmosis*, *Aménophis II*, *Ramsès-Meiamoun*, *Ramsès le Grand*, *Sésonchis*, &c., personnages dont la critique moderne, trop prévenue contre les témoignages des écrivains grecs et latins, contestait déjà l'existence, rentrent enfin dans le domaine de l'histoire, l'agrandissent et en reculent les limites jusqu'ici trop rétrécies. Les détails mêmes des grands événemens de leur vie politique ne sont point à jamais perdus pour nous, et des copies exactes des *bas-reliefs historiques* et des innombrables inscriptions qui les accompagnent sur les pylônes et les longs murs d'enceinte des palais de Thèbes, pourront suppléer, à leur égard, au silence des auteurs classiques. Il serait tout-à-fait digne d'un gouvernement ami des lettres, de provoquer et d'encourager des voyageurs convenablement préparés, à ravir enfin à l'oubli ces premières et vénérables pages des annales du monde civilisé.

Appliquée enfin aux monumens de tous les genres, ma théorie du système hiéroglyphique nous apprend déjà leur destination réelle, les noms des princes ou des simples particuliers qui les firent exécuter, soit pour honorer les dieux ou les souverains de l'Égypte, soit pour perpétuer la mémoire des parens auxquels ils avaient survécu; par mon alphabet encore, j'ai distingué sur ces monumens les divinités égyptiennes mentionnées dans les auteurs grecs, et celles bien plus nombreuses dont ils n'ont point parlé; j'ai retrouvé dans les textes hiéroglyphiques leur hiérarchie donnée par l'ordre même de leur filiation; ailleurs, des généalogies des races royales, et plus souvent celles des familles particulières : il m'a été possible enfin de réunir une foule de détails curieux sur divers sujets, et dont nous ne trouvons aucune trace dans les écrits des Grecs ou des Latins qui ont parlé des Égyptiens.

Mais ce n'est point à l'histoire seule de l'Égypte proprement dite que les études hiéroglyphiques peuvent fournir de précieuses lumières; elles nous montrent déjà la Nubie comme ayant, aux époques les plus reculées, participé à tous les avantages de la civilisation égyptienne : l'importance, le nombre et sur-tout l'antiquité des monumens qu'on y admire, édifices contemporains de tout ce que la plaine de Thèbes offre de plus ancien, sont déjà, pour l'historien, des faits capitaux qui l'arrêtent en ébranlant les bases du système adopté jusqu'ici sur l'origine du peuple égyptien. Il doit se demander, en effet, si la civilisation de Thèbes a remonté le Nil, la peuplade qui forme la nation égyptienne venant de l'Asie, ou bien si cette civilisation, arrivant du midi, descendant avec le fleuve sacré, ne s'est pas établie d'abord dans la Nubie, ensuite dans la partie la plus méridionale de la Thébaïde, et si, s'avançant successivement vers le nord, elle n'a point enfin, secondée par les efforts du fleuve, repoussé les eaux de la Méditerranée, et conquis pour l'agriculture la vaste plaine de la Basse-Égypte, contiguë à l'Asie. Dans cette hypothèse nouvelle, les Égyptiens seraient une race propre à l'Afrique, particulière à cette vieille partie du monde, qui montre par-tout des traces marquées d'épuisement et de décrépitude.

La constitution physique, les mœurs, les usages et l'organisation sociale des Égyptiens, n'avaient jadis, en effet, que de très-faibles analogies avec l'état naturel et politique des peuples de l'Asie occidentale, leurs plus proches voisins. La langue égyptienne enfin n'avait rien de commun, dans sa marche constitutive, avec les langues asiatiques : elle en diffère tout aussi essentiellement que les écritures de l'Égypte diffèrent des anciennes écritures des Phéniciens, des Babyloniens et des Perses. Ces deux derniers faits paraîtront déjà concluans et peuvent trancher la question en faveur de la seconde hypothèse, l'origine africaine des Égyptiens, aux yeux des savans qui se sont occupés de l'histoire de la migration des anciens peuples. Tout semble, en effet, nous montrer dans les Égyptiens un peuple tout-à-fait étranger au continent asiatique.

On conçoit difficilement aussi que la peuplade, souche première de la nation égyptienne, à quelque état inférieur de civilisation qu'on la suppose, ait pu se fixer et se propager d'abord dans la vallée de l'Égypte, entre la première cataracte et la Méditerranée, terrain exposé annuellement à une longue et complète inondation. C'est bien plutôt sur un point plus élevé, dans un pays que l'inondation ne couvre jamais entièrement, que durent être faits les premiers établissemens ; et sous ce rapport, la Nubie, et mieux encore l'Éthiopie, présentèrent de tout temps des localités avantageuses.

Les monumens de la Nubie sont, en effet, couverts d'hiéroglyphes parfaitement semblables, et dans leurs formes, et dans leurs dispositions, à ceux que portent les édifices de Thèbes : on y retrouve les mêmes élémens, les mêmes formules, les mêmes mots, la même langue ; et les noms des rois qui élevèrent les plus anciens d'entre eux, sont ceux mêmes des princes qui construisirent les plus anciennes parties du palais de Karnac à Thèbes. Les ruines du bel édifice de Soleb, situé sur le Nil, à près de cent lieues plus au midi que Philæ, frontière extrême de l'Égypte, sont, à notre connaissance, la construction la plus éloignée qui porte la légende royale d'un roi égyptien. Ainsi, dès le commencement de la XVIIIe dynastie des Pharaons (1), c'est-à-dire près de 3400 ans avant l'époque présente, la Nubie était habitée par un peuple parlant la même langue, se servant de la même écriture, ayant la même croyance, et soumis aux mêmes rois que les Égyptiens.

Mais, depuis Soleb jusque vers le quinzième degré de latitude boréale, toujours plus au midi et en remontant le Nil, dans l'ancienne Éthiopie, et sur un espace de plus de cent lieues, sont dispersés une foule d'autres grands monumens qui tiennent à très-peu de chose près au même système général d'architecture que les temples de la Nubie et de l'Égypte. Ils sont également décorés d'*inscriptions hiéroglyphiques*, et représentent des dieux qui portent en écriture sacrée les mêmes noms et les mêmes légendes que les divinités sculptées sur les temples de l'Égypte et de la Nubie. La même analogie existe dans les titres et dans les formes des légendes royales; mais *les noms propres des rois inscrits sur les édifices de l'Éthiopie*, en caractères hiéroglyphiques phonétiques, venus à ma connaissance, n'ont absolument rien de commun avec *les noms propres des rois égyptiens* mentionnés dans la longue série chronologique de Manéthon. *Aucun d'eux ne se retrouve non plus, ni sur les monumens de la Nubie, ni sur ceux de l'Égypte.*

Il résulte de cet état de choses, établi par l'examen des nombreux dessins de monumens de l'Éthiopie rapportés par notre courageux voyageur M. Caillaud, qu'il

---

(1) *Suprà*, pag. 239, et pag. 245.

fut un temps où la partie civilisée de l'Éthiopie, la presqu'île de Méroé, et les bords du Nil entre Méroé et Dongola, étaient habités par un peuple qui avait une langue, une écriture, une religion et des arts semblables à ceux de l'Égypte, sans dépendre pour cela des rois égyptiens ou de Thèbes ou de Memphis.

Ce fait important doit devenir, sans aucun doute, un des élémens principaux de toute recherche sur les origines égyptiennes; et il n'en subsiste pas moins, quoiqu'on trouve à Barkal et à Méroé des constructions d'époques assez récentes : en Éthiopie comme en Nubie et en Égypte, des monumens fort anciens sont mêlés avec d'autres qui appartiennent à des temps plus rapprochés de nous; il ne s'agit que de distinguer ceux qui existèrent dans cette contrée lointaine, avant que l'influence des Grecs et des Romains eût corrompu les arts, en même temps que les institutions de ses habitans.

C'est donc encore en perfectionnant et en appliquant nos connaissances sur le système hiéroglyphique, écriture commune aux plus anciens Éthiopiens et aux Égyptiens, ainsi que le dit si formellement Diodore de Sicile (1), que nous arracherons à un oubli total les documens historiques consignés sur les monumens éthiopiens de toutes les époques; et quelque peu étendus qu'ils puissent être, ils suffiront, selon toute apparence, pour décider irrévocablement la grande

---

(1) *Biblioth.* lib. I.

question de l'origine éthiopienne de la population, des arts et des institutions premières de l'Égypte.

Quoi qu'il en soit, l'écriture hiéroglyphique reçoit, par ces divers faits nouvellement acquis à la science, un plus haut degré d'importance, puisque, loin d'être circonscrit dans les limites naturelles de l'Égypte, l'usage de cette écriture était commun aux Nubiens, aux Éthiopiens, aux habitans des Oasis, comme aux Égyptiens eux-mêmes; c'est-à-dire, en d'autres termes, que l'écriture sacrée des Égyptiens fut jadis l'écriture nationale d'une famille des peuples très-anciennement civilisés dans le nord-est de l'Afrique.

On doit croire que tous ces résultats si neufs et d'un intérêt si général pour les études historiques, se multiplieront et acquerront plus d'étendue à mesure que nous avancerons dans l'intelligence des textes hiéroglyphiques; et la possibilité de pénétrer dans le sens entier de toutes ces inscriptions, m'est, j'ose le dire, complétement démontrée. On y parviendra en se livrant d'abord à quelques travaux qui exigent, il est vrai, et du temps et une patience soutenue, mais dont le but et la direction nous sont bien indiqués, et par les principes fondamentaux que nous venons de reconnaître, et par le succès des applications que j'en ai déjà faites.

Une très-grande partie des caractères qui composent toute inscription hiéroglyphique, expriment, et l'on ne saurait plus en douter, des voix et des articulations, c'est-à-dire, des *mots* de la langue parlée des Égyptiens; or, les textes coptes, heureusement assez multipliés en Europe, nous ont conservé, écrits en caractères grecs, une très-grande partie des mots de cette langue égyptienne, et nous pouvons étudier dans ces textes la grammaire, les idiotismes et le génie de la langue parlée des anciens Égyptiens. Il ne s'agit plus que de reconnaître dans les textes hiéroglyphiques tous les caractères destinés à exprimer les sons des mots de la langue parlée.

J'ai déjà assuré la valeur d'un très-grand nombre de ces hiéroglyphes phonétiques ou signes de sons. Il existe un moyen certain de reconnaître celle de tous les autres signes homophones de cette classe; il consiste, et je l'ai déjà éprouvé avec un plein succès, dans la comparaison attentive des textes hiéroglyphiques roulant sur une même matière, et dans lesquels les mêmes idées sont exprimées dans un même système d'écriture.

Il serait fort difficile, sans doute, de s'assurer si deux textes conçus dans une écriture dont on ignorerait les élémens, traitent ou non d'une même matière; mais ce cas ne s'applique point aux manuscrits égyptiens : car n'eussions-nous aucune notion sur la valeur d'un seul caractère hiéroglyphique ou hiératique, le plus léger examen suffirait cependant pour nous convaincre que tous les manuscrits égyptiens trouvés sur des momies, soit en *hiéroglyphes*, soit en caractères *hiératiques*, se rapportent presque tous à un type primitif, et ne sont que des copies perpétuelles et plus ou moins complètes d'un seul et même *rituel funéraire*.

Chaque son de la langue égyptienne pouvant, comme nous l'avons vu, être exprimé par plusieurs caractères différant de forme et non de valeur, il est arrivé que dans un texte on n'a point toujours employé pour ce son précisément le même signe que dans un autre texte. Une collation suivie de plusieurs textes du rituel nous fera donc connaître de nouveaux caractères *phonétiques*, et accroîtra d'autant notre Tableau des signes homophones.

Le même avantage résultera de la collation des rituels *hiéroglyphiques* avec ces mêmes rituels en écriture *hiératique*. J'ai déjà établi, dans un travail particulier, la *correspondance fixe* des signes hiératiques avec les signes hiéroglyphiques ; et toutes les fois que la collation des deux rituels présentera dans le *rituel hiératique* un caractère qui n'est point l'*équivalent fixe* de l'hiéroglyphe auquel il correspond dans le *rituel hiéroglyphique*, en cherchant dans le Tableau général de correspondance des deux écritures l'*hiéroglyphe* dont le signe *hiératique* est le représentant habituel, on connaîtra alors un nouvel hiéroglyphe phonétique, un *homophone* de l'hiéroglyphe que porte le rituel hiéroglyphique.

Nous parviendrons enfin, et par un procédé à-peu-près pareil, à la valeur phonétique de plusieurs autres signes dont le son nous est inconnu, en collationnant aussi divers textes hiératiques du rituel funéraire.

Des comparaisons semblables et tout aussi fructueuses peuvent être faites entre les inscriptions des bas-reliefs mythiques, les stèles funéraires, les légendes des momies, &c., qui, quoique en fort grand nombre, se réduisent toutefois à une certaine série de formules habituelles.

Ces divers moyens, employés avec persévérance, et leurs résultats contrôlés en quelque sorte les uns par les autres, compléteront, avec le temps, le tableau des signes *phonétiques* qui forment la première classe de caractères hiéroglyphiques.

Les caractères *figuratifs*, qui forment la seconde, s'expliquent assez par eux-mêmes, puisqu'ils représentent l'objet même dont ils retracent les formes.

Il ne resterait plus qu'à trouver une méthode pour reconnaître la valeur des caractères *symboliques*; et c'est là l'obstacle qui semble devoir retarder le plus l'intelligence pleine et entière des textes hiéroglyphiques.

Mais heureusement pour notre curiosité, je dirai aussi pour l'intérêt de l'histoire, cette troisième classe de caractères paraît être, dans un sens, la moins nombreuse de toutes, et c'est précisément celle dont les auteurs grecs se sont le plus occupés. Nous trouvons dans les anciens des détails précieux sur les signes de cet ordre qui ont plus particulièrement fixé leur attention, parce qu'ils tenaient à une méthode graphique toute particulière. Clément d'Alexandrie, Eusèbe, Diodore de Sicile, Plutarque et Horapollon nous font connaître la valeur d'un grand nombre d'entre eux.

D'un autre côté, les caractères *symboliques* sont, pour la plupart, des signes très-compliqués, et se rapportent plus spécialement aux idées religieuses; les rituels funéraires qui se rapportent aussi au culte égyptien, contiennent nécessairement une très-grande partie de ces *signes symboliques* : or, nous avons, dans les textes hiératiques de ces mêmes rituels, un moyen certain d'arriver à l'intelligence de ces caractères symboliques; car l'écriture *hiératique* n'étant point représentative de sa nature, exclut les images d'objets compliquées, comme le sont beaucoup de symboles; et j'ai observé que là où le texte hiéroglyphique emploie un seul signe qui est *symbolique,* le texte sacerdotal correspondant le remplace souvent par un *groupe de deux, de trois ou de quatre caractères.* Il est évident, dès-lors, que le texte hiératique repoussant le signe symbolique, exprime le sens même de cette image par des caractères phonétiques représentant le mot égyptien, signe de l'idée qui est exprimée par ce signe symbolique même. Outre cela, il arrive fort souvent aussi que, sur deux *textes hiéroglyphiques,* l'un emploie le signe *symbolique,* et l'autre le signe *figuratif* ou le *groupe phonétique* équivalent. Nous avons donc le droit d'espérer que, par ces différentes opérations, et par des recherches et des comparaisons multipliées, nous parviendrons à fixer le sens propre de ceux d'entre les caractères *symboli-*

ques dont la valeur ne nous est point encore connue.

Tel est l'ensemble des travaux qui restent à exécuter pour compléter les notions que nous avons déjà obtenues sur le système graphique des anciens Égyptiens. Ces travaux sont possibles, et deviendront d'autant plus prompts et plus faciles, à mesure que les monumens égyptiens abonderont davantage en Europe. Les inscriptions bilingues que l'on pourra découvrir en Égypte, et la publication de celles qui existent en France, en Italie ou en Angleterre, contribueront essentiellement aux progrès de cette nouvelle étude ; et parmi les matériaux qui lui sont les plus nécessaires, se placent sur-tout les manuscrits soit hiéroglyphiques, soit hiératiques, soit démotiques ; car il n'en est pas un seul, quelque peu important qu'il paraisse d'abord, qui ne puisse souvent être d'un grand secours, et nous fournir des documens d'une utilité véritable.

Qu'il me soit permis, en finissant, d'exprimer un vœu que partageront sans doute tous les amis des sciences : qu'au milieu de la tendance générale des esprits vers les études solides, un prince, sensible à la gloire des lettres, réunisse dans la capitale de ses États les plus importantes dépouilles de l'antique Égypte, celles où elle inscrivit, avec une persévérance sans exemple, son histoire religieuse, civile et militaire ; qu'un protecteur éclairé des études archéologiques accumule dans une grande collection les moyens d'exploiter avec fruit cette nouvelle mine historique, presque vierge encore, pour ajouter ainsi à l'histoire des hommes les pages que le temps semblait nous avoir à jamais dérobées. Puisse cette gloire nouvelle, car toute institution éminemment utile est aussi éminemment glorieuse, être réservée à notre belle patrie ! Heureux si mes constans efforts peuvent concourir à l'accomplissement de si nobles desseins !

FIN.

NOTE RÉPONDANT À LA PAGE 331.

Nous insérons ici une lettre que M. Letronne nous a écrite; les aperçus nouveaux qu'elle renferme complètent la traduction et le commentaire du texte des Stromates, que ce docte académicien a bien voulu faire sur notre demande.

MONSIEUR,

Lorsque vous m'avez consulté sur le sens du passage de Clément d'Alexandrie, j'étais au moment de partir pour un voyage, et je n'eus pas le temps d'approfondir plusieurs des circonstances de ce texte si remarquable, ni de joindre au commentaire que je vous en ai donné des observations sur d'autres textes qui me paraissent relatifs à l'alphabet des hiéroglyphes phonétiques, que vous nous avez fait si bien connaître. Je vais suppléer à ce que le temps ne m'a pas permis de faire alors.

Tout le monde s'était accordé à voir trois genres principaux d'écriture égyptienne dans le passage de Clément d'Alexandrie : mais la division qu'il donne des diverses espèces d'écriture hiéroglyphique, n'avait pas été nettement aperçue et distinguée ; on peut facilement, je crois, concilier le témoignage de ce savant Père de l'Église, avec celui des autres écrivains anciens.

Au lieu de *trois* genres d'écriture égyptienne, Hérodote et Diodore n'en comptent que *deux* : l'un qu'ils appellent *lettres vulgaires* (1); l'autre qu'ils nomment *caractères sacrés* (ἱερά). Ils sont tous deux entièrement d'accord avec l'inscription de Rosette, où l'on ne peut soupçonner aucune erreur à cet égard, puisqu'elle a été rédigée sous les yeux des prêtres égyptiens eux-mêmes : ce monument célèbre ne fait mention que de deux genres de caractères, les uns dits ἐγχώρια *nationaux* (par opposition à ἑλληνικά), identiques avec les δημοτικά ou δημώδη γράμματα d'Hérodote et de Diodore; les autres appelés ἱερά, *sacrés*.

Toute la différence qui se trouve entre ces trois témoignages et

---

(1) Herod. II, 36. — Diod. Sic. III, 3, δημοτικά ou δημώδη (γράμματα).

celui de Clément d'Alexandrie, consiste en ce que ce dernier fait mention de l'écriture *hiératique*, dont les autres ne parlent pas. Mais la cause en est facile à découvrir : c'est qu'ils ont dû la comprendre parmi les *caractères sacrés*, et que Clément d'Alexandrie a dû au contraire la distinguer des caractères *hiéroglyphiques*; voici pourquoi.

Tout le monde convient que l'*épistolographique* de Clément d'Alexandrie est la même chose que le *démotique* d'Hérodote et de Diodore, et que le *national* de l'inscription de Rosette.

Quant à l'*hiératique*, il est certain que c'était une espèce de *caractères sacrés*, puisque, selon Clément d'Alexandrie, c'était celle dont les *hiérogrammates* (ou greffiers sacrés) se servaient. Cette donnée importante est confirmée entièrement par vos recherches sur les papyrus égyptiens; vous avez reconnu parfaitement ceux qui sont écrits dans ces caractères *sacrés* hiératiques, lesquels ne sont autre chose que des hiéroglyphes cursifs, ou abrégés, espèce de *tachygraphie hiéroglyphique*. Vous l'avez appelée avec raison *écriture sacerdotale*, comme étant employée par les prêtres dans les manuscrits, tandis que l'*écriture hiéroglyphique* était proprement l'écriture *monumentale*, ainsi que l'exprime le mot ἱερογλυφικά, littéralement, *caractères sacrés SCULPTÉS*. On pourrait donc appeler l'autre, *écriture hiérographique*, ou *écriture sacrée ÉCRITE*. Cette distinction explique et concilie tout; car remarquez bien qu'Hérodote et Diodore ne se servent pas du mot ἱερογλυφικά, ils emploient l'expression ἱερά, *sacrés*; or, cette expression contient nécessairement tous les genres d'*écriture sacrée* et l'*hiératique* comme les autres; au contraire, Clément d'Alexandrie parle de l'*hiéroglyphique* (ἱερογλυφική), expression moins générique, et qui ne doit pas comprendre l'*hiératique*, genre d'écriture qui n'était pas employé sur des monumens *sculptés* (γγλυμμένα). Clément d'Alexandrie diffère donc des autres seulement en ceci, qu'ils n'ont employé que des expressions génériques, tandis qu'il est entré dans le détail des espèces; et, jusqu'ici, on voit qu'il s'est exprimé avec une propriété bien remarquable. Par la même raison on conçoit pourquoi, dans le monument de Rosette, les *caractères sacrés* sont désignés par l'expression de ἱερά et non ἱερογλυφικά, qui semblerait avoir été l'expression propre pour désigner le genre de caractères qui ont été gravés sur cette pierre. La distinction ici était inutile : car, comme l'*hiératique* ne servait point pour les monumens sculptés, il était clair que, puisqu'il s'agissait de *graver* des *caractères sacrés* sur la stèle, ces caractères sacrés ne pouvaient être qu'*hiéroglyphiques*; et conséquemment l'expression *générique* ἱερά était, en ce cas, tout aussi précise qu'aurait pu l'être l'expression *spécifique* ἱερογλυφικά.

On comprendra mieux l'accord de tous ces textes, et en même temps la raison des différences qu'ils présentent, au moyen de cet autre tableau qui complète celui de la page 330:

ÉCRITURE ÉGYPTIENNE, divisée par Hérodote, Diodore, l'inscription de Rosette, en deux genres de caractères; savoir, les...
- A. Vulgaires dits...
  - δημοτικά et δημώδη par Hérodote et Diodore.
  - ἐγχώρια, dans l'inscription de Rosette.
  - ἐπιστολογραφικά par Clément d'Alexandrie.
- B. Sacrés, divisés par Clément d'Alexandrie en....
  - a. Hiératiques ou écriture sacerdotale, qu'on peut appeler *hiérographique*.
  - b. Hiéroglyphiques, composés des...
    - a'. Cyriologiques, *formés des premières lettres de l'alphabet.*
    - b'. Symboliques comprenant les......
      - a". Cyriologiques par imitation.
      - b". Tropiques.
      - c". Énigmatiques.

Je crois que ce tableau comprend et explique toutes les différences que présentent les textes anciens. Il en est un cependant qui n'y saurait trouver place, c'est celui de l'auteur de la Vie de Pythagore, attribuée à Porphyre. Selon cet auteur, les caractères égyptiens sont de trois espèces, *épistolographiques*, *hiéroglyphiques* et *symboliques* (1). Cette division annonce évidemment que l'auteur n'a rien su de ce qu'il voulait dire; et c'est fort inutilement que plusieurs critiques habiles ont pris la peine de lui prêter une apparence de raison, à l'aide de corrections fort arbitraires. A quoi bon tant d'efforts! Un auteur n'est-il pas jugé, quand il fait de l'écriture symbolique une classe séparée de l'hiéroglyphique! Il serait facile de montrer que ce passage n'est qu'un extrait maladroitement fait du texte de Clément d'Alexandrie, par un compilateur qui n'en comprenait pas l'ensemble : c'est une preuve, entre bien d'autres, que le Malchus, auteur de cette Vie de Pythagore, n'a rien de commun avec le fameux Porphyre, et ne saurait avoir, à beaucoup près, l'autorité que de savans hommes lui attribuent.

Dans ce tableau analytique, l'espèce κυριολογικὴ διὰ τῶν πρώτων στοιχείων (B, b, a') est traduite par *cyriologique, formée par les premières*

---

(1) Γραμμάτων δὲ τεσσὰς διαφορὰς (ἐξέμαθε Πυθαγόρας), ἐπιστολογραφικῶν, ἢ ἱερογλυφικῶν ἢ συμβολικῶν· τῶν μὲν κοινολογουμένων κατὰ μίμησιν, τῶν δὲ ἀλληγορουμένων κατά τινας αἰνιγμούς. (*Vit. Pythag.* §. 12.)

lettres de l'alphabet. Dans la traduction donnée ci-dessus (page 329), on lit simplement *les lettres de l'alphabet*. Cette différence, qui ne porte point sur le sens général de la définition, tient à ce que le mot πρώτων me paraît maintenant susceptible d'un autre sens que celui que je lui avais donné sur un premier aperçu.

Il me paraît de plus en plus certain que les mots κυριολογικὴ διὰ τῶν πρώτων στοιχείων ne peuvent désigner que les *hiéroglyphiques phonétiques*; car toutes les parties de cette définition s'y appliquent parfaitement.

D'abord, le mot κυριολογικὴ, comme je l'ai dit (p. 330), indique que ce genre d'écriture exprimait les objets d'une manière *propre*, non *métaphorique*, ni *figurée*. C'est là le caractère que présentent les *hiéroglyphes phonétiques* comparés aux autres hiéroglyphes.

En second lieu, de quelle manière les exprimaient-ils? Au moyen de signes que Clément appelle στοιχεῖα: or, ce terme est le mot propre en grec pour désigner les *caractères alphabétiques*. Ainsi la traduction littérale de κυριολογικὴ διὰ τῶν στοιχείων serait, *servant à exprimer au propre les objets par les caractères alphabétiques*: cette analyse est rigoureuse. Vient ensuite une circonstance particulière: Clément d'Alexandrie ne dit pas seulement διὰ τῶν στοιχείων, ce qui suffirait pour désigner en général les lettres de l'alphabet; il dit διὰ τῶν πρώτων στοιχείων, littéralement, par les PREMIÈRES LETTRES *alphabétiques*; c'est une expression remarquable qui me semble pouvoir être éclaircie, au moyen d'un passage des *Symposiaques* de Plutarque, où cet auteur fait dire à Hermias, un de ses interlocuteurs: « Entre tous les nombres, celui » que l'on consacre principalement à Hermès est la *tétrade*: beaucoup » d'auteurs racontent, en effet, qu'il est né le quatrième jour d'un mois » commençant; la tétrade multipliée quatre fois donne les *premières* » lettres, appelées *phéniciennes*, à cause de Cadmus: de celles qui ont » été découvertes ensuite, Palamède en ajouta d'abord quatre, et Simo- » nide, plus tard, quatre autres (1). »

Il résulte clairement de ce passage, que τὰ πρῶτα στοιχεῖα désigne les XVI lettres (quatre fois quatre) apportées par Cadmus, pour les distinguer des huit autres qui furent inventées (ἐφευρεθέντα) plus tard, et

---

(1) Ἑρμεῖ δὲ μάλιστα τῶν ἀριθμῶν ἡ τετρὰς ἀνάκειται· πολλοὶ δὲ καὶ τετράδι μηνὸς ἱσταμένου γενέσθαι τὸν θεὸν ἱστοροῦσι· τὰ δὲ δὴ ΠΡΩΤΑ, καὶ Φοινίκεια διὰ Κάδμον ὀνομασθέντα, τετράκις ἡ τετρὰς γενομένη παρέχει· καὶ τῶν αὖθις ἐφευρεθέντων δὲ, Παλαμήδης τε πρότερος τέτταρα, καὶ Σιμωνίδης αὖθις ἄλλα τοσαῦτα προσέθηκε. Plut. *Symp.* IX, 3, tom. VIII, pag. 945, Reiske. J'observe

ajoutées (προστιθεμένα) à l'alphabet primitif. Ces *premières* lettres sont, d'après Pline, A, B, Γ, Δ, E, I, K, Λ, M, N, O, Π, P, Σ, T, Υ : les secondes sont, Θ, Ξ, Φ, X ; les troisièmes, Z, H, Ψ, Ω. Remarquons que ces XVI caractères ont dû en effet être inventés avant les autres, parce qu'ils représentent les XVI sons élémentaires ou simples que peut former la bouche humaine, soit par intonation, soit par articulation. Les autres caractères, en sus de ceux-là, dans les alphabets des différens peuples, expriment, soit des nuances de ces sons principaux, soit la réunion de plusieurs articulations en une seule ; de manière que chacun d'eux peut être plus ou moins exactement décomposé dans les sons primitifs qu'il contient. Ainsi, le fait que l'alphabet phénicien et grec n'a d'abord contenu que ces XVI caractères, n'est pas seulement établi sur des indications historiques précises, il est de plus conforme à la nature, et l'on peut croire que tous les alphabets ont été primitivement formés de ce nombre de caractères, exprimant les sons de l'alphabet phénico-grec.

Il est facile de voir maintenant ce que Clément d'Alexandrie a dû entendre par les *premières lettres de l'alphabet* : il a voulu dire que, dans ce genre d'hiéroglyphes (B, *b, a'*), on exprimait les objets au moyen des caractères *hiéroglyphiques* représentant les sons de l'*alphabet primitif*.

Si je jette maintenant les yeux sur le tableau des hiéroglyphes phonétiques, qui accompagne votre lettre à M. Dacier, j'y trouve des signes correspondant à XIX caractères grecs ; le Z, le Θ, le Ψ, le X, n'y existent pas ; mais peut-être trouverez-vous cette dernière lettre plus tard. Il y a, dans les autres, de doubles emplois. Par exemple, les signes qui correspondent au Ξ sont formés de la réunion des signes du K et du Σ, ce qui signifie que Ξ n'existe pas plus dans l'alphabet des hiéroglyphes phonétiques que dans l'alphabet grec primitif.

Même observation à faire sur les caractères qui répondent à l'H ; ils sont les mêmes que ceux de l'*iota* ; le signe du Φ est le même que celui du Π ; enfin le signe de l'Ω est le même que celui de l'O. Il n'y a donc, au fond, que XVI caractères de l'alphabet grec qui trouvent une évaluation correspondante dans les hiéroglyphes phonétiques dont vous avez formé le tableau ; or, il est très-remarquable que ces XVI

---

que le mot Φοινίκεια n'est point ici un adjectif ; c'est un nom appellatif. Ce mot est souvent employé substantivement pour désigner les lettres de l'alphabet, comme dans une inscription de *Téos*, où nous lisons Φοινικήια ὀκτώξει, pour γράμματα ou στιχεῖα ὀκκ. ; sur quoi l'on peut voir la note érudite de Chishull (*Antiq. asiat.* pag. 101).

caractères sont précisément ceux de l'alphabet primitif grec, savoir, A, B, Γ, Δ, E, I, K, Λ, M, N, O, Π, P, Σ, T, Υ, exprimant, comme nous l'avons vu, les intonations et articulations simples; cette coïncidence prouve que les πρῶτα στοιχεῖα de Clément d'Alexandrie sont bien les *premières lettres* ou lettres *primitives* de l'alphabet; et peut-être cette observation ne sera pas inutile à l'histoire, si obscure encore, des caractères alphabétiques. Je la livre à votre examen, et ne me permettrai qu'une seule réflexion.

D'après vos recherches, il paraît clairement établi que les hiéroglyphes phonétiques n'ont eu pour but que de pouvoir, en certains cas, peindre, dans un caractère sacré, les sons représentés par l'écriture alphabétique. D'où il résulte qu'on a dû nécessairement prendre autant de signes hiéroglyphiques qu'il y avait de caractères dans l'alphabet, ou, en d'autres termes, de sons que cet alphabet pouvait exprimer. L'alphabet égyptien contenait, au témoignage de Plutarque (1), vingt-cinq lettres, c'est-à-dire, des caractères propres à rendre vingt-cinq sons différens. On devrait donc en trouver le même nombre parmi les hiéroglyphes phonétiques. Or, d'après le témoignage de Clément d'Alexandrie, confirmé par les monumens, l'alphabet de ces hiéroglyphes ne représente que les sons de l'alphabet primitif; ce serait une preuve, 1.° que l'alphabet égyptien n'a contenu primitivement, comme le phénicien et le grec, que ce nombre de caractères, et que les autres ont été inventés par la suite; 2.° que l'invention des hiéroglyphes phonétiques est d'une époque antérieure à l'introduction de ces nouveaux caractères : et en effet, vous les avez trouvés sur de très-anciens monumens. On conçoit qu'une fois inventé, cet alphabet phonétique, comme tout ce qui tenait à la religion en Égypte, a été fixé sans retour, et n'a pas dû recevoir les augmentations qu'a pu prendre successivement l'alphabet vulgaire.

Il resterait à rechercher les rapports qui ont pu exister entre l'alphabet phénicien, et celui des Égyptiens. Les réflexions précédentes font soupçonner qu'ils pourraient bien être issus l'un de l'autre : à cet égard, je suis disposé à croire que l'honneur de l'invention appartient à l'Égypte. Du moins, la tradition égyptienne qui l'attribuait à Thoth paraît-elle avoir été assez généralement accueillie des Grecs (2). C'est un point qui mériterait une discussion approfondie, que le défaut du temps et d'instruction m'empêche d'entreprendre.

---

(1) *De Iside et Osiride*, §. 56, p. 374, init.
(2) Platon. *Phileb.* §. 23. — *Phædr.* pag. 340, ed. Heind. — Diod. Sic. I, 16. — Clem. Alex. *Strom.* I, 15. — Euseb. *Præp. ev.* I, 9, &c.

Il me suffit d'avoir appelé votre attention sur une circonstance bien remarquable dans le texte de Clément d'Alexandrie, et qui met hors de doute, non-seulement qu'il a fait mention des *hiéroglyphes phonétiques*, mais même que le peu qu'il en a dit est conforme à ce que vos recherches vous ont fait découvrir.

Au reste, ce passage de Clément d'Alexandrie n'est pas le seul où l'on trouve la mention expresse de cet alphabet; on peut encore citer ce texte de Plutarque : « Hermias dit qu'Hermès est l'inventeur des » lettres en Égypte : *aussi, pour représenter la première lettre* [de leur » alphabet], *les Égyptiens figurent un ibis* (2), cet oiseau appartenant à » Hermès. » On ne peut exprimer plus clairement la nature d'un *hiéroglyphe phonétique*, savoir, un *son* représenté par l'image d'un objet; et il est digne d'attention que, dans votre alphabet, dressé indépendamment de ce passage, la lettre A est en effet exprimée par un *oiseau*, épervier, canard ou ibis; c'est un point trop important pour que je ne vous le fasse pas remarquer.

On ne peut voir autre chose qu'une expression propre à l'écriture *hiéroglyphique phonétique* dans le passage de Manéthon, conservé par Josèphe : « *Hycsos* signifie *rois pasteurs ;* car *hyc* veut dire *roi*, dans » la *langue sacrée* (3), et *sos, pasteur*, dans la *langue vulgaire* (4). » Il est évident, d'après ce passage, que la *langue sacrée* ne se composait pas seulement d'*images*, mais qu'elle comprenait aussi des signes représentant des articulations, tels que ceux des hiéroglyphes phonétiques. On apprend aussi par-là que certains mots égyptiens composés étaient *hybrides*, c'est-à-dire, formés de deux mots tirés l'un de la langue vulgaire, l'autre de l'expression phonétique.

C'est encore à l'écriture des hiéroglyphes phonétiques que se rap-

---

(1) Διὸ ϰ̀ τὸ τῶν γϱαμμάτων Αἰγύπτιοι πρῶτον ἶϐιν γϱάφουσιν, ὡς Ἑρμεῖ προσήκουσαν. *Sympos.* IX, 3, pag. 945.

(2) Dans l'écriture sacrée, l'idée *roi* est en effet *symboliquement* rendue par l'*uræus* ou *aspic*; et l'image de ce reptile, employée dans les groupes phonétiques, y exprime l'articulation K : cette lettre, placée devant une seconde consonne, comme dans le mot ⲔⲰⲰⲤ, se prononçait *IKSCHOS*, suivant l'usage copte. Le mot ⲰⲰⲤ *schôs*, que Manéthon écrit en grec Σως, existe encore dans les livres coptes ou livres écrits en *langue vulgaire* égyptienne, et y signifie en effet *pasteur*. — J. F. C.

(3) Τὸ γὰρ ΥΚ καθ᾽ ἱερὰν γλῶσσαν βασιλέα σημαίνει· τὸ δὲ ΣΩΣ ποιμὴν ἐστὶ ϰ̀ ποιμένες κατὰ τὴν κοινὴν διάλεκτον. Maneth. *ap.* Joseph. *contr. Apion.* p. 445.

porte, je pense, cet autre passage d'Horapollon : « [Dans les hiéro-
» glyphes], un épervier veut dire ame, et cela, d'après la signification
» de cet oiseau; car chez les Égyptiens on l'appelle *Baïéth* : or, ce
» mot, décomposé, signifie *ame* et *cœur*; car *ame* se dit *baï* en égyp-
» tien, et *cœur* se dit *éth* : les Égyptiens considérant le cœur comme
» l'enveloppe de l'ame, il s'ensuit que ce mot composé signifie *ame*
» *renfermée dans le cœur* (1). » Ainsi, un *épervier* se lisait *Baïéth*; et, en
prononçant ce mot, on avait l'expression du mot *ame*, selon la doctrine des Égyptiens sur le siége qu'occupait le principe de l'intelligence. Si l'auteur de l'ouvrage attribué à Horapollon n'a pas fait ici
quelque erreur, on doit retrouver parmi les hiéroglyphes phonétiques
des expressions analogues à celle qu'il nous a conservée (2).

Agréez &c.

LETRONNE.

---

(1) Ἔτι γε μὴν ἀντὶ ψυχῆς ὁ ἱέραξ τάσσεται, ἐκ τῆς τοῦ ὀνόματος ἑρμηνείας· καλεῖται γὰρ παρ' Αἰγυπτίοις ὁ ἱέραξ, βαιήθ· τοῦτο δὲ τὸ ὄνομα διαιρεθὲν ψυχὴν σημαίνει καὶ καρδίαν· ἔστι γὰρ τὸ μὲν βαι, ψυχή, τὸ δὲ ήθ, καρδία· ἡ δὲ καρδία κατ' Αἰγυπτίους ψυχῆς περίβολος, ὥστε σημαίνειν τὴν σύνθεσιν τοῦ ὀνόματος, ψυχὴν ἐγκαρδίαν. *Hieroglyph*. I, 7.

(2) Nous trouvons encore, en effet, dans les livres coptes, les mots ⲠⲀϨⲒ (*bahi*), vie, ame, et ϨⲎⲦ (*hét*) ou ϨⲎⲦ (*héth*), cœur, et dans les textes hiéroglyphiques l'*ame* est symboliquement exprimée par un *épervier à tête humaine*: cette *tête barbue* ou *non barbue* indique simplement le sexe. Nous devons dire aussi que l'idée *ame* est souvent rendue dans l'écriture sacrée par un groupe formé d'une *cassolette* ou *encensoir*, d'un *épervier* ou d'un autre oiseau, et d'une petite *ligne perpendiculaire*, signes qui, étant pris phonétiquement, donneraient également le mot *baï*. — J. F. C.

TABLE.

PRÉFACE................................page ix.

INTRODUCTION. *Vues générales sur le plan et le but de l'ouvrage*.................... 1.

CHAPITRE I.ᵉʳ *État actuel des études sur les hiéroglyphes, et sur l'écriture phonétique égyptienne employée dans la transcription des noms propres de rois grecs ou d'empereurs romains*...................... 12.

CHAP. II. *Alphabet hiéroglyphique phonétique appliqué aux noms propres de simples particuliers grecs et latins*................... 38.

CHAP. III. *Aperçus nouveaux sur les signes hiéroglyphiques phonétiques*............... 49.

CHAP. IV. *Application de l'alphabet des signes phonétiques à divers groupes et formes grammaticales hiéroglyphiques*........... 66.

CHAP. V. *Application de l'alphabet phonétique aux noms propres hiéroglyphiques des dieux égyptiens.—Lectures qui en résultent.— Signes figuratifs.— Signes symboliques.* 84.

CHAP. VI. *Application de l'alphabet des hiéroglyphes phonétiques aux noms propres égyptiens hiéroglyphiques de personnages privés*... 107.

(410)

CHAP. VII. *Application de l'alphabet des hiéroglyphes à la lecture des qualifications et des titres royaux inscrits sur les obélisques et les monumens égyptiens du premier style.*. p. 131.

CHAP. VIII. *Application de l'alphabet hiéroglyphique aux noms propres des Pharaons. — Conséquences historiques qui en résultent.* . . . . 173.

CHAP. IX. *Des élémens premiers du système d'écriture hiéroglyphique.* . . . . 251.
    §. I.   *Forme des signes* . . . . 252.
    §. II.   *Tracé des signes* . . . . 258.
    §. III.   *Nombre des caractères hiéroglyphiques* 263.
    §. IV.   *Disposition des signes* . . . . 268.
    §. V.   *De l'expression des signes et de leurs différentes espèces* . . . . 271.
    §. VI.   *Des caractères figuratifs* . . . . 273.
    §. VII. *Des caractères symboliques* . . . . 282.
    §. VIII. *Des caractères phonétiques* . . . . 304.
    §. IX.   *Concordance de ces résultats avec les témoignages de l'antiquité* . . . . 327.
    §. X.   *De l'emploi et des diverses combinaisons des trois espèces de caractères.* 334.
    §. XI.   *Liaison intime de l'écriture hiéroglyphique avec les deux autres sortes d'écritures égyptiennes, et avec les anaglyphes* . . . . 350.

CHAP. X. *Conclusion* . . . . 366 à 400.
NOTE. — *Lettre de M. Letronne répondant à la page 331 du texte* . . . . 401.

FIN DE LA TABLE.

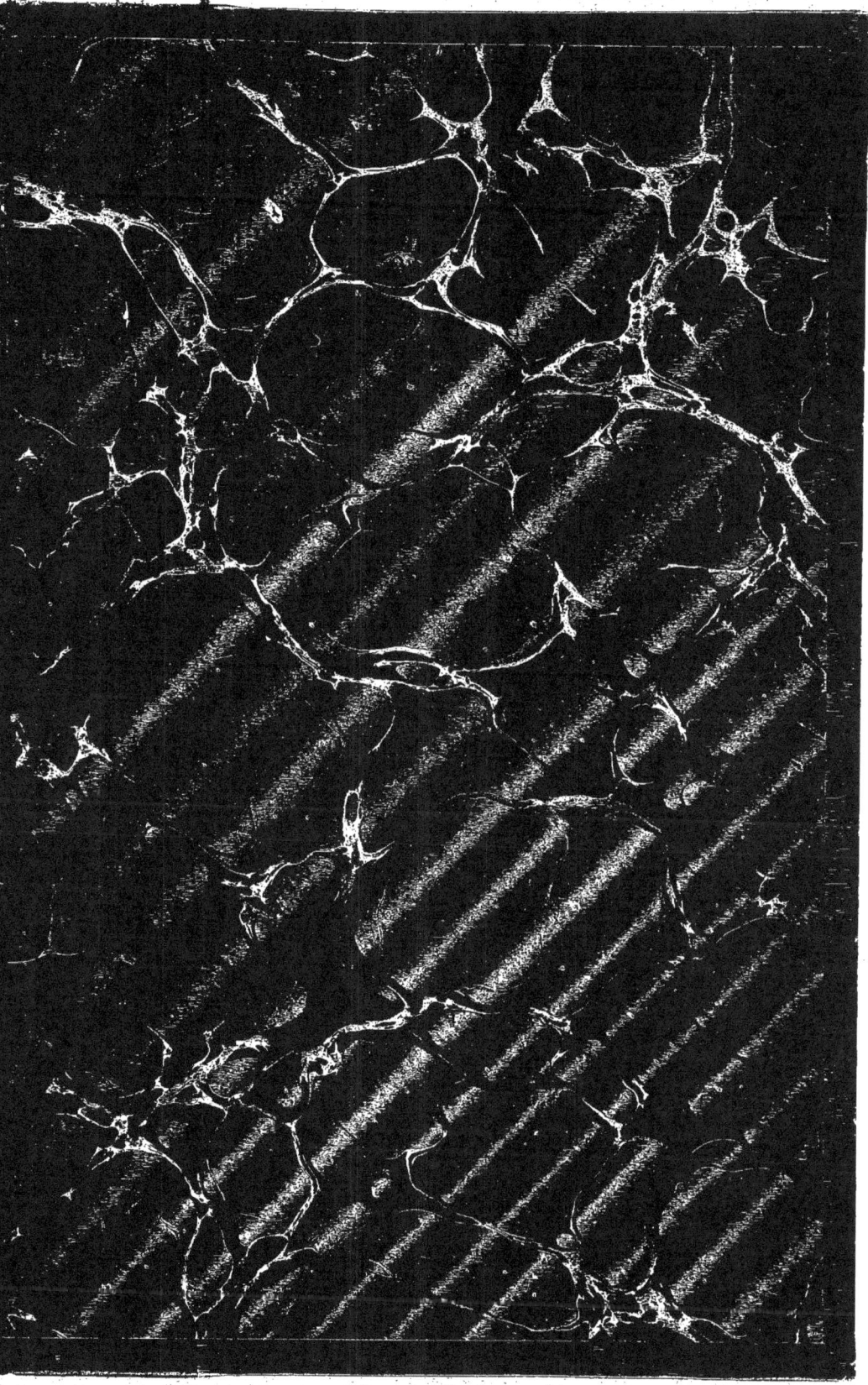

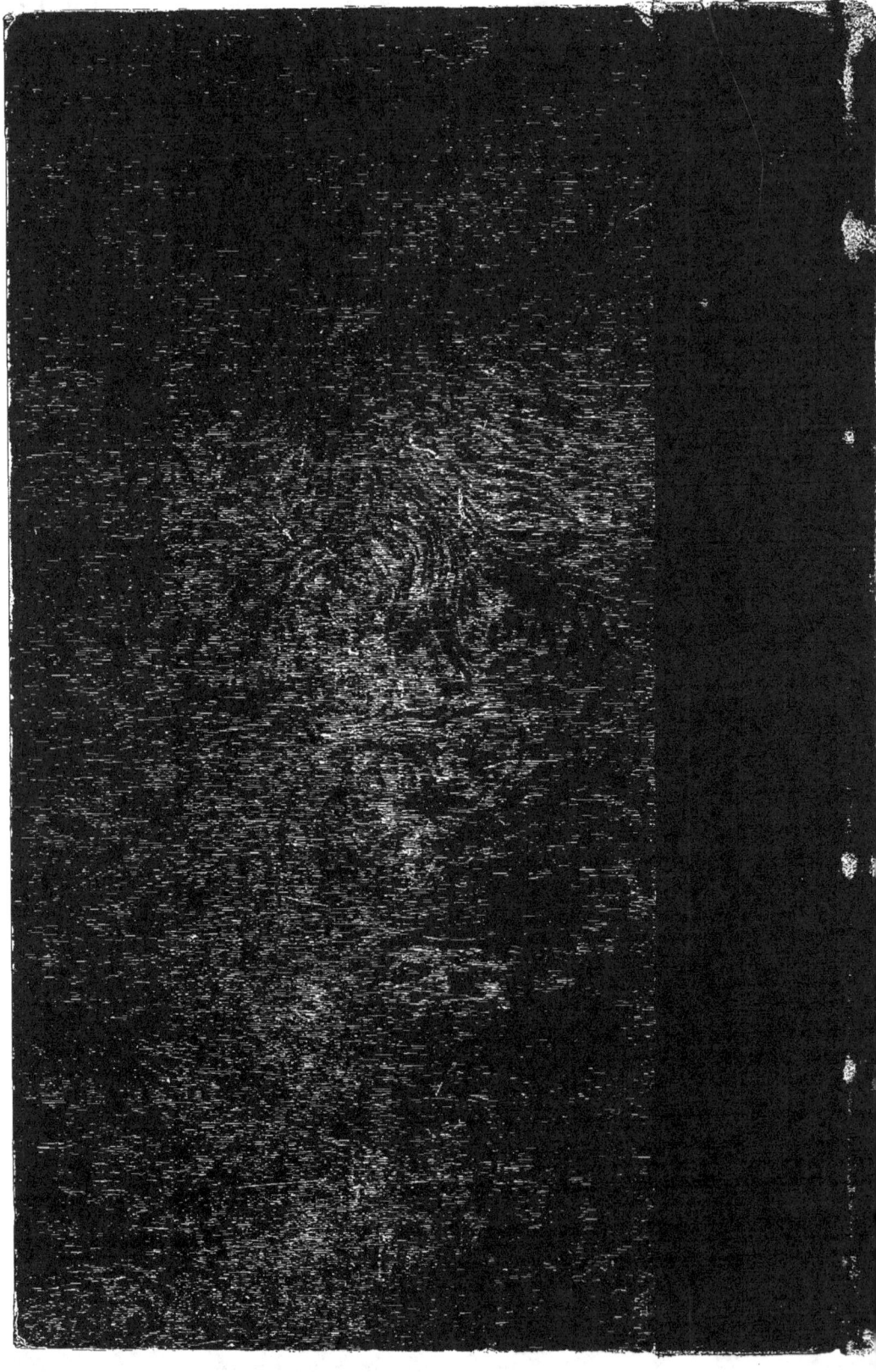

www.ingramcontent.com/pod-product-compliance
Lightning Source LLC
Chambersburg PA
CBHW072105220426
43664CB00013B/2003